JN168047

ミネルヴァ日本評伝選

西国の儀任せ置かるの由候

毛利輝元

光成準治著

ミネルヴァ書房

刊行の趣意

「学問は歴史に極まり候ことに候」とは、先哲荻生徂徠のことばである。

歴史のなかにこそ人間の智恵は宿されている。人間の愚かさもそこにはあらわだ。この歴史を探り、歴史に学んでこそ、人間はようやくみずからの正体を知り、いくらかは賢くなることができる。新しい勇気を得て未来に向かうことができる。徂徠はそう言いたかったのだろう。

「ミネルヴァ日本評伝選」は、私たちの直接の先人について、この人間知を学びなおそうという試みである。日本列島の過去に生きた人々の言行を、深く、くわしく探って、そこに現代への批判を聴きとろうとする試みである。日本人ばかりではない。列島の歴史にかかわった多くの異国の人々の声にも耳を傾けよう。

先人たちの書き残した文章をそのひだにまで立ち入って読み、彼らの旅した跡をたどりなおし、彼らのなしとげた事業を広い文脈のなかで注意深く観察しなおす――そのとき、はじめて先人たちはいまの私たちのかたわらによみがえってくる。彼らのなまの声で歴史の智恵を、また人間であることのよろこびと苦しみを、私たちに伝えてくれもするだろう。

この「評伝選」のつらなりのなかから、列島の歴史はおのずからその複雑さと奥ゆきの深さをもって浮かび上がってくるはずだ。これを読むとき、私たちのなかに新たな自信と勇気が湧いてきて、その矜持と勇気をもって「グローバリゼーション」の世紀に立ち向かってゆくことができる――そのような「ミネルヴァ日本評伝選」にしたいと、私たちは願っている。

平成十五年（二〇〇三）九月

上横手雅敬
芳賀　徹

吉田郡山城跡
（広島県安芸高田市吉田町吉田）
（安芸高田市歴史民俗博物館提供）

広島城跡上八丁堀地点発掘金箔鯱瓦・
金箔鬼板瓦（広島市蔵／広島城提供）

広島城跡（広島市中区基町）（広島城提供）

萩城跡（山口県萩市堀内）
（萩市観光協会提供）

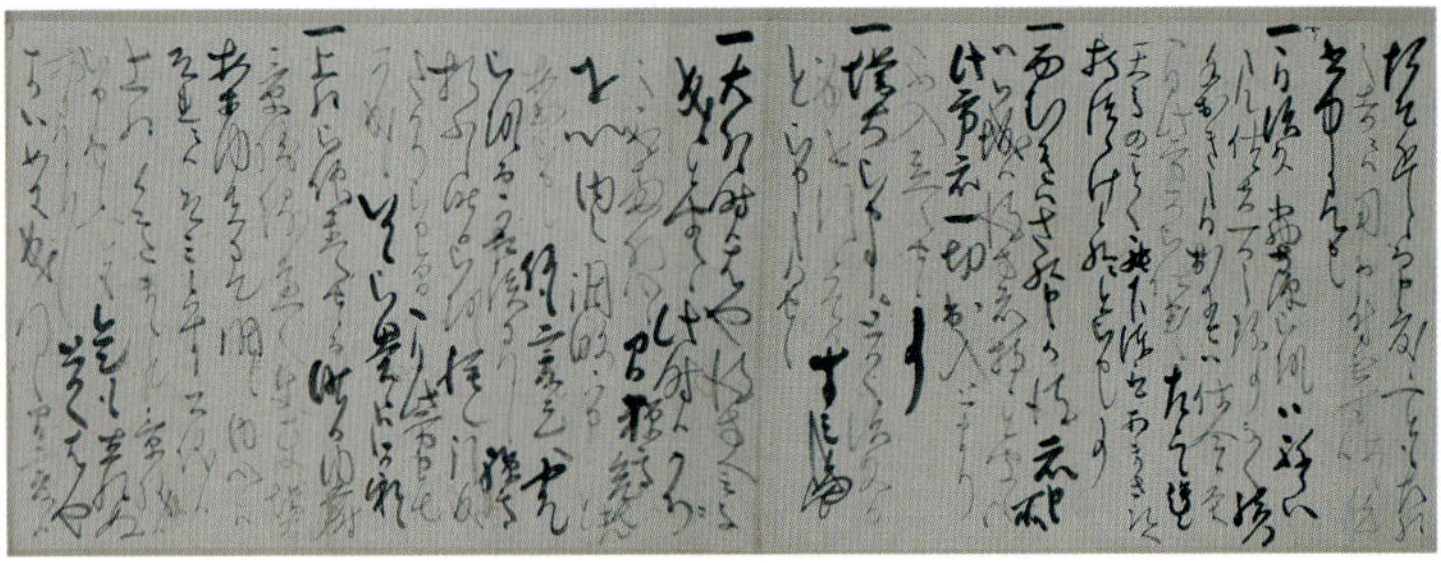

毛利輝元書状（元康宛，慶長４年閏３月）（山陽小野田市立厚狭図書館蔵）

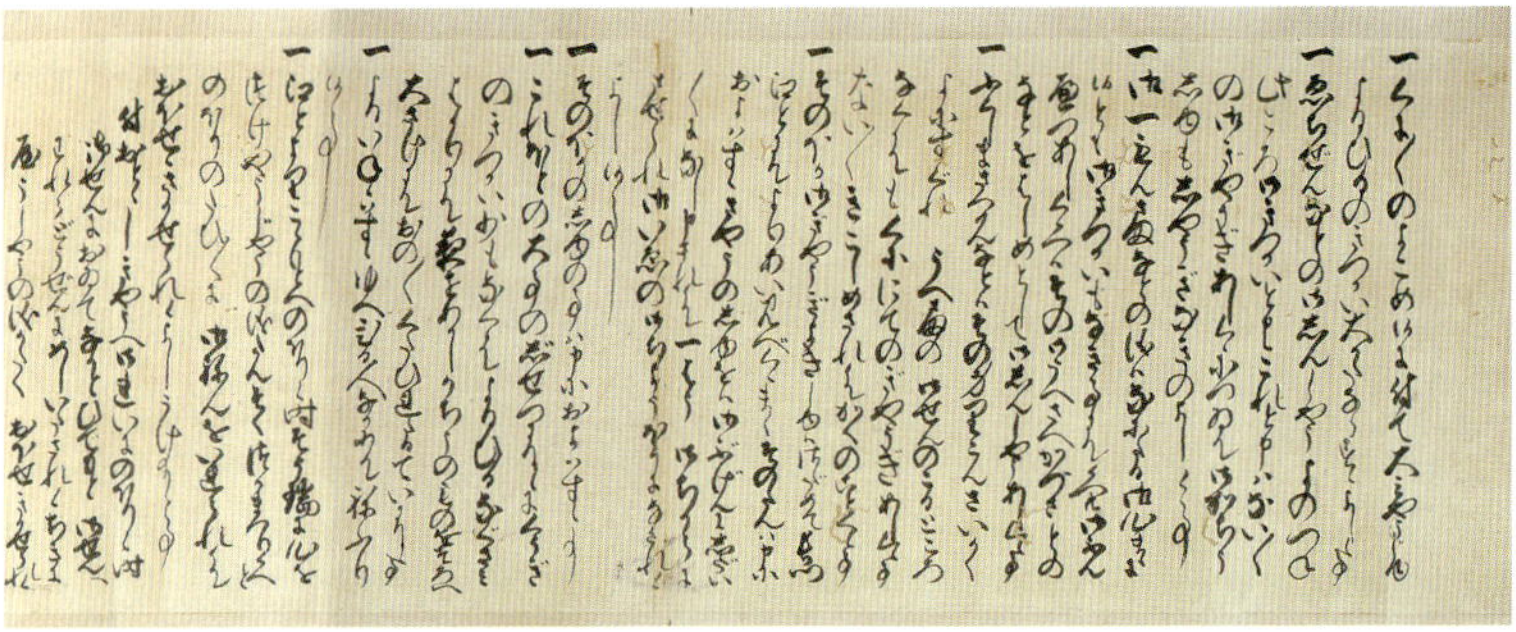

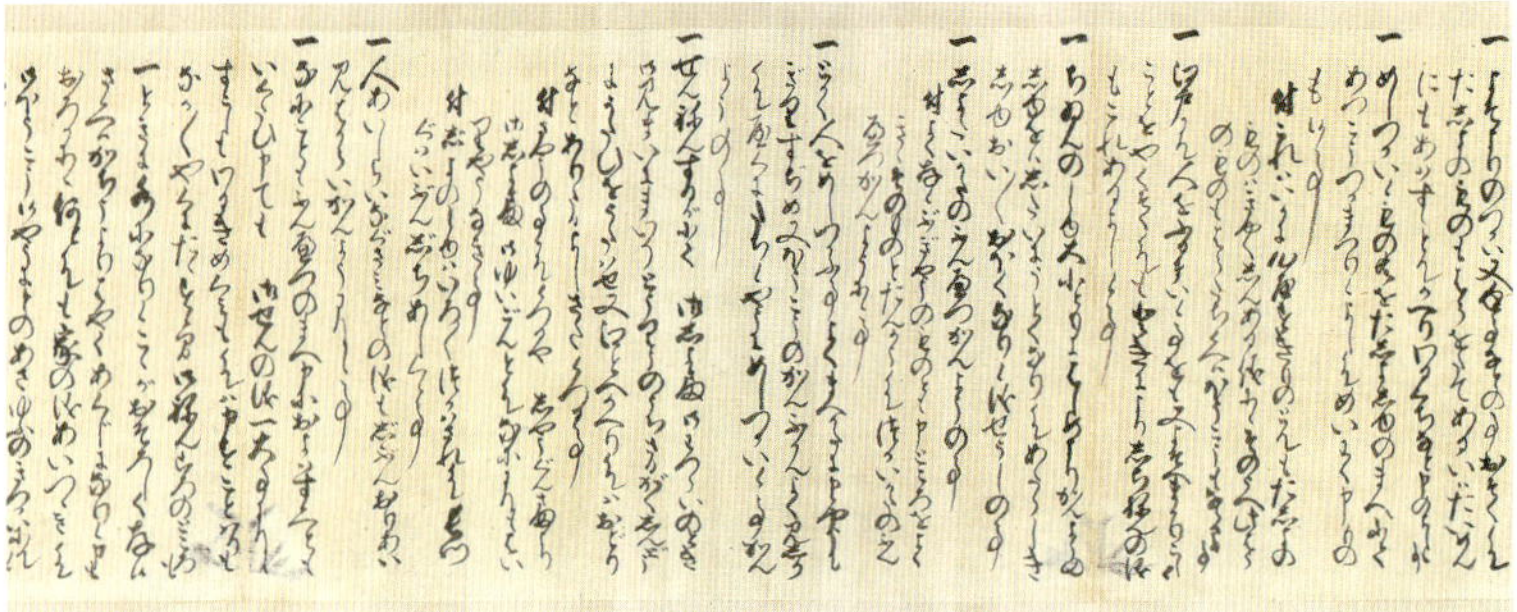

毛利輝元書状（秀就宛の二十一箇条訓戒状，元和７年11月３日付）（毛利博物館蔵）

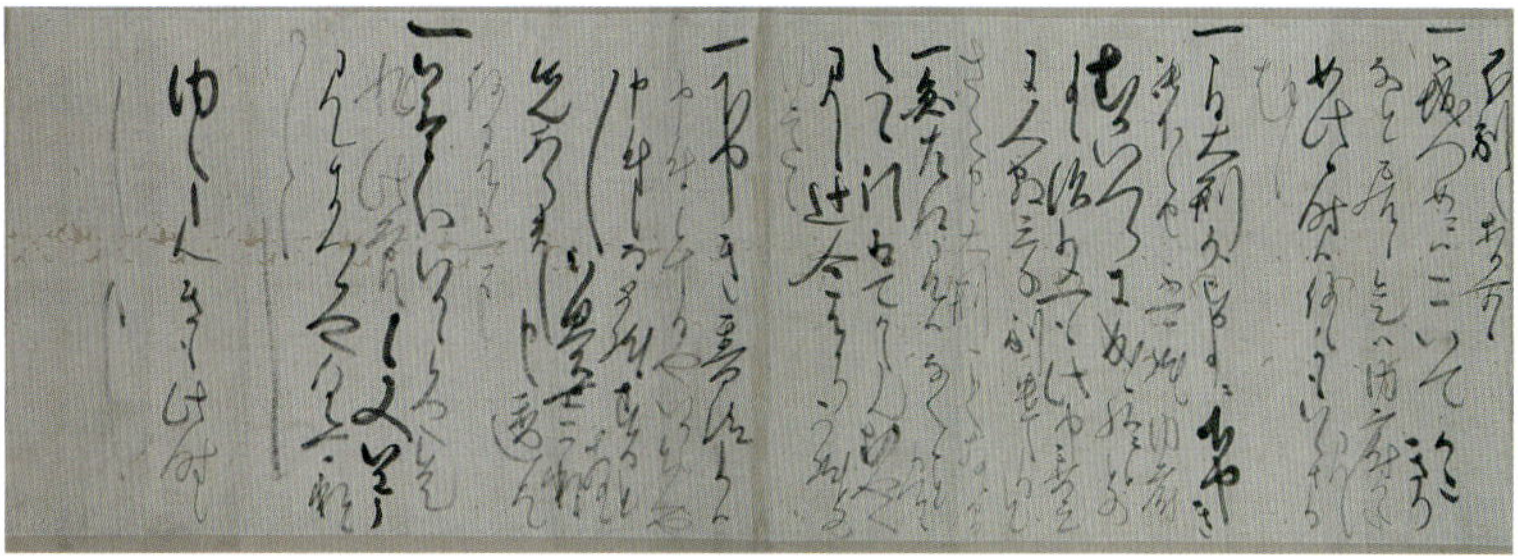

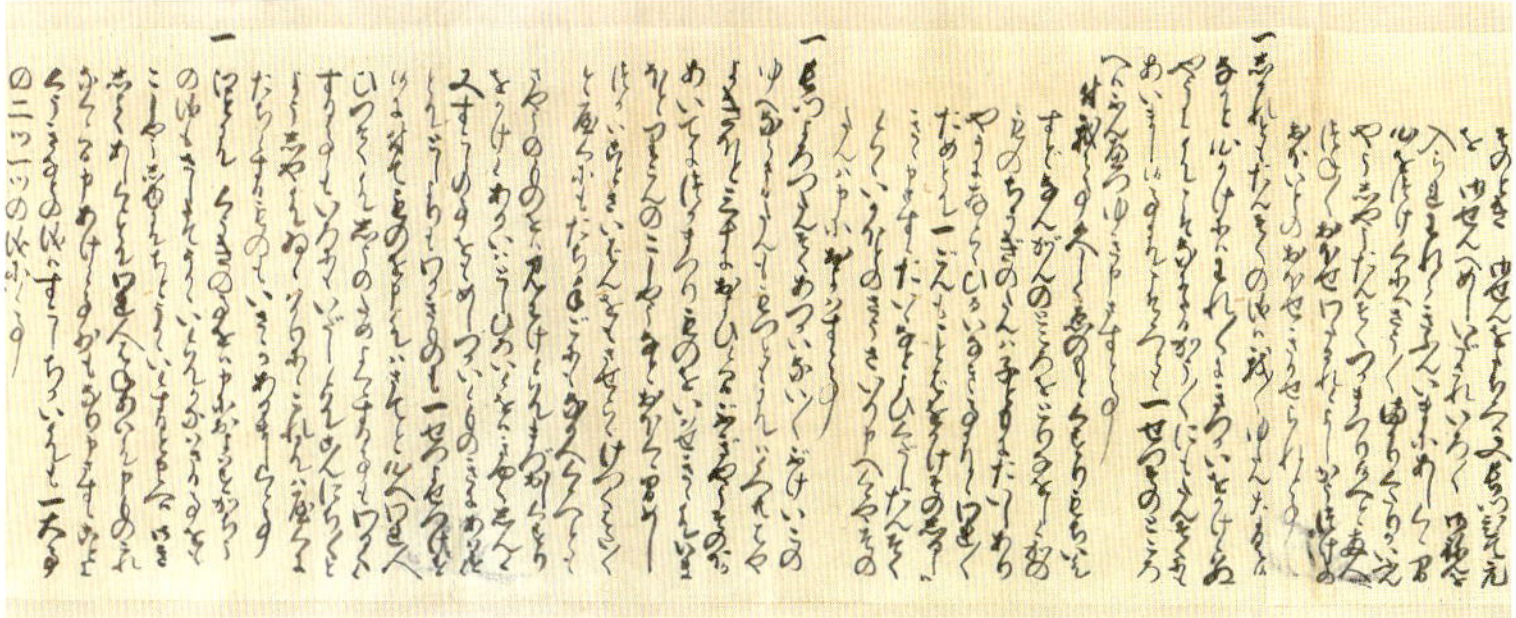

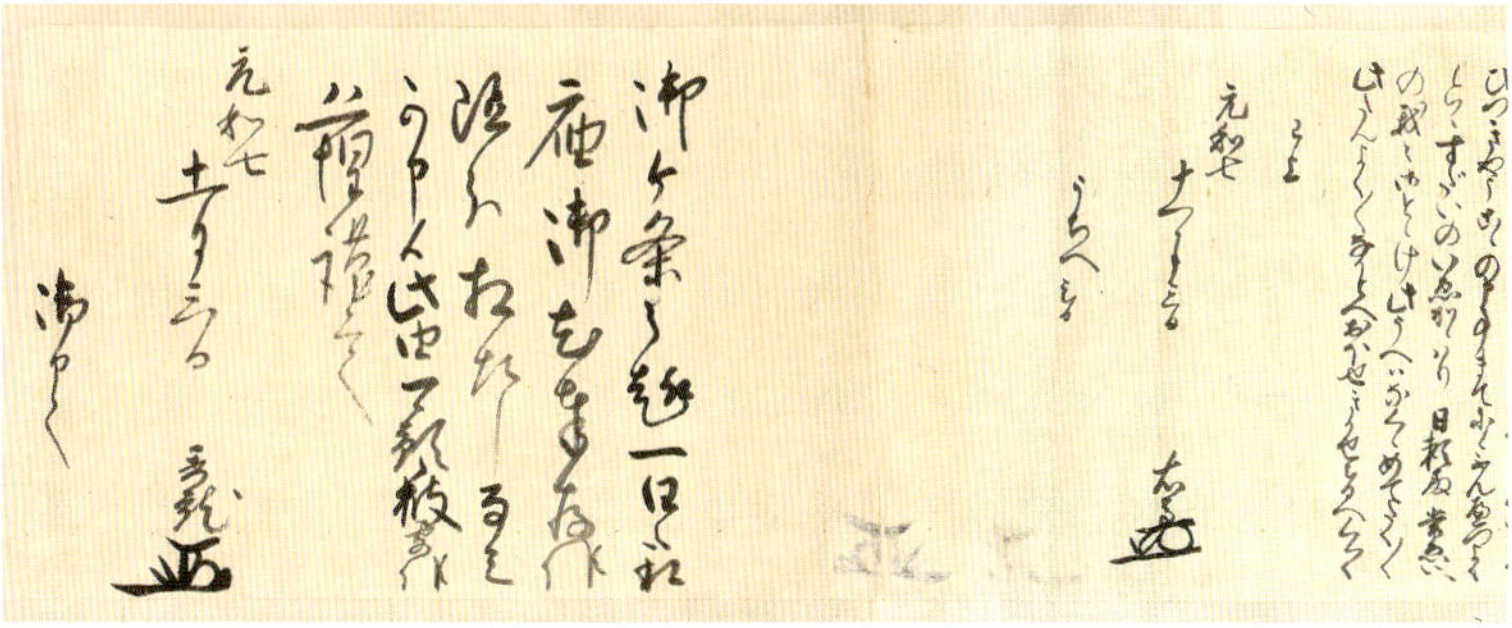

毛利輝元所用眼鏡
（毛利博物館蔵）

「紅地一ニ三ツ星紋旗」
（山口県立山口博物館蔵）

「紅萌葱地山道菊桐文片身替唐織」
（毛利博物館蔵）

はじめに

凡将輝元像

幕末期館林《たてばやし》藩士だった岡谷《おかのや》繁実《しげざね》が、明治二年（一八六九）に完成させた『名将《めいしょう》言行《げんこう》録《ろく》』は、その序において「諸書の要点を抜粋して、一冊の書にまとめ、名将の言行を容易く読むことができるようにしようと思った」と記した繁実の狙い通り、多くの人に影響を与えてきた。その結果、『名将言行録』に収録されていることが、名将と呼ばれる条件と考える人も多いのではなかろうか。その考えに従うと、『名将言行録』に収録されていない毛利《もうり》輝元《てるもと》は凡将ということになる。

毛利氏一族の中では、輝元の祖父元就をはじめ、輝元の叔父、毛利両川《りょうせん》と称された吉川《きっかわ》元春《もとはる》（元就次男。なお、元春の項中、元春長男元長《もとなが》についても別項が立てられている）と小早川《こばやかわ》隆景《たかかげ》（元就三男）、元春の三男吉川広家《ひろいえ》、そして元就四男元清《もときよ》の子で、輝元の養子となっていた毛利秀元《ひでもと》さえも収録されているにもかかわらず、繁実はなぜ輝元を収録しなかったのか。その手がかりは、『名将言行録』における他武将の言行に関連して、輝元がどのように記されているかにある。

収録順にみてみよう。

元就の項においては、死を目前にした元就の輝元に対する遺言として、天下を望むことを戒め、元春・隆景の言うことに従えば、領国を守ることができるとしたことが記されており、輝元の器量不足を示唆している。また、備中高松城水攻めで有名な清水宗治《しみずむねはる》の言行も引用しており、それによると、輝元が宗治に対して加増したところ、羽柴秀吉への調略によって織田方に転じるのではないかと輝元が疑ったためであるとして憤慨し、「元就公の時代であれば、このようなことはない」と涙を流して加増を断わったと記されており、元就に比べて、輝元の人心掌握力の拙さを強調している。

秀元の項においては、慶長五年（一六〇〇）、石田三成《いしだみつなり》の勧誘に乗って、輝元が大坂へ上り、徳川家康を打倒しようとしたため、秀元は諫めたが、輝元は従わなかったとし、そのうえ、西軍となった以上、勝利のためには豊臣秀頼とともに出陣しなければならないとした秀元の進言にも従わなかったとする。さらに、関ヶ原における敗北を聞いた輝元は驚き、秀元に相談することなく、勝手に大坂城から退城してしまい、岡山城に籠って抵抗すべきとする秀元の策も容れなかったために、防長二国へ減封されてしまったとする。江戸期に入っても、寛永の初めに徳川政権からの役に苦慮した輝元は領地を返上して、秀元によって毛利家の存続を図ってほしいと言ったため、驚いた秀元は幕府と折衝して、秀元に任せるとの将軍秀忠の言を引き出し、検地を行って財政再建に成功したとする。そこでは、聡明な秀元と対照的な愚昧な輝元像が繰り返し描かれている。

広家の項においては、輝元には触れていないが、小早川隆景が死没した際に、世間では「隆景が死んだとはいえ、広家がいれば、毛利氏領国の政治・軍事ともに安泰である」と噂したとあり、輝元の独力では毛利氏領国は安泰でないことを示唆している。

　隆景の項においては、豊臣秀吉から輝元へ降りかけられた難題（輝元の養子問題、九州への国替え問題）を、隆景の知恵によって切り抜けたとするほか、広島城に関する逸話が記されている。それによると、広島城が低地にあることを懸念した輝元が丘陵地に築城しようとしたところ、隆景は秀吉家臣黒田《くろだ》孝高《よしたか》へ相談すべきであるとした。相談を受けた孝高は、万一毛利氏が秀吉に背いた場合、居城は要害でない方がよいと考え、広島城の要害は悪くないと言ったが、隆景は孝高の言をそのまま輝元へ伝えた。そのため、輝元は居城移転を中止したが、下向した際に広島城を見た秀吉が、水攻めにすればすぐに落城すると言ったため、輝元は隆景を恨んだ。しかし隆景は、秀吉に警戒されないためには広島城のように要害でない城がよいのだとし、孝高への相談、孝高の答えもすべて計算通りなのだと言ったと記されている。ここでも愚昧な輝元、英邁な隆景像が描かれている。

　さらに隆景は、(1)輝元には天下を獲る器量はないので、天下が乱れた際にも、決して出陣してはならない、天下を狙う、あるいは分国の拡大を図ると、分国を失い、その身も危うくなるため、分国を守ることに専念すること、(2)安国寺《あんこくじ》恵瓊《えけい》は利口であるが大佞人であり、恵瓊の謀に乗ると、国は滅亡するので、決して恵瓊に欺かれてはならない、などの遺言をしたが、輝元は隆景の遺命を忘れて、恵瓊の勧めにより石田三成に与したため、防長減封という恥をかくことになったとする。先を見通す眼力、人を見る眼を持つ隆景に比べて、器量不足で人を見る眼がない輝元像、元就・元春・隆景らが築きあげた毛利氏領国を危機に陥れた愚かな輝元像が強調されているのである。

これらの記述は、多くの軍記類や編纂書を参照したものと考えられるが、毛利氏関係の軍記類や記録類において描かれる輝元は、凡庸な面だけでなく、毛利氏当主に相応しい姿も垣間見せている。ところが、繁実が元就など輝元以外の毛利氏一族武将を名将に位置づけたため、名将とされた武将の優秀さを強調するために、その対比として、輝元の凡庸さを描く必要性があったのである。また、名将たちが毛利氏の危機を救うという設定にしたために、危機に陥った原因を輝元に転嫁する必要もあった。その結果、『名将言行録』に描かれた輝元像は徹底的に貶められたのである。

繁実が『名将言行録』の編纂に取り掛かった安政元年（一八五四）当時の館林藩主秋元志朝《あきもとゆきとも》は、毛利家の出身（萩藩支藩徳山藩主毛利広鎮《ひろしげ》の子）であった。繁実は中老職に登用され、第一次長州征討の際には志朝の意向を受けて征長回避を周旋するために長州へ赴いたほか、草莽隊の一つ高松隊の参謀として戊辰戦争の魁の役割を果たすなど、尊王攘夷論者としても名高い（松尾二〇〇四）。

そのため、尊王攘夷活動において主導的な地位にあった長州藩（萩藩）に対して親近感を抱いていたと考えられ、ゆえに、『名将言行録』においても、多くの毛利氏一族を収録したと推測される。しかし、そのような名将が揃っていたことと、徳川政権下において勢力を減じたこととの整合性を図るためには、名将たちの築き上げた栄光を破壊する凡庸な後継者、残された名将たちの努力を無駄にして毛利家を没落させた凡庸な当主の存在が不可欠であった。このようにして、凡将輝元像が形成され、世に広まっていったのである。

一方で、繁実は取捨選択をしたとはいえ、江戸期に成立した軍記類や編纂書を参照しており、凡将輝元像が形成された責任を繁実一人に負わせるものではない。例えば、寛永二十年（一六四三）に完成した『寛永諸家系図伝』の編纂に当たり、徳川幕府は大名などの諸家に対し、それぞれの家に伝えられる軍記や家譜などの文献を書上げさせ、提出を命じている。これに応じるため、各藩では藩士たちに資料を差し出させ、家譜等の作成に努め、家譜等の書上げを契機として、各地域の戦乱を描く軍記類の成立が進んでいったと考えられる（梶原二〇〇〇）。このため、家譜等には、幕府に提出するものであるという前提条件（あるいは幕府提出時に補訂された可能性）から来る限界＝幕藩体制の中で自らの家あるいは自藩が生き延びていくための諸々の配慮が働いていたものと考えられる。とりわけ、毛利氏のように関ヶ原合戦において徳川氏に敵対した大名にとって、幕藩体制下における自己の支配の正統性を主張するうえで、関ヶ原合戦に関する記述には政治的な配慮を要した。また、幕府にとっても幕藩体制維持のためには、西軍に参加したものの支配者として存続を認めた大名が、積極的な反徳川行動を行ったことを露にすることは好ましくなかったものと考えられる。結果として、輝元は安国寺恵瓊らに騙される愚鈍な当主でなければならなかったのである。

本書の狙いと構成

本書においては、右記のような政治的バイアスがかかった毛利輝元像を、できる限り同時代史料（信憑性の高いと考えられる写本なども含む）を用いて、再構成することを目的とする。輝元の生涯については、渡辺世祐氏を中心に編纂が進められ、昭和十九年（一九四四）に完成した『毛利輝元卿伝』（刊本は、渡辺一九八二）という偉大な先学が存在している。『毛利輝元卿伝』は、毛利家によって開設された三卿伝編纂所において、「毛利家文庫」などの藩庁文書のみならず、輝元に関連する古文書、記録類などを博捜して編纂されたものであり、編纂から七十年以上経過した今でもなお、伝記としての価値は色褪せていない。そのため、本書では輝元の事績を丹念に追っていくという形態は採らない。

第一章、第二章は、『毛利輝元卿伝』において対象外とされた、祖父元就存命中の輝元に着目した章である。この時期については、『毛利輝元卿伝』と同時に編纂が進められた『毛利元就卿伝』の対象であるが、『毛利元就卿伝』は元就の視点からみたものであり、また、多くの先行研究に恵まれた戦国大名毛利氏研究においても、元就の動向、元就を中心とした権力構造などに焦点が当てられ、輝元の視点からみた研究は十分とはいえない。第一章は輝元の元服以前、第二章は元服から元就死没時までを対象とした。

第三章、第四章は、地域「国家」を否定して、統一政権を構築しようとする織田信長・豊臣秀吉に遭遇した地域「国家」支配者輝元が、いかにして地域「国家」を維持しようとしたのか、その苦闘を追った章である。輝元が最も戦乱に明け暮れた時期であるため、軍記類による描写も多く、また、英雄信長・秀吉像の影響によって、歪められた通説も少なくない。刻一刻と変化する情勢に対応していこうとする輝元の動向を明らかにしていきたい。

第五章は、輝元権力が豊臣期末に向けて専制化していった状況を、軍事力編成、検地と村落支配、行政機構と家臣団統制、広島城築城と都市支配といった面からみていきたい。この章は、豊臣政権下において変容していった戦国大名領国の支配・権力構造の特質を明らかにするものであり、毛利氏にとどまらず、織豊大名の特質解明への一歩ともなるものである。

第六章、第七章は、関ヶ原合戦における敗北と、その敗北から毛利氏を再興していこうとする輝元の姿を描く章である。また、父親としての輝元の心情が発露される時期であり、人間輝元を最も感じることのできる章であろう。なお、関ヶ原合戦前後の状況については、白峰旬氏の著書（白峰二〇一一、二〇一四）、本多隆成氏の著書（本多二〇一三）、谷口央氏の編著（谷口二〇一四）などにおいて、近年、通説の見直しが進んでいるが、筆者の旧著においても詳しく論じたので、本書においては要点のみを著述する。

輝元を取り巻く環境は、統一政権に直面した輝元＝グローバル社会に直面した日本、元就期に急拡大した領国を引き継いだ輝元＝ポスト成長期の日本というように、現代の日本社会と類似する面がある。本書における輝元の行動は、現代社会を生きる我々に何らかの教訓を与えてくれるのではなかろうか。歴史に学ぶ前提として、歴史家に課せられた使命は正確な歴史像を提示することである。そこで本書においては、軍記類のほか、後年の記録類・編纂書の記述に基づく推量をできる限り排除して、輝元自身や輝元周辺の言葉（書状など）から浮かび上がる輝元像の描写に努めたい。現代語では伝わりづらい輝元らの息づかいを感じとっていただくため、読み下し文を掲げた文書もある。意味の分かりづらい文については意訳を付したので、参照願いたい。

残存史料の豊富さから、毛利氏研究は盛んであり、輝元に関する先行研究も多い。本書執筆に当たっても先行研究から多くを学んだ。直接参照した先行研究については、本文中に注を付して、末尾に参考文献として掲げているが、関係する箇所が全体にわたる『毛利輝元卿伝』については付注を省略したほか、毛利氏を主な研究対象とした池享（池一九九五）・秋山伸隆（秋山一九九八）・矢田俊文（矢田一九九八）・本多博之（本多二〇〇六）・山本浩樹（山本二〇〇七Ⓐ）・村井良介（村井二〇一二）・岸田裕之（岸田二〇一四）各氏の著書については、関係する箇所が多いため、代表的な箇所のみに付注を限定した。『織豊期主要人物居所集成』収録の毛利輝元の項（中野・穴井二〇一一）についても、随時参照したが、付注は割愛した。また、比較的古い先行研究については、右記の各氏著書においてその要旨が整理されているため、本書に掲げた参考文献は、比較的近年のものに限定した。ご海容いただきたい。

毛利輝元——西国の儀任せ置かるの由候

目次

目　次

図版写真一覧

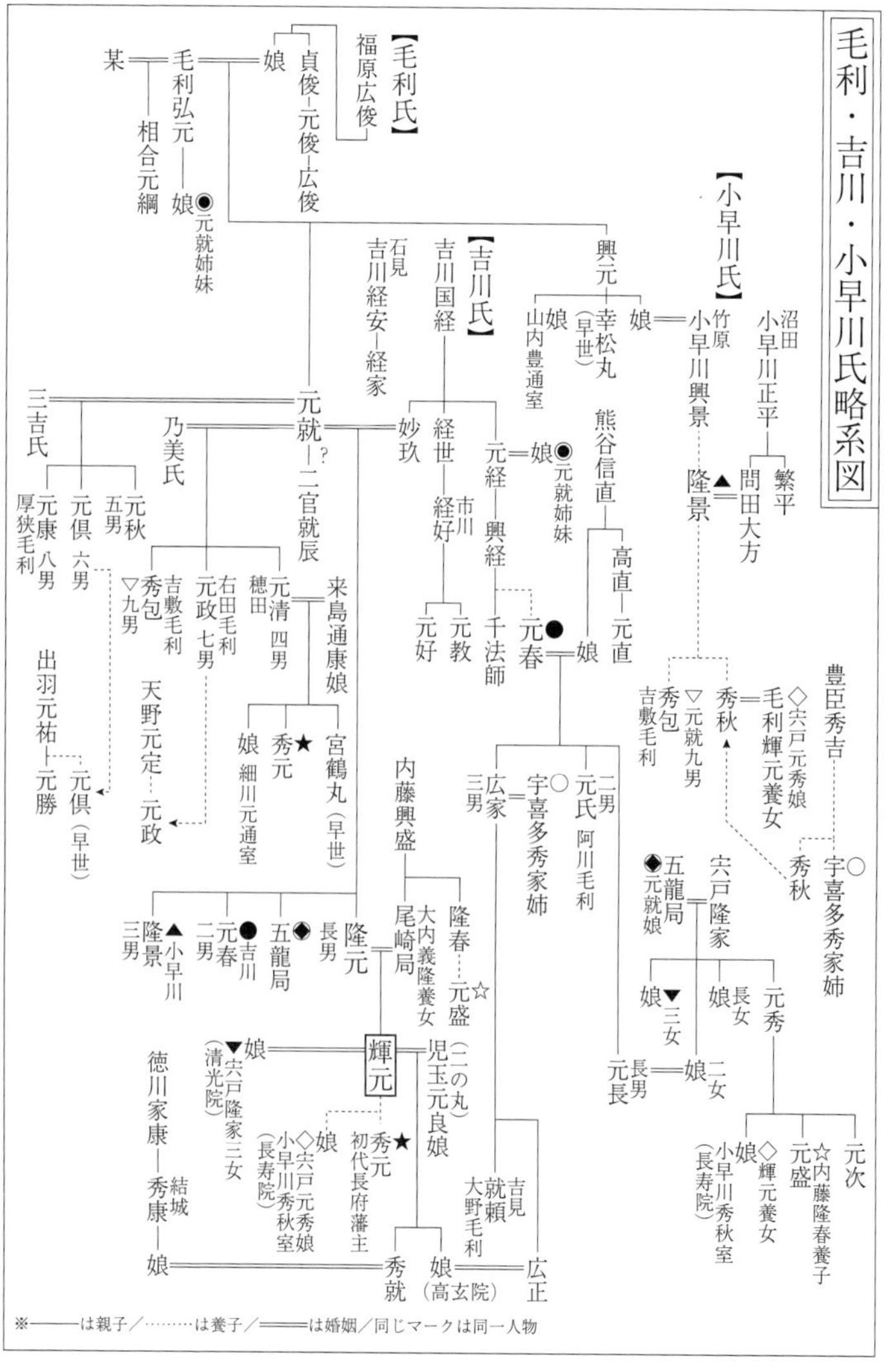

（『戦国時代人物事典』学習研究社，2009年，より）

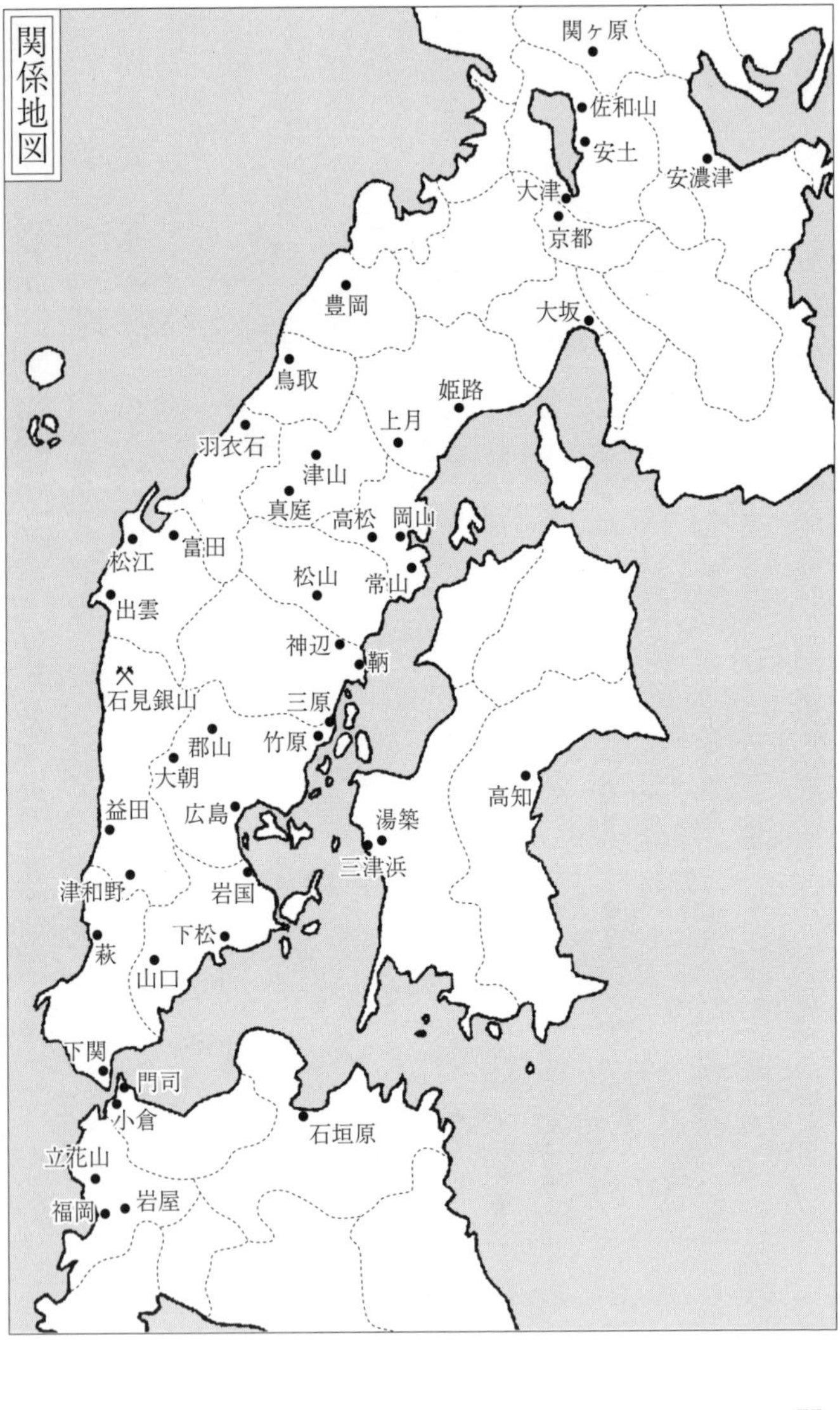

関係地図
関ヶ原
佐和山
安土
安濃津
大津
京都
豊岡
大坂
鳥取
姫路
上月
羽衣石
津山
真庭
高松
岡山
松江
富田
松山
常山
出雲
神辺
鞆
石見銀山
三原
竹原
郡山
大朝
高知
益田
広島
湯築
三津浜
津和野
岩国
下松
萩
山口
下関
門司
小倉
石垣原
立花山
岩屋
福岡

第一章　輝元の幼少期

1　輝元の誕生とその父母、兄弟姉妹、乳母

輝元の誕生

毛利輝元は天文二十二年（一五五三）一月二十二日、安芸国吉田（広島県安芸高田市）の郡山《こおりやま》城において生まれたとされる。戦国武将の生年月日については系譜類・記録類のみに基づくものも多いが、輝元の場合、同時代史料によってこの生年月日はおおむね正確であると考えられる。

輝元の祖父毛利元就が次男の吉川元春に宛てた正月二十五日付け書状写（岩国徴古館蔵「藩中諸家古文書纂」）に「仰せの如く尾崎男子誕生候、大慶に候」とある。この書状写は年欠であるが、天正十五年（一五八七）に輝元室が伊勢神宮へ納めた願文（山口県文書館蔵「毛利家文庫　村山家蔵證書」、以下「毛利家文庫」の所蔵者は省略）には「一、つちのへむま（戊午）のとし女、一、ミつのとうし（癸丑）のと

しおとこ、このふたりのきねん（祈念）にて候」とあり、輝元が癸丑の年に生まれたことがわかる。したがって、右記の元就書状写は天文二十二年に比定される。また、元就書状は、おそらく吉川家の本拠日山城《ひのやま》（広島県山県郡北広島町）にいたものと推測される元春からの書状に対する返信であるから、輝元誕生の情報を得た元春が元就へ書状を発し、その書状が吉田に到着する時間を考慮すると、元就が書状を認めた二十五日の二〜三日前が輝元誕生の日と推測される。

次に、輝元が誕生した場所について、元就書状写の「尾崎」とは郡山城内の尾崎丸に由来する。尾崎丸には輝元の父隆元《たかもと》（元就長男）と母尾崎局が居住していた。隆元が「尾崎」と呼ばれている史料の初見は、秋山伸隆氏の研究によると（秋山二〇一三）、天文十八年（一五四九）九月である。隆元は父元就から家督を譲られ、毛利氏当主となると、まず郡山城の「本城」と呼ばれる郭に居住した（木村二〇一三）。「本城」は、現在「旧本城」と呼ばれる郡山城の南東支尾根にあった。しかし、「本城」が元就の居住する「かさ」と呼ばれる郡山城の山頂と遠すぎて、元就と談合するのに不便であり、また、家臣を二〜三人在城させることもできないほど手狭であったことから、隆元は「本城」から「粟掃井新丸」への移転を計画した（『大日本古文書　家わけ第八　毛利家文書』、以下『毛利』）。「粟掃井新丸」とは隆元が「本城」に居住していた当時、毛利氏家臣粟屋《あわや》掃部助（元国《もとくに》）・井上新左衛門尉（元吉《もとよし》）が預かっていた郭であり、この郭が隆元の移転後、「尾崎丸」と呼ばれるようになったと考えられる（秋山二〇〇一）。尾崎丸は「本城」と「かさ」のほぼ中間にあり、尾崎丸は「かさ」との連絡において「本城」に比べ容易である。

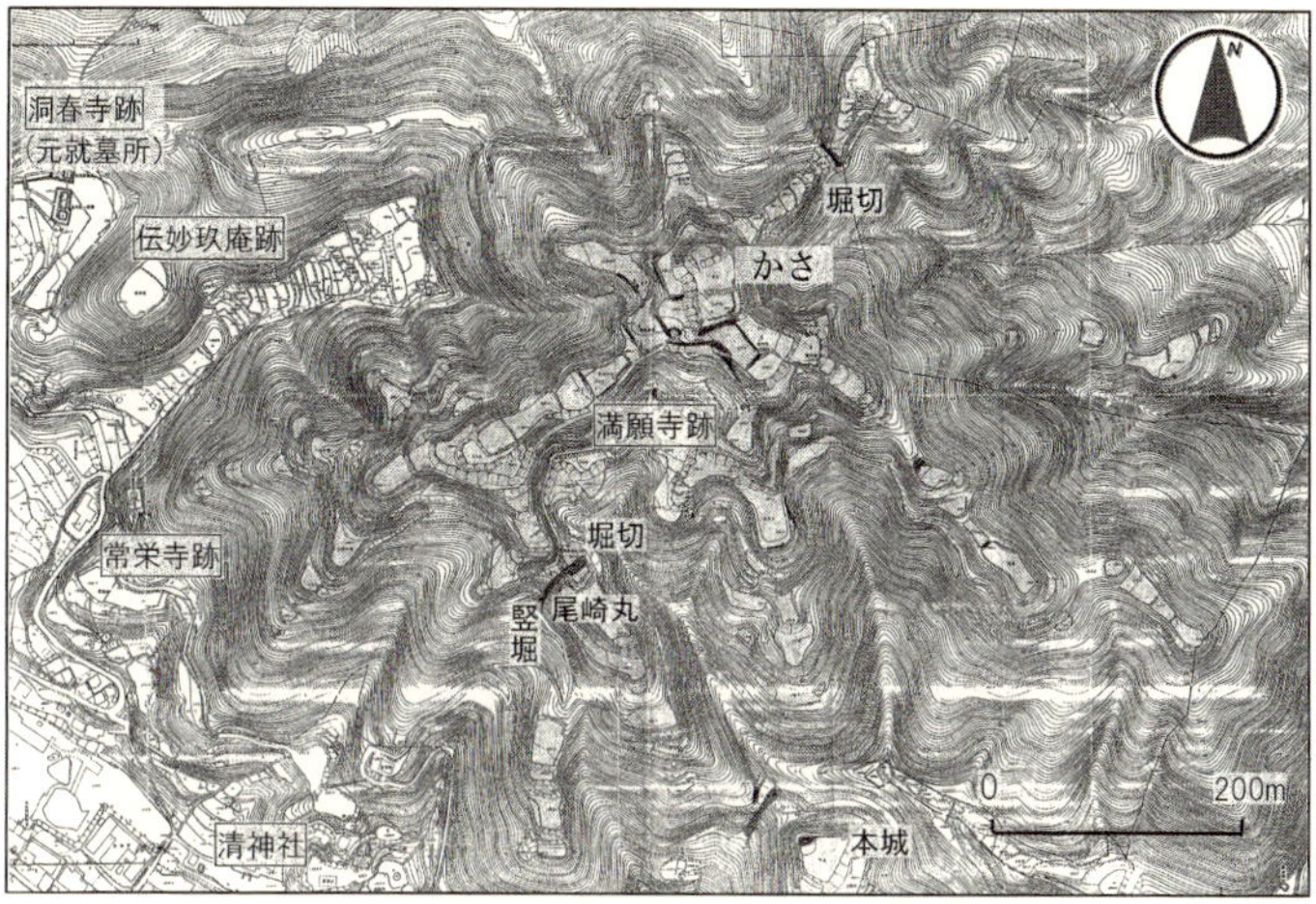

郡山城測量図（安芸高田市歴史民俗博物館編『戦国安芸高田の山城』より）

また、輝元母（隆元室）について、元就が天文十九年（一五五〇）に井上元兼《いのうえもとかね》とその一族を誅伐した際の八月四日付け罪状書（『毛利』）の宛所が「おさき御つほね（尾崎御局）」となっており、「尾崎丸」に居住していたことから尾崎局と呼ばれるようになったと考えられる。正月二十五日付け元就書状写の「尾崎」が隆元・隆元室といった人名なのか、場所を指すのか解釈が難しいが、いずれにせよ、輝元誕生の場所は郡山城内の尾崎丸に特定できよう。

父隆元

輝元の父隆元は大永三年（一五二三）、毛利元就の長男として生まれた。したがって、輝元は隆元三十一歳の時の初子ということになる。隆元の母は安芸国大朝庄《おおあさ》（北広島町）を本拠とする有力国人領主吉川国経《くにつね》の娘（法名　妙《みょう》玖《きゅう》）である。

近年の隆元に関する研究においては、その家督

毛利隆元（自画像）（毛利博物館蔵）

相続時期を天文十五年（一五四六）四月から同十六年（一五四七）六月までの間であるとした秋山伸隆氏の見解が注目される（秋山二〇一三）。隆元が生まれた大永三年はちょうど元就が毛利氏の家督を相続して郡山城に入城した年（八月）であるが、隆元の誕生が元就家督相続の前か後かは不明とされる。弟吉川元春、小早川隆景が郡山城内において生まれたとされるのに対して、隆元は猿掛《さるかけ》城（広島県安芸高田市）で生まれたとする見解もある（小都一九九六）。猿掛城は郡山城入城前の元就の居所であり、この見解に従うと、隆元は元就家督相続以前に生まれたことになる。いずれにせよ、毛利氏家中における元就の当主としての地位が十分には確立されていない時期に隆元は生まれたといえる。

これに対して輝元の生まれた天文二十二年は、天文十九年の井上元兼一族誅伐を契機として、家中掟法の整備、それに基づく家中統制の強化によって、毛利氏「国家」が成立し（岸田二〇一四）、さらに、天文二十年（一五五一）の陶隆房《すえたかふさ》挙兵（大内義隆《よしたか》殺害）事件を経て、元就権力の基盤が強化された後である。隆元の家督相続からも六〜七年経過しており、輝元は毛利氏「国家」当主となる運命を背負って生まれたのである。

ところが、隆元は永禄六年（一五六三）八月四日、尼子《あまご》攻めのために出雲国へ向かう途中、安芸国佐々部《ささべ》（広島県安芸高田市）において急死した。享年四十一歳。法名常栄。輝元はわずか十一歳にして父を失った。

永禄十二年（一五六九）に比定される十二月十三日付け書状（『大日本古文書　家わけ第九　吉川家文書』、以下『吉川』）において、輝元は父を失った後の状況を次のように回顧している。

我等事、誠に無器量無才覚に生まれ申し、その上、常栄には十一にて離れ申し、終《つい》に親の異見を請け申さず、誰も指南仕り候者候わで、かくのごとく打ち過ぎ申し候

早くに父を失い、父から異見されることなく育ったことは、輝元自身にとっても懸念要素だった。輝元誕生翌年の防芸引分（大内・陶氏との断交）、さらにその翌年の厳島合戦、その後の防長征服、石見国への進出、尼子攻めなど、隆元は断続的に出陣を繰り返し、幼い輝元の側に落ち着くことはなかった。一方で、隆元の輝元に対する愛情は彼の自筆書状（『毛利』）から窺える。

それのひもなおしのこと、申し上せ候、ぢいさまへ申し候て、御おび御給い候する事、めでたかるべく候、くわしくかもじへ申しまいらせ候まいらせ候、めでたく御そうまち申し候申し候、恐々謹言

十一月十三日　　たか元（花押）

こうつるとの　まいる

申給へ

「こうつる」（幸鶴）は輝元の幼名である。「かもじ」は母親、すなわち、隆元室尾崎局のこと。輝元の紐直しの儀式（幼児が着物の付紐を取り、はじめて帯を結ぶ儀式）に際して、祖父元就（「ぢいさま」）から帯を拝領することについて祝いを述べたものであるが、その文面から愛情が滲み出てくるようである。また、隆元は出陣先などからしばしば輝元に対して、その地の名物を贈っている。例えば、四月三日付け書状（『毛利』）には、「かい鳥事いよいよ頼み申し候頼み申し候、ここもとのしとと見せ申したく候見せ申したく候」とある。「しとと」とは巫鳥《しとど》、すなわちホオジロ類のことである。遠く離れた愛児に対して、異郷の地の小鳥を見せたいという隆元の親心。しかし、「親の異見を請け申さず」という輝元の認識とは異なり、隆元は単なる親馬鹿ではなかった（『毛利』）。

御ふみ《（文）》めでたく候、ここもと《（爰元）》なに事候わず候、ちかぢか《（近々）》に中途迄かいちん《（開陣）》にて候まま、御心安かるべく候、さては一色まいらせ候、この国の物にて候まま、御しようがん《（賞翫）》あるべく候あるべく候、そこもと《（其元）》何事も候わぬよし、しかるべく候しかるべく候、よろづ《（万）》かさねて申し承り候べく候、返す返す、さのみ□とお《（遠）》くとも、あそび《（遊び）》には御くだり《（下り）》候まじく候まじく候、かもじのいけん《（異見）》御きき《（聞き）》候わずば、くせ《（曲）》事たるべく候たるべく候、我々るす《（留守）》とて、人まかせには無よう《（用）》にて候無ようにて候、御

こころえ《心得》に申し候申し候、めでたく恐々謹言
十月十七日　　隆元（花押）

上書には「ちん《陣》より　隆元、幸鶴殿　御返事」とあり、在陣中の隆元へ送られてきた輝元（幸鶴）からの書状に対する返信である。隆元の在陣場所を特定することは困難であるが、輝元が戦場近くまで行きたい意向を示していることから、ある程度の年齢に達していると考えられ、永禄年間であろうか。輝元の意向を「遊びで来るような所ではない」と嗜める隆元。異郷の名物を贈るという優しさの一方で、戦を遊び感覚で捉える子に対して、戦の過酷さを教えようとする厳しい父。自分が留守で日常的に指導できないことを憂い、出陣先からも書状をもって、毛利氏「国家」当主としての教育を施そうとしていた様子が窺える。

留守がちの父親に代わって、輝元に「異見」したのは「かもじ」、すなわち尾崎局であった。ところが、輝元は尾崎局の異見に従わないことが多かったようである。年月日欠であるが、上書に「おざきより　こじじう《小侍従》　ささめ《佐々部》御やどへ」とあり、尾崎局が死没直前（「ささめ」は隆元が没した「佐々部」と推測されるため、尾崎局の消息が佐々部に達した頃、すでに隆元はこの世にいなかった蓋然性が高い）の隆元へ発した消息（『毛利』）をみてみよう。

（前略）こうつる《幸鶴》かたへ、われわれ《尾崎局》申すことども、すけ六（幸鶴守役国司助六元武）などがいけんども、

よくよくきき候えと御申して給い候べく候、又々かしく
すけ六にも、こうつる《幸鶴》きげん《機嫌》にさわり候とも、よくよくいけん《異見》をも申し候えと、この物かえり候するとき、御ゆわせ候べく候、われわれ《我々》申す事をば、一こう《一向》きき《聞き》まいらせ候わず候、そなたより御申す事をこそ、おそれ候まま、申す事にて候、このふみこなたへ給い候べく候、又々かしく

母尾崎局の言う事にはまったく従わない幸鶴。一方で、父隆元（「そなた」）の言う事は恐れて従うものの、隆元が幸鶴の側にいることは少なく、実際に異見される機会はほとんどない（傍線部）。「終に親の異見を請け申さず、誰も指南仕る候者候わで、かくのごとく打ち過ぎ」という輝元の認識は、右のような幼少年期の体験に基づくものだったのである。

母尾崎局

輝元の母尾崎局は大内氏重臣内藤興盛《ないとうおきもり》の息女、大永七年（一五二七）、あるいは享禄二年（一五二九）生まれとされる。法名妙寿。内藤家は大内氏家臣団の中でも筆頭格の家であり、長門国守護代を世襲していた。

隆元と尾崎局との縁組は、天文十八年に元就が山口へ下向した際に決まったとされる。年月日欠であるが、「尾崎」宛てであることから、天文十八年以降に比定される元就書状（『毛利』）に「上野介（毛利氏家臣志道広良《しじひろよし》）にも、年寄衆へも、使衆の物語りには、つぼねかた《局方》の御事、屋形さまより給い候、かようの段も第一、一かど《廉》との儀候」とある。「屋形さま」とは大内氏当主義隆を指し、尾崎局が義隆養女として隆元へ嫁すことになったことを、元就は非常に名誉なことと認識している。

毛利博物館に現存する「縹糸胸紅白威胴丸具足《はなだいとむねこうはくおどしどうまるぐそく》」は内藤興盛から隆元に送られたものである。隆元と尾崎局の婚姻の年である天文十八年に比定される隆元宛ての興盛書状（『毛利』）には「この壱領実勝に候、殊に船岡以来、今度のご勝利に至り、嘉例めでだく候の条、進め置き候、御家に置かれ候わば、大慶たるべく候」とあり、『萩藩閥閲録《はぎはんばつえつろく》』の由緒書においても、義隆養女説に続いて、この贈答の事情を記している。内藤家の家宝ともすべき「嘉例」の品を、興盛があえて娘婿の隆元に譲った事情について、柴原直樹氏は「興盛が娘婿の隆元に相当の期待を寄せていた」と評価している（柴原二〇一二）が、興盛のみならず、尾崎局を養女とした義隆にとっても、大内氏を支える存在としての隆元に期待していたと考えられる。

右記のような隆元と義隆の関係から、山口の龍福寺《りゅうふくじ》は弘治三年（一五五七）、隆元が義隆の菩提寺とし再興したとされてきたが、高橋研一氏は隆元再興説を否定し、実際には元亀三年（一五七二）に輝元が再興したとする（高橋二〇〇八）。義隆は義理とはいえ、輝元にとって母方の祖父にあたる。輝元は自らが大内氏継承者としての資格を有すると自認していたのではなかろうか。

天文十八年、二十三歳あるいは二十一歳のときに毛利家へ嫁した尾崎局は、二十七歳あるいは二十五歳のときに輝元を出産し、永禄六年、三十七歳あるいは三十五歳のときに夫隆元に先立たれた。母の言う事に従わないやんちゃな十一歳の子輝元を残された尾崎局の困惑は想像に難くない。しかし、尾崎局は輝元の養育に心血を注いだ。

輝元が元服した永禄八年（一五六五）以降のものであるが、尾崎局が桂就宣《かつらなりのぶ》（毛利氏五奉行）に宛てた消息をみてみよう（『毛利』）。

たかはる《（内藤隆春）》にておおせきかせられ候御事、いちいちこころえ《（心得）》まいらせ候、いぜんも五りう御かもじさま（元就娘・宍戸《ししど》隆家《たかいえ》室）へも申しまいらせ候ごとく、われわれかように候て、いまいらせ候するほどにては、てるもと《（輝元）》ないない《（内々）》のこころもち《（心持ち）》の事は、がいぶん《（涯分）》われわれゆだん《（油断）》なく申しきかせ候するまま、そのだんにおき候ては、御きづかい御いり候まじく候、なに事もたかもと《（隆元）》の御ときにちがいまいらせ候事、御いり候まじく候、てるもともないないそのぶんにこそ申しまいらせ候、いよいよとてもがいぶんわれわれゆだんなく申しきかせまいらせ候べく候、そのだん御心やすくおぼしめされ候べく候、しぜん《（自然）》ゆだんの事とも御いり候するときは、こなたへ御ともしなくおおせきかせられ候する事、何よりめでたく思いまいらせ候べく候、御悦又々かしく

輝元の養育について、元就が尾崎局の弟内藤隆春を通じて何事かを伝えたことに対して、尾崎局は表面的には従いつつ、輝元の養育（「輝元内々の心持ち」）については私（「我々」）が油断なく申し聞かせますので、気遣いしないでください、と元就からの口出しを遠まわしに断っている。父隆元がいなくとも、母の私が責任をもって養育するという尾崎局の強い決意が伝わる。輝元は父隆元の死没後、このような母の優しくも厳しい愛を一身に受けて育ったのである。

先にみた十二月十三日付け輝元書状の続きには「誠に我々ことは、兄弟の一人も御座なく候、手も力もなき趣に候、曲なく候」とあり、輝元には兄弟がなかったと記しているが、実際には、一人の弟があり、そのほか姉妹が一人あった。いずれも母は尾崎局とされる。このうち弟は系図類において「徳鶴」と伝わるが、同時代史料においてその動向を確認することはできず、かなり幼い時期に死没したと考えられる。

輝元の兄弟姉妹

姉妹は石見の有力国人領主吉見《よしみ》広頼《ひろより》室となり、「津和野局」と呼ばれている。

吉見家は源範頼《のりより》の末裔で、鎌倉末期に地頭として石見国吉賀郡に入部したとされる。しかし、石見国における活動が同時代史料上に現れるのは南北朝期からであり、それ以前の動向は定かでない。室町期には隣接する美濃郡の益田家と境目紛争を繰り返した。

戦国期に入ると大内氏に従属化していったが、自立的な立場も維持しており、広頼の父正頼は大内義興《よしおき》の娘（義隆の姉）を室としていた。このため、陶隆房（晴賢《はるかた》）挙兵事件に際して、陶氏と重縁関係にあった益田家（当主藤兼《ふじかね》）は陶氏を支持、義隆殺害後、晴賢とともに吉見家領へ侵攻し、吉見家の本拠三本松《さんぼんまつ》城（島根県鹿足郡津和野町）を攻撃した。毛利氏も吉見攻めのための石見国への出陣を要請されたが、元就は最終的に陶氏（大内氏）との断交を決意し、吉見攻めに兵力を割かれて手薄の大内氏領を侵攻、緒戦を有利に展開した。

したがって、毛利氏の戦国大名化のきっかけを作ったのは吉見家であったともいえ、また、毛利氏を取り巻く周辺有力国人領主の中でも吉見家は最大級の勢力を保持していた。そのような吉見家と良好な関係を維持することは、毛利氏にとって非常に重要であり、そのために、吉見家と姻戚関係を結ぼうとしたと考えられる。

広頼と津和野局の婚姻した年は不明であるが、隆元覚書・書状案文（『毛利』）の端裏書に「吉見右衛門大夫　上り候時の事　永禄五年三月」、その内容には「御方の儀、別して女中方へ御入魂の由、誠に本望、いよいよ頼み存じ候事」「御方の儀、広頼御女中方へ対され、別して御入魂の由、誠に本望の心中ほど、申すに尽きがたく候、いよいよ頼み奉り候」とある。「広頼御女中方」は津和野局を指すと考えられるため、婚姻は永禄五年（一五六二）以前となる。広頼は天文十一年（一五四二）生まれであり、当時の武家の婚姻適齢年齢として矛盾はない。津和野局の生年は不明であるが、輝元の妹であるとすると、天文二十三年（一五五四）以降の生まれとなり、婚姻時に十歳未満だったことになる。広頼と津和野局の長女「矢野」の生年も不明であるが、伊予河野《こうの》氏の当主通直《みちなお》に嫁したのが天正九年（一五八一）、通直が永禄七年（一五六四）生まれであることから推測すると、「矢野」は永禄十年（一五六七）前後の生まれであろうか。出産適齢年齢から逆算すると、津和野局は輝元の姉であった蓋然性が高いといえよう。

津和野局は毛利家と吉見家を結ぶ鎹《かすがい》として両家の融和に尽力したが、元亀二年（一五七一）に死没した。法名高覚妙悟。十月十六日付けの吉見正頼宛吉川元春書状写（『萩藩閥閲録』）には、「そこもと尾崎御局方不慮の御事、是非に及ばず候、御朦気の段、察しいたすばかりに候、これよりこそまず御意を得るべきところ、吉田尾崎大方、前後を弁ぜられず、忘却沙汰に及ばず候間、ふと罷り出で、さようの儀取り乱し罷りなり、御報口惜しく候」とある。「そこもと尾崎御局」が津和野局、「吉田尾崎大方」が尾崎局である。本来、元春から先に弔意を示さなければならなかったが、娘の死に混乱した尾崎局から元春への連絡が遅れたために、吉見氏からの連絡が先に届いてしまったことを詫びている。隆元の死没後、気丈に輝元を養育していた尾崎局であったが、遠く石見国まで嫁いだ娘のあまりに早すぎる死に嘆き悲しむ母の心情が垣間見える。

広頼と津和野局の間には先に触れた長女「矢野」のほか、天正六年（一五七八）に早世した法名「正岫寿覚《せいしゅうじゅかく》」という女子があったが、男子は生まれなかった。津和野局の死没後、広頼は尾崎局の弟隆春の娘を継室に迎えた。右記の元春書状写の続きには「輝元若輩の儀候間、ぜひ正頼・広頼御憐愍をもって、吉田の怜家連続の段、ひとえにたのみ奉るのほか、他になく候」とあり、吉見家との融和関係を維持するため、尾崎局の血縁女性との縁組によって、両家の姻戚関係を保とうとしたと考えられる。

なお、津和野局の没した翌年元亀三年九月晦日、娘の死に気落ちしたためであろうか、尾崎局も四十六歳、あるいは四十四歳でこの世を去った。父母、兄弟姉妹すべてを失った輝元はまさに「手も力もなき趣」という心境だったのではなかろうか。

輝元の乳母

輝元の乳母を務めたのは「有福《ありふく》おち」と呼ばれる女性である。「おち」は「御乳人」の略称と考えられ、養育者としての乳母の役割のみならず、実際に授乳をしていた蓋然性が高いとされる。また、「有福おち」は有福元貞《もとさだ》の室に比定される（丹正二〇〇三）。

有福元貞は和智豊実《わちとよざね》の弟尾越朝実《おごえともざね》の子であり、備後国有福庄（広島県府中市）に本拠を置いたことから、「有福」を名乗ったとされる。和智家は備後国吉舎《きさ》（広島県三次市）を本拠とし、備後国中部領主連合の盟主の地位にあった。和智豊実の子豊広《とよひろ》の養子となった豊郷《とよさと》（和智家一族上原家の出身）の子誠春《まさはる》は、毛利氏重臣福原広俊《ふくばらひろとし》の娘（元就生母の姉妹）を室とし、また、誠春の子元郷《もとさと》の室は内藤興盛娘（尾崎局姉妹）であった。隆元死没時の経緯（誠春の佐々部における館において接待を受けた翌日に急死）から、永禄十二年正月、誠春は元就によって殺害されたともいわれるが、殺害の要因については諸説がある。父殺害以前に、元郷は元就に対して起請文を提出し、忠誠を誓ったが、その前書には「我等内証の儀、淵底局存知の儀候の間、申し上げらるべく候、それにつき、いよいよ心底の儀申し上ぐべき由、局申し聞かされ候の間、恐れながら心底残らず申し上げ候」（『毛利』）とある。「局」は尾崎局を指すと考えられ、輝元の母と和智家一族に密接な関係があったことを示す。そのような尾崎局との関係が、「有福おち」が乳母として選ばれた背景にあった可能性もあるが、断定はできない。

また、有福元貞の娘は毛利氏五奉行児玉元良《こだまもとよし》と婚姻しており、「有福おち」が乳母を務めたことによって、夫の元貞や子たちも元就や輝元からの信頼が増したものと考えられる。なお、のちに児玉元良の娘は輝元の側室となるが、元貞娘は若くして没したようであり、元良との間の子は嫡子元兼のみで、輝元側室の母は異なる。一方で、元貞と「有福おち」の間の娘二人（「きた」と「ありふく」）が輝元側室（児玉元良娘）に奉公しており（丹正貴和美氏のご教示による）、この点も輝元の「有福おち」への信頼を示すものといえよう。

「有福おち」による輝元の養育について、直接的に物語る同時代史料は確認できないが、「有福おち」は輝元から給地として百石を与えられており（「有福文書」）、自らを養育してくれたことに対する輝元の感謝の念が窺える。

2　幸鶴とそれを取り巻く人物

幸鶴の発給文書

隆元の死没に伴い、十一歳の幸鶴が毛利氏の家督をすぐに相続したのであろうか。まず、永禄八年二月に輝元が元服する以前の幸鶴期（永禄六年八月四日〜永禄八年二月十五日とする）における発給文書から考えてみたい。

幸鶴期を含む輝元発給文書については舘鼻誠氏によって基礎研究が行われているが（舘鼻一九八六）、「権力の意志を直接的に伝達する公文書を中心にすえ、実見できた一部の原文書、および東京大学史料編纂所等が所蔵する影写本・写真帳から、可能な限りの花押・黒印を収集し、それぞれの特徴と正確な編年基準の確立」に主眼がおかれているため、本書執筆にあたっては、私的な書状類にも着目し、また、写であっても信頼性の高い文書も含め悉皆調査した。

幸鶴発給文書の特徴として、花押の据えられていない文書が少なくないことを指摘できる。厳島神社の棚守房顕《たなもりふさあき》宛てにおいても、花押の据えられているものと据えられていないものがある。したがって、花押の有無は受給者によって使い分けたのではないと考えられる。

幸鶴発給文書一覧

	年	月	日	発給者	花押	種別	受給者	奥付	奏者	典拠
1	（永禄6）	壬12	26	幸鶴	×	書状	棚守左近衛将監（房顕）	御返報		厳島野坂文書
2	永禄7	1	12	幸鶴	×	加冠状	内藤少輔九郎（元泰）			内藤家文書
3	永禄7	2	29	幸菊丸（幸鶴丸カ）	×	加冠状	錦織弥四郎			萩藩閥閲録（157）
4	永禄7	2	13	大江朝臣 幸鶴丸	×	頭役差文				興隆寺文書
5	永禄7	2	19	幸鶴	×	加冠状	中村半次郎			萩藩閥閲録（167）
6	永禄7	7	9	幸	○	書状	木（木原元定）		源五郎（堅田元乗）	木原家文書
7	永禄8	2	13	大江朝臣 幸鶴丸	×	頭役差文				興隆寺文書
8		1	4	幸鶴丸	×	書状	粟屋与十郎（元種）			遠用物所収文書
9		1	9	幸鶴	判	書状	舟木又七郎（元之）			萩藩閥閲録遺漏（2）
10		1	18	幸鶴丸	×	書状	赤穴右京亮（盛清）	御陣所		中川四郎氏所蔵文書
11		2	4	幸鶴	×	書状	棚守左近衛将監（房顕）	御宿所	助六（国司元武）	厳島野坂文書

12		2	9	幸鶴	判	書状	福井十郎兵衛尉（景吉）			譜録福井十郎兵衛信之
13		2	23	幸鶴	○	書状	木原記三郎（元定）	まいる	槌法（粟屋槌法師）	木原家文書
14		3	13	幸鶴丸	×	書状	棚守左近衛将監（房顕）			厳島野坂文書
15		4	28	幸鶴	○	書状	神五郎（田中元通）		助六（国司元武）	田中家文書
16		6	16	幸鶴丸	×	書状	棚守左近衛将監允（房顕）	参御宿所	秀岳院	厳島野坂文書
17		6	17	幸鶴	○	書状	紀三郎（木原元定）			木原家文書
18		6	25	幸鶴	花押	書状	揚首座（興禅寺元楊）		助六（国司元武）	防長寺社証文山口妙寿寺
19		8	1	幸鶴	×	書状	湯浅治部太夫（元宗）	御陣所		湯浅家文書
20		8	3	幸鶴	判	書状	三戸助四郎（元顕）			萩藩閥閲録遺漏（2）
21		9	15	幸鶴	○	書状	内藤才松丸（元泰）	御返事	粟屋与十郎（元種）	内藤家文書
22		10	晦	幸鶴丸	×	書状	棚守左近衛将監（房顕）		助六（国司元武）	厳島野坂文書
23		11	2	幸鶴	○	書状	椋（木原元定カ）			木原家文書

24		11	21	幸鶴	判	書状	舟木又七郎（元之）			萩藩閥閲録遺漏（2）
25		12	15	幸鶴	○	書状	棚守左近衛将監（房顕）		瑞雲寺	野坂文書
26		12	16	幸鶴	×	書状	地蔵院		児玉太郎三郎（元村）	花岡八幡宮文書
27		12	20	幸鶴	判	書状	舟木又七郎（元之）			萩藩閥閲録遺漏（2）
28		12	23	幸鶴	×	書状	佐藤又右衛門尉（元実）			佐藤文書
29		12	24	幸鶴	○	書状	棚守左近衛将監（房顕）	御宿所		厳島野坂文書
30		12	28	幸（幸鶴）	判	書状	弥七郎（福原就理）		槌法（粟屋槌法師）	譜録福原右内俊操
31		12	29	幸鶴	○	書状	御香	参御陳所		毛利家文書
32				幸鶴	×	書状	内藤才松丸（元泰）	御返事		内藤家文書
33				幸鶴丸	×	書状	才鶴丸（福原就理）			萩藩閥閲録遺漏（2）
34				幸つる	×	書状	才鶴（福原就理）			譜録福原右内俊操
35				幸鶴	×	書状	才鶴（福原就理）			譜録福原右内俊操

（註1）花押欄の○は、花押が現存するもの。

（註2）典拠のうち、「萩藩閥閲録」の（ ）は巻番号。中川四郎氏所蔵文書・佐藤文書は東京大学史料編纂所蔵、譜録は山口県文書館蔵（毛利家文庫）。

棚守宛てをみると、永禄六年の書状（1）をはじめ、五通には花押が据えられていない。一方、花押の据えられている二通の内容は、25が房顕子元行《もとゆき》の元服の承認、29が年越の祈念依頼である。前者については棚守家にとって非常に重要なものであり、花押を必要としたことから、特例として花押が据えられた可能性もあるが、後者は恒例のものである。祈念依頼という内容は、11、14、16、22と同様であり、29のみ花押が据えられる特段の事情は考え難い。また、元服以後の棚守宛て（房顕の子元行を含む）輝元文書は三百通近く確認されるが、花押の据えられていないものはわずか一通である。

これらのことから推測すると、花押の有無は時期差を反映したものではなかろうか。25は、棚守元行は永禄八年二月に元服直後の輝元から一字書出を受給しており、永禄七年に比定される。おそらく29も永禄七年のものであり、少なくとも永禄七年の末までには、幸鶴は花押を据えるようになったといえよう。換言すると、隆元死没直後の段階ではまだ花押を据えることができなかったのではないか。十一歳であるから物理的には可能であろうが、十分な判断能力のない幸鶴に花押のみ据えさせても意味がないため、花押を据えなかったと考えられる。

この点について舘鼻氏は、永禄七年二月の時点では幸鶴がいまだ花押を所持していなかったとしたうえで、「中世社会では、童形、つまり元服前のものは、加判能力を欠いているため、個人の人格の象徴である花押を所持しない、といわれており、輝元の例もこれに該当する」としている。また、「輝元は、永禄七年二月から十二月までのあいだ、遅くとも元服の二カ月前には花押を所持していた」としている。舘鼻氏の見解はおおむね首肯できるものであるが、棚守宛て以外の文書を検討してうえで、筆者の私見を述べたい。

棚守宛て以外の文書について、興隆寺修二月会頭役差文（4、7）には、弘治二年（一五五六）まで大内氏当主の花押が据えられ、永禄二年（一五五九）から六年まで隆元の花押が据えられている（「興隆寺文書」）。また、永禄九年（一五六六）以降はおおよそ輝元の花押が据えられている。永禄十二年のみ花押が据えられていないが、大友氏との戦闘に向け、出陣中であったためと考えられ、幸鶴（丸）の花押が据えられていないケースとは同一視できない。

興隆寺修二月会頭役差文の場合、据えることのできない特段の事情がない限り、花押は据えられるべきものであった。にもかかわらず、4、7に花押が据えられていないことは、何を示すのであろうか。とりわけ、7は元服の直前であり、棚守宛て文書にみたように、それ以前に幸鶴は花押を据えた文書を発給しているから、時期差では説明できない。

この課題を解き明かすため、花押の据えられた文書についてみてみよう。

第一類型は棚守宛て25、29と同様に、永禄七年末から永禄八年初頭に比定される書状である。内容は贈答関係（9、27）、陣中見舞い（24、31）であり、花押を据えなければならない特殊事情はないため、時期差と判断した。また、12は舘鼻氏の指摘通り永禄八年に比定されるものであり、元服直前のものであるから、時期差で説明できる。

第二類型は幸鶴側近に対する私信的要素の強い書状である。受給者は、尾崎局付で幸鶴の守役的存在だったとされる（『山口県史』史料編中世2史料解題）木原元定《きはらもとさだ》（6、13、17、23）、毛利家の家政を担っていた政所家から田中家を相続した田中元通《もとみち》（15）、近習だったと考えられる福原就理（30）である。そのほか、隆元から「内々馳走の者」と評価されている（『萩藩閥閲録』）三戸元顕《みともとあき》（20）もこの類型に入れてよかろう。

このうち、複数の文書を受給している木原と福原を比較すると、木原宛ての書状にはすべて花押が据えられているが、福原宛てについては、四通中、宛所が「弥七郎」となっている一通のみ花押が据えられている。

弘治二年八月の段階で、福原就理は弥七郎を名乗っている（『萩藩閥閲録』）ことから、花押の据えられていない文書は弘治二年以前に比定されることになる。しかし、幸鶴は弘治二年当時、わずか四歳であり、文書を発給できるとは考え難い。幸鶴の意思を他の近習が文書に認めた可能性もあるが、就理が弥七郎を名乗った後も当分の間、幸鶴は慣れ親しんだ「才鶴」と呼んでいたとも考えられる。いずれにせよ、33〜35は幸鶴が幼い時期に作成されたものであろう。

次に、30のみ花押が据えられている理由について考察する。30は写しであるため、原文書には花押は据えられていなかった可能性もあるが、30のみ「弥七郎」宛てとなっており、33〜35が隆元死没以前の文書であるのに対して、30は隆元死没後のものではなかろうか。木原宛ての文書にすべて花押が据えられていることから類推すると、幸鶴は隆元死没後になると、側近に宛てた文書に花押を据えるようになった可能性が指摘できる。

第三類型は興禅寺住持職の継承承認という重要性に鑑み、花押が据えられたと推測されるものである（18、永禄七年に比定される）が、幸鶴による承認は臨時的なものであった。

国司助六をもって条々仰せ蒙るのとおり、承知せしめ候、よって策雲不慮御遠行候、それにつき後住の儀、契約の旨に任せ、当寺家ならびに末寺等前々の如く、相違なく御裁判あるべく候、我等において少しも別儀なく候、いずれも元就御開陣においては、とても談合せしめ、一紙申し入るべく候といえども、まずますかくのごとくに候、恐々謹言

元就が出陣中のためすぐに公的な安堵状《あんどじょう》類を発給できないという特殊事情があったため、臨時的に幸鶴から花押を据えた書状を発給して、興禅寺からの申請に応えたもの（傍線部）である。この書状の発給に先立ち、元就は六月四日、興禅寺に宛て、次のような書状を発給しており（「長府毛利家文書」）、18が元就の指示（傍線部）に基づき作成されたという経緯がわかる。

貴寺の事、元楊首座に対して譲り申さるべきの由に候、我等においていささかも疎略あるべからず候、幸鶴丸申し聞かすべく候、御心安かるべく候、なお隆景ならびに刑部太輔（口羽《くちば》通良《みちよし》）申すべく候、恐惶謹言

また、幸鶴書状の「一紙申し入るべく候」という約束の通り、永禄七年八月二十八日付けで興禅寺

楊首座（元楊）宛てに元就は安堵状を発給している（「長府毛利家文書」）。その文言には「龍東堂（策雲玄龍）拘え置かれ候寺家の事、相違なく進らせ置くべきの由、幸鶴に対して申し聞かすべく候」とあり、幸鶴の行った臨時的措置を承認している。

第四類型は内藤元泰に対する書状（21）である。内藤家は井原・秋山・三田家などとともに「中郡衆」と呼ばれる安芸国高田郡南部を本拠とした国人領主であり、「吉田衆」と呼ばれる毛利氏譜代家臣とは区別される独自の家格と地位を保持したとされる（岸田・秋山一九九〇）。元泰は父元種が天文二十二年あるいは二十三年に若年で没したため、「才松丸」と称する幼少期に内藤家の家督を相続していた。家督相続時には四歳であったとされ、元服前であったが、永禄七年一月、幸鶴の加冠により元服した（2）。ところが、その官途状《かんどじょう》には花押が据えられていない。この点については、次項で考察するが、元服後の元泰は「少輔九郎」を称するため、21のほか、花押の据えられていない32は、永禄七年一月十二日以前に比定されることになる。

そこで問題となるのは、官途状に花押が据えられていないにもかかわらず、それ以前に発給された21の書状に花押が据えられている点である。内容は贈答関係であり、花押を据える必然性はない。推測になるが、内藤才松丸は父の死没後、吉田において幸鶴と一緒に育ったのではなかろうか。当主が幼年であることに伴い、内藤家の家中が動揺して不穏な動きが生じないように、才松丸は半ば人質的な扱いで吉田に留め置かれた可能性がある。そうすると、才松丸は第二類型の幸鶴側近と同一視できる。しかし、花押の形状は木原宛てのものに比べて整っており、幼年期のものとは考えられない。21

の書状は永禄六年に比定してよかろう。いずれにせよ、21は第二類型と同様の要因（時期差）で花押が据えられたものと考えたい。

32についてもその内容から永禄七年一月十二日以前とは考えられないため、幸鶴が宛所を幼名のままにしたと推測されるが、六八～六九頁において詳述する。

以上の考察から、幸鶴による文書の発給は非常に制限されたものであり、宛行状《あてがいじょう》や官途状は発給しておらず、加冠状《かかんじょう》は花押が据えられていないことを明らかにした。永禄七年半ば頃から書状類における加判が増え始めるが、それ以前は側近に対するもののみに加判している。このような特徴から、永禄七年半ば頃以前には、幸鶴の意思によって作成される文書が基本的には側近に対する書状類のみであり、他の文書は毛利氏奉行層などにより作成され、幸鶴の署名のみを記したにすぎないことが窺える。幸鶴自身がその文書をみることも多くなかったのではないか。側近に対するきわめて私信的要素の強い文書に花押を据えることは許されたが、毛利氏奉行層などが作成した文書に花押を据えることは許されなかったと推測される。

次に、原文書を確認できる九通の幸鶴花押を比較してみよう（次頁参照）。15と25・29（舘鼻Ⅰ）、21と31（舘鼻Ⅱ）はほぼ同形である。舘鼻Ⅰは元服後の輝元が引き続き使用しているものであり（舘鼻一九八六）、15・25・29はいずれも永禄七年に比定されるが、15は四月、25・29は十二月で、八カ月の時期差がある。舘鼻氏は31を永禄七年に比定し、幸鶴が二つの花押を所持していたとされるが、宛所が「才鶴」となっていることから早い時期のもの、おそらく永禄六年に比定される21と同形である31

幸鶴花押

木原宛17
（同1944）

木原宛13
（同1946）

木原宛 6
（『山口県史』史料編
中世２：1945）

内藤宛21
（『広島大学文学部紀要』
49-1：100）

田中宛15
（同2060）

木原宛23
（同1943）

御香宛31
（舘鼻Ⅱ）

棚守宛25・29
（舘鼻Ⅰ）

も永禄六年のものと推測され、幸鶴花押は舘鼻ⅡからⅠへと変化し、そのまま元服後の幸鶴花押に引き継がれたのではなかろうか。

一方で、木原宛ての四通の花押には類似点もあるものの、それぞれが他のいずれの花押とも異なる形状である。このことは、側近層に対する書状はきわめて私的なものであり、花押を公的な証明のために用いたものではないため、試作的に作成した可能性もある。

舘鼻氏は、「輝元の加判する文書は、書状や主従制の儀礼的関係をあらわす加冠状に限られ」ていたが、「還暦をすぎてから嫡子隆元を亡くし、孫の自立化を早急の課題とした元就は、輝元に花押を所持させることで、新当主としての地位を早くから確立しようとした」とした。しかし、実際には加冠状の発給は確認できない。一方で、永禄七年半ば頃以降、花押を据える文書が増えていったことは、漸進的にではあるが、元就が幸鶴に対して、当主権限を委譲していこうとしていたことを示している。

ところが、幸鶴の発給した文書のうち、通常であれば当主の発給する安堵状・宛行状・官途状・加冠状類は皆無に近い。宛行状・官途状は一通もない。安堵状に準ずるものとして18があるが、先に述べた通り、臨時的なものにすぎない。加冠状は2、3、5の三通であるが、いずれも花押が据えられておらず、幸鶴は形式的に発給したにすぎない。しかし、隆元死没後、毛利氏による加冠状の発給がこの三通のみで、それを幸鶴が独占していたのであれば、形式上にすぎないとはいえ、幸鶴がすでに家督を相続していたといえなくもない。そこで、次項では幸鶴期における毛利氏による安堵状・宛行状・官途状・加冠状類の発給状況をみていこう。

幸鶴期における安堵状・宛行状・官途状・加冠状類の発給

結論を先に述べると、幸鶴期において安堵状・宛行状・官途状・加冠状類を発給しているのは元就である。秋山伸隆氏の作成した元就発給文書目録（秋山二〇〇三）によると、安堵状五通、宛行状（預ケ状を含む）十通、官途状（官途書出、受領書出、仮名書出を含む）七通、加冠状（加冠書出、一字書出を含む）五通が確認される。

毛利氏当主の発給文書を分析した山室恭子氏は、官途状・加冠状類について、「いったん元就から貰うと二度めも元就から、というように受取人ごとに誰から貰うかがほぼ定まっていた」としている（山室一九九一）。この見解に従うと、幸鶴期に元就が官途状・加冠状類を発給したとしても、その家に対して、以前に元就が官途状・加冠状類を発給していれば、幸鶴が当主であることを否定する史料とはいえない。そこで、幸鶴期において元就が官途状・加冠状類を発給した家について、それ以前の元就の文書発給状況を確認してみよう。

(ア)永禄七年一月九日付けで元就から官途書出を発給された木村又四郎は、天文二十三年八月十六日付けで元就から宛行状を受給している（山口県文書館蔵「毛利家文庫　譜録」、以下「譜録」）。

(イ)永禄七年五月二十五日付けで元就から一字書出を発給された粟屋弥五郎（元次）は、永禄四年（一五六一）一月九日付けで隆元から加冠状を受給している（『萩藩閥閲録』）。

(ウ)永禄八年一月六日付けで元就から仮名書出を発給された品川余次郎は、弘治四年（一五五八）六月二十五日付けで元就袖判の毛利氏奉行人文書（打渡状類と考えられる）を受給している（『萩藩閥閲録』）。

(エ)それ以外の幸鶴期に元就が官途状・加冠状類を発給した家においては、それ以前の官途状・加冠状類や宛行状・安堵状類の受給を確認できない。

(ア)や(ウ)は従来から元就が官途状・加冠状類を発給していた家であり、幸鶴が当主であったとしても、元就存命中は元就から官途状・加冠状類を発給されることになるが、(イ)は父隆元が加冠状を発給していた家であるから、官途状・加冠状類の発給権限は幸鶴に引き継がれるべきである。また、(エ)の中には、それ以前に受給した官途状・加冠状類が現存していないケースも含まれる可能性があるが、仮に毛利氏から初めて官途状・加冠状類を発給し、当主が幸鶴であれば、幸鶴から発給すべきものである。これらの事例から、幸鶴の官途状・加冠状類発給権限がきわめて制限されたものであったといえよう。

また、幸鶴と同様に、当主である父を幼少時に失った幸松丸《こうまつまる》(元就の兄興元の子、二歳で家督を相続し、九歳で没した)は、花押は据えられていないものの、官途書出や加冠状を発給している(『萩藩閥閲録』)。一方で、幸松丸を後見していた元就は感状や宛行状などを発給しているが、官途状・加冠状類は一通も発給していない(秋山二〇〇三)。この事例からも官途状・加冠状類の発給権限は当主にあることがわかる。

したがって、加冠状三通を発給している幸鶴は、形式的には家督を相続したといえる。しかし、祖父元就は幸鶴の発給通数を上回る加冠状類を発給し、安堵状・宛行状・官途状については独占している。文書の発給状況からみると、元就も当主といえるのである。

そこで、幸鶴と元就が発給している加冠状類について、受給者による特徴がないか考察してみよう。

幸鶴は、先にみた中郡衆の内藤元泰、天文二十四年に先代と考えられる三郎五郎が元就から加冠状を発給されていた錦織弥四郎、周防国岩国錦見《にしみ》（山口県岩国市）などに給地があった中村家の中村半次郎。元就は、安芸国深川小河原（広島市安佐北区）を本拠とする国人領主と考えられる小河原家の小《お》河原《がわら》乙法師、安芸国三入（広島市安佐北区）を本拠とする有力国人領主熊谷《くまがい》家の一族と考えられる熊谷弥八郎、譜代家臣粟屋家一族の粟屋弥五郎、杵築《きづき》大社の上官を務めていた富《とび》家の富又七、大内氏家臣だった神保《じんぼ》家の神保弥九郎である。

これらの事例をみると、地域性や受給した家の格などによる統一的な基準に基づき、幸鶴と元就のどちらが発給するかを決定したとは考え難い。幸鶴に仕えるものとされた家臣に対する加冠のみを幸鶴が行い、その他の加冠や安堵状・宛行状・官途状の発給を元就が行ったと推測される。一方、元就が先代に対して加冠していた錦織家において、次代の弥四郎に対して幸鶴が加冠した点を、幸鶴の権限拡大と捉えられるのであろうか。錦織弥四郎宛てを含め、幸鶴の加冠状すべてに花押が据えられていないことから評価すると、幸鶴に当主としての実質的な権限が認められていなかったといえる。

しかし、元就が当主に復帰したと断定することはできない。当主が二名存在することは考え難く、元就は幸鶴が成人するまでの当主代行的な位置づけだったと考えたい。形式的な当主は幸鶴だったものの、その権限は保留状態であり、当主は事実上空席だったといえるのではなかろうか。

幸鶴の書状

幸鶴期の輝元の実像を物語る史料は、側近に宛てた書状である。そこで、二、三の実例をみてみたい。

まず、守役《もりやく》的存在だったとされる木原元定（元慶）に対する書状を掲げる（6）。

わざと一ふで申しまいらせ申しまいらせ候、昨日源五郎して申し候、申したき事ふと申し候、申したき事御座候間、のちに申しまいらせ候べく候、何事もたのみ入りまいらせ候、謹言

何事たのみ入りまいらせ候

幸鶴が元定を頼りにしていることがよくわかる書状であるが、文章として不必要と思われる繰り返しも多く、元定を相手に書状を認める練習をしていたのではなかろうか。文字にも稚拙さが感じられ、少年期の幸鶴自筆の蓋然性が高い。

元定に宛てた次の書状は幸鶴に対する文化面における教育を窺わせるものである（17）。

この度能者小鼓一番けいこ仕り候か、うち候べく候、謹言

輝元は小鼓を非常に愛好していた。そのきっかけは幼少時に木原とともに小鼓の稽古に励んだことにあったことを窺わせる。

次に、写しであるが、内容的には信憑性が高いと考えられる福原才鶴丸に対する書状を掲げる（33）。

一筆申しまいらせ候、ちかき《（近）》ほとは文さえまいらせ候わず候、くちおしく《（口惜しく）》おもい《（思）》まいらせ候、御みさま《（身様）》の御き、なに《（何）》とおわまし候や、うけ給い□□存じ候、又申し候、御むづかしき《（難しき）》事にて候えども、鳥もち候わばちとちと給い候わば、目出たく存じ候、又々かしく

返す返すぶさた《（無沙汰）》くちおしく《（口惜しく）》存じ候、鳥もちの事たのみまいらせ候、又々かしく

「鳥もち」とは、餅など粘着性の高いものを竿の先に付けて小鳥などを捕るための道具である。幸鶴は35においても、福原才鶴丸に対して「もずを捕ってきて欲しい」と依頼している。十一歳程度の少年に似つかわしい無邪気な小動物への興味が窺える。

元服後の輝元は元就から厳しい当主教育を施されたが（岸田二〇一四）、元服前の幸鶴の養育は母尾崎局、乳母、側近らに委ねられ、元就から幸鶴に対する直接的な指導はみられない。幸鶴期の輝元はある程度自由に育っていったといえよう。

幸鶴の側近(1)——木原元定

木原家は伊予河野氏の一族重見《しげみ》通種《みちたね》が安芸国へ移り、木原郷（広島県東広島市）に居住したことから、木原姓を名乗ったという。通種の来芸については、河野氏と敵対していた大内氏の影響によって通種が河野氏に対する反乱をおこしたが、失敗して逃亡したとされる（川岡二〇〇六）。その後、通種は大内氏に仕え、厳島合戦において陶方に属して討死したが、通種の二人の遺児は元就に召し出されて毛利氏家臣になったと伝わる（『萩藩閥閲録』）。

遺児のうち次男が元定である。慶長十八年（一六一三）に六十七歳で没したとされる（『萩藩閥閲録』）

ため、天文十六年（一五四七）生まれ、六歳年長となる。元定は永禄二年、隆元から加冠状を受給している（『萩藩閥閲録』）が、その当時、元定が十三歳、幸鶴が七歳であるから、守役というよりむしろ、兄のような存在として幸鶴を養育する役割を担って、元定は隆元付きの家臣とされたと考えられる。また、かつて敵方であった人物の遺児であるにもかかわらず、近習とされたことから推測すると、幼少時に父母らから大内文化に基づく教養教育を施されており、当時の毛利氏家中においては教養面において秀でた若者だった蓋然性が高く、そのような才能を評価されて近習に抜擢されたのではなかろうか。

幸鶴元服後の元亀二年、元定の兄兵部丞は不行跡を理由に元就によって処罰された。同年に比定される八月四日付け元定宛て小早川隆景書状写（『萩藩閥閲録』）には、「①御方の儀内々尾崎において日夜御奉公を抽んじらるの条、洞春様（元就）常に御褒美なされ候、前々御懇意加えられ候段、勿論貴所御忘却あるまじく候、然れば今度不慮の御心づかい候といえども、右の辻いささかも洞春様御心底御相違なく、②尾崎仰せ談ぜられ、御身躰等別して然るべく候よう御計らいなされ候、さ候の間、六月十一日、御中丸において伺い奉るのところ、早々召し出され、御両殿（元就・輝元）御対面なさるべきの由仰せ聞かさるのところ、日数なきについて延引、残念に存じ候」とある。傍線部①の「尾崎において」とは郡山城の尾崎丸を指し、元定が尾崎丸に居住する輝元及び尾崎局に仕えていたことを示す。傍線部②の「尾崎仰せ談ぜられ」の「尾崎」については㋐尾崎丸を指し、輝元母子及び輝元に仕える家臣団全体を意味する、㋑輝元、㋒尾崎局、の三つの可能性が考えられる。同年に比定される六月十四日付け吉川元春宛て隆景書状（『吉川』）には「輝元仰せられ候」とあるから、(イ)の蓋然性は低い。(ア)あるいは(ウ)と考えられるが、いずれにせよ、幼い頃から幸鶴の側に仕え、幸鶴や尾崎局の信任が厚い存在だったと推測される。兄の処罰事件に際して、輝元自身も起請文をもって元定に連座を適用しないと誓うとともに、「その方母いまだなげき候や、何と様にも申し及ばず候えども、心付おちつけ候する儀専一に候」という書状を送っており（『萩藩閥閲録』）、元定に対する信頼や細かい配慮が窺える。

元定は豊臣期になっても、慶長二年（一五九七）の小早川隆景死没後、隆景の本拠三原の支配及び隆景家臣団（三原衆）を統括する役割を担っており、輝元の元定への信頼が揺るがなかったことを示している。さらに、関ヶ原合戦後においても、慶長十二年（一六〇七）六月二十七日付けで中村与左衛門尉跡目の相続について、輝元（法名宗瑞）が安堵状を発給した際の奏者（輝元の決定を伝達する役割）を務めており、輝元の側に仕えていたことがわかる。幸鶴期から側に仕え、豊臣期、さらに江戸期になっても輝元に重用された人物は必ずしも多くない。輝元にとって心底から信頼できる存在の一人が元定だったのである。

幸鶴の側近(2)——福原就理

福原家は南北朝・室町初期の毛利氏当主毛利元春の五男広世を祖とする毛利氏庶家である。元就の母が広世の孫広俊の娘であるなど、福原家は庶家の中でも筆頭格であるが、就理の先々代（祖父と推測される）俊秋が広俊の子（次男あるいは三男）元澄（元就母の兄弟）であるため、就理の家は福原家の庶家にあたる。就理は元定のケースとは異なり、毛利氏の有力庶家福原家の人物であることが近習とされた最大の要因だと考えられる。福原家は庶家の中でもほぼ一貫して毛利氏本宗家を支えてきた家であり、毛利氏権力基盤の中枢に位置する家であった。このため、将来の輝元権力を支える重要な勢力として期待されており、そのためには、福原家の若者を幸鶴の側に配しておくことが必要だと元就や隆元は考えたのではなかろうか。福原家の中で、年齢や才能を考慮して選ばれたのが就理だったと推測される。

就理は慶長十五年（一六一〇）に七十余歳で没したとされる（『萩藩閥閲録』）ため、天文十年（一五四一）前後の生まれと推測される。弘治二年、就理は隆元からの宛行状を受給しているが、その宛所は「弥八郎」となっており、元服後である。天文十年前後の生まれとすると、弘治二年当時は十六歳前後になる。先にみたように、幸鶴書状写においては就理の幼名「才鶴」が宛所とされているが、弘治二年以前、すなわち、幸鶴が物心つく頃にはすでに側に仕えており、幸鶴はずっと「才鶴」と呼んでいたのではなかろうか。

輝元と就理の関係を示す史料として、就理が孫兵衛尉を名乗る元亀四年（一五七三）以降のものであるが（天正四年（一五七六）前後と推測される）、二通の輝元書状写（『萩藩閥閲録』）をみてみよう。

Ⓐほうこう（奉公）さまの儀、油断あるべからず事肝心に候、その子細は、①自然、人の存ずべき事には、孫兵（就理）はさほどの御奉公は仕らず候、だれも孫兵ほどは御奉公こそ申し候か、それは上の御めにもたたず、奉公無きの物は御志候と諸人心得候えば、②その方一人にて、我々びきりょう（不器量）のば

か物のはなぬり仕り候間、心持ち肝心に候、我々がむねは、その方こと、まが《紛》わぬ奉公無きはめのまえ《眼の前》のことにて候、されども今まで人をつくろいあつかい候ことなく候間、その段ばかりを大切に存じ候故、別して人に心付け抽んじ候、その段をば、人がし《知》り候わで、面向きをなにかと申し候まま、よくよく心えべく候、さ候ても、とても我々めにたち、人のめにたち奉公は、何と候てもなるまじく候間、その方をば、③みつみつ《蜜々》のことのだんごう《談合》、又、④我々身上の儀、人の申すべきことのめしろ《目代》ききてに仕るべく候、その所を抽んじ心懸けべく候、この条、千人に一人もなく候、ちかごろちかごろあさあさしき我々申す事候えども、⑤その方我等間、うちさらし申し聞かせ候、よくよくその心得なさるべく候、かくのごとくは申し、その方心中、我々見たてもはづれべく候まま、いかがとは存じ候、まずもってこの分に候

Ⓑ次いでながら申し聞かせ候、その方奉公さまの儀たびたび申す事に候、さ候ほどにいかが存じ候や、⑥その方儀は何たる我々へたいし、懇ろの事も候わず候えども、才覚だてなく候間、心安く候て、涯分別して召し遣うべき内存に候、その上、もんのはしにても候えば、ただの物には、かわ《代》りたのみ《頼》も候か、いかにも、ねりけじゆう《自由》がかち《勝》候て、何もかもならぬ仕合せ候条、ならぬまでも心懸け候て、見候えかしにて候、⑦太刀・刀・き《着》物以下まで、その方にこそ申し付け候か、太刀も刀も用時は、その方罷り出でず候間、はたと、ことをかき《欠》候趣にて候、⑧ぜひ少しの少給も遣わし候わば、城内にいかにもほそぼそ《細々》へや《部屋》仕り居り候て、奉公べく候、⑨自由ねりけを仕り候儀、心ままに候わば、我々などこそ志候つれども、これなりの役目に生まれ候、ふしょう《不肖》にて候間、

よるひる《夜昼》いやなことばかりにとじ《閉》られ、きづかい《気遣》しんろう《辛労》候に、奉公人と生まれ、ことさら別して召し遣い候に、ぬたを仕るべき儀は、一こう《向》ぎり《義理》にあたらぬ事に候、物のわけ・道理をよく、何事についても分別候て、みちをみちに心懸け候えば、今生後生のため何たる事にもまし候べく候、是非とも心懸け候べく候、⑩左候わば、人になし候ても尤もと、諸人も存じ、人のねたみも候まじく候か

Ⓑの冒頭に、輝元から就理に対して再三奉公のあり方について言い聞かせたとあるため、Ⓐに続いて、Ⓑを発したことがわかる。割愛したがⒶの前文には、就理からの要望に従い、輝元が就理に対して給地を与えたとある。その際、隆景や元春からもその給地について要望があったが、それを拒んで就理に与えるとしており、就理を重用する輝元の姿勢が窺える。そのような厚遇を踏まえ、さらに今後の奉公のあり方に関する輝元の意見が二通の書状の内容である。文意をつかみづらい箇所も多いが、輝元と就理との関係や輝元自身の心情がわかる箇所をみていこう。

傍線部①は、輝元の就理に対する厚遇について、他の家臣から批判があったことを示している。傍線部②においては、就理の働きが不十分だった場合、就理を重用した輝元が、当主としての器量不足と評価されることになるため、輝元権力の基盤を強化されるか弱体化するかも就理の心掛けに左右されるとしている。傍線部③において、輝元は就理に対して、機密事項の相談相手、輝元に対する家中の風評などの情報を収集して輝元に報告する「目代聞き手」といった役割を期待している。傍線部④

は、輝元の就理に対する「千人に一人」という信頼度の高さを示している。傍線部⑤においては、就理と輝元が幼少時からの特別に親密な関係であるため、本音を語ったとしている。傍線部⑥においては、就理を重用する理由として、就理が輝元におもねるような人物でないこと、才能を誇示するような人物でないことを挙げている。傍線部⑦においては、かつては就理が輝元の身の回りの用意をしていたが、就理が郡山城へ祗候しないので、不便であるとしている。傍線部⑧は、就理に給地を与えるので、郡山城内に居所を構えて側に仕えてほしいという輝元の就理への依存度の高さを示している。傍線部⑨は、自由気ままに生きたいという輝元の願いにもかかわらず、現実には、元就が強大にした毛利氏領国を守り抜くという当主としての役割を果たさなければならず、しかし、自身の当主としての適性に自信が持てず、精神的重圧に日夜悩まされている輝元の心情を吐露したものである。傍線部⑩においては、輝元に対する心からの忠義を貫くことによって、他の家臣も就理に対する重用を納得して、ねたみもなくなるだろうとしている。

このような就理に対する信頼は豊臣期に入っても続いている。例えば、天正十五年から実施された惣国検地において検地奉行を務めている（池一九九五、秋山一九九八）。しかし、元定とは異なり、関ヶ原合戦後の働きは見受けられない。おそらく六十歳を超える高齢であり、嫡子元置に跡目を譲り、隠居したためであろう。

幸鶴の側近(3)
――粟屋元種

粟屋家は毛利氏の祖大江広元《おおえのひろもと》の代から主従関係を結んだとされる毛利氏譜代家臣である。南北朝期に毛利時親《ときちか》が安芸国へ下向した際、供奉して吉田へ来住したとされる（『萩藩閥閲録』）。粟屋元秀は元就家督相続当時の毛利氏宿老の一人。元秀の孫元親は天文十九年の井上元兼一族誅伐事件を期に整備された五奉行体制の一員であるが、隆元に直属する奉行だったとされる（加藤一九七八）。永禄五年に元親が没した後は、その子元勝（元信）が奉行人となった。また、隆元死没後に五奉行の一員だった赤川元保《あかがわもとやす》が失脚すると、粟屋家の中から、元真などとともに奉行人として活動するようになったのが元種である。元真は粟屋家惣領家とされ、元秀―元親―元勝（元信）の系統は庶家である。元種は元真の祖父元国の弟元方の子である。赤川元保の代わりに粟屋家からの奉行人を増員していることから推測すると、毛利氏行政機構の中枢を担う勢力として、粟屋家の占める比重が大きかったことを示すものといえよう。

元種は慶長十年（一六〇五）に八十二歳で没したとされる（『萩藩閥閲録』）ため、大永四年（一五二四）生まれとなる。木原元定や福原就理よりかなりの年長であり、年齢的には隆元に近い。天文十九年から永禄四年にかけて隆元からの宛行状や元就・隆元連署の感状を受給しており、隆元死没以前から毛利氏家臣としての活動がみられるが、奉行人としての活動は、主として永禄十一年（一五六八）からみられるようになったとされる（加藤一九七八）。

永禄十一年以前のものとして、永禄八年六月三日付けの山口奉行人宛て連署奉書（輝元袖判）写（「防府天満宮文書」）が挙げられる。他の連署者は竺雲恵心《じくうんえしん》・国司元武《くにしもとたけ》・粟屋元真である。この奉書における元種の官途名は「内蔵丞」となっているが、年未詳四月二日付け市川経好《いちかわつねよし》宛て連署状（輝元袖判）（「忌宮神社文書」）においては「与十郎」であり、この連署状は永禄八年以前に比定される。また、この連署状には輝元の袖判が据えられており、輝元元服以前の袖判は確認できないことから、この連署状は永禄八年に特定される。なお、他の連署者は、国司元相《もとすけ》・粟屋元勝・赤川元久である。これらの史料から、元種の毛利氏奉行人としての活動は、輝元の元服を契機に始まったと推測できよう。

一方、幸鶴期において元種はどのような役割を果たしていたのであろうか。

幸鶴が元種（「与十郎」）に宛てた書状は一通（8）。その文言は「新年の御嘉祥千秋万歳多幸多幸、なおもって際限を尽期あるべからず候、よって御樽一荷ならびに一折進上仕り候、この由しかるべきのよう御披露あるべく候、恐惶謹言」となっており、幸鶴が譜代家臣に対して「恐惶謹言」の書止文言を用いることはないことから、稽古書きの可能性があるとされている（『山口県史』史料編中世3）。元種は稽古書きをする場合、宛所にはその稽古を指導する立場にある者が記されるのではなかろうか。元種は書札礼の指導を行っていたと推測される。

また、21は元種が幸鶴書状の奏者となっているケースである。この書状には「御音信として両種ならびに二目籠送りたまい候、祝着に候、なお委細粟屋与十郎申すべく候」とある。「なお」以下が奏者文言と呼ばれる部分であり、発給者の意向をより詳細に受給者へ伝達することがその役割だったことを示している。なぜ元種は幸鶴の奏者とされたのであろうか。結論からいうと、幸鶴の父隆元の奏者を務めており、「尾崎」権力が隆元から幸鶴へ継承されたことに伴い、隆元側近から幸鶴側近へそのまま移行したのである。隆元期の奏者としての活動事例を掲げる。

「厳島野坂文書」において隆元奏者としての役割を果たしている文書は二十三通。例えば、十月十五日付け寄進状には「なお、赤川左京亮・粟屋余十郎申すべく候」とあり、毛利氏五奉行赤川元保とともに奏者となっている。元種以外の者が隆元奏者となった事例はきわめて少なく、輝元元服後も、元亀三年に比定される棚守房顕・元行宛て三月三日付け輝元書状（「余十郎」）や、天正三年（一五七五）に比定される棚守房顕宛て六月二十七日付け輝元書状（「内蔵丞」）において奏者となっており、毛利氏奉行人となった後の元種が引き続き輝元奏者の役割も果たしていたとわかる。

幸鶴側近としての活動は隆元期の奏者としての活動の延長線上にあった。したがって、元種の幸鶴側近としての性格は、(1)の木原元定、(2)の福原就理とは異なり、権限を行使することは少ないとはいえ、形式的には家督である幸鶴が、家督としての権限を行使する際の補佐役であったといえよう。具体的な職務は、幸鶴に代わって文書類を作成することなどであり、「尾崎」権力の奉行人と位置づけることができる。毛利氏奉行人は元就の下で活動しており、粟屋家からは元親の子元勝が奉行人の一員となっているが、「尾崎」権力には、元親とは別家の粟屋家から元種を起用し、次期毛利氏権力（輝元権力）の奉行人となることが予定されていたのではなかろうか。

幸鶴が髪置を行うに当たって、隆元が元就奉行の桂元忠に宛てた書状（『毛利』）に、元種を起用した理由が明記されている。

幸鶴当年かみおき（髪置）仕るべき年にて候、しかれば、今月霜月に仕る物にて候由候て、ひがしかたより申し下し候、人差し上げ候て、祝儀相調うべく存じ候、それにつき申し上げ候、①かみおきの時、もり（守）を相定め申し付く物にて候由申し候、②何とも今までは思案仕らず、更に心当てもなく候、然るといえども、申し付け候わで叶わざる事にては候するか、いかが仕るべく候や、③もりと申し候事、大事の儀候間、よくよく見計らい、又思案仕り候わではならざる事に候、御思案なされ候て、仰せ聞かされたく候聞かされたく候、重畳申し上げ、又仰せ聞かさるべく候、恐惶かしく

返す返す、④多分、粟屋・国司の衆共仕り候や、さようの引付も又いらざる事もあるべく候か、さ申し候ても、⑤その衆に人なく候わば、ならざる事たるべく候、されども、又ちとは⑥そのすじめ（筋目）もいるべく候や、⑦他名の衆にも見かけはなく候

髪置の儀式にあわせて、幸鶴の守役を選定する必要があり（傍線部①）、守役について考えておらず、意中の人物もいないとして、隆元は元就に相談した（傍線部②）。守役は次期当主である幸鶴の教育に当たる役割を果たすため、その選定は重要である（傍線部③）。一方で、追筆においては、粟屋家・国司家から選定すべきかとしており（傍線部④）、その理由として筋目であることを挙げている（傍線部⑥）。傍線部⑥から、毛利氏次期当主の守役は慣例として粟屋家・国司家が務めていたことがわかる。早い時期からの譜代家臣家であるためであろう。またこの時点では、隆元と元種との間に特別な関係があった様子は窺えない（傍線部⑤）。傍線部⑤から推測すると、元種は、幸鶴の守役となったのちに、隆元奏者になったのではなかろうか。結局、他家にも適当な人物はいない（傍線部⑦）という消極的な理由から、元種は守役になったと考えられ、本人の才能が評価されたのではなく、慣例に従って起

用されたにすぎない。

しかし、右記書状より後のものと推測される桂元忠宛て隆元書状（『毛利』）に「与十《（元種）》・佐藤《（元実）》、かの者など事は、傍輩の儀を少しも取り持たず、一すじ《（筋）》になた一篇の心底までに候」とあり、元種が親しい者であっても依怙贔屓することなく、隆元のためだけを考えて奉公していると評価している。起用の経緯は消極的選択であったが、元種は起用に十分に応える実直な人物だったのである。

幸鶴の側近(4)
——国司元武

国司家は、足利尊氏の執事高師直の兄弟師泰の次男師武が尊氏から宛行われた安芸国国司庄（広島県安芸高田市）に居住し、師泰兄弟滅亡後、近郷の毛利氏被官となったとされる（『萩藩閥閲録』）。しかし、『萩藩閥閲録』所収の南北朝期文書は偽文書の蓋然性が高く、おそらく、国司庄を本拠とする在地領主層が毛利氏に被官化したものと推測される。

元武は毛利氏五奉行の一員元相の子。四一頁の傍線部④⑥に記される通り、毛利氏次期当主の守役は粟屋家とともに国司家の人物が務める慣例であった。元相も隆元の守役だったとされ、元武も粟屋元種のケースと同様に、消極的選択ではあるが、慣例に従い、幸鶴の守役として起用されたものと考えられる。元武は慶長十五年に九十二歳で没したとされるため、永正十六年（一五一九）生まれとなり、隆元よりも年長である。幸鶴にとっては父親代わりとして適した年齢といえる。

隆元が没した永禄六年八月に比定される七〜八頁の隆元宛て尾崎局消息に、「幸鶴に対して、私（尾崎局）の言うことや、助六（元武）からの指導をよく聞くように（隆元から）おっしゃってください」「助六（元武）にも、幸鶴の機嫌が悪くなろうとも、遠慮せずに指導するように、この使者が帰った時に（隆元からの伝言として）言わせてください」とあり、元武が守役となったのは隆元生前であること、元武の役割は幸鶴の養育全般であったことがわかる。この尾崎局消息において、他の幸鶴側近については触れられておらず、守役や側近の中でも、元武が最高責任者であったことを窺わせる。粟屋元種よりも年長であったことが最高責任者とされた要因であろう。

隆元死没後には、一二二頁において触れた興禅寺住持職の継承の際に、興禅寺からの申請を取り次役割を果たしている（「国司助六をもって条々仰せ蒙るのとおり」）ほか、幸鶴発給文書の奏者となっている（一六〜一八頁の表の11、15、18、22）。このうち、「厳島野坂文書」（11、22）について、隆元文書においては粟屋元種が厳島神社宛ての奏者だったのであるが、幸鶴期になると、元武に交代している。隆元文書において元武が奏者となった事例は皆無であり、輝元元服後にも元武は厳島神社関係文書の奏者として確認できない。11、22の二通とも、花押が据えられていないことから、実際には元武が中心となって作成された書状だと考えられるが、粟屋元種が書札礼の指導を行っていたことを推測させる史料もある（三九頁）ことから、幸鶴文書発給文書の作成を元武が独占していたとは考えられない。15は田中元通宛てであるが、その内容は「桜尾・宮島へ今度千部について辛労のとおり申し遣わし候、使者としてその方罷り越し相心得申し聞かすべく候、なお助六所より申し遣わすべく候」とあるように、厳島神社の千部法会に関するものである。したがって、何らかの事情により、幸鶴期のみ、元武が厳島神社関係の取次役を務めることになったのであろうが、その詳細は不明である。

また、元武の毛利氏奉行人としての活動は、粟屋元種と同様に、輝元の元服を契機に始まっている。

その後も元武は奉行人として毛利氏領国運営の中枢にあり、豊臣期に入っても奉行人としての活動は継続したのであるが、その点については後述したい。

幸鶴の側近(5)——堅田元乗

6の奏者としてみられるのみであるが、「源五郎」は堅田元乗であり、幸鶴側近だったと考えられる。

永禄十二年四月十五日付け矢田部弥七宛て輝元袖判書状写(『萩藩閥閲録』)の発給者は、木原紀三郎元慶と堅田源五郎元乗である。「木原紀三郎元慶」は幸鶴側近木原元定のことであり、書状の内容からも木原紀三郎とともに堅田源五郎が輝元側近として活動していたことを窺わせる。

その方事御被官同前に召し置かれ候、然れば、善左衛門尉に任じらるべきの由に候、そのため御袖判かくのごとくに候、頂戴あるべく候、恐々謹言

山口で細工を生業としていた矢田部弥七に対して、輝元が武士と同等に処遇し、「善左衛門尉」の官途を与え、袖判書状の発給を伝達したものである。このほか、年未詳であるが、十月十八日付け信常太郎兵衛尉宛て輝元書状写(『萩藩閥閲録』)において奏者を務めている「堅源」も堅田源五郎元乗と考えられる。

次に、堅田源五郎元乗の役割について、Ⓐ五月十九日付け輝元袖判児玉元良・国司元武連署状(「武久家文書」)、Ⓑ三月十四日付け南方宮内少輔・堅田源五郎宛て粟屋元種・国司元武連署状(「武久

家文書」）から考えてみたい。

Ⓐ豊東郡武久村より一・二両社に対して、毎年出米六石余事、近年不納の条、御祭礼丁（停）止すべきやの由、社官武久対馬守言上、披露遂ぐのところ、南方宮内少輔・堅田源五郎に対して御尋ねなさるのところ、給分の内として拝領の条、出米あるべからずの由申され、（後略）

Ⓑ長州武久村より一・二両社に対して毎年出米の儀、近年不納の条、十一ヶ度の御祭丁（停）止たるべきの由、社訴の条、披露遂ぐのところ、神慮の儀候の条、前々のごとく速やかにその沙汰あるべきの由仰せ出され候、その心得らるべき事干（肝）要の旨に候、恐々謹言

Ⓐの「御尋ねなさる」の主体は輝元である。武久村と長門国一・二宮の神事役を務める武久対馬守との訴訟に際して、対馬守は正規の訴訟ルートである毛利氏五奉行（児玉元良、国司元武、粟屋元種ら）に訴えたが、輝元は裁決に当たって南方宮内少輔と堅田源五郎の意見を聞いた（Ⓐ傍線部）。堅田らは給分として認められた量を超える収奪は適当でないとの意見だったが、最終的には対馬守の主張が求められ（Ⓑ）、その結果を、裁決を主導した毛利氏五奉行から堅田らに伝えたものである。輝元にとって、毛利氏五奉行は領国経営を担う自らの支配基盤であったが、一方で、元就期から認められていた既得権益の守護者でもあった。これに対して、堅田源五郎元乗は、当主として活動する輝元を支え、輝元権力強化のためには既得権益の打破をも辞さないという姿勢が垣間見える。元乗は「三郎右衛門

尉」を名乗ったのち、幸鶴の側近国司元武とともに奏者を務めており（年未詳十二月十八日付け輝元書状、「長門国分寺文書」）、輝元元服後においても、かつての幸鶴側近衆による共同活動がみられるが、毛利氏五奉行層の国司元武・粟屋元種と堅田元乗との間には意見の相違も生まれていたのである。

以上のように、「堅田源五郎元乗」は、幸鶴期ではないが、永禄年代から輝元の側近として活動しており、6において幸鶴の考えを木原へ伝えた「源五郎」は堅田元乗に比定できよう。

元乗の出自は定かでない。毛利氏庶家や譜代家臣、芸備の国人領主層の出自ではないと考えられ、大内氏に従っていた家の出自である蓋然性が高い。6の幸鶴書状や永禄十二年四月十五日付け書状にみられる木原元定との関係の深さは、似通った出自ゆえかもしれない。

元乗の奉行人としての活動については後述するが、天正十三年（一五八五）頃を最後にその活動はみられなくなり、元乗に代わって、堅田元賀（元慶）の活動が始まっている。おそらく、この頃に死没したと考えられる。

その他の幸鶴側近層

幸鶴発給文書において奏者となっている者のうち、寺社関係者と考えられる者（秀岳寺・瑞雲寺）を除く「児玉太郎三郎」「槌法」について考察する。

「児玉太郎三郎」は児玉元村《もとむら》である。しかし、元村は幸鶴側近とはいえない。26は花岡八幡宮地蔵院に対して奏者を務めているものであるが、元村は花岡八幡宮のある周防国末武（山口県下松市）の反銭に関する権益を元就代から認められていた（『萩藩閥閲録』）ことから、特例的に奏者となったと考えられる。輝元元服後も花岡八幡宮に対してのみ元村の奏者事例が確認され、元村が幸鶴（輝元）

側近として奏者となっているのではないことを示している。「槌法」は「槌法師（士）」の略称と考えられる。永禄六〜八年頃に「槌法師（士）」を名乗っている可能性がある人物は二名。

一名は井上元忠で、元亀三年九月十一日付け輝元書状写（『萩藩閥閲録』）の宛所に「井上槌法師」と記されている。しかし、元忠が奏者となった事例は、輝元元服以降も皆無であり、13、30の「槌法」を井上元忠に比定することはできない。

残る一名は「粟屋槌法師」と記される人物である。弘治三年十二月二日付け毛利氏家臣団連署起請文（『毛利』）の署名をみると、桂左衛門大夫（元忠）、赤川左京亮（元保）、国司右京亮（元相）、粟屋右京亮（元親）、児玉三郎右衛門尉（就忠）という毛利氏五奉行に続き、兼重弥三郎（元宣）、粟屋与十郎（元種）、長井右衛門大夫、粟屋槌法師の順に署名している。兼重元宣については、桂元忠宛て隆元書状（『毛利』）において「近ごろ幸いに心安く召し遣う者にて候」とあることから、隆元側近だったことがわかる。長井右衛門大夫について、長井右衛門大夫元親が元服後の輝元の奏者をしばしば務めているが、この起請文の右衛門大夫は元親の先代親房《ちかふさ》である。親房も「右衛門大夫」を名乗っていた時期のみならず、「筑後守」を名乗って以降も輝元の奏者を務めている。したがって、兼重弥三郎から長井右衛門大夫まで、隆元側近衆（将来の幸鶴側近予定衆）が並んでいることになり、続く粟屋槌法師も隆元側近衆（将来の幸鶴側近予定衆）と推測される。『毛利家文書』所収の年未詳近習衆具足注文においても「粟屋槌法士」が粟屋弥十郎（元種）や兼重弥三郎（元宣）とともに記されており、粟屋槌法師（士）が側近衆であったことを示している。

では、この「粟屋槌法師」とは誰なのか。『萩藩閥閲録』所収の各粟屋家の由緒類においては見当たらない。そこで、弘治三年の起請文と元亀三年十二月二日・三日・十三日付け掟にみられる粟屋姓の人物を比較すると、後者にみられる「粟屋左馬允」が前者にはみあたらない。したがって、粟屋槌法師と左馬允は同一人物と推測される。「粟屋左馬允」の『毛利家文書』の傍注には「元方」とあり、粟屋元好の次男元方に比定されている。しかし、元方は元種の父であり、「槌法師」ではない。元種は元方の次男であり、元方の長男は太郎左衛門元良とされるが、天文十三年（一五四四）に討死している。元良の次代は、与市郎・太郎左衛門・駿河守を名乗った元正（元信）とされ（『萩藩閥閲録』）、江戸期には「左馬允」を名乗っている。この人物と元亀三年掟の「粟屋左馬允」が同一人物と断定はできないが、同家の人物であることはほぼ間違いなかろう。左馬允は元亀三年の「厳島野坂文書」や「大願寺文書」においても輝元の奏者を務めており、この左馬允と槌法師は同一人物であろう。毛利氏次期当主の守役を粟屋家から起用するという慣例に従い、元種とともに、元種の甥槌法師も幸鶴側近に起用されたのではなかろうか。一方で、元種に比べて槌法師（左馬允）の果たした役割は限定的である。「槌法師」という幼名の示す通り、おそらく幸鶴と同年代と推測され、遊び相手としては適していたが、奉行人としての適性には欠けていたのかもしれない。

第二章　二頭政治と御四人体制

1　元服後の輝元

輝元の元服

幸鶴は永禄八年二月、十三歳のときに元服した。仮名は少輔太郎。毛利氏代々の当主(父隆元、元就の兄興元、曽祖父弘元、高祖父豊元など)が名乗ってきたものである。実名は輝元。室町幕府十三代将軍足利義輝の偏諱である。隆元は大内義隆、興元は大内義興、弘元は大内政弘、豊元は山名是豊《やまなこれとよ》(宗全の子)というように、輝元以前の当主が守護からの偏諱であるのに対して、輝元は将軍から偏諱を賜っている。先祖たちは国人領主として元服したが、幸鶴は地域「国家」の支配者として元服したのである。

元就は出陣先の出雲から二月十六日付けで「御元服、誠に千秋万歳候、我等満足この事に候」という書状を送っており(『毛利』)、待ちに待った嫡孫の元服であったことが窺える。ところで、幸鶴が元服した日は二月十六日とされてきた。しかし、元就書状の日付が十六日。元服したことが元就に伝わり、書状を認めたとすると、元服日は十六日より前となる。そこで、幸鶴（輝元）発給文書における署名をみると、幸鶴署名の終見が二月十三日（一六頁表の7）、輝元署名の初見が二月十六日（「野坂文書」）である。初見の文書は、毛利氏の信仰する厳島神社の神官棚守元行に対する一字書出であるが、元行の元服に対する承認が前年の十二月二十四日付けで与えられていること（表の29）から推測すると、一字書出の発給日はあえて二月十六日付けとされた蓋然性が高い。二月二十日付け棚守元行宛て輝元書状（「野坂文書」）に「一字の儀斟酌候といえども、堅く承り候の条、これを進せ置き候」とあり、一字書出の日付は遡及された可能性がある。おそらく、厳島神社の加護を願い、幸鶴の元服と厳島神社の次代を担う棚守元行への一字書出発給を同一日としたのではなかろうか。したがって、幸鶴の元服日は二月十六日に特定することができ、元就は元服の知らせを受けて書状を認めたのではなく、あらかじめ元服日を知っており、その日に書状を認めたと考えられる。

幸鶴の元服はどのような経緯を経て行われたのであろうか。年月日欠であるが、元就が継室中の丸に宛てた書状（『毛利』）をみてみよう。

又申しまいらせ候、おざき（尾崎）へおりおり御出のよし、ひとひうけ給い候つる、おざきにもさようにおぼしめし候わば、しかるべくこそ候え、こそ候え、我々事、さいさい（再々）文なり共御まいらせ候わんするを、ここもとこくちあつかいばかりにて、ぶさた申し候、くちおしく候、御心え候て給うべく候、①こうつる《幸鶴》いよいよせいじん《成人》候わんと、何より何よりめでたく、月ほし《星》と、これのみ思いまち入り候ばかりにて候、ばかりにて候、中々申すもおろかにて候、申すにおよび候わねども、何事も何事も、きぶんらしく、すじめらしく候ように、②内々いよいよかもじ御いけんかんよう《肝要》に候、肝要に候、③さた《沙汰》京よりの御つかい、ちかぢか《近々》くだられ候するまま、げんぷく《元服》共候するまま、はやばやおとこになり候するまま、我々大けい《慶》まんぞくにて候、めでたく又々かしく

元就が幸鶴の元服を心待ちにしていた（傍線部①）ほか、元服に先立ち、将軍義輝から偏諱を賜るための活動を行っていたことがわかる（傍線部③）。偏諱を賜るための活動にはある程度の時間を要すると考えられ、また、棚守元行元服は幸鶴元服に合わせて計画された蓋然性が高いことから推測すると、少なくとも永禄七年十二月以前には元服に向けた準備が進められていたのではなかろうか。準備の中心となったのは「かもじ（尾崎局）」（傍線部②）や中の丸である。

　元服準備が永禄七年十二月以前から始まったとすると、同年半ば頃以降における幸鶴の花押を据えた文書の増加は、元服に向けた準備の一環という側面があったといえよう。

元服後の輝元発給文書

　輝元が元服する以前において、元就は幸鶴の発給通数を上回る加冠状類を発給し、安堵状・宛行状・官途状については独占していた。このような幸鶴に対する文書発給権限の制限は、元服後、どのように変化したのであろうか。輝元の元服後から元就死没時までの輝元の官途状・加冠状類発給状況を一覧にした。

幸鶴期にはまったく発給していなかった官途状類が五十三通。加冠状類四十二通。同時期の元就発給文書をみると、官途状類二十二通。加冠状類十七通。いずれも輝元が元就の二倍以上の文書を発給している。

発給状況の特徴をみてみよう。

第一に、山室恭子氏の指摘するように、官途状類・加冠状類ともに、かつて隆元が官途状・加冠状類（一部は安堵状・宛行状）を発給していた家に対して発給しているケースが多い。しかし、発給者が元就から輝元に代わったケースも確認される。なかでも、天文十五年に元就から「十郎兵衛尉」の官途書出を受給したにもかかわらず、永禄八年に輝元から「出雲守」の受領書出を受給した（官途状類の16）福井景吉に着目したい。

福井家は安芸国佐東郡を本拠とする国人領主で、安芸武田氏に従っていたが、武田氏が大内氏との抗争に敗れて滅亡する過程において毛利氏に従った。元就は隆元に家督を譲ったのち、隠居分として佐東地域を元就の統括下に置いたため、福井家は「佐東衆」の一員として、毛利氏本宗家家臣団とは区別される隠居後の元就直臣に位置付けられた（岸田二〇一四）。福井家は、山県氏とともに、戦陣や普請における物資・人足の調達などに主要な役割を果たした佐東衆のリーダー的存在として、元就直轄の佐東領を支える中心的存在であり、福井景吉はそのような福井家の性格を踏まえ、毛利氏による出雲国侵攻当初から重要拠点である杵築に派遣された（長谷川二〇一三）。景吉の杵築における活動は永禄五～十年頃まで確認されるが、その間の景吉に対する指示は主に元就から発されており、景吉の

官途状類

	年	月	日	受給	先行（後行）発給	典拠
1	永禄8	2	21	杉原少輔七郎	隆元加冠	萩藩閥閲録（67）
2	永禄8	2	21	田中甚五郎	隆元加冠	萩藩閥閲録（86）
3	永禄8	2	21	佐々木与八郎	（先）元就官途	譜録本村常之助明之
4	永禄8	2	22	天野少輔四郎	隆元加冠	萩藩閥閲録（92）
5	永禄8	2	23	新屋新三郎	初見	萩藩閥閲録（85）
6	永禄8	2	23	粟屋助五郎	隆元宛行	萩藩閥閲録（139）
7	永禄8	2	23	舟木又七郎	元就・隆元連署判物	萩藩閥閲録遺漏（2）
8	永禄8	2	23	粟屋三郎右衛門	（次）隆元加冠	譜録内藤弥左衛門実親
9	永禄8	2	23	中村新右衛門尉	隆元宛行	譜録中村彦左衛門矩忠
10	永禄8	2	24	綿貫孫三郎	隆元加冠	萩藩閥閲録（98）
11	永禄8	2	25	粟屋新五郎	隆元宛行	譜録内藤弥左衛門実親
12	永禄8	3	9	三上民部丞	初見	萩藩閥閲録（128）
13	永禄8	3	12	桂三郎五郎	（先）隆元加冠	萩藩閥閲録（39）
14	永禄8	3	12	中村源兵衛尉	隆元加冠	萩藩閥閲録（168）
15	永禄8	3	23	植木次郎三郎	隆元宛行	萩藩閥閲録（169）

16	永禄8	3	29	福井十郎兵衛尉	元就官途	譜録福井十郎兵衛信之
17	永禄8	4	14	児玉弥十郎	隆元宛行	児玉家文書
18	永禄8	4	14	兼重弥三郎	初見	萩藩閥閲録(52)
19	永禄8	4	15	生田新五左衛門尉	元就・隆元連署宛行	萩藩閥閲録遺漏(1)
20	永禄8	5	1	中村弥二郎	(先)隆元宛行	吉川家中并寺社文書5
21	永禄8	5	7	錦見与五郎	初見	萩藩閥閲録(169)
22	永禄8	5	12	山県源七郎(元吉)	隆元加冠	萩藩閥閲録(63)
23	永禄8	6	6	光永新四郎	初見	萩藩閥閲録(35)
24	永禄8	8	1	飯田源三	初見	譜録飯田源右衛門有慶
25	永禄9	3	27	林藤四郎	初見	萩藩閥閲録(167)
26	永禄9	4	21	財満新右衛門尉	元就・隆元連署宛行	譜録財満新三郎久張
27	永禄9	閏8	12	三井六郎	初見	三井文書
28	永禄10	1	11	三上新三郎	(先)輝元官途	萩藩閥閲録(128)
29	永禄10	2	17	(河野)四郎兵衛	初見	萩藩閥閲録(149)
30	永禄10	2	17	三宅新五郎	隆元加冠	萩藩閥閲録(114)
31	永禄10	2	18	熊谷少輔九郎	隆元加冠	萩藩閥閲録(42)
32	永禄10	3	3	粟屋刑部左衛門尉	隆元官途	萩藩閥閲録(49)

33	永禄10	4	24	井上弥七	隆元加冠	萩藩閥閲録(146)
34	永禄10	5	2	来原源次郎	初見	萩藩閥閲録(62)
35	永禄10	5	11	柿並九郎	隆元宛行	萩藩閥閲録(157)
36	永禄10	6	16	小田村新四郎	隆元加冠	佐賀文書纂
37	永禄10	7	19	市川式部少輔	初見	萩藩閥閲録(38)
38	永禄10	9	11	(三隅寿久)	初見	萩藩閥閲録(68)
39	永禄10	10	19	福万源七郎	初見	譜録小野孫右衛門政辰
40	永禄10	12	13	児玉弥七郎	(先)隆元官途	萩藩閥閲録(84)
41	永禄11	1	6	増原弥四郎	隆元加冠	萩藩閥閲録(130)
42	永禄11	1	16	賀屋神四郎	隆元加冠	萩藩閥閲録(134)
43	永禄11	2	15	飯田源右衛門尉	24の官途	譜録飯田源右衛門有慶
44	永禄11	4	7	高須駿河守	隆元官途	萩藩閥閲録(67)
45	永禄11	11	12	飯田七郎右衛門尉	隆元官途	萩藩閥閲録(132)
46	永禄11	11	27	鷲頭次郎	初見	譜録柿並多一郎正長
47	永禄12	1	10	伊達彦四郎	初見	萩藩閥閲録(157)
48	永禄12	4	17	多賀谷孫太郎	隆元袖判安堵	多賀谷家文書
49	永禄12	10	22	石井左馬助	隆元官途	右田毛利家文書

50	永禄13	4	8	三戸六郎五郎	元就加冠	萩藩閥閲録（85）
51	永禄13	9	29	神田蔵人丞	加冠の29	萩藩閥閲録（165）
52	元亀2	3	3	中嶋彦五郎	隆元加冠	萩藩閥閲録（76）
53	元亀2	3	3	中嶋善左衛門尉	初見	譜録中嶋八郎左衛門貞茂

（註）先行（後行）発給欄の（先）、（次）とは、受給者欄の先代（次代）に該当する者が官途状・加冠状・安堵状・宛行状などを受給していることを指す。初見とは、それ以前に官途状・加冠状・安堵状・宛行状などの受給が確認できないケースを指す。

加冠状（一字書出）類

	年	月	日	受給	先行（後行）発給	典拠
1	永禄8	2	16	棚守左近大夫	初見	野坂文書
2	永禄8	2	23	杉原彦七	（先）隆元加冠	萩藩閥閲録（67）
3	永禄8	2	26	飯田新五郎	（先）隆元官途	譜録飯田善右衛門正共
4	永禄8	2	28	木村孫八郎	（先）隆元官途	萩藩閥閲録（169）
5	永禄8	3	3	三戸小三郎	（先）隆元加冠	萩藩閥閲録（131）
6	永禄8	5	3	久芳右京亮	（先）隆元宛行	萩藩閥閲録（145）
7	永禄8	12	13	安部孫九郎八	初見	新出厳島文書
8	永禄8	12	28	坪井新四郎	（先）隆元官途	萩藩閥閲録（139）

9	永禄8	12	晦	重松満松	初見	萩藩閥閲録（164）
10	永禄8	12	晦	井（上）小七郎	初見	譜録井上七郎兵衛信貞
11	永禄9	1	3	井上小七郎	10の加冠	譜録井上七郎兵衛信貞
12	永禄9	3	15	東条又七郎	初見	萩藩閥閲録（78）
13	永禄9	12	晦	岡又十郎	初見	萩藩閥閲録（95）
14	永禄9	12	晦	河北孫十郎	（先）隆元宛行	萩藩閥閲録（112）
15	永禄10	2	6	杉七郎	初見	萩藩閥閲録（79）
16	永禄10	2	26	桜井又次郎	（先）隆元官途	萩藩閥閲録（150）
17	永禄10	4	15	二階新次郎	同日付け元就	萩藩閥閲録（134）
18	永禄10	4	23	中村又七郎	（先）隆元官途	萩藩閥閲録（90）
19	永禄10	5	27	能美弥四郎	初見	萩藩閥閲録（70）
20	永禄10	6	24	二宮千寿丸	（先）隆元判物	忌宮神社文書
21	永禄10	8	15	志道太郎三郎	同日付け元就	萩藩閥閲録（16）
22	永禄10	10	24	佐伯源左衛門尉	（先）元就官途	萩藩閥閲録（113）
23	永禄10	11	15	渡辺源三郎	初見	萩藩閥閲録（87）
24	永禄11	1	21	仁保少輔三郎	同日付け元就	阿川毛利家文書
25	永禄11	1	晦	益田次郎	同日付け元就	益田家文書

26	（永禄11）	2	12	厚母又次郎	初見	厚母家文書
27	永禄11	5	3	渡邊源五郎	（先）隆元宛行	飯田米秋蔵文書
28	永禄11	11	24	内藤孫次郎	初見	小倉家文書
29	永禄12	1	29	神田弥四郎	初見	萩藩閥閲録（165）
30	永禄12	4	1	井上小七郎	10の加冠	譜録井上七郎兵衛信貞
31	永禄12	4	29	河田彦七	（先）元就官途	河田家文書
32	永禄12	8	5	藤井新三郎	初見	萩藩閥閲録（72）
33	永禄12	12	13	天野少輔六郎	（庶）隆元加冠	右田毛利家文書
34	永禄12	12	13	光永新九郎	（先）輝元官途	萩藩閥閲録（35）
35	永禄12	12	23	柳沢新右衛門尉	初見	萩藩閥閲録（21）
36	永禄12	12	29	長沼又四郎	初見	譜録長沼九郎右衛門正勝
36	永禄12	12	29	長沼又四郎	初見	譜録長沼九郎右衛門正勝
37	永禄13	1	20	三分一六郎	（先）隆元宛行	萩藩閥閲録（165）
38	永禄13	11	11	高又四郎	（先）隆元宛行	萩藩閥閲録（140）
39	元亀1	12	晦	佐藤彦三郎	（先）隆元官途	佐藤文書
40	元亀2	1	11	林弥七郎	初見	萩藩閥閲録（167）
41	元亀2	2	21	中左近允	初見	上官卜証跡・中家

42	元亀2	5	20	飯田余次郎		初見	萩藩閥閲録（146）

（註）（先）、初見は官途状類と同様。（庶）は、以前に庶家が官途状・加冠状・安堵状・宛行状などを受給していることを指す。

元就直臣的性格が輝元元服後も継続していることを窺わせる。にもかかわらず、永禄八年に輝元が景吉に受領書出を発給したのはなぜであろうか。元就が漸進的に毛利氏本宗家家臣団と元就直臣団との一体化を図ろうとしていたと考えられよう。

第二に、官途状類については、元服直後の永禄八年二～三月に十六通という多くの文書を発給している。このうち、隆元が加冠状類を発給していた家に対するものが半数近くを占めるが、元就が官途状類を発給していた家に対するものも二通確認される。元就が官途状類を発給していた家に対して、輝元の元服後から元就死没時までに輝元が官途状類を発給した事例は二件であるから、すべてが元服直後の永禄八年二～三月に集中していることになる。逆に、元就は永禄八年二～三月において一通も官途状類を発給していない。このような特徴は、輝元が元服したことを契機に、輝元と家臣との間の主従関係を確認し、輝元の当主としての地位を認識させるために官途授与したことを示している。

第三に、先代と考えられる人物に対して元就が官途状・加冠状類を発給していたにもかかわらず、輝元元服後になると、輝元が加冠状を発給したケースが二件、元就が加冠状類を発給した人物に対して、輝元が官途状類を発給したケースが一件みられる。全体数からみるとレアケースといえるが、福井家の事例と同様に、漸進的に毛利氏本宗家家臣団と元就直臣団との一体化を図ろうとしていたことを示すものである。

第四に、同時期の元就発給文書をみると、官途状類二十二通、加冠状類十七通のうち、それ以前に官途状・加冠状・安堵状・宛行状類の受給を確認できない家が半数前後を占めている。なかでも、有力国人領主熊谷家において、当主熊谷信直《のぶなお》の末子とされる熊谷小四郎（就真）に対して、永禄十年八月二日付けで元就が一字書出を発給している（「熊谷家文書」）ことが注目される。

長谷川博史氏は、天文二十一年（一五五二）に熊谷信直の三男広実が隆元から加冠を受けていることと、ほぼ同時期に、安芸国志芳堀（広島県東広島市）を本拠とする志芳堀天野《あまの》家において、当主天野隆重の四男元友が隆元から加冠を受けていることから、大内氏の混乱に乗じた安芸の有力国人領主統制策として、毛利氏の支配領域に最も近接する熊谷・志芳堀天野両家の子息を毛利氏家中に取り込み、また、広実や元友は人質的側面をも有していた、とされている（長谷川一九九六）。

輝元が元服して二年を経過したにもかかわらず、有力国人領主統制策としての官途状・加冠状類の発給が、輝元ではなく、元就を主体とせざるをえなかったところに、毛利氏権力構造の実態が窺える。すなわち、有力国人領主は本来毛利家と同格の家であった（矢田一九九八）。毛利家は安芸・備後などの有力国人領主を中核とした国人領主連合の盟主にすぎなかった。毛利氏領国自体が国人領主がゆるやかに統合した（菊池二〇〇一Ⓐ）連合体だったのである。そのような連合体的構造において、毛利家が有力国人領主を指揮するためには元就というカリスマを必要としたのである。大内氏や尼子氏といった隣接する大名による支配から脱却することを成功に導いた稀有な指導者である元就の存在が、有力国人領主を統制下におくための鍵だった。毛利氏の家督を相続した壮年の隆元からの官途状・加冠状類であれば、毛利氏から発給されたものとして受けることができるが、いまだ少年期の輝元からの官途状・加冠状類では不十分と認識する有力国人領主も存在したのではなかろうか。

また、元就としても、毛利氏本宗家家臣団と元就直臣団との一体化を図ろうとする方向性は有していたが、急速に進めることは困難と認識していた。過渡的には元就直臣団も毛利氏領国を支える基盤として維持する必要があり、そのために有力国人領主の子弟を新たに元就直臣団に取り込んだものと考えられる。

第五に、長谷川氏の指摘した熊谷広実（少輔九郎、官途状類の31）、天野元友（少輔四郎、官途状類の4）のほか、備後国高洲庄（広島県尾道市）を本拠とする高洲杉原家の杉原少輔七郎（高須元士、官途状類の1）及び、少輔七郎の父高須駿河守（元胤、官途状類の44）、少輔七郎の子彦七（高須元兼、加冠状類の2）のように、父隆元が加冠状類や官途状類を発給していた家の場合、輝元が官途状・加冠状類を発給しており、隆元へ委譲されていた権限については、有力国人領主といえども元就による発給を要求することはできなかったと考えられる。安芸国志芳東村（広島県東広島市）天野家において、永禄十二年に死没した天野元定《もとさだ》の家督を元就の七男元政《もとまさ》が相続した際、輝元の加冠状のみが発給されている（加冠状類の33）が、元定の父興定の弟興与に対して、天文十七年（一五四八）に隆元が加冠状を発給しており、同様のケースとみなされる。

第六に、同日付けで、輝元が加冠状、元就が一字書出を発給した事例が四件みられる。受給した家は、二階家、志道家、仁保《にほ》家、益田家で、二階家を除き、いずれも毛利氏家中における最有力領主層である。

志道家は毛利氏の有力庶家坂広秋の子元良を始祖とする。元良の子志道広良は毛利氏の執権職を務め、元就擁立の中心的役割を果たした人物である。志道太郎三郎（元保）は広良の嫡孫にあたる。

仁保家は鎌倉期に周防国吉敷郡仁保庄（山口市）の地頭職に任じられた周防国における有力国人領主である。室町期に入ると大内氏に従属したが、大内氏滅亡後は毛利氏に従った。仁保少輔三郎（元棟）は元就次男吉川元春の次男であるが、仁保隆在が永禄九年に没したのち、仁保家を相続していた。

益田家は吉見家と並ぶ石見国最大の有力国人領主である。益田家と大内氏重臣陶家とは重縁関係にあったため、天文二十年の陶隆房（のちの晴賢）を中心とした大内義隆に対するクーデターの際、益田藤兼は隆房を支持していたが、晴賢の討死、大内氏の滅亡後は、毛利氏に従った。益田次郎は藤兼の子元祥《もとよし》で、吉川元春の娘と縁組していた。

なお、二階家について、年未詳三月九日付け元就奉行人連署状写（「譜録」二階）に「彼仁（二階新次郎の父藤左衛門尉）ばかり防芸引分以来舟手をもって別して馳走申され候、上（元就）にも御忘却なく候、いよいよ馳走致すべきとおり申し候、神妙に思し召され候、彼仁用段においては御疎略あるまじきのとおり、御意にて候」とある。二階家は主として瀬戸内海西部の海運を担う水軍的勢力であり、元就が大内氏・陶氏から離反した際に、毛利方に属した。厳島合戦など一連の瀬戸内海を舞台とした毛利・大内（陶）戦争においても毛利方として活躍したと考えられ、右記連署状からも元就が疎略に扱わないよう配慮していたことがわかる。領主の規模という面においては、二階家は志道・仁保・益田家に比べて小さいが、兵站面において重要な役割を果たしており、その存在価値は決して小さくなかったといえよう。

これらの家に対して輝元・元就の両者が加冠状類を同時発給したのは、輝元単独の発給では不十分と認識されていたためと考えられる。輝元の加冠に加え、元就が一字を与えるという特別の配慮が必要とされた。元服後、輝元の当主としての権限は形式的には飛躍的に拡大していったものの、元就の後見が不可決だったことを示す事例であり、その後見は実質上にとどまらず、形式上も明示しなければならないケースがあったのである。

第七に、大内氏重臣で豊前国守護代を世襲していた伯耆守系杉家において、杉七郎（重良）に対して輝元の加冠状のみが発給されている。伯耆守系杉家は前述の仁保家に比べて大内氏家中における家格は高い。しかし、陶氏との対立から毛利方に属していた杉重輔が弘治二年に誅伐され、重良によって家の存続が認められたという経緯から、有力国人領主としての自立性が低下していたと考えられる。このため、仁保・益田のような元就の一字書出を必要としなかったと推測される。

永禄九年八月以前の輝元安堵状・宛行状

輝元の元服後から元就死没時までの間に毛利氏が発給した安堵状・宛行状類は、①元就・輝元連署、②元就単独、③輝元単独といった三類型に分けられる。発給通数は①が六十二通、②が三十二通、③が七十四通である。

①の初出は永禄九年八月。輝元元服から一年半も経過したのちである。それ以前の発給状況をみると、②が十二通。③が十通。輝元の元服後から元就死没時までの間全体では、③が②の倍以上あるが、永禄九年八月以前においては、元就の発給した安堵状・宛行状類の方が多い。ところが、連署安堵状・宛行状類が発給されるようになると、元就発給安堵状・宛行状類は減少し、輝元発給安堵状・宛行状類は増加している。

永禄九年八月以前の輝元安堵・宛行状類の受給者をみると、十通のうち五通の家（寺社）においては、輝元の発給以前に、隆元が安堵・宛行状類（袖判を含む）を発給しており、父隆元の権限を継承したケースである。また、永禄八年十二月二日付け輝元宛行状写（『防長風土注進案』）は輝元の近習とされた家臣に対して発給したケースである（宛所を欠いているが、同じ家に残されている永禄十二年九月十四日付け輝元書状写に「その方事近習たるべく候」とあることから、宛所の家臣が輝元近習とされたことがわかる）。いずれも輝元と直属の主従関係にある家臣に対する安堵・宛行状類であり、元就からの文書発給や関与は必要とされない。

ところが、明国から帰化した張家の張思朝に対しては、以前に隆元から袖判奉書が発給されていたにもかかわらず、輝元安堵状に加え、元就が安堵状を発給している（『萩藩閥閲録』）。永禄八年九月八日付けで輝元が「山口大町の内、父張忠屋敷の事、隆元御袖判の奉書の旨に任せ、宛て行いせしむ者也、全く居住あるべきの状くだんの如し」という安堵状を発給した後、九月十四日付けで元就が「山口大町の内、父張忠屋敷の事、隆元袖判奉書の旨、相違あるべからずの状くだんの如し」という安堵状を発給した。元就安堵状に「相違あるべからず」の文言がみられることから、受給者にとって輝元による安堵のみでは保証が十分でないと認識され、元就による保証が必要とされたと推測される。

　佐藤千熊（元正）に対しても、輝元安堵状に加え、元就が安堵状を発給している（『萩藩閥閲録』）。双方ともに永禄九年五月三日付けであるが、まず、元就から「その方親宗右衛門尉（就綱）事、用に罷り立ち候、神妙の至りに候、よって少給の事相違なく全く遣わし置き候、知行せしめ奉公べく候、よって一行くだんの如し」という安堵状が発給され、それを踏まえて輝元が「その方親宗右衛門尉（就綱）事、用に罷り立ち候、神妙の至りに候、給地等の事元就御判の旨に任せ、全く知行すべき者也、よって一行くだんの如し」という安堵状が発給されたと考えられる。輝元安堵状の傍線部から、父佐藤就綱討死に伴う給地安堵の決定権限は元就にあり、輝元は元就の決定に基づき、安堵状を発給したということがわかる。

　一方、永禄九年五月十五日付け輝元安堵状写（「上官卜証跡」）は、杵築大社（出雲大社）の神官北島右京亮に宛てたものである。その文言には「代々知行等近年の旨に任せ」とあり、先行する毛利氏発給安堵状類の存在は窺えない。毛利氏への服属後初めて所領を安堵するに当たって安堵状を発給したものと考えられ、その差出が元就ではなく、輝元であることは、当主としての輝元の権限拡大を示すものであろうか。

　同年に比定される六月十五日付け小倉木工助（元悦）宛て輝元書状（「坪内家文書」）には「杵築諸役免許の事、上の一通の旨、相違あるべからず候」とある。「上」とは元就、「一通」とは元就が同年の三月二十八日付けで小倉木工助に宛てた書状（「坪内家文書」）を指す。元就の「杵築において諸役免許せしめ候」という決定を、三ヶ月後に輝元が事後承諾したものであり、永禄九年前半には、元就の決定に対して、輝元の関与も必要とされたことを窺わせる。このほか、輝元は永禄九年五月九日付けで鰐淵寺《がくえんじ》和多坊栄芸宛てに宛行状を発給しており（「鰐淵寺文書」）、この宛行状や永禄九年五月十五日付け北島右京亮宛て安堵状も、六月十五日付け小倉木工助宛て輝元書状にみられた輝元の権限拡大の一環と考えられ、永禄九年八月からみられる元就・輝元連署安堵状・宛行状類の発給も同様であろう。

しかし、輝元の権限拡大が急速に進展することはなかった。

出雲国鰐淵寺の和多坊栄芸について、永禄九年五月九日付けで発給された輝元宛行状と直接的に関連する内容ではないが、年未詳（永禄十年以降に比定される）八月五日付けで次のような書状を元就が輝元に発している（「鰐淵寺文書」）。

①和多坊愁訴のため、ここもと罷り下られ候、それにつき、御状拝見せしめ候、然る間、朝山粟津の内両寺、大草の内天満分、白鹿常福寺の事、②御同心候て然るべく存じ候、何篇御引合せ肝要に候、かれこれ一通等申され、これを認め遣わし候、③御判あるべく候、なお直に申さるべく候間、筆を閣おき候、恐々謹言

和多坊からの愁訴への対処について、輝元は元就の意見を伺い（傍線部①）、それに対して、元就が

対処方針を決定したうえで（傍線部②）、輝元から文書を発給するように指示している（傍線部③）。永禄九年五月九日付けの輝元宛行状が同様の経緯で処理された徴証はないが、輝元から発給される文書であっても、実際には元就の決定・指示に基づくケースが少なくなかったことを窺わせる。

また、北島右京亮に対しても、輝元による安堵状発給の三年後、永禄十二年二月晦日付けで元就が安堵状を発給しており（「北島家文書」）、北島右京亮に対する安堵状・宛行状類の発給権限が輝元に統一されていないことがわかる。その文言には「大方譲りの在所、国造幸孝一通の旨に任せ、その沙汰あるべき事」とあり、輝元の関与はみられない。このような差出の変遷は、いったん輝元に委ねられた権限が元就に戻った可能性を示す。

以上のように、永禄九年八月以前の輝元単独安堵状・宛行状類の発給数は少なかったが、永禄九年半ばには、輝元の権限拡大に向けた兆候がみられた。しかし、そのような権限拡大の動きは漸進的であり、また、発給が輝元自身の意思に基づくケースは少なかったと考えられるため、当主権限を主に行使していたのは実質上元就だったといえるのである。

永禄九年八月以前の元就安堵状・宛行状

永禄九年八月以前には、元就が実質的に当主権限を行使していたことを、元就による安堵状・宛行状類の発給状況から検証する。

第一に、発給文書十二通のうち、先行する毛利氏発給安堵状・宛行状類の存在が確認できないものが六通と半数を占めている。輝元発給文書においては、十通のうち二通にすぎない。このような傾向から、宛所の家（寺社）に対して、毛利氏が初めて安堵状・宛行状類を発給する場合、輝元ではなく、元就が発給者となることが原則だったと考えられる。一方で、先行する文書の確認ができないもののうち、元就発給の六通は永禄八年に集中しており、輝元発給の二通はいずれも永禄九年五月のものである。したがって、永禄九年になると、元就が発給者となるという原則が変えられたと考えられる。

第二に、譜代家臣国司就信《なりのぶ》に対して、永禄九年四月二十日付けの元就発給宛行状（明治大学蔵「国司家文書」）が確認されるが、先行する文書は永禄六年の隆元発給宛行状（『萩藩閥閲録』）である。先行する宛行状が隆元発給のケースにおいて、輝元が元服した後になっても、元就単独の宛行状が発給されていることは、家臣団にとって元就安堵状・宛行状類の方が輝元安堵状・宛行状類よりも効力が高いと認識されていたことを窺わせる。

このような家臣たちの認識を窺わせる史料を掲げる。一八頁の32の内藤才松丸（元泰）宛て幸鶴書状である。年月日欠であるが、傍線部①の「御番所」は尼子義久兄弟を収監するための番所を指すと考えられるため、永禄九年に比定される。なお、内藤元泰は永禄七年一月に幸鶴から加冠され、永禄九年には「才松丸」を称していないが、輝元が本音を元泰にぶつけるに当たって、幼少期をともに過ごした時代を思い出してほしいとの願いを込め、自らを「幸鶴」、元泰を「才松丸」と表記したものと考えられる。

元春御等閑なく候えども、これまた①御番所の事、御裁判及ばず候、もちろん我等式も才に及ばず覚悟に候、貞俊も内儀は御取操り候えども、おのおの同前に候、さ候間、②唯今仰せ切られなさるべく候わば、御覚悟の由思し召され候や、しかれども、③元就御時は深々と仰せられず候て、輝元代初めに候の条、少しは御遠慮候て然るべく候、只今はとかく申されまじく候えども、若輩につき仰せなぐられ候などと存じられ候えば、向後までよろしからざる御事に候、かたがた御大儀に候とも、今の姿に身崩しに候間、御むずかしさをも申すまじく候、きねり大柿など多く御所持の由に候、その時分十五つなりとも御意に懸けらるべき事に候、こなたよりも鮎のすしなど一喉二こんは進らすべき事に候、かくのごとく御申し今一度向後を遂げ、御酒聞こし召され候わんを見物いたしたく候、我等物よわ（弱）き段は定めて広一御物語り申すべく候、また広一を何と候てもかたがた御れんみん候て御上せ候て給うべく候、我等もざれ事ながら申しかたり候て、彼者きっと上せたく候、なお後喜を期し候、かしく

傍線部②は、富《と》田《だ》城（島根県安来市）下城後の尼子義久兄弟の収監について、内藤家に受け入れを打診したところ、拒否する回答があったことを窺わせる。それに対して輝元は、「元就の時には毛利氏からの要請を拒否されることはなかったのに、輝元に代替りしたばかりなので、少しは遠慮すべきではありませんか。今はいろいろとおっしゃらないかもしれませんが、私が若輩だからといって、無理難題をおっしゃられたのでは、将来的によくないことになります」（傍線部③）と言っている。元就に対しては遠慮していた有力国人領主層が、若年の輝元を軽視する傾向があると輝元自身は認識しており、「輝元代初め」という形式面に実質面が伴わない状況を示すものである。

毛利元就（毛利博物館蔵）

二頭政治体制への道

元服によって、輝元は形式的には毛利氏の当主となった。しかし、当主としての権限を全面的に輝元へ移行することは困難であり、元就が実質的に当主権限を担うことも多かった。このような状況を元就はどのように考えていたのであろうか。

永禄十年の元就による赤川元保誅伐に関する元就書状（『毛利』、以下C）には「私（元就）は、隆元の存命中は安心していました。今は、赤川元保のような私に遺恨を持つ人物がのさばり、役に立つ人間が一人もいません。輝元は若年です。私はまったく心配することもなく、隠居して、一人で吉田郡山城の本丸にいることが、最大の望みなのですが、隆元でさえ、このように怒って用心していた赤川元保のような者を、そのことを知りながら奉行として用いていることは、万一の事態が懸念されますので、急いで元保を誅伐するように言っているのです。」とある。

元就は輝元に領国経営を任せて隠居したいという願望を持ちながら、譜代家臣さえも十分に統制できない輝元の現状を憂いていた。輝元の元服を「これのみ思いまち入り候」（五一頁）と熱望していた元就であったが、輝元の元服後においても、元就が領国経営から離れることによって、毛利氏領国の崩壊につながりかねない状況を踏まえ、隠居することは許されなかった。領国の安定的支配のためには、元就が実質的に当主権限を担う必要があると認識していたと考えられる。

一方で、自らの余命には限界もあり、輝元に対して、当主に相応しい能力を身に付けさせること、家臣団に対して、輝元を名実ともに当主として認識させることが急務であった。輝元元服後当分の間は、元就を中心とした領国経営が進められたが、早期に輝元を中心とした領国経営に転換する必要があり、そのために二頭政治体制への移行が図られたのである。

2 二頭政治体制

元就・輝元連署安堵状・宛行状類の分析を通じて、二頭政治体制への移行過程をみていこう。

元就・輝元連署安堵状・宛行状

元就と輝元の署判位置をみると、すべての連署安堵状・宛行状類において、輝元が日下（日付の下）、元就が奥に署判している。連署形式は元就と隆元においても用いられているが、天文十五年四月までは元就が日下、隆元が奥に署判、天文十六年六月以降になると、隆元が日下、元就が奥に署判している。このような署判位置の変化は、元就から隆元へ家督相続が行われたことを反映しており、連署のケースにおいて日下に署判する者が当主であることがわかる。このような署判位置は、形式的には輝元が当主として扱われていたことを示すものである。

元就・輝元連署安堵状・宛行状類六十二通のうち、先行する安堵状・宛行状類が隆元発給のものであるケースが三分の一強を占める。元就・輝元連署安堵状・宛行状類の初出である永禄九年八月二十九日付け安堵状写（「防長寺社証文」山口今八幡）もその一つである。隆元発給文書は現存しないが、元就・輝元連署安堵状写に「去る弘治三年拾月六日隆元判形の旨に任せ裁許せしめおわんぬ」とあり、輝元が連署に加わった根拠は、父隆元の有していた権限にあったことを示している。また、国司就信に対して、永禄六年に隆元宛行状、九年に元就宛行状が発給されたのち、永禄十一年に元就・輝元連署宛行状が発給された（『萩藩閥閲録』）事例も、父隆元の有していた権限を継承したものといえよう。国司就信は隆元側近層としての性格を有していたが、隆元の死没により一時的に元就が隆元の権限を代行したものと考えられる。

一方で、先行する安堵状・宛行状類が元就単独発給のものであるにもかかわらず、永禄九年八月以降は、元就・輝元連署となったものがある。永禄九年九月二十三日付け真如院禅鶴首座宛て元就・輝元連署宛行状（「勝間田家文書」）には「去る永禄八年八月廿三日元就証判の旨に任せ」とあり、隆元死没後、元就が単独で発給していたものを、輝元との連署に変えたことがわかる。しかし、先行する安堵状・宛行状類が元就単独発給のみであるものは真如院禅鶴首座宛ての二通以外には確認できない。したがって、基本的には、元就単独発給だった家（寺社）に対して、元就・輝元連署に変えることはなかったといえよう。

次に、先行する安堵状・宛行状類が確認できないもののうち、寺社以外に対するものについて、受給した家の特徴をみてみよう。

第一に、有力国人領主がみられる。安芸国高屋保（広島県東広島市）を本拠とする安芸の有力国人領主の中でも最有力層の平賀家、志芳堀天野家の当主天野隆重及びその子元友、備後国志摩利庄（広島県神石郡神石高原町）を本拠とする神石郡最大級の有力国人領主馬屋原家、出雲国三沢郷・横田庄（島根県仁多郡奥出雲町）を本拠とする出雲の有力国人領主の中でも最有力層の三沢家、室町期における出雲国守護京極氏家臣で出雲国長田郷（松江市）に所領を有した多賀家などである。

これらの家は本来、毛利家と同格の有力国人領主であり、毛利氏当主から所領を保証される関係にはない。その所領は自律的に支配しているものだからである。これらの家の中で、元就・輝元連署安堵状・宛行状類受給の初出は、永禄九年十一月の平賀家。この月に尼子義久が富田城から下城して、毛利氏は中国地方の大半を支配する戦国大名となっている。有力国人領主に対する安堵状・宛行状類の発給と、富田城の開城とは無関係ではないと考えられる。有力国人領主にとってももはや対等な関係ではないと認識せざるをえないほど、毛利氏権力が強化されたことを、安堵状・宛行状類の発給は示している。そして、発給者は元就単独ではなく、元就と輝元の連署である必要性が存した。輝元は従来の対等的関係に縛られない新たな当主であると、有力国人領主らに認識させるための仕掛けとして、安堵状・宛行状類の発給が機能した。しかし、輝元単独では発給できなかったところに、この段階における毛利氏権力の限界がみられる。元就による保証を必要としたのである。

第二に、中国地域以外において新たに毛利氏に服属した領主に対する安堵状・宛行状類は、元就・輝元連署の形態をとっている。

永禄十二年八月五日付けで元就・輝元連署宛行状を発給された（『毛利』）狩野上総守らは筑前国宝

満城・岩屋《いわや》城（福岡県太宰府市）城主高橋鑑種《たかはしあきたね》の家臣である。鑑種は大友氏一門の一万田家の出身で、筑前の有力国人領主高橋氏の名跡を嗣ぎ、大友方による北九州支配を担う存在であった（荒木一九九〇）。しかし、永禄五年十一月、鑑種は毛利氏に通じて大友方から離反した。永禄七年にいったん毛利氏・大友氏の和睦が成立したが、永禄九年になると、大友勢による高橋鑑種攻撃が始まり、永禄十一年には筑前国における大友方の拠点立花山《たちばなやま》城（福岡県糟屋郡新宮町・同郡久山町・福岡市）城主立花鑑載《あきとし》も毛利氏に通じて大友方から離反した。その後、大友勢の攻撃による立花山城の落城、毛利勢による立花山城の奪回など両勢の激戦が続いたが、永禄十二年六月の尼子勝久《かつひさ》の挙兵によって、領国支配の危機に陥った毛利氏は大友氏との和睦へと方針転換した（山本二〇〇七Ⓐ）。その際に発給されたのが八月五日付けで元就・輝元連署宛行状である。同日付けで高橋鑑種に宛てた輝元・元春・隆景・元就連署起請文（『毛利』）も発給され、「大友氏と和睦しても、毛利氏が鑑種を見捨てることはありません。」「毛利氏の与力としてずっと抱え置きます。」と誓約している。狩野上総守らは「与力」の家臣であるが、毛利氏から宛行状を発給され、直接の主従関係を結ぶこととなったのである。なお、実際には和睦は成立せず、同年十月の大内輝弘による周防国への乱入によって、毛利勢は撤退し、鑑種も大友氏に降伏した。

大内輝弘乱入と同月、永禄十二年十月二日付け元就・輝元連署安堵状（「星野文書」）を受給している星野伯耆守（高実）は豊前国位登庄（福岡県田川市）を本拠とする位登星野家の当主である。星野家は大内氏と大友氏の抗争に際して、豊前国を本拠として大内氏に従う家と、筑後国を本拠として大友氏に従う家に分立していたが、大内氏の滅亡後、前者は毛利氏に服属した。安堵状が発給された十月二日の時点において輝弘の乱入は起こっておらず、豊前国北部はほぼ毛利氏の支配下にあった。このため、星野伯耆守は毛利氏との直接の主従関係を受容したと考えられる。

これらの事例は、新たに毛利氏家中へ組み入れようとする国人領主層に対する安堵状・宛行状類であり、その署名が元就・輝元連署であったことの意味は何であろうか。従来から家中に組み入れられていた家臣の場合、先行する安堵状・宛行状類の存在、受給する家と毛利家との旧来の関係に従い、元就単独、あるいは輝元単独の発給という形態をとる必要があった。しかし、新たに服属した領主の場合、そのようなしがらみによる制約はない。元就は毛利氏の新たな当主としての輝元の登場を対外的にも印象付けようとして、輝元との連署形態をとったのではなかろうか。一方で、中国地域外の領主にとって、毛利氏のリーダーは元就であると認識されていたと推測され、輝元単独の発給文書では不十分と考えたのではないか。そのために、元就・輝元連署とされたのであろう。

第三に、元就五男元秋《もとあき》に対する宛行状があげられる。元秋は天文二十一年生まれ。輝元の叔父であるが、わずか一歳の年長である。周防国椙杜庄《すぎのもり》（山口県岩国市）を本拠とする有力国人領主椙杜家を相続していたが、尼子氏の富田城からの下城ののち、富田城主となった。永禄十一年六月十日付けの富田城在番に伴う宛行状、それを踏まえて具体的な所領を定めた永禄十二年十二月十九日付けの宛行状（いずれも「厚狭毛利家文書」）、この二通はいずれも元就・輝元連署である。

元秋が担った機能については、諸説がある。池享氏は、元秋と天野隆重による領域支配を「元秋—

隆重体制」と呼び、諸役の賦課・毛利権力の決定の有力国人領主への伝達などの吉田よりの命令の執行、さまざまな愁訴の吉田への吹挙といった機能を担う公的領域支配機構と位置づけた（池二〇一〇Ⓐ）。舘鼻誠氏は、富田は毛利氏領国下においても出雲支配の要衝としての機能を維持したが、管轄範囲は宍道湖周辺に限られたとする（舘鼻一九八九）。長谷川博史氏は、富田城主の職務は毛利氏が発令した普請役の徴発や寺社と毛利氏の仲介などであり、その地域支配はきわめて限定的なものであったとした（長谷川二〇〇三）。一方、松浦義則氏は、富田城番の地域的支配としての範囲は能義郡にとどまったとする（松浦一九八四）。いずれにせよ、元秋に対する宛行状は単なる所領の給付ではなく、一定の広域的支配を担うことも含意したものであり、毛利氏領国における支配構造の根幹に関わる決定と評価することができる。実質的な決定は元就が行った蓋然性が高いが、このような領国支配の根幹に関わる決定は、形式的には元就・輝元が共同して行う必要があったことを示すものである。

永禄九年八月以降の単独署名安堵状・宛行状

元就・輝元連署安堵状・宛行状類の発給が始まったことを一つの契機として、輝元による安堵状・宛行状類の発給が増加し、元就による安堵状・宛行状類の発給は減少していく。前者が六十四通、後者が二十通。それ以前には元就発給文書の方が多かったが、永禄九年八月以降、輝元発給文書数が元就発給文書数の三倍を超えている。数の面では、元就の思惑通り、輝元への権限移譲が順調に進展したようにみえるが、実体はどうであろうか。

永禄九年八月以前の輝元発給安堵状・宛行状類のうち、先行する安堵状・宛行状類が元就発給であるものは皆無であったが、永禄九年八月以降の輝元発給安堵状・宛行状類六十四通のうち一通のみ、元就発給安堵状・宛行状類が先行している。受給者は出雲国の一畑寺（島根県出雲市）寿栄首座で、住持職を「元就証判の旨をもって」安堵したものである。日付は永禄十三年五月十四日付け。この年、輝元は挙兵した尼子勝久らを追討するため、出雲国へ出陣しているが、元就は吉田に残っている。そのために、輝元による安堵状発給となったものであり、特例といえよう。したがって、元就固有の権限まで輝元へ委譲されたとはいえない。

一方で、永禄九年八月以降の元就発給安堵状・宛行状類をみると、先行する安堵状・宛行状類が隆元単独発給のものであるケースは皆無であり、隆元の有していた権限は完全に輝元が行使できるようになったことを示している。

また、先行する安堵状・宛行状類が確認できないもののうち、輝元が発給したものが十七通、元就が発給したものが八通。発給数を比較すると、輝元の方が上回っているが、全体数に占める割合をみると、元就の権限が大きく縮小したといえる状況にはない。

元就が発給した文書の中に、美作国の寺社に対するものが含まれている点も注目される。永禄十二年四月三日付け美作国一宮社家中宛て判物（「中山神社文書」）と同日付け美作国惣社社家中宛て判物写（「総社文書」）の二通で、いずれも従前通りに「祭礼修造」を行うように申し付けたものである。享禄五年（一五三二）頃からの尼子氏の美作国への侵攻によって、一宮・総社（岡山県津山市）ともに尼子氏の支配下に入っていたが、永禄八年の富田城開城前には尼子方が排除され、毛利氏の支配下に置かれていた。先にみたように、同年八〜十月の北部九州においては元就・輝元連署の安堵状・宛行状が発給されていたが、その数カ月前、美作国においては元就単独の判物が発給されている。

このような相違がなぜ生じたのか、時期差、地域差、発給文書の種別、受給者からの要求という可能性が考えられる。この前後の時期において、元就・輝元連署、輝元単独、元就単独それぞれの文書発給に大きな変化はみられないことから、時期差という蓋然性は低い。美作国という新たに毛利氏領国に編入された地であることについても、先にみた出雲国の北島右京亮のように輝元単独発給とされた事例がある。判物については、連署は確認できないが、輝元単独発給は確認できることから、元就単独発給とされた要因を種別のみに求めることはできない。そうすると、受給者からの要求という可能性が高いと考えられる。毛利氏領国の辺境に位置する美作国の寺社は、元就による保証を必要とした。つまり、元就自身の希望とは異なり、彼の権限を縮小していくことは領主層から望まれなかったのである。

元就の隠居願望

元就自身は二頭政治体制への移行後、徐々に輝元に対して権限を委譲して、最終的には隠居することを願っていた。そのことを示す年月日欠平佐就之《ひらさなりゆき》（元就側近）宛て元就書状（『毛利』）の三条目の意訳を掲げる。なお、この史料の解釈については岸田裕之氏による見解（岸田二〇一四）と大きく異なるものではないが、二頭政治体制期における輝元の立場を物語るものであるため、意訳を掲げる。

私（元就）の進退のことについて言います。その趣旨は次の通りです。先日、私が吉田へ帰還したのは、大小問わず表向きの政務から離れて休息したいと思ったからです。このことをわきまえるよう輝元に言いました。すべてのことについて、輝元が二十歳になって道理をわきまえることができるようになるまでの間、また、私が生きている間は、何事も輝元の身になって異見、後見するつもりです。このことは隆元への供養と思っていますが、私は大変年老いてしまい、あげくのはてに病気になってしまいましたので、私の隠居を聞き分けるよう輝元へ申し聞かせたのです。ところが、輝元が言うことには、「近頃予想もしなかった元就の考えで、情けないことです。隆元は四十歳になってさえも元就にすべてを任していました。私は今十五歳にようやくなったばかりです。そのことを元就がご存知ないなどということはありえません。仮にご存知ないというのであれば、それでも構いません。輝元の毛利ではありえません。どこであっても元就の行かれる所へ私（輝元）も付いていくまでです。佐東（広島市安佐南区・安佐北区など）へならば佐東へ、多治比（広島県安芸高田市）ならば多治比、元就の居られる所に私もいるまでです。あまりに情けなく、口惜しいことです」と苦々しく言いました。このような時に、私（元就）が隠居して、穴鼠のように隠居所に籠って政務から一切身を退いてしまっては、輝元と私は義絶関係になってしまい、隆元にも申し訳が立ちません。どうしたらよいか対応に困っています。この年齢になっても隠居することができず、心配ばかりしています。

輝元がようやく十五歳になったとあるため、この書状は永禄十年に比定できる。前年に二頭政治体制への移行を果たしたことから、元就は表向きの政務から退こうと考えた。ところが、輝元は元就の隠居に強く抵抗して、元就が隠居を強行しても、隠居所まで自分も付いていくとまで主張した。とりわけ注目すべきは「輝元、毛利にてあるまじく候」という文言である。これは輝元の認識であるが、おそらく、毛利氏譜代家臣、領国内の領主層、近隣の大名・領主層も同様の認識だったと考えられる。輝元元服後、毛利氏の形式的な当主は輝元になったが、誰の目にも毛利氏の実質的な指導者が元就であることは明らかであった。

そのような状況下において、元就が隠居してしまい、すべての権限を委譲されたとしても、輝元には毛利氏領国を円滑に運営していく自信はなかった。元就というカリスマが存在することによって、本来は同格であった有力国人領主を毛利氏へ従属させ、近隣の領主層を新たに毛利氏へ従属させることが可能だったのである。また、家中における様々な紛争の解決に当たっても、元就の存在が必要であった。元就がいかに望もうとも、二頭政治体制移行後すぐに、輝元の名の下に各領主層を結合させることは困難だったのである。

結局、元就の隠居所まで付いていくという輝元の懇願を受け容れて、元就は隠居を断念した。しかし、永禄十年には七十一歳に達していた元就にとって、残された時間は少ない。自らの死没後においても毛利氏領国を安定させるために、輝元が一人でその責任を負う力量がいまだ備わっていない以上、それに代わる体制を考えておく必要があった。二頭政治体制は輝元体制への過渡期としての体制であったが、輝元体制への移行に時間を要するとすれば、別の体制を構築しなければならない。それが御四人体制だったのである。

3 御四人体制

「御四人」とは

「御四人」とは、吉川元春・小早川隆景・福原貞俊《さだとし》・口羽通良の四人を指す。吉川元春は元就の次男であるが、安芸国大朝庄を本拠とする有力国人領主吉川家を相続していた。小早川隆景は元就三男で、安芸国都宇・竹原庄（広島県竹原市）を本拠とする有力国人領主竹原小早川家を相続、その後、同国沼田庄（広島県三原市）を本拠とする小早川家の惣領家沼田小早川家もあわせて相続していた。元春・隆景は、輝元の父隆元の同母弟（母は吉川国経の娘・法名妙玖）であり、二人以外の叔父が妙玖死没後の継室から産まれたため、輝元と年齢的にも近かったのに対して、元春が二十三、隆景が二十年長であり、輝元の少年期にはすでに壮年に達していた。いわゆる「両川」と称される二人であるが、本来は毛利家と同格の有力国人領主の当主であり、毛利氏家中には包摂されない存在であった（村井二〇一二）。

福原貞俊は毛利氏庶家の筆頭格福原家の惣領である。元就の母方の祖父福原広俊から数えて三代あとにあたる。文禄二年（一五九三）に八十二歳あるいは七十五歳で死没したとされるため、永禄十年当時は五十六歳あるいは四十九歳である。口羽通良は、元就擁立の中心的役割を果たした志道広良（志道家も毛利氏庶家）の次男あるいは弟で、石見国口羽村（島根県邑智郡邑南町）に所領があったこと

小早川隆景（三原市・米山寺蔵）

吉川元春（岩国市・吉川史料館蔵）

から、口羽姓を名乗った。永正九年（一五一二）生まれで、永禄十年当時は五十六歳である。貞俊・通良は毛利氏庶家の代表であり、毛利氏家臣団の最高位にあったと考えられる。

御四人体制構築への道

御四人体制の構想は、先にみた元就の隠居願望とそれに対する輝元の強い抵抗の結果として生まれたものである。この体制が構築される過程やその背景については、岸田裕之氏（岸田二〇一四）や中司健一氏（中司二〇一四）の研究において詳述されているため、本書においては、輝元の視点からみていきたい。平佐就之宛て元就書状の一条目・五条目の意訳を掲げる（以下、A）。

①あの両人（原文は「かの両人」）に毛利氏領国の政務を担う職に就いてもらわなければと内々に言ったことについて、そのことは承知されました。しかしながら、隆景と元春も、毛利氏領国の経営全般に関する談合について宿老層同様に加わることとしなければ、輝元が二十歳になるまでの間の領国経営は成り立たないと、福原貞俊が考えていると聞き

ました。もっともなことです。しかしながら、貞俊はそのように考えているのでしょうが、あの両人は、隆景・元春は他家を相続しているのだから、毛利氏の政務に関わることは論外で、よろしくないことだと言って、隆景・元春の参画を嫌っています。隆景・元春を参画させないで、吉田家中の者（毛利氏庶家を含む譜代家臣層）のみでは、他大名との戦争などもできないと、私（元就）は思いますが、あの両人をはじめ、家中の宿老たちが隆景・元春の参画を嫌っています。貞俊はどのようにお考えでしょうか。

⑤このように、元就や元春・隆景が一身を捨てる覚悟を持ち、また、家臣団が出雲国白鹿《しらが》城（島根県松江市）攻め以来の苦労や忠節を尽くした結果、このように毛利氏領国は拡大してきましたが、今私（元就）は年老いて隠居する年齢になり、一方で、輝元は若年です。すべてあの衆中（原文は「かの衆中」）の思い通りになることは、よろしくないことです。吉田家中のことについて、貞俊はどのようにご覧になっていますか。私が隠居して、隆景・元春は他家の当主であるとして、

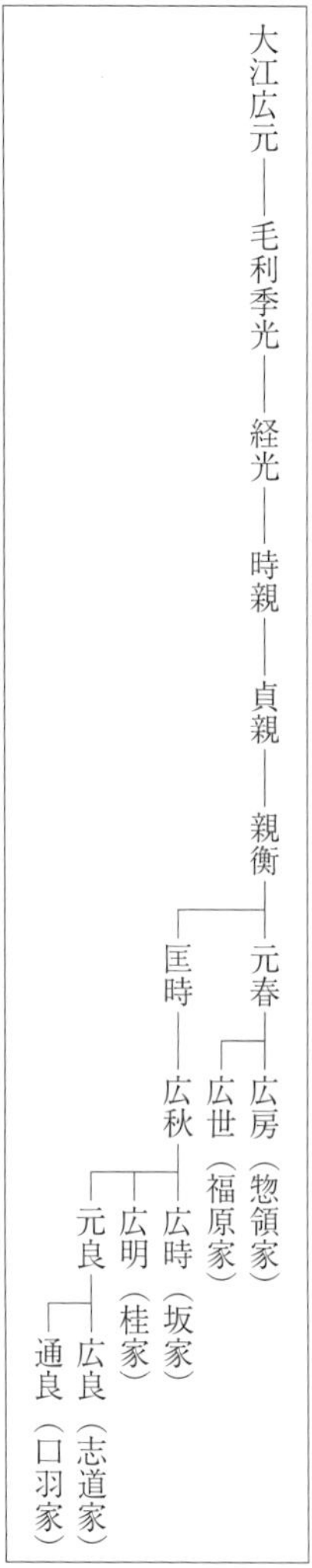

毛利氏庶家系図

毛利氏領国の経営から排除すると、家中はどのようになってしまうとご覧でしょうか。尼子氏との戦争には勝ちましたが、家中のことについては大小問わず、今が一大事なのではないでしょうか。

まず、この書状の中で隆景・元春の毛利氏領国政務への参画について反対している「彼両人」とは誰であろうか。中司健一氏は、一人を口羽通良、もう一人を桂元重あるいは志道元保に、岸田裕之氏は、口羽通良と桂元重に比定されている（岸田二〇一四）。筆者は、岸田氏の見解の通り「かの両人」とは口羽通良・桂元重の二名であると考える。

桂元重は、毛利氏庶家桂家の惣領（桂元澄《かつらもとずみ》の嫡孫）である。毛利氏庶家の中でも、桂家は福原家と並ぶ筆頭格の家であった。例えば、天文二十二年のものとされる（岸田二〇一四）「具足注文」（『毛利』）において、近習衆を除く家臣団は、福原貞俊を筆頭とするグループと桂元澄を筆頭とするグループに分けられている。また、尼子義久兄弟の富田城下城に当たり、永禄九年十一月二十六日付けで福原貞俊・口羽通良・桂元重の三名が起請文を尼子義久・秀久《ひでひさ》・倫久《ともひさ》へ提出している（『萩藩閥閲録』）。さらに、年未詳であるが「諸要害御普請の事、たとえ前々より御免許の人これあるといえども、相破られ、はたと仰せ付けられ然るべく候、自然理申され候とも、おのおのにおいて承引いたすべからず候」という四月三日付け連署状（『毛利』）の連署者が、隆景・貞俊・通良・元重・元春の五名であることから、永禄十年前後の毛利氏家中における最上層家臣は、福原貞俊・口羽通良・桂元重の三名であったと考えられる。

次の平佐就之宛て元就書状写（『萩藩閥閲録』、以下B）においても「かの両人」が登場している（②）。この書状も年月日欠であるが、Aと前後してBが発せられたものと推測される。

①私の進退について、年老いて、その結果、病気にもなったので、いよいよ隠居しなくてはならない状態です。このことは言うまでもないことです。
②このような状況ですので、毛利氏領国の政務について、内々に挙げた三人を参画させようと思います。ところが、福原貞俊がそのような役職に就くことについて承諾しません。近年にないよくないことでおかしいことだと思います。あの両人（「かの両人」）については、毛利氏領国の政務に参画させるつもりですが、その外の人物も加えなければ適切ではありません。その人物として貞俊以外の誰が適当な人物といえるでしょうか。輝元が二十歳になるまでは、一身を擲たなければ、この役割を果たすことはできません。総じて、隆景・元春とは、こちらにおいて談合することができますが、彼らは他家を相続した者なので、貞俊は賛成するでしょうが、他の家臣たちは論外であると嫌っています。隆元が当主だった時には、領国内政務についても私に相談していましたが、今、輝元にはそのような思慮はないでしょう。これまた大問題です。
③ここ数年の戦争については、本当に皆が骨を折って戦った結果、このように勝利を収めることができましたが、防長方面や山陰方面ともに、私が力の及ぶ限り骨を折る覚悟をしたので、このよ

うな結果となりました。隆景や元春についても、吉田家中（毛利氏直臣層）の者以上に、小早川・吉川両家の家臣が骨を折り、忠節を尽くしたため、このような結果となったのです。ところが、今は両家の働きを皆が忘れてしまっており、よくないことです。輝元がせめて二十歳になっていればよいのですが、十四・五歳にすぎないので、輝元へ話してもどうにもなりません。輝元は何事についても人任せなのです。

④このような状況ですので、ぜひとも輝元が二十歳になるまでは、貞俊に毛利氏領国の政務に参画してもらわなければならないのです。そうしなければ、本当に好き勝手な状態になり、毛利氏領国は混乱してしまうと思います。

⑤毛利氏は以前とは異なり大きくなりました。さらに、現在は、このように大内氏・尼子氏を滅ぼして、多くの国を支配下に置きましたので、一〜二人で政務を担当することは不可能です。しかし、家中には人材が乏しく、困っています。それなのに、貞俊が政務に参画することさえ承諾してもらえないのでは、もはや方策がありません。

⑥三人体制で政務を担うとはいっても、貞俊が今のように嫌々ながら参画したのでは、よくありません。他の者が二件処理するのであれば、貞俊は三件、他の者が三件ならば貞俊は四・五件を処理するくらいの心構えで、家中のことだけでなく、他地域や他国のことについても放置せずに協議するようでなければ、よろしくありません。

⑦貞俊の考え、またそれを踏まえたこの書状によって、毛利氏のこと、輝元の今後について、重ね

て相談します。この趣旨について、あなた（平佐就之）は理解できないでしょう。書いてある通りに貞俊へ話してください。

この書状の「かの両人」については隆景・元春に比定される可能性もあるが、A・Bともに平佐就之宛てであり、内容も共通（毛利氏領国の政務に関すること）していることから、Bの「かの両人」もAと同一人物を指す蓋然性が高い。

この二通の元就書状について、輝元に着目してみていきたい。

のちに御四人体制となる政治体制の導入は、自らの体調に対する不安を覚えた元就（B①）が、眼前に迫った輝元単独政権を危惧したことに起因するものであった。その危惧とは、輝元が若年であるため、元就が死没（あるいは完全に引退）して輝元単独政権になると、「かの衆中」が実質上、政務を掌ることになること（A⑤）、元就がそのように考える根拠は、輝元がすべてに人任せで政務には関与しようとしないこと（B③）にある。しかし、輝元は十四～五歳なので、能力不足を責めることもできない（B③）。そこで、元就は「かの衆中」による専横を抑止するため、福原貞俊を政務に参画させようとしたのである（B④）。

元就が警戒した「かの衆中」とは誰であろうか。明示されてはいないが、隆景・元春の政務への参画を排除すること（A⑤）と、「かの衆中」による専横は連関していることから、「かの衆中」も隆景・元春の参画を嫌っていたと考えられる。そうすると、隆景・元春の参画に反対した（A①）「かの両人」（口羽通良・桂元重）が「かの衆中」であろうか。「かの両人」「かの衆中」と異なる表現をしていることから、同一視することはできないと考える。Ｂ②には、隆元が当主の折には、元就に相談していたが、輝元は相談しないだろうとある。その結果、「かの衆中」の専横に結びつくと元就は考えており（Ｂ④）、「かの衆中」とは政務を「人まかせ」にする輝元を傀儡にして、実質的に政務を執行している奉行衆（輝元奉行衆）に比定できよう。

まだ判断能力の乏しい輝元を取り巻く奉行衆による専横が、毛利氏の混乱・分裂状態を招き、結果、自らの努力で築きあげた（Ｂ③）領国が崩壊することを、元就は懸念したのである。

初期輝元奉行衆

御四人体制導入当時、輝元を傀儡にして政務を執行していた奉行衆はどのような構成だったのであろうか。加藤益幹氏の研究においては、隆元死没以降（天正十五年まで）の毛利氏奉行人について、五奉行体制が存続したとされる（加藤一九七八）。その初期の構成員（元就期からの奉行人を除く）は、親から奉行職を世襲した桂就宣・児玉元良・国司元武・粟屋元勝のほか、永禄十年の赤川元保誅殺後に加えられた粟屋就秀・粟屋元種・粟屋元真の七人である。しかし、加藤氏の研究は永禄六〜天正十五年という長期的な視点に立ったものであり、御四人体制導入当時の輝元奉行衆に着目したものではない。桂就宣の父元忠・児玉元良の父就忠は元就直属奉行人的性格を有しており、元就死没以前における就宣・元良を、輝元奉行衆に位置づけることは適切であろうか。奉行人による連署状（奉書）のみをみたのでは、元就奉行人と輝元奉行人を分別することはできない。そこで、袖判文書と奏者文言に注目したい。

輝元単独袖判毛利氏奉行人発給文書及び元就・輝元袖判毛利氏奉行人発給文書の一覧を、次頁に掲げる。

この三つの表を比較してみると、次のような特徴がみられる。

第一に、輝元単独袖判については国司元武、元就・輝元袖判については児玉元良が、すべての文書において発給者となっている。このことは、国司元武が輝元奉行人、児玉元良が元就奉行人の筆頭格であったことを示す。

第二に、輝元単独袖判の場合においても、桂元忠・児玉元良が署名しているが、両者ともに署名しているものは二通のみであり、両者ともに署名していないものが過半を占める（十七通のうち九通）。このことは、御四人体制導入後においても、元良・元忠が元就直属奉行人的性格を引き続き有していたことを窺わせるものといえる。

次に、元就直属奉行人的性格を有する桂元忠・児玉元良や、僧侶である竺雲恵心、山口奉行の市川経好を除く輝元袖判文書の発給者について考察する。

国司元武・粟屋元種については、第一章において詳述した通り、幼少期の輝元（幸鶴）の守役とされた人物である。守役としての起用は慣例に従ったものであるとともに、輝元が当主になった際には、輝元の下で政務を担う奉行人となることを予定したものであった。隆元死没以前の毛利氏五奉行のうち、国司元相・粟屋元親・赤川元保は、桂元忠・児玉就忠とは異なり、元就ではなく隆元に直属する奉行人であり、元武は父元相、元種は粟屋一族として元親の権限を引き継ぎ、毛利氏奉行人になった

永禄10年以前の輝元袖判文書

年	月	日	桂元忠	児玉元良	粟屋元勝	粟屋元種	粟屋元真	粟屋就秀	国司元武	赤川元久	竺雲恵心	市川経好	受給者	典拠
（永禄8）	4	2			○	○			○	○			市川式部少輔	忌宮神社文書
永禄8	6	3				○	○		○		○		国司雅楽之允・井上善兵衛・黒川三河守	防府天満宮文書
永禄9	9	19	○						○				（欠）	遠用物所収文書
永禄10	6	26	○		○				○				富成大宮司	忌宮神社文書
（永禄10）	8	5	○	○	○				○				防府国分寺知事	防府国分寺文書

永禄11年～元就死没時までの輝元袖判文書

年	月	日	桂元忠	児玉元良	粟屋元勝	粟屋元種	粟屋元真	粟屋就秀	国司元武	赤川元久	竺雲恵心	市川経好	受給者	典拠
永禄11	8	28	○	○		○			○			○	防州鯖山禅昌寺	禅昌寺文書
（永禄12）	4	2					○	○	○		○		山口多賀大宮司	多賀神社文書
永禄12	4	20					○	○	○				一宮大宮司	住吉神社文書
永禄12	8	11							○				鳥田内蔵助	萩藩閥閲録（141）
（永禄12）	9	7				○	○		○				多賀谷孫太郎	多賀谷家文書
永禄12	9	27				○			○				真鍋兵庫允	防長寺社由来

（永禄12）	10	晦						○				矢野新九郎	萩藩閥閲録（147）
永禄12	11	10	○					○				禅昌寺	禅昌寺文書
永禄12	11	11						○				（欠）	防府天満宮文書
（永禄12）	12	19		○		○		○				石川肥後守	萩藩閥閲録（105）
（元亀1）	5	9		○			○	○				市川伊豆守・内藤越後守	仁壁神社文書
永禄13	10	10		○		○		○				篠原隠岐守	萩藩閥閲録（150）

元就・輝元袖判文書

年	月	日	桂元忠	桂就宣	児玉元良	粟屋元勝	粟屋元種	粟屋就秀	国司元相	国司元武	笠雲恵心	大庭賢兼	井上就重	受給者	典拠
永禄11	12	12			○	○				○	○	○		杉七郎	萩藩閥閲録（79）
永禄12	10	28			○			○		○			○	正覚寺	冷泉家文書
永禄13	7	28	○		○		○			○			○	鰐淵寺衆徒中	鰐淵寺文書
永禄13	12	11			○		○						○	多賀左京亮	多賀文書

	2	20		○	○		○		○				○	武安木工允・内藤内蔵丞・河内新左衛門尉・甲田三郎兵衛尉・児玉美濃守	萩藩閥閲録（101）
	11	1			○			○	○					国司雅楽允	萩藩閥閲録（55）

と考えられる。また、粟屋元勝は元親の子、同元真は粟屋惣領家元国の嫡孫、同就秀は系譜不詳であるが、おそらく粟屋元秀系の家（元勝と同族）と推測される。

赤川元久は元保の弟である。元久は、兼重元宣や国司就信・粟屋元種とともに、隆元奏者あるいは使者としての活動がみられ（『毛利』）、隆元側近層を形成する一人であった。元保には子がいなかったようであり、輝元単独袖判文書に元保ではなく元久がみられることは、国司元相から元武、粟屋元親から元勝・元種・元真らといった隆元に仕えていた奉行層の権限承継と同様に、赤川家においても元保から元久への権限承継が進んでいたことを示すと考えられる。

初期輝元奉行衆の構成について、輝元発給文書の奏者文言からも確認してみたい。永禄十年以前において、奉行人が奏者となった事例を列挙すると、次の通りである。

①国司元武：（永禄九年）九月七日付け興禅寺宛て（「長府毛利家文書」）

②赤川元久：（永禄九年）十一月二十六日付け冷泉四郎宛て（「冷泉家文書」）
永禄九年十二月六日付け井上神左衛門尉宛て（『萩藩閥閲録』）
（永禄九年）十二月二十五日付け冷泉四郎宛て（「冷泉家文書」）

なお、元久は粟屋元種とともに、湯川元常からの愁訴を隆元に取り次ぎ、隆元の裁定を元常に伝達しており（四月六日付け湯河源三宛て隆元書状写『萩藩閥閲録』に「その方訖言の儀委細心得候、帰陣の上をもって、必ず加恩の儀相計り申し聞かすべく候、疎意あるべからず候、なお赤源・粟与申すべく候」とある）、先にみた国司元武・粟屋元種と同様に当初は隆元側近として活動していたことがわかる。

③粟屋元種については、年次を特定できる輝元発給文書の奏者文言において確認することはできなかったが、永禄八年に比定される六月二十六日付け輝元書状（「防府天満宮文書」）の宛所に「粟与十」とあり、その内容には「満願寺より申され候の趣、承知候、只今の儀は陣中の間、重ねて満願寺談合べく候」とあることから、満願寺からの要望を元種が受けていたことがわかり、元種についても奏者であったといえよう。

一方、永禄十年以前の元就・輝元連署発給文書の奏者を務めた奉行人として、桂就宣（永禄九年）十月二十五日付け名井豊前守ほか五名宛て、『知新集』所収文書）、児玉元良（永禄十年十二月二十一日付け垣田内蔵丞宛て、「長府桂家文書」、国司元武とともに）の二名が確認される。

このように、奏者文言からの考察によっても、永禄十年以前における毛利氏奉行人が、輝元奉行衆（赤川、国司、粟屋）と元就奉行衆（児玉、桂）に分かれていたことがわかった。

以上の考察から、毛利氏本宗家の家中においては譜代外からの人材登用が困難であったとする和田秀作氏の指摘の通り（和田一九九〇）、輝元奉行衆は隆元に仕えていた毛利氏の伝統的譜代家臣層を中心としていたことが明らかになった。次に、伝統的譜代家臣層が他家を相続した隆景・元春を警戒していた様子を示す史料をみてみよう。

年未詳隆景宛て隆元書状（『毛利』）に「国右（国司元相）事も、御方（隆景）をわるく存じ候事、かの者同前に候」とある。この書状中の「かの者」はおそらく赤川元保を指すと推測される。また、七〇頁の赤川元保誅伐に関する元就書状Cにおいても、元就に遺恨を抱く赤川元保を輝元が奉行として用いていることを警戒した元就が、元保の誅伐を決意したとしている。

赤川元保の誅伐は、(ア)隆元死没時の責任を追及された、あるいは、(イ)隆元生前からその専横ゆえに誅伐が検討されていたが、桂元澄・元忠や口羽通良と盟約していることや相次ぐ戦争によって延期していたところ、尼子氏滅亡をうけて実行に移したとされてきた。元就の表向きの理由は(イ)なのだが、それが真の理由であろうか。

輝元が若年であることを要因とする懸念は、A⑤、B③、Cに共通している。したがって、A⑤における「一円かの衆中の物になし候わん事」、B④における「ほしきままの事にて、正儀はあるまじく」、Cにおける「隆元などさえ、かように色をたて用心など仕り候者を、知りながらおき候事」も同じ要因に基づくものと考えられるのではなかろうか。すなわち、それは赤川元保をはじめとする輝元を取り巻く奉行衆に対して、輝元が政務をすべて委任してしまうことである。

元就による御四人体制導入構想と赤川元保の誅伐とはセットであった。輝元を取り巻く奉行層の専横を抑止するために、その象徴的存在ともいえる元保やその後継者的役割を果たしていた弟元久を誅伐するとともに、残った国司・粟屋を抑えるために、隆景・元春に加え、福原貞俊の参画を企図したのではなかろうか。また、赤川元保と親密な関係にあった桂家や口羽家の反発を和らげるために、桂元重・口羽通良にも政務への参画を要請したものと考えられる。

さらに、誅伐された赤川元久に代わって、毛利氏奉行人として起用されたのが粟屋就秀と推測される。すなわち、御四人体制の導入とそれに伴う毛利氏奉行層の一部刷新は、輝元を取り巻く奉行層の専横に対する抑止策であったが、輝元を取り巻く奉行層の中核である伝統的譜代家臣層や毛利氏庶家を、元就の統制下において引き続き活用しようという妥協の産物でもあった。

御四人体制の導入と輝元

「何事もが事も人かませ」の輝元が、このような政治体制の変革そのものに対して大きな関心を抱いたとは考えられない。一方で、元就の隠居は何としてでも思いとどまって欲しいとの願いは本音であり、そのために、元就からのいかなる提案をも受け容れようと考えていたことが、次の八日付け輝元書状（『毛利』）からわかる（宛所は元就側近「鵜彦（鵜飼元辰カ）」）。

年内、上《元就》より仰せ聞かされ候儀、今に相定まらず候、我々存分には、とかく上の御存じ候わではにて候、その分なく候えば、只今より家の儀は、はたと長久あるまじく候、なんかど《何廉》も申し上ぐべく候、この儀においては、はたとはたと御分別候よう、御隙少しすきたび、上げ候てくれべく候、くりかえしくりかえしこの儀ぜひ御分別候様申しなし、一えにたのみ入り候、我々においては、諸事一へんに、上御同前と存ず覚悟に候、べち《別》儀存じまじく候、その段においてはこころえ《心得》候、この神文上げ申したく候、さりながら、いまだ我々をば、御うたがいと見え申し候条、先ず上げ申さず候、いずれも面をもって具に申し聞かせべく候、この分申し候もおろかにて候、その方までの内存にて候、いくたび申し候ても、御分別候よう申すべく候、頼み入り候頼み入り候、かしく

〔意訳〕

年内に元就様から聞かされたことについては、まだ決定していません。私の考えは、すべてについて元就様がご存知でなければならないということです。そうでなければ、今後、毛利の家は絶対に長くは存続できないでしょう。何度でも申し上げます。このことについては絶対にご理解いただけるよう、時間が少しでもあれば、あなたから元就様へおっしゃってください。繰り返しになりますが、このことについてぜひともご理解いただけるよう、取り成しをひたすらお頼みいたします。私は何事についても元就様のお考えに従う覚悟です。他の異見には従いません。そのことは心得ています。このような内容の起請文を提出しようと思いますが、いまだ元就様は私の真意をお疑いのようなので、とりあえず提出しません。いずれにせよ、直接お会いして詳しくお話

したいと思います。このようなことは言うまでもないことなのですが、あなたの内々の所存として申しました。何度も言いますが、ご理解いただけるよう申し上げます。お頼みいたします。かしく。

輝元が懇願した内容は、明記されていない部分もあるが、元就の隠居は毛利氏の滅亡につながる（「只今より家の儀は、はたと長久あるまじく候」）ので、隠居を取りやめてほしい、輝元は政務すべてについて元就の考えに従う（「諸事一へんに、上御同前と存ず覚悟に候」）という趣旨である。このような輝元の狼狽をみると、元就の隠居願望が真意に基づくものだったのか疑念も残る。輝元奉行衆による専横を懸念した元就が、それを抑止するために、自らの隠居を仄めかした可能性もあるのではなかろうか。輝元が全面的に元就の意向に従うことを条件に、隠居を撤回するというシナリオまで描いたうえでの隠居騒動だったとも考えられる。

事実、永禄十年一月十日、輝元が元就に直属する奉行人桂元忠宛てに提出した起請文（『毛利』）には次のような一文がある。

①元就より承り候する儀、一人にも申し聞かせまじき事
②おとな衆ならびにもり衆、奉行以下の近習ども、何たる儀申し候とも、大小事共に申し伺うべき事
③この段は申すに及ばざる儀に候といえども、元就に、誰々にても候え、存じ替わり申すまじき事

〔意訳〕

①元就から聞いた内容については誰にも口外しません。

②老中衆・守衆・奉行以下の近習たちがどのようなことを言ったとしても、大小を問わず、元就に対して相談します。

③言うまでもないことですが、誰であろうとも元就に代わることのできる人はいません。

このうち、とくに②が注目すべき内容である。「もり衆」とは守役であった粟屋元種・国司元武ら、「もり衆」より上位に位置づけられている「おとな衆」には、元就から「かの両人」と称された口羽通良や桂元重が含まれていると推測される。いずれも政務に関心を示さなかった輝元を傀儡にして、毛利氏領国の運営を恣にする恐れがあると元就が懸念していた人物らであり、元就による隠居願望の真の狙いが、彼らの専横抑止にあったことを窺わせる誓約である。

そのような専横抑止のための装置として導入されたのが御四人体制である。「御四人」は輝元の諮問機関として、大きくその当主としての権限を規制するもの」(中司二〇〇四)であり、毛利氏五奉行を中心とした官僚制機構は、「御四人」によってその権限を制限されることとなった。このため輝元政権は、輝元自身の意思を政務に反映することが困難なシステムとしてスタートしたのである。

元就の死

元亀二年六月十四日の元就の死没により、輝元は名実ともに毛利氏の当主となったが、元就によって導入された「御四人」を中心とした領国運営が続き、輝元単独政権へ移行したとはいえない。

輝元の母尾崎局でさえ、吉川元春に対して「さてもさてもぢい《元就》さまの事、御としよりとは申しながら、かようにふとの事とはおもいまいらせ候わぬに、ふしぎに御かくれ候て、中々ちからおとし、申すもおろかにて候、おなじ御事に、さぞさぞと、御しん《心》中おしはかりまいらせ候、てるもとの御事、ひとえにひとえにそれさま《元春》とたか景さまと、たのみ申し候、おや《親》に御なり候て、御ちからにも御なり候てくだされ候べく候、うちたのみ申し候申し候、申すまでには候わねども申す事にて候」という書状（『毛利』）を送っている。輝元は元就死没時に十九歳であったが、いまだ周囲からは補佐する人物が不可欠とみられていた。父親隆元に続き祖父元就を失った今、輝元政権を安定させるためには、他家を相続したとはいえ血のつながる叔父である元春と隆景が親代わりとなって輝元を支える体制を維持する（右記傍線部）以外に方策はなかった。

元就死没直後における御四人の位置づけを如実に示す史料として、元亀二年六月二十六日付け粟屋元種宛て御四人書状（『毛利』）をみてみよう。

恐れながら申し上げます。温泉銀山御公領の事、元就様が生前に仰せ付けられていた通り、少しといえども戦争以外の出費に宛てることは適当ではありません。堀口町屋敷通役・送馬などについて、誰が自分に権利があるとして訴訟を起こしたとしても、同意してはいけません。その上、元就様の遺言の通り執行されるならば、実効性のある法規範にもなるでしょう。とりわけ、周防・長門の段銭については過去四回未納となっています。近年、段銭奉行を任命され、きちんと徴収しましたので、これについても、元就様の遺言の通りに執行されるのが適切であると考えます。ご理解されましたら、承諾した旨の御返事をください。

石見銀山・訴訟・段銭の徴収などの領国経営の根幹的事項に関して、「御四人」の異見を輝元に伝えたものであるが、「洞春様仰せ付けられ」「洞春様御手次」という元就の権威を持ち出すことによって、元就によって任命された「御四人」からの異見は、輝元といえども拒否できないものであることを強調している。冒頭の「恐れながら」という低姿勢の一方、「御分別においては御同心の御返事仰せ聞かさるべく候」という結びには、「御四人」を最高意思決定機関とする政権運営に同意することを輝元に迫る高圧的な態度がみられる。

このような御四人体制における一つの結実が、元亀三年十二月一日に定められた掟（『毛利』）である。この掟は多くの先学による考察の対象となっている。条文の内容については加藤益幹氏による詳細な解釈があるため、本書では割愛するが、加藤氏によると、この掟は譜代層を中心とする家臣団に浸透すべきものであったとされる（加藤一九七八）。また西山克氏は、この掟によって、輝元執政初期の中枢機構は、客観的な一定の規律を附与されたこと、この規律は政務一般のザハリッヒな規範ではなく、単なる組織上の規範であるに過ぎないが、前代の分裂した権力機構を払拭した点に意義があることを主張した（西山一九八二）。朝尾直弘氏は、「上意」が「公儀」を吸収して一体化をとげようとしているが、この掟は絶対的・超越的な命令とはいえないこと、家臣団のヒエラルヒーがタテに貫徹していないこと、「上意」の優越にもかかわらず、内部になお「一揆中」的性格を完全に解体していない家臣団との対立を孕んでいたことを示すものとした（朝尾一九九四）。池享氏は、「公儀」の執行機関内部の「掟」であるが、主人と年寄・奉行との関係は、命令と了承という性格を有しており、公共機能の執行権限が「一揆中」的家臣団ではなく主人によって掌握されることになった点に意義があるとした（池二〇一〇Ⓐ）。岸田裕之氏は、輝元が「御四人」の決定に規制され、「御四人」が毛利氏の最高意思決定機関であるという、輝元と「御四人」の法的制度的関係の基本がこの掟には明確にあらわれているとした（岸田二〇一四）。

筆者の見解を述べると、この掟の意義については池氏の見解を首肯するものであるが、形式上の「主人」は輝元であるものの、実質的には、岸田氏の見解の通り、輝元は「御四人」の決定に規制されているという点に着目すべきと考える。

掟には、十二月二日付け赤川就秀・平佐就之・児玉就方・国司有相・粟屋元宗宛て御四人連署による「右御条数の段、四人において承知いたし、もっともに存じ候、御年寄衆ならびに奉行衆へかたくこれを申し渡し、その旨を存ずのとおり、左に載せられおわんぬ」との付記があり、さらに十二月三日付けで右記赤川以下五人に加え、桂就宣・国司元武・児玉元良・粟屋就秀・粟屋元種・粟屋元勝・粟屋元真計十二人が連署した付記には「御条数の旨、御四人として仰せ聞かされ候、謹んでその旨を存じ奉りおわんぬ、もし今より以後猥いたす輩においては、尋ね究められ、その上をもって、一途仰せ付けらるべくものなり」とある。このような掟の発布経緯をみると、「御四人」による規制の焦点は、輝元自身というより、輝元を傀儡にして毛利氏領国の経営を独占するおそれのあった輝元奉行衆に当てられていたと考えられる。それは、十二月三日付けのみに連署している七人のうち、元就奉行人であった桂と児玉を除く国司元武と粟屋家の四人である。このようにして、輝元政権はその初動段階において、権限をきわめて制限されるという形態を法によって定められた。

また、少なくとも天正十年（一五八二）頃までの家臣に対する知行宛行においては、宛行地やその高は家臣自らが申請するものであり、知行宛行の全過程において家臣側が主導し、輝元が専制化を強めようとしても、元春らが専制化の阻止要因として機能したとされる（木村一九八七）。輝元の当主権限制限は、初動段階にとどまらず、固定化されようとしていたのである。

第三章　輝元と織田信長

1　毛利・織田同盟期

義昭・信長の上洛と毛利氏

永禄十一年九月、足利義昭は織田信長とともに上洛を果たしたが、これ以前から義昭（当初の名乗りは覚慶、義秋）は、諸国の大名に対して、出兵して自らを支援するように要請していた。毛利氏に対しても三月二日付けで吉川元春に宛て「雲州の儀落居の由、その聞こえ尤も比類なく候、然れば、この砌入洛の義、元就別して武略励み候よう馳走せしめば、神妙たるべく候、委細聖護院門跡演説あるべく候、なお信恵申すべく候也」という御内書《ごないしょ》（『吉川』）を発給している。

「聖護院門跡」とは、関白近衛尚通《このえひさみち》の子道増《どうぞう》のことである。義昭の母は尚通の娘であるため、道増は義昭の伯父にあたる。道増は京の寺院聖護院の門跡であるが、将軍の使者として諸国へ下向することも多く、永禄四年には毛利氏と尼子氏との和睦、永禄六年には毛利氏と大友氏との和睦の調停を行っている。その当時の将軍足利義輝（義昭の兄）も母は近衛尚通娘であり、門跡という地位に加え、義輝と血縁関係があったことから、道増が義輝の使者となったものと考えられる。道増が将軍就任以前の義昭の使者となった事例を対毛利氏以外においても確認できないことから、対尼子氏・大友氏和睦を通じて形成されていた道増・元就間のルートを、義昭が活用したものであろう。

足利義昭（東京大学史料編纂所蔵模写）

　義昭から諸大名に対する上洛要請は、永禄八年八月の上杉謙信を初見として、同年中に、肥後相良氏・常陸佐竹氏・徳川家康、そして信長についても確認されるが、元就に対する要請はいつ行われたのであろうか。右記御内書の「雲州の儀落居」とは、永禄九年十一月に尼子義久兄弟が出雲富田城から下城したことを指すため、御内書は永禄十年に比定されている。兄義輝と良好な関係にあった元就に対する要請が他大名に比べて遅れた要因は、毛利氏が尼子氏領国制圧に注力していた影響も皆無とはいえないが、謙信や信長らも戦闘下にあり、元就への要請が彼らに比べて遅い時期に行われた決定的な要因とは言い難い。

　関ヶ原合戦後の慶長六年（一六〇一）に吉川広家（元春三男）が記したとされる覚書（『吉川』）に、「日頼様（元就）が言い残されことですが、「現在、五ヶ国・十ヶ国が手に入ったのはめぐりあわせがよかったからです。今よりのち子孫に至るまで、天下を獲ろうと思ってはなりません」といつも仰っておられたと、父元春が内々に申しておりました」とある。実際に元就がこのような認識を持っていたことを示す直接的な史料ではないが、永禄十年二月九日付けで曲直瀬道三《まなせどうさん》（元就の病気治療のため京から下向していた医師）が元就や輝元らに宛てた訓戒書（『毛利』）には、「史書」からの引用として、「国が大きくても、戦を好むと必ず滅亡」という内容が記されている。この訓戒書は道三から元就に示されたという形式をとっているが、実際には、第三者からの訓戒という形式を用いて、元就が家中を統制しようとしたものと推測され、その内容は元就の認識を反映している蓋然性が高い。

この訓戒は義昭からの御内書が発給される直前の時期のものであり、事前の打診により無用な戦線拡大を望まない元就の方針を認識した義昭が、毛利氏による支援は困難であると考えて、要請していなかったのではなかろうか。しかしながら、最も頼りとしていた上杉謙信が動けないという状況を踏まえ、尼子氏降伏により物理的には上洛可能となった毛利氏への支援要請に踏み切ったものと考えられる。この要請に対して、毛利氏からは色よい返事があったと推測され（水野二〇一五）、おそらく永禄十一年に比定される一月十三日付け輝元宛て義昭起請文（『毛利』）が発せられたものと考えられる。その前書には「当家の儀、別して馳走の旨、比類なく存分に候、いよいよ向後深重に相談ずべく候」とあるが、実際に、元就が義昭支援のために出兵することはなく、結局、義昭は信長を頼ることとなるのでる。

織田信長（神戸市立博物館蔵）

上洛当初の信長と毛利氏

上洛当初の織田信長と毛利氏の関係は良好であった。永禄十二年初頭、義昭は毛利氏に対して再三にわたり大友氏との和睦を促しているが、永禄十二年に比定される十月二十六日付け今井宗久（堺の豪商）らの連署状（『今井宗久書札留』）によると、和睦の調停には信長も関与していた。

織田・毛利氏間の直接的な通交は、永禄十二年半ば頃から始まったと推測される。同年に比定される八月十九日付け日乗《にちじょう》（出雲国出身の僧で、この当時は信長の禁中奉行だったとされる、井上・岡崎一九九九）書状案（『大日本古文書　家わけ第二十二　益田家文書』、以下『益田』）に「信長への御返事、則ち京著候」『信長事、何様とも申し談ずべきの由申され候、何とぞ御縁辺申し談じたきの由に候」とあり、これ以前に信長から毛利氏に対して通交があったこと、信長が毛利氏との姻戚関係を希望していたことがわかる。なお、この書状案の宛所については、「元就様」を筆頭に、隆景・元春・輝元・福原貞俊・口羽通良・桂就宣・熊谷信直・児玉元良・井上就重・天野隆重・井上春忠・山県就次らが列記されており、二頭政治における元就の優位、御四人体制の拡充（井上春忠は隆景奉行人、山県就次は元春奉行人）、毛利氏奉行人内における元就奉行衆（桂・児玉・井上就重）の優位、有力国人領主の毛利氏中枢への参画（熊谷・天野）を示している。

また、書状案の主な内容は(1)～(3)の通りで、毛利・織田間における軍事同盟の成立を示している。

(1)永禄十二年六月に、但馬国守護山名祐豊《すけとよ》の支援を受けた尼子勝久・山中幸盛《やまなかゆきもり》らが挙兵し、出雲国へ乱入したが、毛利勢の主力が九州北部へ出陣中であったため、毛利氏が支配下におさめていた出雲・伯耆・因幡三ヶ国に危機が迫った。そこで、毛利氏支援のため、信長は木下秀吉（のちの豊臣秀吉）・坂井《さかい》政尚《まさひさ》を但馬へ出陣させて、祐豊の居城此隅山《このすみやま》（子盗）城（兵庫県豊岡市）などを攻略した（「雲伯因三ヶ国合力として、則ち木下藤吉・坂井右近両人に五畿内衆二万ばかり相副えられ、日乗、検使として罷り出、但州において、銀山をはじめとして、子盗・垣屋城、十日の内、十八落去候」）（山本二〇〇七Ⓑ）。

(2)播磨・備前境目地域を支配する浦上宗景《うらがみむねかげ》が、尼子氏や大友氏と連携して、備前・美作国の毛利氏支配地域を圧迫したため、毛利氏支援のため、信長は木下祐久（助左衛門尉）らを出陣させて、播磨国の諸城を攻略し、宗景の居城天神山城《てんじんやま》（岡山県和気郡和気町）を宇喜多《うきた》氏（備前国）・三村《みむら》氏（備中国）とともに攻撃する予定である（「備作両国御合力として、木下助右衛門尉・同助左衛門尉・福島両三人に池田相副えられ、別所仰せ出され、これも日乗、検使として罷り出、二万ばかりにて罷り出、合戦に及び、増井・寺蔵院両城、大塩・高砂・庄山以上城五ヶ所落去候」「宇喜多・三村と申し談じ、天神山根切り仰せ付けらるべく候」）（森二〇〇六）。

(3)義昭や信長と対立関係にある阿波・讃岐国（「安讃」）を分国とする三好氏を征討するため、毛利氏に対して、大友氏と和睦を調停した（「豊芸事和睦あり、信長といよいよ深重仰せ談ぜられ、安讃根切、頼み思し召さると候て、相国寺の林光院、東福寺の見西堂、上使に仰せ出され候、信長取持ちにて候」）。

このような毛利・織田軍事同盟において、織田方における窓口となったのが秀吉である。永禄十三年（一五七〇）に比定される三月十八日付け小早川隆景宛て秀吉書状（『大日本古文書　家わけ第十一　小早川家文書』、以下『小早川』）には、「今度信長へ元就より御使として、永興寺御上国候、拙子に申し次ぐべきの由に候間、執り申し候、信長別して入魂申され候条、いよいよ向後御隔心なく仰せ談ぜらるべき事肝要に候、我等事、若輩ながら、相応の儀示し預かり、疎意あるべからず候」とあり、秀吉が織田・毛利氏間の良好な関係を維持する役割を担っていたことがわかる。

輝元と信長の遭遇

輝元・信長間における初めての通交は、永禄十三年に比定される三月二十三日付け信長書状（『毛利』）である。その内容は輝元の「右衛門督」官途の授与に関して、将軍義昭の御内書が発給されたことを祝するものであるが、同年に比定される七月十日付け信長書状写（「毛利家相伝文書」）は元就宛てとなっており、輝元任官後においても、信長が元就を毛利氏当主と認識していたことが窺える。なお、右記書状の内容は、尼子氏との出雲・伯耆における戦闘により、手薄となっている備前・美作方面への対策として、織田勢による浦上宗景攻撃を要請した元就に対して、時期をみて出陣することを信長が約束したものであるが、その約束は実行されなかった。

元亀二年になると、四月十一日付け隆景宛て信長書状（『小早川』）に「奥州・同右金吾より委しき趣示し給い候」とあり、元就（「奥州」）・輝元（「右金吾」）連署で信長に書状を発している。その内容は、尼子氏に与して出雲・伯耆沿岸部へ来襲した丹後・但馬の海上勢力に対して、将軍からの停止命令を発給してもらえるよう元就・輝元が要請したことについて、信長が将軍へ奏達し、かつ、信長からも命令を発したことを伝えたものである。また、六月二十日付け元就・輝元宛て信長書状（「宍戸家文書」）の内容は、備前国児島《こじま》（岡山市南区・玉野市・倉敷市）へ来襲した阿波の篠原長房（三好氏家臣）に対して、将軍からの停止命令を発給してもらえるよう元就・輝元が要請したことについて、長房は義昭や信長と敵対状況にあり、停止命令は効果がないという考えを伝えたものである。しかし、信長が書状を認めた時にはすでに元就はこの世を去っていた。九月十七日付けで信長は隆景に宛て弔意を示すとともに、同書状には「讃州表発向珍重に候」（『小早川』）とあり、毛利勢が三好氏分国への侵攻を図ったことがわかる。

以上のように、毛利氏は、大友氏を中心とする尼子氏・浦上氏・三好氏らによる毛利氏包囲網の一部を、信長経由で、将軍の権威を利用して崩そうと試み、信長も表面的には協力姿勢をみせていたが、信長にとっての優先度は低く、この時期の毛利・織田軍事同盟が有効に機能していたとは言い難かった。しかし、輝元は元就死没直後の元亀二年八月、ほぼ独力で尼子勢を領国内から駆逐し、また、同じ頃には三好氏分国へ侵攻することによって、毛利氏包囲網を弱体化させていった。その結果、元亀三年十月頃、事実上屈服させる形で浦上氏と和睦を締結したことにより、毛利氏包囲網を瓦解させたのである（畑二〇〇三、森二〇〇六、渡邊二〇一一Ⓐ）。

信長による義昭追放

永禄十三年一月、日下に信長朱印、袖に義昭黒印を捺した五ヶ条の条書（「成簣堂文庫所蔵文書」）が認められた（日乗・明智光秀宛て）。その一条目には「諸国へ御内書をもって仰せ出さるる子細これあらば、信長に仰せ聞かせられ、書状を添え申すべき事」とある。この条項は、義昭が将軍として各地の大名に御内書を送り、大名間の和睦を促したり、忠節を求めたりしていたことについて、信長の書状を添える必要があるとしたもので、義昭の行動は信長によって把握され、義昭は自由に手紙も出せなくなることを意図したもの（池上二〇一二Ⓐ）、また、将軍の権威を伴っていた御内書の効力を規制するため、信長が副状を副えて発給するという形が規定されたもの（臼井一九九五）とされる。

この条書を一つの契機として、信長と義昭の関係は徐々に悪化していき、元亀四年一月頃（神田二〇一四）、信長は義昭に対して「異見一七ヶ条」（「尋憲記」）を発した。その二条目において再び義昭御内書の無断発給を問題視している。義昭は毛利氏に対して、数通の御内書を発給しており（久野二〇一五）、信長は同盟関係にある毛利氏と義昭との通交についても監督下に置こうとした。

元亀四年二月になると、義昭は信長排斥の意思を明らかにした。三月二十二日付け聖護院道澄《どうちょう》（道増の子）宛て義昭書状（「徳富猪一郎氏所蔵文書」）には「信長打倒のために挙兵して、二条城を守備しています。朝倉義景（越前）らが馳せ参じ、本願寺は三好勢を引き連れ上洛する手筈です。」「小早川隆景も浦上宗景らを動員して参陣し、将軍家へ忠節を尽くすよう、道澄から異見することが肝要です。また、浦上と別所長治《べっしょながはる》（播磨）が争っているようですが、両者の和睦を仲介するように、毛利氏に対して言い聞かせることが重要です。」とあり、義昭が信長打倒のための与党として、その当時すでに信長と戦闘状況にあった朝倉氏や本願寺・三好氏に加えて、信長と同盟関係にある毛利氏に期待をかけていたことがわかる。その一カ月前の二月九日、義昭は輝元に対して、右馬頭の官途を授与しており（『毛利』）、毛利氏を与党に抱き込むための工作であった蓋然性が高い。

このような義昭の動きに対抗して、信長も毛利氏との同盟関係を維持しようとした。七月十三日付け輝元宛て信長書状案（「太田荘之進氏所蔵文書」）に「義昭が不意に退座した子細は、義昭が頼みとしていた甲斐の武田信玄が病死し、越前の朝倉義景はさしたる働きはできないでしょう。また、三好などは小勢ですので、義昭がこれ以上の軍事行動を起こす様子はありません。このような状況になり、まして義昭が天下を捨てて逃亡してしまった以上、信長が上洛して天下を取り静めます。将軍家のことについては、万事輝元と相談してその結果に従います。今後も今まで通りに懇意にしていただければ、めでたいことです。」とある。

その後も義昭から毛利氏への働きかけは続いた。六月には兵粮料を要求したが、毛利氏からの支援はなく、義昭は三好義継《よしつぐ》の居城河内国若江《わかえ》城（大阪府東大阪市）へ逃走した。八月一日付け御内書（『吉川』）には「毛利氏を一番頼りにしています。」、また、一色藤長《いっしきふじなが》（義昭側近）書状（『吉川』）には「義継が若江に逗留するように強く言いましたので、当面そのようにしています。あなたが出陣すれば、その報をうけて五畿内は平定され、すぐに私の本意を遂げることは明らかです。足利将軍家の再興はひとえにあなたの出陣次第です。」とある。京から追放された義昭にとって、信長打倒のために最も期待する大名が毛利氏だったのである。

義昭処遇問題をめぐる輝元の思惑

義昭からの支援要請に輝元はどのような対応をとったのであろうか。九月七日付け聖護院道澄・国清寺宛て義昭御内書（「乃美文書（周防）」）に「最近、信長の所へ日乗を遣わして、親交を結んだとのこと、けしからぬことです。前々から、毛利家がある限りは、決して将軍家を疎かにしませんという起請文を提出していたにもかかわらず、不審なことです。理解できません。嘆かわしいことであると申し聞かせたいです。」とあり、輝元は義昭の支援に動かなかった一方で、信長と連絡をとっていたことがわかる。同日付けの輝元・隆景宛て信長書状写（「乃美文書」）には「日乗へおっしゃった内容については了解しました。」とあり、また、同日付け輝元宛て秀吉書状（『毛利』）に「公方（義昭）様の京への帰還について、信長に対して遠まわしに諌められたことについて、すぐに信長へ伝えたところ、同意されました。」とある。これらの書状から、輝元が信長に対して義昭と和解して、義昭の京への帰還を認めるよう仲介していたことがわかる。

また輝元は、再び但馬の山名氏の支援を受けて因幡国へ侵入した尼子氏への対応策として、信長と義昭の和解を仲介する代わりに、織田勢による但馬への侵攻を要請し、信長の同意を得ている。輝元にとって、領国を守ることが最優先課題であり、そのためには兵を率いて上洛する余裕はなく、信長の力を利用する方が有効だったのである。

信長との軍事同盟を維持した輝元は、信長を信用していたのか。九月晦日付け穂田元清《ほいだもときよ》（元就四男）宛て輝元書状（「長府毛利文書」）をみてみよう。なお、この書状の中略部分に「越州存分に任され祝儀かろかろと申し上せ」とあることから、信長が越前朝倉氏を滅ぼした直後のものと考えられ、天正元年（一五七三）に比定される。

こなたいかにもつよく、しようしよう織田衆をおしこみ候ように、公事に立ち入り申し候わでは、あいしらいむきにてはいかが候や、おそれ小儀に拵え申し候わば、織田心中も口惜しく候、その上、う喜田覚悟自然こなたよわよわ見置き候わば、織田への拵え身にかつき候事に成り候ては、はたと一大事の儀に候、織田たとえ敵に仕り候とも、う喜田をさきにおしあて候てふせぎ候わば、珍事はあるまじく候あるまじく候、つづまる事は、とにかくに信長・こなたの儀は、取り合わせなすべくまでに候、只今、因州へひびき候て、かの表支りになる事候てはとの気遣いまでに候、京儀立を本に仕り候て、自然京都をも、う喜田をも取りはずし候ようにては、一大事の儀に候、信長、大敵の阿州とさえ和平仕る武略者候間、う喜田こなたをよわよわ見きり候わば、直家、案者にて候条、信長へなげつけべき事、（中略）天神の儀は取り合わず、使僧上せ候て、さて安国寺に一人相副え差し上げ、こなたの存分ことわり速やかに申しわけたき事に候、（中略）こなたを真実敵に仕るべきと存じ候わば、こいの儀ともにてかかえ候事はあるまじく候、五畿内にてあしかろむきにて相動き候ようには、こなたへは仕りまじく候条、儀定仕り候間、弓矢は安中候、信長また直家を一味に仕るべき事は、則時の儀たるべく候、この節の思惟肝心に候、定めて隆景一とおり二とおりの思案にては申し越されまじく候条、かなたより申し越さるよう相調え候相調え候、う喜田に織田をさのみ大事にかけ候事、知らせたくもなく候

〔意訳〕
こちらから強い態度で、少し織田衆を押し込むように、公のことに介入するくらいでないと、適

当にあしらう考えではよくないのではないでしょうか。細々したことについて仲介したのでは、信長は内心口惜しく思うでしょう。その上、備前宇喜多氏はこちらに与していますが、毛利氏を弱いと思った結果、織田方に転じてしまうことになれば、誠に一大事です。仮に、織田方と敵対しても、宇喜多氏を最前線に置いて防げば、一大事にはならないでしょう。結局、信長とこちらとの関係についてはうまく繕っていく必要があります。因幡方面の情勢に悪影響を与えることになってはと懸念しています。義昭の意向を最優先して、万一、義昭と宇喜多の両者を失ってしまう状況になると一大事です。信長は非常に敵対していた阿波三好氏とさえも和平に持ち込む武略を備えています。宇喜多氏が毛利氏を弱いと見限ってしまうと、宇喜多直家《なおいえ》は知恵者ですので、信長へ与することとなるでしょう。

天神山城の浦上氏のことは相手にせず、使僧を上洛させることにして、安国寺恵瓊に一人を副えて上洛させて、こちらの考えや道理を速やかに説明したいと思います。

信長が本当に毛利氏と敵対しようと思っているとは考えられません。五畿内において容易に敵を圧倒したのと同じようには毛利氏領国を攻めることはできないので、軍事衝突は起こらないでしょう。しかし、信長が直家を織田方の一味にすることは容易にできるでしょう。どのように対処するかよく考える必要があります。きっと隆景は熟考したうえでなければ、申し越さないでしょうから、隆景からの異見の通り対処しようと思います。宇喜多氏に織田信長のことをこのように恐れていることは、知られないようにしなければなりません。

輝元は信長を恐れていた。恐れていたからこそ、義昭の処遇については、毛利氏の仲介によって解決しようと考えた。そうすることによって、信長に毛利氏を敵に回すと厄介であると認識させて、軍事同盟関係を維持しようとしたのである。また、対織田権力において輝元が重要視していたのは宇喜多氏である。万一、織田方との戦争になった際には、最前線に位置することになる宇喜多氏を毛利方にとどめておくことが、毛利氏領国を守り抜くために不可欠と考えた。宇喜多氏を毛利方にとどめるためにも、毛利氏が織田権力と対等にわたりあえる存在であることを証明する必要があったのである。毛利氏が織田権力の意向にすべて従うような弱い存在であるならば、知恵者の直家が毛利方から離反して信長に従うことを選択することは明らかであった。輝元が内心、信長を恐れていることを直家に悟られることも、宇喜多氏の離反につながるため、厳禁だったのである。

穂田元清（下関市・来福寺蔵）

対立の萌芽

織田信長と足利義昭の和解を仲介するため上洛した安国寺恵瓊が、その帰途において吉川元春家臣に宛てて発した十二月十二日付け書状（『吉川』）には、義昭処遇問題の結末のほか、これ以降の輝元と信長の関係を左右することになる重要な内容が記されている。

一筆申し上げます。京都の懸案事項については決着し、今日十二日に備前国岡山に到着しました。そちらへ伺うべきなのですが、時間がないので、先に吉田へ参ります。信長から拝領した馬を輝元へ進上するため、少しでも急いでおります。

一、義昭様の京への帰還に関する仲介について、私が京に到着した翌日、羽柴秀吉・日乗・私の三人を義昭様の所へ派遣され、交渉したところ、義昭様は、信長からの人質提出を要求されました。人質の提出はできないと秀吉が言ったので、交渉が停滞していたところ、秀吉はどのように判断したのでしょうか、「そのような義昭様のお考えを信長様がお知りになると一大事になりますので、義昭様は行方不明ではありませんと信長様に申し上げますので、早々にどこへでも落ち延びてください」と言って、翌日には大坂へ帰りました。私と日乗はあとに残って、義昭様へ異見してくださいと秀吉が言ったので、ひと通りの異見をしましたが、義昭様は妥協されないので、「これまでは毛利氏も仲介してきましたが、義昭様の意向を強く主張されるのはいかがなものでしょうか。このうえ、万一、西国へご下向されたのでは一大事になってしまいます。このことを義昭様がよく納得したと聞いてから私は帰ります」と言ったところ、西国へただちにご下向されることはまったくなく、紀伊国にご逗留されるとのことですので、このたび退去されたことに対するご進物をさしあげて、義昭様のご返事を携えて上洛しました。将軍様は下級の供の者も含め二十人程度で、小船に乗って紀伊国の宮崎の浦（和歌山県有田市）という所へ逃走されました。信長も絶対に義昭を討ち果たせとは言っていませんので、紀伊国へご逗留されるでしょう。毛利氏領国へご下向されないように、念を押しておきましたので、ご安心ください。

一、阿波国の三好氏は許容しないとの信長からの朱印状を調えました。

一、但馬国については、来る二月に、羽柴秀吉を大将として侵攻することに決定しました。現在は、国の半分程度が秀吉に与しています。ご推測よりも二ヶ月早いです。但馬国はすぐに平定されるでしょう。これも条目に記され、但馬山名氏がどのように弁明しようとも、許容しないとのことです。

一、尼子氏家臣山中鹿介（幸盛）が柴田勝家を通して、信長へ申し立てているようですが、これも絶対に許容しないとのこと、朱印に記されています。

一、播磨国広瀬（兵庫県宍粟市）について、雑掌を置いていたので、信長からはおっしゃりませんでしたが、条目に記して信長へ披露し、これについても放状（広瀬について信長は放棄するとの約束）を調えました。そこで、今日宇喜多直家と面談して、来春はまず広瀬へ進出するように言いました。内心、直家もそれを望んでいたので、広瀬へ侵攻することを約束しました。右のような信長がおっしゃった内容は、おそらく真意だと思います。このたび、信長の機嫌は一段とよく、織田氏領と毛利氏領の間において、少しでも無礼な者があれば、出陣してすぐに従わせるとのことです。このたび、浦上宗景の使者が同道しました。秀吉は厳しい言い方でしたので、浦上の使者は大汗をかいていました。頭頂に灸を据えられたようで、めでたいことです。そこで、そちらの軍事行動について、来春から延期されてはなりません。このことをよくわきまえてください。

一、備前・播磨・美作三国の朱印状は宗景へ出されました。これも毛利氏領国内とのことです。意外な決着です。

（中略）

一、信長の天下はあと三〜五年はもつでしょう。来年頃には公家にもなられるでしょうが、その後、高転びに仰向けに転ばれると予測しています。秀吉は「さりとては」の者です。

一条目は義昭処遇問題の結末である。表面的には信長も義昭の帰京を認めていたが、義昭が信長からの人質提出という条件に固執したため、秀吉に引導を渡された経緯が生々しく記されている。この交渉における毛利氏の立場は、信長・義昭和解の仲介者であるが、輝元は足利幕府を守るために仲介したわけではない。京から追放された義昭が毛利氏領国へ下向することによって、信長との関係が悪化することを恐れていたから仲介したのである。結果として、毛利氏による仲介は不調に終わったが、京に帰還できなくなった義昭に対して、毛利氏領国への下向はしないという約束をとりつけ、最も恐れていた事態を避けることには成功した。

このような結果を信長は喜び、五条目に記されているように（「上み下の間にて少々緩怠人も候わば、もみ合わせ則時申付けるべきの由に候」）、毛利・織田軍事同盟の更なる強化を約束した。信長としても、義昭追放により畿内周辺が動揺する当面の間は、毛利氏が義昭を奉じて織田方との軍事衝突に踏み切ることは避けたかったのではないか。その一方で、毛利氏を牽制する重要な布石を打っている。それが六条目の浦上宗景への朱印状発給である。

宗景は兄政宗《まさむね》との権力闘争に勝利して、備前・播磨・美作にわたる広域的権力を形成しようとしていた領主であり（畑二〇〇三、森二〇〇六）、永禄末年頃から毛利氏との軍事衝突を繰り広げていたが、先に記した通り、元亀三年、毛利氏と和睦を締結していた。形式的には和睦であるが、信長が毛利氏領国内であると弁解しているように、毛利氏への従属に準じた和睦であり、毛利氏は宗景を従属下にあると認識していた。その宗景に対して、信長が備前・播磨・美作の統治権を認める朱印状を発給したことは、毛利氏にとって想定外であった。五条目の「緩怠人」の中には宗景も含まれると考えられ、ゆえに、恵瓊に同道した宗景の使者は大汗をかいたのである。しかし、備前・播磨・美作を毛利氏領国内であるとする信長の弁解も、浦上氏の使者に対する秀吉の態度も、表面的なものに過ぎない。毛利氏領国内であれば、所領安堵は輝元の権限であり、信長にその権限はない。信長の宗景への朱印状発給は、浦上氏の織田権力への従属を意味し、備前・播磨・美作を織田氏分国に組み込もうとする試みである。

このような挑戦的な信長の意図に恵瓊は気づかなかったのか。最後の条をみると、恵瓊は気づいていたと考えられる。気づいていたが、強大化していく織田権力に抗することは、毛利氏の破滅につながると考え、ある程度は譲歩しても毛利・織田軍事同盟を維持することが重要であると判断したのではなかろうか。信長に譲歩しても、数年後に信長が失脚すれば、回復可能であり、当面は因幡方面において抵抗を続ける尼子勢の駆逐に専念すべきである（六条目）との考えだったと推測される。

帰国して吉田へ伺候した恵瓊が輝元に報告した際、輝元はどのように考えたのかを物語る史料は確認できない。その後の動向をみていくことにより、推測していきたい。

宇喜多・浦上戦争と毛利・三村戦争

宇喜多直家は、宗景への信長朱印状の発給を決して容認できなかった。直家は祖父能家が殺害され、宇喜多氏が没落したのち、宗景に仕官したとされてきた。しかし、近年の研究では、少なくとも永禄十二年（一五六九）以降、直家は宗景の軍事的従属下を脱し、ほぼ対等の同盟関係にあったとされる（久保二〇〇〇、森二〇〇六、渡邊二〇一一Ⓐ）。したがって、宗景が備前・播磨・美作の領有権を認められたことは、宗景からほぼ自立した状態にあった直家にとって受忍できないものであった。信長朱印状を受忍することは宗景の支配下に入ることを自ら認めたことになるからである。

天正二年（一五七四）三月頃、宇喜多氏は浦上氏との敵対状況に至る。この対立に際して、輝元は五月八日付けで「浦上・宇喜田引き分け、取り相いに及び候、然れば、宇喜田事は連々こなたへ入魂馳走候、宗景事は数度逆意候、この時宇喜田方へ加勢仕るべきと存じ候」（「内藤家文書」）と述べ、宇喜多氏支援に踏み切った。先にみた九月晦日付け穂田元清宛て輝元書状に記されているように、輝元は宇喜多氏を信長に対する防波堤にしようと考えており、宇喜多氏の衰退は防波堤の消滅につながる。これまでに宗景の毛利氏への態度が二転三転しており、信用できないことを理由に挙げているが、織田権力の西進を食い止めるためにも宇喜多氏を支援する必要があったのである。

直家の攻勢を受けた宗景はこの危機をどのようにして乗り切ろうとしたのか。宗景に従った美作国高田城《たかだ》（岡山県真庭市）の三浦貞広に対する大友宗麟書状（「上利文書」）に「その堺の儀、宇喜多逆意

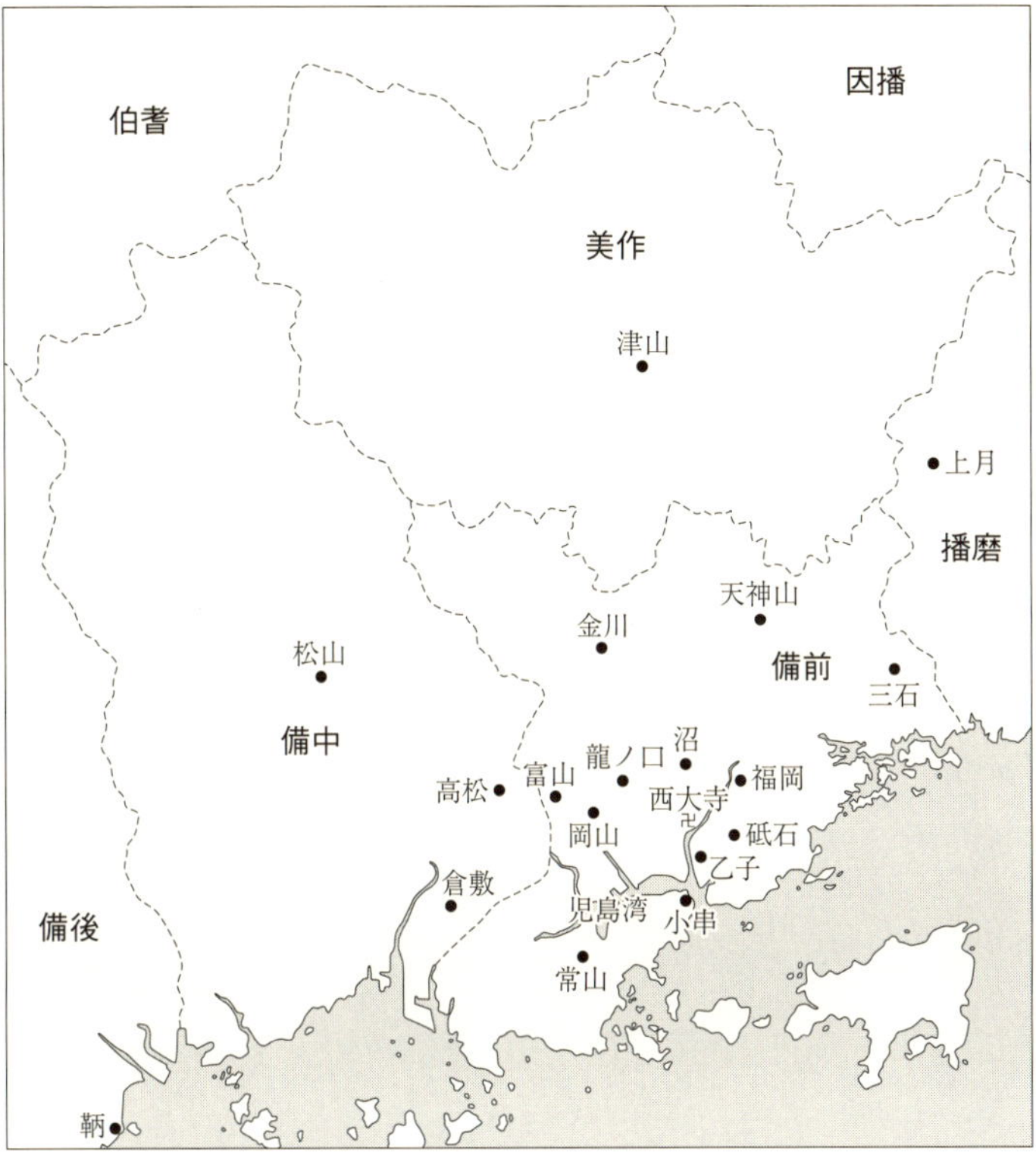

備前・美作・備中地図（渡邊大門『宇喜多直家・秀家』より）
（注）海岸線は現在のものである。

により所々違変せしめ、浦上宗景籠城の由是非なく候」「よって、連々宗景申し談ず首尾に任せ、防長てだて余儀なく存じ候砌、芸州の者備中表に至り取出の由候条、こなた出勢急速申し付け候、然れば三村元親仰せ合わされ、敵足抜かざる様ご才覚この時に候、元親兄弟へ書音せしめ候の条、向後別して入魂祝着たるべきの趣、よくよく御伝達肝要に候」とあり、毛利氏と長年対立関係にあった大友氏の援護により毛利氏の動きを止めるとともに、毛利方から離反した三村元親《もとちか》と連携して、宇喜多・毛利方に対抗したのである。

三村氏は備中国成羽（岡山県高梁市）を本拠とし、のちに同国松山城（高梁市）を居城とした国人領主で、永正十三年（一五一六）以降、備中守護細川氏や同国の国人領主多治部氏らと連携して、尼子氏と連携する同国北部の国人領主新見氏と対立していた（山本二〇〇七Ⓐ）が、その後、尼子氏に対抗するため、大内方として活動し、陶隆房クーデターの後に大内氏と毛利氏が対立状況に至る頃から、毛利氏に与したとされる（古野二〇〇八、畑二〇一二）。その当時の当主は家親であったが、家親が殺害されたのちも、常に毛利方として活動していた。なお、毛利氏と三村氏の関係も、当初の浦上氏と宇喜多氏の関係と同様で、三村氏は毛利氏家臣ではなく、軍事的には従属するものの、自立性の高い国人領主であったと考えられる。天正二年に比定される粟屋元信宛て閏十一月九日付け輝元書状（「粟屋家文書」）には「今においては備中境相破れ候」とある。宗景が「宇喜多逆心」（「六車家文書」）という表現を用いていることと比べて、三村氏に裏切られたという輝元の怒りは伝わってこない。三村氏の離反は輝元にとって想定外だったのだろうか。

軍記類においては次のように記されている。家親は直家の放った刺客の銃撃によって命を落とした。このため、家親の子元親は直家を父の仇として恨んでおり、三村氏と宇喜多氏は犬猿の仲であった。ところが、毛利氏が宇喜多氏を支援したため、三村氏は毛利方から離反した。

毛利氏と宇喜多氏の和睦は元亀三年七月頃成立しており、三村氏離反の要因が毛利氏と宇喜多氏の関係のみにあったとは考え難い。一方、大友氏家臣志賀鑑信が浦上・三村方に属していた美作国高田城三浦氏の重臣牧尚春に宛てた書状（「牧文書」）に「三村元親、御武略をもって、御一味中とりなさるの由、然るべき御事に候」とあり、牧氏あるいは三浦氏からの調略があったとしているが、牧・大友氏間には再三にわたる通交が認められることから、三村氏への調略は大友氏の意向を踏まえたものであった蓋然性が高い（福川一九九一）。しかしながら、三村氏が毛利氏と軍事衝突に至った場合、地理的に大友氏からの直接的な支援は期待できない。先にみた「上利文書」に「防長てだて」とあり、大友勢が渡海して周防・長門方面へ侵攻することにより、毛利氏を背後から牽制する計画であるが、実現性はまったく担保されておらず、大友勢の渡海を信じて三村氏が離反を決意したとは考え難い。

直接的な連携が可能な勢力との同盟が確認できていたからこそ、離反に踏み切ったと考えられ、その同盟相手とは浦上氏であり、その背後にある信長だったのではなかろうか。三村氏の離反に信長が直接関与した証拠は確認できないが、少なくとも三村氏は浦上氏を通じて信長の支援があると考えていたと推測される。

ところが、信長からの援軍は到来しなかった（森脇二〇〇七）。信長は表面的には継続していた毛利氏との軍事同盟を維持したのである。信長は宗景への朱印状発給によって、毛利氏を牽制したが、毛利氏との断交には時期尚早と考えていた。そこで、宇喜多・浦上戦争、毛利・三村戦争の始点に注目してみたい。管見の限りでは、天正二年三月十三日付けで直家が美作の国人領主原田貞佐に提出した起請文（「肥後原田文書」）において「今度宗景存外の御覚悟により立ち別れ申し候」とあり、このような直家による宗景との断交宣言が端緒になったと考えられる。すなわち、直家が仕掛けた戦争であり、直家には勝算があった。それは、毛利氏による支援であろう。宇喜多・浦上戦争開始から間もない時期に、輝元は宇喜多氏支援を決めており、迅速な決定といえよう。事前に直家から打診があり、内々の承諾を与えていたのではなかろうか。宇喜多氏への支援が、三村氏にとって好ましくないものであることは予測できた。離反することを織り込み済みだったとは考えられないが、最悪のケースには離反もやむをえないと判断していたと推測される。元親は離反したが、叔父の親成は毛利方に留まっており、最悪のケースに備えて事前に調略していた。だからこそ、閏十一月九日付け書状にみられるように、輝元は冷静に対処できたと考えられる。

なぜ、長年にわたり毛利氏に従ってきた三村氏を犠牲にしてまで、輝元は宇喜多氏を支援したのか。その答えは信長の宗景に対する朱印状発給にあるのではなかろうか。備前・播磨・美作を織田氏分国に組み込もうとする信長の目論みを認識した輝元は、宗景を備前・美作から駆逐することにより、信長の目論見を砕こうとした。しかし、輝元も信長との直接対決は望まない。そこで、信長の朱印状発給に反発する直家を利用した。輝元と信長は直接の同盟関係は維持しつつ、宇喜多、浦上を指嗾することによって、お互いの動きを牽制しあったものと考えられる。

この毛利・宇喜多対浦上・三村という軍事衝突は、天正三年六月の三村氏滅亡、同年九月の天神山城落去（寺尾一九九二）により、毛利方の勝利に終わる。三村氏旧領の大部分は毛利氏が直接的に支配する地域に編入され、輝元は祖父元就期を上回る領域支配者となった。しかし、毛利氏の軍事的従属下にあった宇喜多氏領を含む毛利氏領国は、浦上氏領国という緩衝地帯の消滅によって、直接的に織田氏分国と境界を接することとなり、信長との対決は目前に迫ることとなったのである。

2　毛利・織田軍事同盟の破綻

義昭の下向

天神山城を追われ、播磨国へ逃れた浦上宗景を信長は庇護した。天正三年に比定される九月十二日付け小寺政職《こでらまさもと》（御着《ごちゃく》城主）宛て信長朱印状（「花房文書」）に、「浦上宗景その地に至り引き退き候由、まずもって然るべく候、それにつき、居所相拵え、これ置くべきため、荒木摂津守（村重）差し越し候」とある。また、九月十六日付けの「法隆寺文書」に「当国（播磨）の儀、宗景御合力のため、信長御人数乱入の由切々の儀に候」、十月八日付け細川藤孝宛て信長黒印状（「細川家文書」）には「宇喜多端追払い、宗景入れ置き、荒木帰陣せしむの由、まずもって然るべく候」とある。これらの史料から、宇喜多・浦上戦争、毛利・三村戦争に際しては、浦上氏や三村氏に対して積極的な支援を行わなかった信長の方針転換が窺える。天神山城落城後、信長は播磨以東を自らの版図に設定して、軍事対決も辞さない強い態度で宗景支援に動いたとされる（森脇二〇〇七）。宇喜多・浦上戦争、毛利・三村戦争の早期の決着は、信長の想定外であり、毛利・宇喜多同盟への警戒感は非常に強くなった。播磨に逃れた宗景への迅速な支援をみると、森脇崇文氏の指摘する通り、天正三年末には毛利方との軍事対決が信長の視野に入ってきたものと考えられるのである。

そのような緊迫した情勢のなか、天正四年二月、毛利氏領国内の備後国鞆《とも》（広島県福山市）に足利義昭が突如として下向した。二月八日付け義昭御内書（『小早川』）には、「たびたび下向の事、申し遣わすといえども、織田相談により、思慮加えるの由聞こし召されおわんぬ、然れば、信長、輝元に対し逆意その隠れなく条、まず当国に至り相越し候」とある。義昭の毛利氏領国への下向については、先にみた（一一六頁）安国寺恵瓊書状に記されているように、毛利氏としては絶対に避けなければならない事態と認識されていた。また、義昭を受け入れないことは信長との約束でもあった（「織田相談により、思慮加える」）。しかし義昭は、宗景への朱印状発給や、天神山城落城後の対応を指して、信長の輝元に対する「逆意」は明白であり、信長が輝元との信義を破った以上、義昭処遇に関する約束も反故になったと述べ、毛利氏と協議することなく、独断で下向したのである。

信長との関係が悪化傾向にあったとはいえ、表面上の同盟関係は継続しており、輝元は義昭の受け入れを逡巡し、対応に苦慮した。「二月二十二日付け湯浅将宗《ゆあさまさむね》（備後の国人領主）宛て輝元書状写（「湯浅家文書」）をみてみよう。

備播の儀につき、去年以来信長存分申し懸けらるの間、無事の取操り半ばのところ、かくのごとく公方様御下向の条、いよいよ疑心あり、境目に至りふとてだてに及び候わば、即ち出張せしめ候、御用意あり御馳走仰ぐところに候、無事相調わば、申す事なく候

〔意訳〕

備前・播磨のことについて、昨年以来、信長から申し入れがありましたので、無事に決着するように協議してきましたが、このように将軍様がご下向されたので、信長が疑心を抱き、領国境を越えて侵攻してきましたら、すぐに出陣してください。ご用意されて奔走していただくようお願いします。無事に決着したらよいのですが。

宇喜多・浦上戦争、毛利・三村戦争後、輝元と信長は同盟関係を維持する方向で（「無事」）、播磨国へ逃れた浦上宗景の処遇や毛利・織田両勢力の境界について協議してきた。ところが義昭の下向は、緩衝地帯の消滅により軍事的緊張が高まっていた両国間に決定的な亀裂を生じさせるものであることは明白であった（柴二〇一四）。毛利氏が義昭を受け入れることは、同盟関係における重大な背信行為である。受け入れを決定していなくても、下向した義昭が毛利氏領国内に留まっていれば、輝元は同盟を破棄するつもりであると信長が疑うに違いない（「疑心」）と輝元は考えている。何とか穏便に決着したいと思いつつ（「無事相調わば」）、万一に備えて備後の国人領主らを備前・播磨境目地域に派兵する準備を始めている。

戦って最悪の結果を残すか、戦わずして最悪の結果を受け入れるか、いずれにしてもきわめて悲観的な見通ししか持てない状況下で二者択一を迫られていたとされる（山本二〇〇〇）輝元は、結局、四月になると義昭の要請に応じた。信長の「疑心」が高まっている以上、関係修復が不可能な状況に陥っていると判断したためと考えられる。

一方、毛利氏が義昭を受け入れることは、信長にとって同盟関係における重大な背信行為とみなして、西への分国拡大戦の正当化事由となるものであり、実は歓迎すべきものであった。信長は輝元に「疑心」を抱いたのではなく、輝元が信長に「疑心」を抱かれたと考え、追い詰められて決別を決断することこそが、信長の狙いだったのではなかろうか。

石山本願寺救援と元吉合戦

輝元が義昭の受け入れを決めると時を同じくして、石山本願寺と織田権力の和議が破れ、四月頃から本願寺との戦闘が再開された。本願寺は戦闘当初に勝利を収めたものの、信長自身の出陣によって劣勢に陥り、ついに織田勢によって包囲された。本願寺は反信長同盟の一翼を担っていたことから、輝元は救援を送ることとした。水軍によって、海上からの兵粮補給を試み、七月十三～十四日早朝の木津川河口における戦闘において、織田水軍を撃破し、兵粮補給に成功したのである。

毛利氏水軍の構成は、毛利氏直属の川内水軍（安芸）、旧大内氏水軍（周防）、小早川水軍、木梨家（以上、備後）、能島《のしま》村上氏一族、来島《くるしま》村上氏、村上吉継《よしつぐ》（来島村上氏家臣だが、河野氏奉行人も務めた）（以上、伊予）、宇喜多水軍（備前）から成っている。また、能島村上氏のうち、景広は備中笠岡を本拠

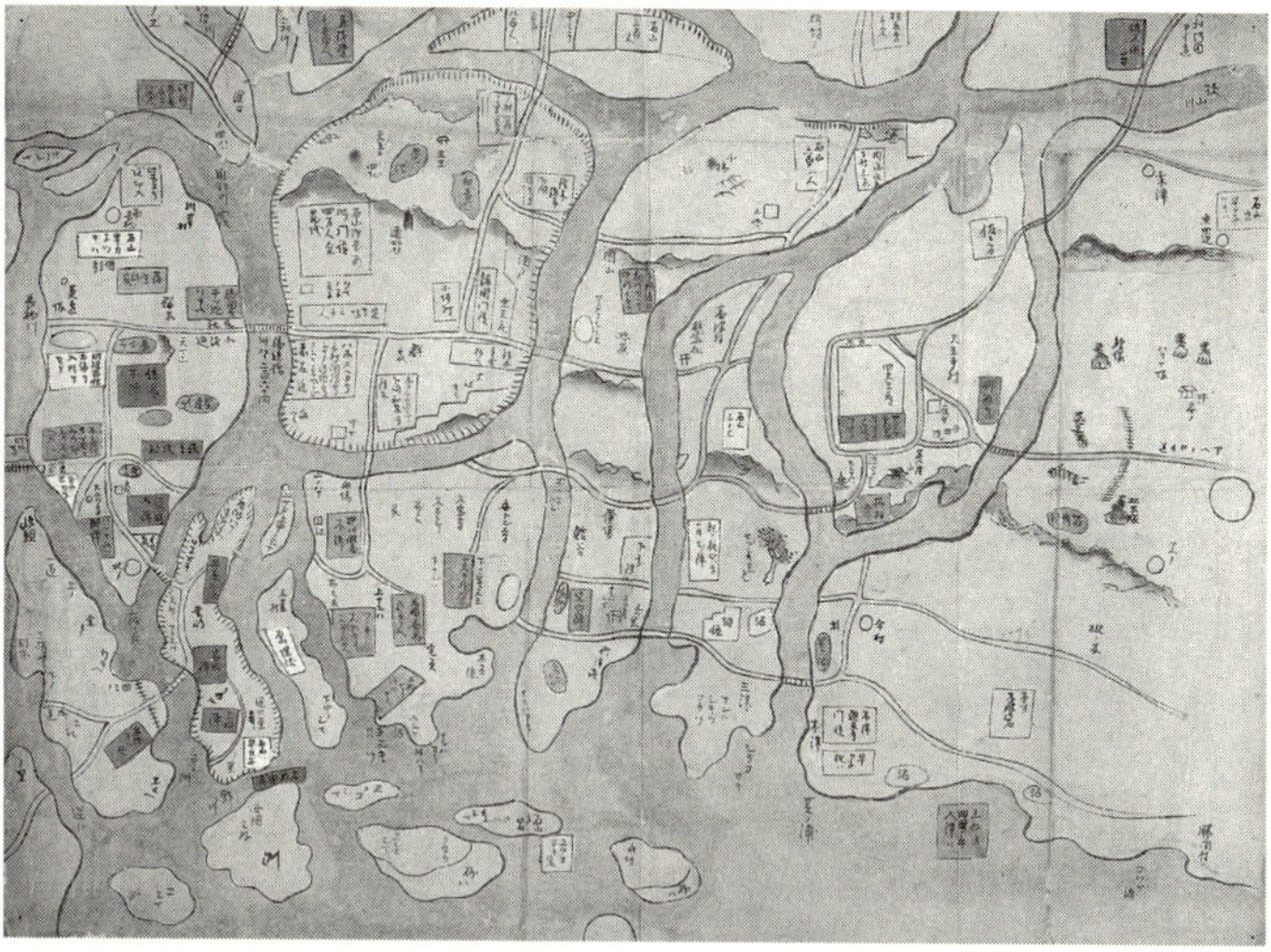

「石山合戦配陣図」（大阪城天守閣蔵）

とし、また、讃岐の塩飽《しわく》衆も能島村上氏の支配下にあった（橋詰二〇〇七）。すなわち、石山本願寺救援が成功した要因として、瀬戸内海の海上勢力を結集できた点が挙げられよう。

ところが、信長は瀬戸内海の海上勢力のうち、塩飽衆の調略を図った。天正五年（一五七七）三月二十六日付け松井友閑（堺政所）宛て織田信長朱印状（「塩飽島文書」）には「堺津に至り塩飽船上下の事、先々の如く異儀あるべからず、万一違乱の族これあらば、成敗べく候也」とあり、塩飽船は信長によって航行を保障されている。毛利方の船の航行を保障するとは考えられないため、少なくとも一部の塩飽衆について織田方とすることに成功したと考えられる。

このような塩飽衆の動揺を機に勃発したのが、天正五年七〜閏七月の讃岐元吉合戦である。合戦の舞台となった元吉城の位置を確定することはできないが、備讃海峡の海上交通上の要所に位置していたと推測される。合戦の経緯について、天正五年三月頃に阿波・讃岐方面へ侵入した毛利勢が、同年七月に三好方の元吉城を攻略し、閏七月、奪回のために元吉城へ来襲した三好方の讃岐衆を毛利勢が撃退したものであり（多田二〇〇四）、織田勢との直接的な軍事衝突ではない。しかしながら、対織田戦争における毛利方の生命線は瀬戸内海の制海権であり、塩飽衆の動揺を鎮静化するためには、すでに毛利氏支配下にあった備讃海峡北岸のみならず、塩飽を挟んだ対岸に位置する備讃海峡南岸を掌握する必要性に迫られたのではなかろうか。元吉合戦の勝利、及び同年三月の淡路国岩屋への冷泉元満派遣などによって、毛利氏領国と石山本願寺を結ぶ瀬戸内海の制海権は毛利氏が掌握した。天正九年には塩飽が能島村上氏の支配下にあることを確認できるため（橋詰二〇〇七）、塩飽衆の動揺も、元吉合戦の勝利などによって一時的には収束したと考えられる。毛利・織田戦争開始当初の水軍力は、毛利方が優位に立っていたのである。

また、次に掲げる十一月二十日付け小早川隆景書状（「厳島野坂文書」）が注目される。

讃岐方面について、長尾氏・羽床氏から人質を提出させ、阿波三好衆と会談して、すべて決着しました。その結果、阿波・讃岐については平穏になり、めでたいことです。播磨方面へ織田勢が少し下向（原文は「少々下向」）してきましたが、境目を厳重に守備しておりましたので、手段を失い、敵は退却しました。

この書状の年次比定については、天正五年説（橋詰二〇〇七）、天正五年ではないとする説（多田二〇〇四）が対立している。天正五年否定説の根拠として、天正五年十一月に羽柴秀吉が播磨方面において大規模な攻勢に出ており、「少々下向」という記述にそぐわないことが挙げられるが、秀吉の播磨国における大規模な攻勢は十一月後半からと考えられ、それ以前は、播磨から但馬国へと転戦している（山本二〇〇七Ⓑ）。このため、実態を正確に表現したとはいえないが、隆景が厳島神社に対して「敵引き退き候」と伝えたとしても不自然ではない。したがって、この書状は天正五年に比定され、元吉合戦ののち、三好氏との停戦が成立して、毛利氏は三好方の讃岐国人領主長尾・羽床氏から人質を提出させて、屈服させたことを示すものといえよう。また、讃岐西方守護代であった香川氏は、三好氏に圧迫されて讃岐国から逃れていたが、毛利氏の支援により、本拠天霧《あまぎり》城を元吉合戦前後に回復している（桑名二〇〇七）。天正五年末には、毛利氏の影響力は讃岐国まで及んでいたのである（天野二〇一二）。

但馬をめぐる戦闘と上月合戦

先にみた天正元年に比定される十二月十二日付け安国寺恵瓊書状には「但州の儀、来る二月に羽柴藤吉大将として乱入の議定に候、只今も半国ほどは羽柴へ申し通り候」とある。この当時の但馬国においては、山名氏が尼子勝久・山中幸盛らと連携して、毛利氏と敵対関係にあったことから、毛利氏支援のために織田勢が但馬国へ侵攻することとされていた。一方で同書状には「山中鹿介、柴田に付き候て、種々申分ともに候、これもしかと許容あるまじきの由、朱印出され候」とあり、毛利・織田同盟にとって敵対勢力であるはずの尼子氏と織田権力との接触が確認される。結局、秀吉による侵攻はなかったが、これは、毛利氏と織田権力の間に潜在的な対立が生まれていたことを反映したものであろう。信長は毛利氏と決別し、尼子氏を支援する機会を窺っていた。

これに対して、毛利氏は天正三年一月に、但馬の山名韶熙・氏政父子との同盟を成立させる。信長も小早川隆景に対して同年七月六日付けで、「芸但間和与につき、償いの儀案内に及ばれ候、その意をえ候、申し旧り候ごとく、こなた分国たるべきの旨、兼約のところ、近年不通候条、遺恨候といえども、雲伯のため、ならびに尼子勝久・山中鹿介已下の諸牢人退治のため、然るべきにおいては、無事入眼尤もに候」との書状を送り（『小早川』）、表面的には芸但同盟の成立を容認した。しかし、「但馬国については、以前にお話ししたように、織田氏分国とすることを毛利氏とも約束していたところ、近年、但馬経略が進んでおらず、残念に思っていました」（傍線部）という表現をみると、但馬を織田氏分国にしようとする信長の野心は隠しきれない。

輝元はそのような信長の野心を認識したうえで、あえて山名氏との和睦を成立させたものと考えられる。尼子氏が柴田勝家を通して信長への接近を図ったことに加え、天正二年に勃発した宇喜多・浦上戦争、毛利・三村戦争における信長の暗躍によって、輝元と信長の信頼関係は事実上破綻していた。一方で、山名氏にとっても毛利氏との同盟に踏み切らざるをえない事情が存した。天正元年十一月に因幡国鳥取城（鳥取市）の山名豊国《とよくに》が毛利氏に従ったことにより、但馬山名氏と連携していた尼子氏は苦戦を強いられていた（岡村二〇一〇）。

また、織田権力の但馬への浸透により、但馬国主としての地位や因幡に対する宗主権を否定されることに抵抗感をもつ山名氏のほか、山名氏家中の有力な国人領主層もそれぞれの思惑（生野《いくの》銀山の支配権を織田権力に脅かされていた太田垣《おおたがき》氏、毛利氏との関係強化によって東アジア通交圏との接点をもとうとした海洋領主垣屋《かきや》豊続ら）から、織田権力下に取り込まれることを望まなかったとされる（山本二〇〇七Ⓑ）。形式的には対等な関係の同盟であるが、織田権力の圧迫に耐えかねた山名氏が毛利氏の支援を必要とした面が大きく、この同盟成立によって、輝元は但馬国をも影響下に置いたのである。

ところが、芸但同盟成立後においても、但馬国人領主のうち垣屋光成、田結庄氏らの尼子氏与党は屈服することなく、但馬国内の内乱状況は続いた。さらに、義昭下向後の天正四年五月に尼子勝久・山中幸盛らが毛利氏に敗れ、因幡国から退去すると、信長は彼らを庇護し、その結果、但馬国内の尼子氏与党は織田方に転じて、毛利方の垣屋豊続、八木氏、太田垣氏らとの代理戦争が続いた（山本二〇〇七Ⓑ）。

天正五年になると、宇喜多直家による龍野攻撃など毛利方による播磨国への侵攻がみられるようになる。そこで、信長は同年十月、秀吉を播磨国へ派遣する。秀吉はさらに但馬へも侵攻し、毛利方勢力への圧迫を強めた。十二月十三日付け吉川元春・元長連署状写（「吉川家中并寺社文書」）には「但州表の儀、大田垣舎弟逆意について、不慮の仕合、是非に及ばず候、それにつき、屋形そのほかあまりに弱々しく、羽柴申し談ぜられ候、曲なき次第に候、然るところ、垣屋駿河守方の儀は、こなた別して申し談ぜられ候」とあり、大田垣氏家中の動揺によって、「屋形」（山名氏）が織田権力に従属しようとしている状況がみられる。

次に、同書状写の「播州佐用郡事は羽柴一味の由に候、今においては後藤方の儀肝要までに候」「雲伯諸牢人、今度羽柴に随逐候か、さようあるべきのことに候」という文言に着目したい。

前者は、美作国境に位置する播磨国佐用郡が秀吉に掌握されたことにより、大半が毛利氏の支配下にあった美作国、とりわけ、三星城《みつぼし》（岡山県美作市）の後藤氏の動向が焦点となったことを示す。信長は、尼子氏与党であった美作国江見庄（美作市）を本拠とする江見氏（渡邊二〇一一Ⓑ）に対して、九月二十七日に「その面に至り進発すべく候、それにつき羽柴筑前守差し越し候、万端羽柴申す次第、忠節抽んずべく候」（「美作江見文書」）、十月二十日に「三星出頭の事申し調うべきの由、神妙に候、もし同心においては忠節抽んずべく候の旨、山中鹿之介折帋到来、比類なく候」（「美作古簡集」）という朱印状を発しており、織田権力への従属姿勢を示した江見氏を通じて、後藤氏の調略を図っている状況がわかる（戸谷二〇一一）。その後の後藤氏の動向を同時代史料において確認することはできないが、尼子勝久らが京に逃れた後も、尼子氏の影響力が残存しており、山中鹿介（幸盛）を中心に、美作・播磨境目地域における反毛利氏活動を活発化させていた。

後者は、尼子勝久・山中幸盛らが秀吉に従ったことを示す。秀吉は佐用郡の制圧後、上月城《こうづき》（兵庫県佐用郡佐用町）に彼らを入城させた。上月城は但馬、美作など隣接する地域に残存するかつての尼子氏与党と連携して、毛利氏に対抗する絶好の位置にあったからである。しかし、天正六年二月に播磨国三木城（兵庫県三木市）の別所長治が義昭・毛利氏に応じて、信長に反旗を翻した。この機をとらえ、毛利氏は上月城を攻撃し、同年七月に上月城は開城、尼子勝久は切腹、山中幸盛も護送途中に殺害され、尼子氏再興は潰えた。

上月合戦における勝利の結果、輝元は、安芸・備後・周防・長門・石見・出雲・隠岐・伯耆・因幡・備中・備前・美作に加え、讃岐や但馬・播磨・豊前の一部を事実上の支配下におさめ、元就期をはるかに上回る版図を有する屈指の大名となったのである。また、義昭を将軍とする「鞆幕府」は、毛利氏権力と一体化することで機能していたとされ（藤田二〇一〇）、輝元は「副将軍」として天下にその名を知らしめた。

このように、海上における戦闘のみならず、内陸部においても織田権力に勝利した毛利氏であったが、尼子氏再興活動の終結は、皮肉なことに宇喜多氏や伯耆国の南条《なんじょう》氏らを、織田権力との直接的な軍事衝突の最前線に立たせることになったのである。

輝元上洛計画と宇喜多直家の離反

天正六年十月、摂津国において有岡城主（兵庫県伊丹市）荒木村重《あらきむらしげ》が信長に反旗を翻した。同年六月二日付け古志重信《こししげのぶ》（出雲国神門郡古志郷（島根県出雲市））を本拠とする国人領主）宛て吉川元春書状（「牛尾家文書」）に「五畿内荒信などへも涯分御調略肝要に候」とあり、但馬国内に在陣中の古志重信らを通じて、村重（「荒信」）への調略が進められていたことがわかる（長谷川一九九九）。元就譲りの輝元の調略が見事に功を奏したのである。

織田政権下における村重の役割は、摂津支配にとどまらず、播磨国人領主の取次を務めることにあったとされる（天野二〇一一）。このため、村重の織田権力からの離反は、村重と親密な関係にあったと推測される播磨国人領主の村重への同調につながった。十一月十四日付け小早川隆景書状写（『毛利』）には、「播州の儀、御着の小寺・姫路・野間有田・志潟・三木・宇野へ申し合わせ、悉く一味仕り候」とある。毛利方に与した国人領主は、御着（兵庫県姫路市）の小寺氏、野間（多可郡多可町）の在田氏、志方（加古川市）の櫛橋《くしはし》氏、長水（宍粟市）の宇野氏らである。文中の「姫路」は黒田氏を指すが、これは黒田孝高が村重の説得に赴いたが、幽閉されたため、帰還しなかったことを離反と誤解されたものであろう。

　このように播磨国内を混乱状況に追い込んだ輝元であったが、誤算もあった。隆景書状写の続きには「龍野・置塩、直家存分候て、許容いたさず候、一両日中に龍野に至り、備作相催し、宇喜泉罷り出で候」とあり、龍野（龍野市）の赤松広秀《あかまつひろひで》や置塩《おきしお》（姫路市）の赤松則房《のりふさ》（播磨守護家）も毛利方へ与することを望んだが、宇喜多直家の反対によって拒絶し、宇喜多勢が攻略することとなった。直家が宇喜多氏領に近接する赤松氏領を支配下におくことを望んだためと考えられる。

　村重への調略にも関与していた足利義昭は、十一月二十四日付け吉川元春宛て御内書（『吉川』）に「今度荒木味方に馳せ参じ、摂州悉く勝手に属し候、この勢いをもって輝元早速出馬せしめ、いよいよ軍忠抽んじ候よう異見加え」とあり、輝元に対してこの機をとらえて自ら上洛に向けて出馬するように命じた。信長包囲網を形成する武田勝頼《かつより》からも「輝元御自身片時早速、城都（京）御乱入専要に候」との書状（『吉川』）が送られており、織田権力を打倒する好機が到来していた。

　そこで、輝元もようやく出陣を決断した。十二月二十三日付けで備後国世羅郡（広島県世羅郡世羅町）の国人領主湯浅将宗に対して、「御四人」が発した書状をみてみよう（「湯浅家文書」）。

荒木村重の援軍として、細川通薫《みちただ》（備中国浅口郡を本拠とする細川野州家）をはじめとする軍勢を派遣します。のちほど輝元も出陣することに決定しました。来年一月十六日を出陣日とすること、使者を送って伝えます。誠に引き続きご辛労をおかけしますが、出陣の日限をお守りいただきますようお願いしたいと輝元様も申しておられます。

ところが、この決定は実行に移されなかった。その理由を輝元自身が述べた史料は確認できないが、天正七年（一五七九）に比定される三月十六日付け隆景書状（『毛利』）からその理由を推測したい。

何度申しましても、今年の戦はおそらく毛利氏の運命を左右することになると思います。世の情勢はさらに不透明です。並ぶ者がないほどの親類縁者である市川元教や杉重良などが、このように毛利家が栄えているときに、何を考えたのか、謀反を企みましたので、これを教訓にして、慎重に行動していく必要があると考えます。今、輝元をはじめ皆があまりにも油断している様子で、一大事であると思っています。毛利家は、大内・尼子氏を滅ぼして、両家に続く三番目の中国地方の支配者となり、元就・隆元の代を過ぎました。輝元様及び元春と私（隆景）が残され、日頼様（元就）死没後八年間、毛利家を維持してきました。思いがけないことです。また、輝元には神仏のご加護があったのでしょう。さらに、突然に将軍義昭が中国にご下向されたので、元就や隆元のことを知らない遠国の大名からも通交があり、毛利氏の勢力は拡大し、輝元の評判は他に及ぶ者がないほどです。名誉なことです。しかし、消える寸前に光が増すこともあると言いますので、さらなる苦労をかけれらるのではないかと懸念します。

上月合戦の勝利、別所長治・荒木村重の織田権力からの離反など、毛利氏に有利な状況下にもかかわらず、いずれも失敗に終わっているが、天正六年三月の市川元教（元就室妙玖の兄弟吉川経世の孫、山口奉行市川経好の子）、天正七年一月の杉重良（室は御四人福原貞俊の姉妹）の謀反が勃発したことに隆景は大きな不安を覚えた。両者の謀反を指嗾したのは大友義鎮《よししげ》であるが、天正三年頃には美作の有力国人領主草苅景継が離反を企てたとして弟重継に家督交代した事件や、先にみた天正五年に比定される江見氏宛て九月二十七日付け信長朱印状と同一日付同文言の朱印状が備中の国人領主庄氏に発せられていることなど、備作の国人領主層に対しては、信長による調略の手が伸びていた。危険な兆候がみられていたにもかかわらず、輝元からは危機感が感じられなかった。先にみた十一月十四日付け小早川隆景書状写には「荒木・大坂・三木三家申し合わせ、手先緩みなく候条、追々後詰肝要たるべきの由申し候」とあり、荒木・本願寺・三木が織田勢相手に奮闘している間に、彼らを支援すべきであると主張していた隆景であったが、元就期を上回る領域支配を実現し、将軍義昭を庇護する「副将軍」としておだてられ、有頂天になっている輝元をみると、危機感を募らせたのである。

隆景にはこの栄華が滅亡前の一瞬の輝きかもしれないという危惧があった。領国は拡大したものの、領国支配体制は旧来のままで、毛利家といえども国人領主連合の盟主という位置づけから完全に脱したとは言い難い。軍事的にも湯浅家に対して「誠に打ち続き御辛労尽期なく候といえども、日限相違なく御馳走頼み存じらる」と出兵を丁寧に依頼せざるをえない実態であり、市川や杉のような縁戚関係にある者にも離反の動きがあったことを考えると、国人領主層の動向は不透明である。これ以上の戦線拡大は毛利氏の滅亡につながりかねないと隆景は考えた。このような隆景の危惧に基づく説得を受け入れたのであろうか、輝元は出陣予定日を過ぎても動かなかった。その後も再三にわたり義昭から出陣を命じられたが、輝元が出陣することはなかったのである。

このような消極姿勢は、織田権力との直接的な軍事衝突の最前線に立つ境目の領主らを動揺させた。彼らは毛利氏が自分たちを対織田戦争において「さきにおしあて候てふせぎ」（九月晦日付け元清宛て輝元書状）という意図のもとに支援してきたことを認識していた。そのような意図であったにせよ、毛利氏が境目領主層の権益を守護してくれる存在である限り、対織田戦争の最前線に立つことを甘受した。しかしながら、「う喜田こなたをよわよわ見きり候わば、直家、案者にて候条、信長へなげつけべき事」（右記輝元書状）と懸念していたように、毛利氏が頼るに値しない弱い存在だと認識すると、すぐに離反してしまうことは明白であった（山本一九九七）。輝元出陣延期という判断は、まさに輝元が信長との対決を恐れている、信長との対決に向けて家臣団を結集させる能力（権力基盤）を欠いていることを境目領主層に知らしめる結果となった。

結局、天正七年六月前後に、宇喜多直家は毛利方から離反して信長に従った。直家離反の理由について、渡邊大門氏は、天正七年六月の明智光秀による丹波平定、同年九月に有岡城を脱出することになる村重の苦戦といった毛利方の不利を認識したこと、信長から美作・備前の領有を確約されたことを挙げている（渡邊二〇一一Ⓐ）。これに加えて、筆者は十一月十四日付け小早川隆景書状写にみられた直家の播磨進出の野望を挙げたい。輝元自身が出陣して荒木・本願寺・三木支援に向かえば、同行して播磨へ出陣することになる直家は野望を現実化できる。しかし、輝元出陣がなく、播磨における毛利方が不利になった状況では、直家の野望は潰える。一方で、毛利方から離反すると、織田権力の対毛利戦争における最前線に立たされることになるが、消極的な毛利氏に比べて、織田権力の支援は信用できる。天下一統に突き進む信長に従うことによって、播磨は言うに及ばず、毛利氏領国への支配領域拡大も可能となる。直家は信長に賭けたのである。

第四章　輝元と羽柴秀吉

1　秀吉との戦闘

直家の離反を契機に、毛利・織田戦争は織田方有利に転換していく。天正七年九月の有岡城からの村重退去、同年十一月に有岡城、翌年七月頃までに荒木方の尼崎城（兵庫県尼崎市）・花隈《はなくま》城（神戸市）も落城して、村重は毛利氏領国へ逃亡した。また、天正八年（一五八〇）一月の三木城落城、四月の本願寺光佐の大坂退去、同月の播磨長水《ちょうずい》城（宇野氏居城）の落城など、摂津・播磨の毛利方勢力は壊滅し、さらに五月頃までには、垣屋豊続ら但馬国における毛利方勢力も織田権力に降伏する（山本二〇〇七Ⓑ）。膨張していた毛利氏領国は瞬く間に縮小し始めた。

鳥取城干や渇し殺し

但馬方面における毛利方の退潮を決定的にしたのは、伯耆南条氏の離反である。南条氏は伯耆国河村郡羽衣石《うえし》（鳥取県東伯郡湯梨浜町）を本拠とする国人領主で、守護山名氏の下で守護代を務めるなど、伯耆国を代表する有力な国人であった。毛利氏と連携してきた南条宗勝《そうしょう》が天正三年に死没して、嫡子元続《もとつぐ》が家督を相続すると、次第に毛利氏から距離を置き始めるようになり、天正七年九月、毛利方からの離反、織田権力への従属姿勢を明らかにした（岡村二〇〇七）。

宇喜多氏の離反によって、南条氏が対毛利戦争の最前線となるおそれが生じたこと、直家と同様に、最前線に置かれた南条氏に対する毛利氏の支援に不安を覚えたことが、離反を最終決断させた最大の要因だったと考えられる。南条氏の離反の結果、西伯耆と因幡。但馬を結ぶルートは、南条氏が割拠する東伯耆によって遮断されることとなった（岡村二〇〇七）。そのために、但馬の毛利方も信長に対する抵抗を断念せざるをえなくなる。

但馬国と同様に西伯耆との連絡ルートを遮断された因幡国においては、天正八年五月、播磨長水城を攻略した羽柴秀吉が、但馬国を平定した弟秀長と合流して、侵攻を開始した。若桜鬼ケ城《わかさおにがじょう》（鳥取県八頭郡若桜町）、私部城《きさいち》（同郡八頭町）、鹿野城《しかの》（鳥取市）などを攻略して、鳥取城（鳥取市）に迫ったため、同年六月、鳥取城主山名豊国（因幡国守護家）は織田権力に降伏した。その後、秀吉が姫路へ引き揚げると、同年八月、吉川元春を主力とする毛利勢が南条氏攻撃に転じたため、中村春続《なかむらはるつぐ》、森下道誉《もりしたどうよ》ら豊国家臣の一部が毛利氏に通じて、豊国を追放した。そこで、毛利氏は石見吉川家の吉川経家《つねいえ》を鳥取城番として派遣することとし、経家は天正九年三月、鳥取城へ入城した。

これに対して秀吉は同年六月出陣して、七月には鳥取城を包囲した。前年からの戦闘などによる田

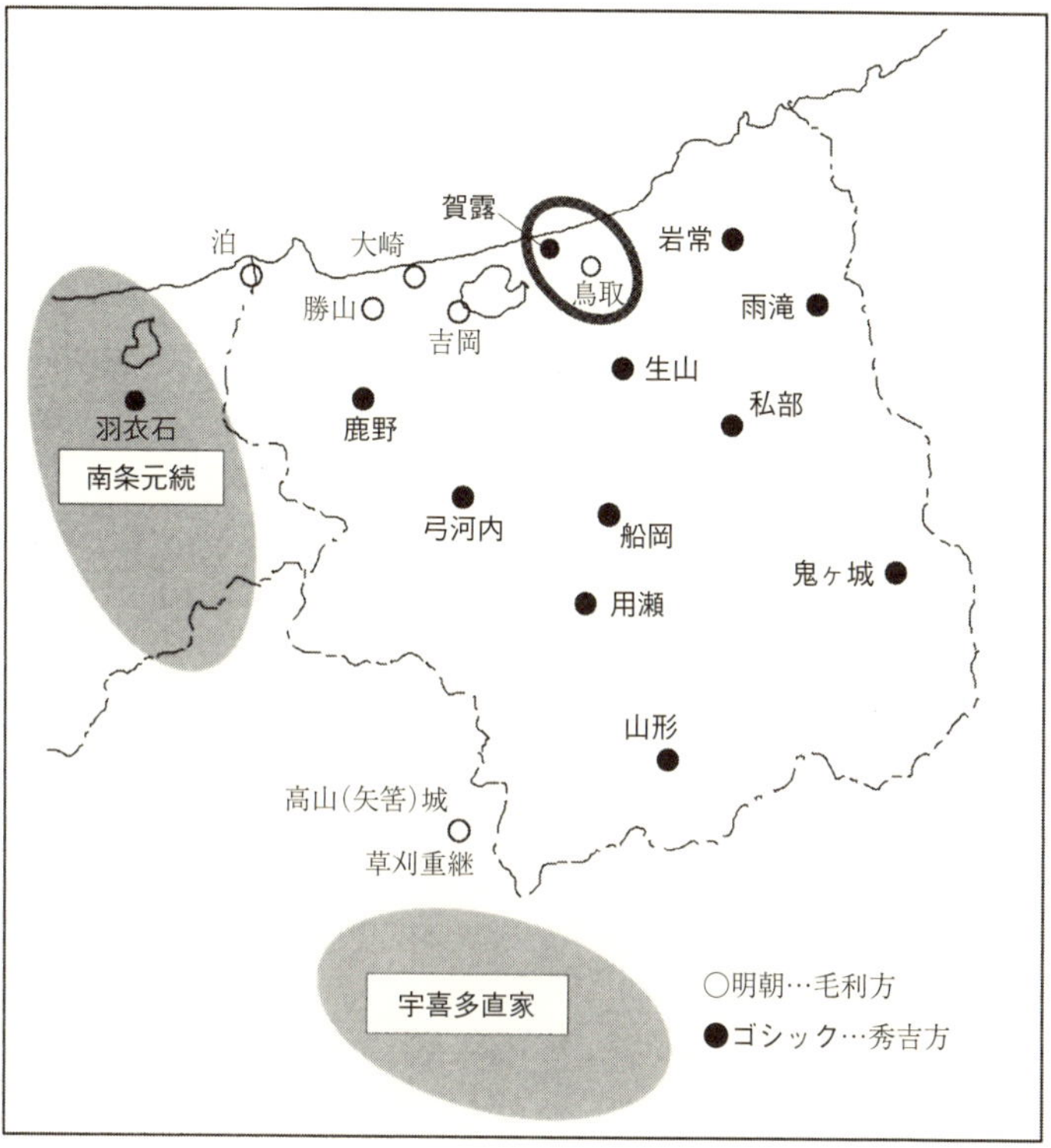

鳥取周辺地図（鳥取県総務部総務課県史編さん室編『織田 vs 毛利』より）

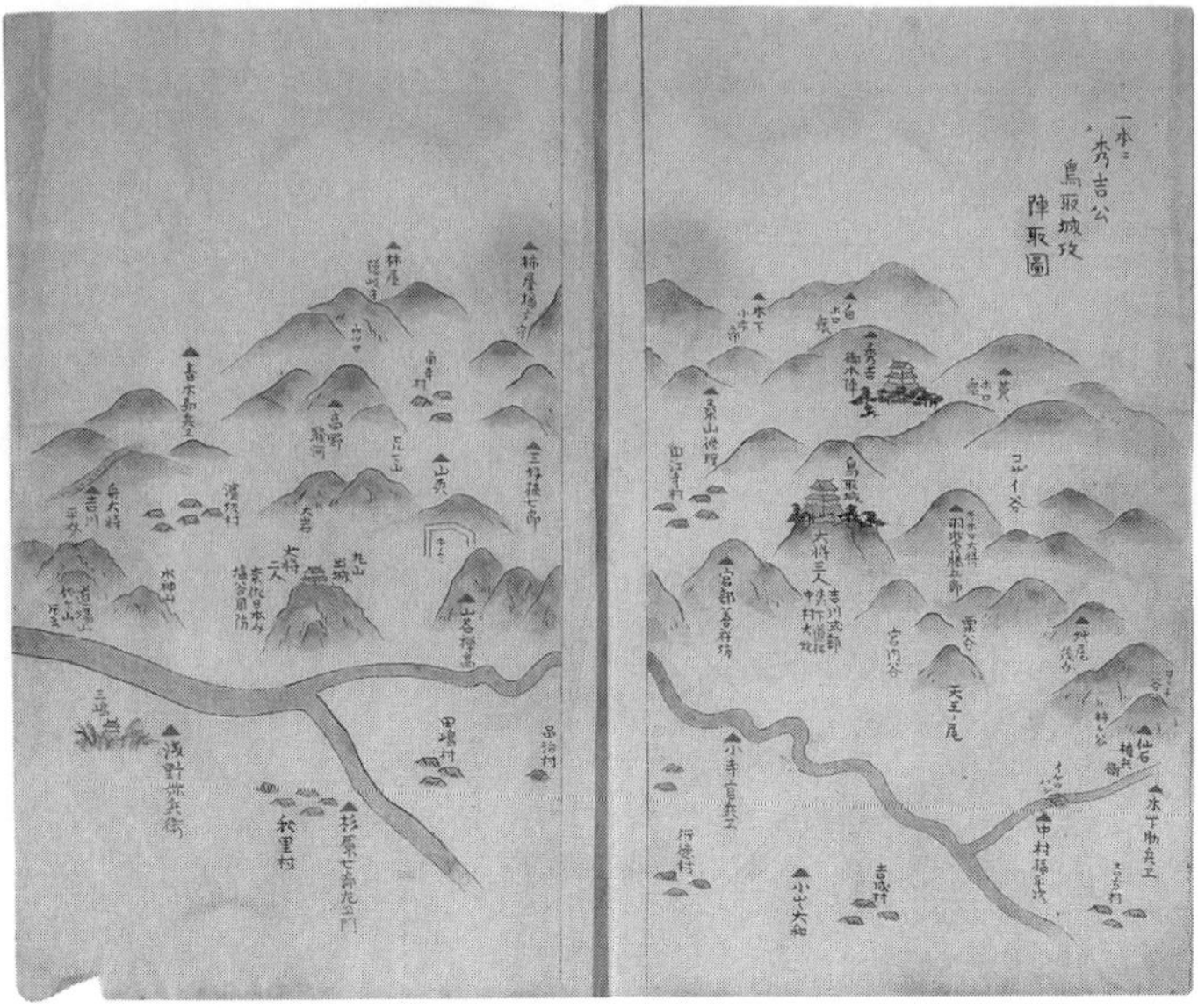

「因幡民談記・秀吉公鳥取城攻陣取図」（鳥取県立博物館蔵）

畠の荒廃の結果、因幡国内は不作に見舞われており、鳥取城内の兵粮は不足気味であった。宇喜多・南条氏が離反した天正七年の末に、毛利氏は出雲国一国徳政令の代価として「棟別」を徴収するなど、軍費調達に努めていた（長谷川一九八九）が、美作国においても、兵粮運送への使役に対する地下人の抵抗などによって、前線への兵粮輸送に苦慮していた（菊池二〇〇〇）。鳥取城のケースでも、秀吉勢による交通・輸送路遮断によって、毛利氏からの兵粮の補給や援軍は困難となり、鳥取城は「干や渇し殺し」状態に陥った。結局、十月二十五日、経家は切腹して鳥取城は落城、秀吉は因幡国を制圧したのである。

従来、鳥取攻城戦については、兵粮攻

めなど秀吉の戦略が注目されてきたが、本書においては、毛利氏の意向に着目したい。毛利氏は因幡国を守り抜く決意を有していたのか。結論的にはノーと考える。山陰方面における軍事行動の指揮権を有していたとされる吉川元春が、南条氏離反直後の天正七年十一月三日付けで、志道元保（毛利氏家臣）・吉川元長（元春長男）へ宛てた書状写（「譜録」神保）をみてみよう。

現在の状況で、南北ともに守備するとして、こちらの頼りない軍勢を南北両方面に分けて戦闘を行った場合、こちらの軍勢が小人数であることを敵に知られると、南北両口のいずれかにおいて、敵はこちらの弱い戦線を見極めて決着をつけるべく決戦を挑んてくるでしょう。そうすると、敵は多勢で、こちらは小勢ですので、こちらが敗北すると思います。南北の一口が敗北すると、両口において敗戦することは明白です。近年、ご存じのように、南も同様ですが、丹波国・丹後国においても毛利方に与したいとする勢力が多く、もう少しで両国を支配下におくことができたにもかかわらず、北方面の軍事行動については、力を入れられる方がなかったため、何とか均衡を保つことができる状況であったところ、織田勢が進攻してくると、対抗することができず、世間への聞こえが悪く、残念なことです。（中略）数年間対織田戦争が続いていますが、輝元様は、結局、途中までも出陣されていないので、対織田戦争には力を入れて命じてはおられないのではないかと、多くの人が思っており、ばかばかしいことだと思います。世間の評価は気にしませんが、備前国がこのような状況になり、戦争に突入すると、十のうち、八から九割は敗北が決定的です。以前に江田氏

（備後国人領主）や野間氏（安芸国人領主）が離反したケースとは異なります。容易に勝利することはできません。まして信長からの援軍が到来して戦争になった場合、宇喜多直家を倒すことは、尋常な尽力で成し遂げることはできません。そして、戦争は長引くと、味方からの離反者がでるでしょう（原文は「長々しく候わば、御味方中に不慮出来べく候」）。

近年、こちらにとって扱いやすい敵と戦争して、勝利してきました。宇喜多のみであれば気遣いすることはありませんが、今は、信長・宇喜多連合軍を相手とする戦争ですので、大合戦となるでしょう。互いに多くの死傷者がでるでしょう。軍勢が多くなければ、一合戦しても、敵が戦線を分散させると、大敗するでしょう。南方面の戦争で負けた時には、北方面はどうなるでしょうか。北方面において大敗すると、南方面においても一大事になると思います。

私は、北方面の備えに杉原盛重（毛利氏家臣）一人を残して、残る全軍が四畝表へ向かって、四畝城を攻略すべきだと考えます。宮山・寺畑・湯山城も落城するでしょう。そして、美作国葛下城を味方につけると、祝山城と一体となって、美作国を平定することができるでしょう。そうすると、羽衣石の南条氏についてはこちらの思い通りになるでしょう。現状のように、不足している軍勢を南北両方面に分散させて、決戦を挑むことは、大変な結果を招くことになるでしょう。小さな事案については捨て置いて、戦争のことをよく思案して、ご返事ください。

この書状の記された時点において、鳥取城の山名豊国は毛利方であり、その後紆余曲折はあったが、天正九年の秀吉による第二次因幡攻め当時の勢力分布とほぼ同様であった。次項でみていくが、天正九年六月には美作国における宇喜多方拠点を奪取している。しかし、鳥取城への救援ルートが開かれたとは言い難い。つまり、山陰方面における軍事行動を指揮していた元春でさえも、対織田戦争における主戦場は「南表」＝備作地域であると認識していた状況が大きく変化していたわけではない。南条氏攻撃の優先度は低く、「南表」における勝利によって、南条氏の攻略は容易になるとの戦略は引き続き維持されていた蓋然性が高い。南条氏を攻略できれば、たとえ因幡国を織田方に奪われていたとしても、奪回可能と考えていたのではなかろうか。

天正七年の元春書状に因幡に関する記述はない。因幡国は毛利方によって掌握されているため、対策を記す必要がなかったとも考えられるが、天正七年に比定される九月七日付け隆景宛て元春書状（『小早川』）には「丹々（丹後・丹波）の儀は申すに及ばず、但州の儀も捨て置き候、右両人さえかくのごとく候時は、因州儀もいかがこれあるべく候や、その気遣い御察しあるべく候」とある。但馬へ救援に赴いていた元春は、宇喜多氏の離反に対処するため、但馬から撤退することになった。単に元春が撤退するのみでなく、但馬を放棄する（「但州の儀も捨て置き候」）という戦略である。一方で、因幡についてはその防衛を憂慮しており（「因州儀もいかがこれあるべく候や」）、因幡へ織田勢が侵攻してくることは九月時点においては認識されていた。

にもかかわらず、十一月の書状において明記されていないことは何を意味するのか。離反した宇喜多氏・南条氏を攻略することは容易でなく、最悪の場合、因幡も放棄するという戦略を選択したのではなかろうか。ところが、鳥取城をいったん奪回した折には、吉川経家を派遣しており、因幡放棄という方針を転換したようにみえるが、実際には方針転換していない。経家は鳥取へ赴く際、死を覚悟している。決死の覚悟で赴くというより、死を確信していたように思える。経家は捨て石となることを運命づけられていた。毛利方に与するという決断をした山名氏家臣に対して、毛利両川吉川家一門の経家を派遣することにより、毛利氏は与党となった領主層を見捨てないという姿勢を示す必要があったのである。結果として玉砕しようとも、毛利氏中枢に近い者が与党となった領主層ともに玉砕したという事実は重い。逆に、さしたる対策をとらずに見捨てた場合、その後、毛利氏に与しようとする者がなくなるのみならず、領国内の領主層のさらなる離反を招くことは明らかである。鳥取城における悲劇は、毛利氏が望んだ結果ともいえるのである。

備前・美作・備中における戦闘

天正七年八月前後に毛利方から離反した宇喜多氏は本拠とする備前国から、美作方面と備中方面へ進出した。このうち、備中方面については地下人とも連携しつつ、四畝城（岡山県高梁市・真庭市）を拠点にして毛利氏領国への侵攻を図ったが、毛利勢の総攻撃により天正七年十二月に落去した（山本一九九四）。先にみた書状における元春の異見（「悉く打ち丸、四畝表へ罷り出で」）に従い、元春の狙い通りの結果を得たのである。

一方の美作方面について、天正七年十二月晦日付け宇喜多直家書状（「沼元家文書」）に「坍和・倭文へは、ここもとの人数追々指し遣わし候、然る間、福渡表気遣い入らず候条、そのまま御在城あり、普請の事、別して頼み存じ候、来る三日に両川、木山・神村へ陣替の由に候、宮山の事は普請諸支度堅固に候条、機遣いなく候、篠葺新普請に候条、弓削の百姓中悉く呼び寄せ、別して普請頼み存じ候、河内に至り明日長又・富平差し廻し候」とある。この時点で、垪和《はが》（岡山県久米郡美咲町）、倭文《しとり》（津山市）、福渡（岡山市北区建部町）、弓削（久米郡久米南町）が宇喜多氏の支配下にあり、宮山城や篠葺城（いずれも真庭市）の普請を行うとともに、河内（真庭市）に長船貞親《おさふねさだちか》・富川秀安《とがわひでやす》らを派遣して毛利勢に備えていた。

この結果、美作国東北条郡（津山市）に位置する祝山《いおうざん》（医王山）城は、西南方向からの連絡が困難となった。そこで、四畝城を攻略した毛利勢は、高田（真庭市）に陣替えして、宮山城や寺畑城（真庭市）を攻めた。ここまでの展開は元春の計略通りであったが、元春の予想（「宮山・寺畑の城、湯山の儀落去べく候」）とは異なり、美作における宇喜多方の諸城は容易に攻略できなかった。

そのため、祝山城は孤立状態に陥り、一年以上に及ぶ籠城の末、天正八年末に陥落したとされてきた。その根拠は、天正八年に比定される十二月二十七日付け毛利輝元書状写（「藩中諸家古文書纂」）の「祝山の儀、福田その外退かれ候、然る上はその面いよいよ堅固の御心遣いこの節に相極まり候、敵てだてに及び候わば、即ち加勢の儀申し付くべく候」という記述である。祝山の城番であった福田盛《ふくだもり》雅《まさ》が退城しており、その後、天正九年一月には、ともに祝山に在番していた小川元政とともに小田草《おだくさ》城（岡山県苫田郡鏡野町）在番、盛雅とともに祝山に在番していた湯原春綱《ゆはらはるつな》と塩屋元真は枡形城（鏡野町）在番にすることとされている（「藩中諸家古文書纂」）。

ところが、先行研究においては注目されてこなかった次のような二月五日付け隆景書状写が残されている（「譜録」）。

追加の手紙を読みました。岡山の様子について、情報収集されお知らせいただいた通り承知しました。こちらではあちこちで勝利しましたのでご安心ください。中村頼宗が毛利方に与したため、諸方面で毛利方有利に展開しています。祝山城を包囲する宇喜多方の付城も四ヶ所を撤退させました。残るのは二ヶ所です。これも撤退するだろうと中村から知らせがありました。こちらからも出兵して、敵方の諸城を攻略します。こちらと祝山の連絡ルートが開け、めでたいことです。なお、今後もお知らせします。そちらからも、敵方の様子をよく情報収集され、お知らせください。織田勢は下向してこないという確かな情報です。ご安心ください。

中村頼宗が毛利方としてみられる時期が天正八年の半ば頃からであること、織田勢の下向時期、宛所である井上就正の動向などを検証すると、この史料は天正九年に比定される可能性がある。その比定が正しければ、福田盛雅らが退城した後も、祝山をめぐる戦闘は継続しており、中村頼宗らの活躍により、宇喜多方の付城が攻略される状況にあったことになるが、これらの考察は毛利方の史料に基づくものであり、宇喜多方の史料も用いて検証する必要がある。近年、森俊弘氏によって祝山合戦に関する十月十三日付け宇喜多直家の新出書状が発見された（森二〇一五）。祝山合戦の結末を明示した史料ではないが、きわめて貴重な新出史料である。このような宇喜多方の史料が発見されることにより、祝山合戦の実像が明らかになることに期待したい。

いずれにせよ、天正十二年（一五八四）の祝山城には毛利方の草苅氏が在城していたこと、天正九年六月には岩屋城《いわや》（岡山県津山市）、篠葺城《ささぶき》、宮山城《みややま》など宇喜多方の拠点が次々と陥落していること、天正九年後半になると、飯山城《いいのやま》（岡山県真庭市）などに在番を残して、備中国忍山城《しのぶやま》（岡山市北区）をめぐる戦闘（山本一九九四）が主戦場となり、美作国における大規模な軍事衝突がみられないことから推測すると、天正九年になると美作国西部をめぐる戦闘は毛利方有利な状況にあったといえる。

さらに天正九年八月には、宇喜多方に与していた備前・備中境目地域の国人領主伊賀氏が毛利氏へ帰属した。伊賀氏においては同年四月に久隆が死去し、その子家久が当主となっていた。久隆は軍記類によると宇喜多直家により毒殺されたと言われるが、史料上は「頓死」（『萩藩閥閲録』遺漏）とされ死因は特定できない。しかし、その直後に伊賀氏家中が混乱状態に陥っており、久隆死没後の路線をめぐって家中が対立したものと考えられる。この当時、毛利氏と宇喜多氏の主戦場であった美作においては毛利氏の攻勢が続いていた一方、織田勢による救援はなく、宇喜多氏が毛利氏との和睦を「懇望」したが、毛利氏に拒否されるという事態に至っていた（「石見吉川家文書」）。また、宇喜多氏と伊賀氏の関係は単純な主従関係ではなく、宇喜多氏優位の同盟関係であり、家中対立の出来、織田勢の南方面における消極性、戦況の悪化という不利な要因を抱えた伊賀氏への毛利氏の調略が成功する確率は高かった。宇喜多氏の「懇望」を拒否した毛利氏の狙いは、伊賀氏を毛利方に取り込むことにより、離反した宇喜多氏を徹底的に叩くことにあったと考えられる。

八月十九日に伊賀氏帰属に関する起請文、打渡を発給した（『萩藩閥閲録』）後、毛利勢による備中・備前・美作境目地域制圧が本格化し、十月には宇喜多方の拠点忍山城を落とした。同月に鳥取城は落城したが、天正七年末に元春が提案した作戦の通り、北方面を犠牲にすることによって、南方面における戦況はきわめて有利に展開していた。宇喜多氏離反後の毛利・織田戦争については、鳥取城攻防戦と備中高松城水攻めが有名であるため、つねに織田方が優勢にあったとみなされてきた。しかし、秀吉が出兵していない戦闘においては毛利方の勝利に終わったものも少なくない。宇喜多勢が美作方面において攻勢に出ていた天正八年半ばでさえ、信長の意を受けた和睦が模索されていることから、信長自身は対毛利戦争の継続に積極的ではなかったとする見解もあり（山本二〇一〇）、実際に、織田勢の下向は断続的であった。その結果、毛利・織田戦争は、双方の主力兵員の配置によって勝者が決まるという一進一退の状況にあったのである。その意味においては、輝元は信長とも互角に渡り合っていた名将といえなくもない。しかしながら、毛利方の善戦は天正十年になると終わりを告げることになるのである。

高畠氏の離反と八浜合戦

鳥取城を攻略した秀吉は、南方面における戦況の悪化を打開するため、東瀬戸内海水運の掌握を企てた。その第一歩として、調略の対象とされたのが、備前国児島の東端小串《こぐし》を本拠とする児島水軍高畠氏である。村上水軍や塩飽水軍に比べて知名度は低いが、高畠氏は周防方面を含む瀬戸内海域において広く流通・商業活動に関与していた海洋領主であり、小串は備讃海峡から備前の沿岸部に向かう児島東岸の航路を押さえる重要な位置にあった。また、小串は毛利勢が海路で備前方面に東上する際の軍事上の拠点であり、瀬戸内海から宇喜多氏の本拠岡山に至る航路を押さえる位置でもあった。

このため、織田方にとっても、宇喜多氏領の安全を確保するため、また、備中以西の毛利氏領国の沿岸部へ進攻する拠点として、小串の獲得は必須であった。そこで、秀吉を中心として高畠氏への調略が実施され、ついに高畠氏は毛利氏から離反し、織田方へ身を投じた。

小串城跡（岡山市南区小串）

高畠氏離反はその直後に勃発した八浜《はちはま》合戦とともに、天正九年に出来したとされてきたが、森俊弘氏によって天正十年に比定された（森二〇〇三）。同年に比定される二月六日付け黒田孝高宛て秀吉書状（『黒田家文書』）には「備前児嶋内高畠色立ち、人質宇喜多方へ相渡す由もっともに候、いよいよ立ち聞き、注進あるべく候、丈夫成るにこれあるにおいては、人数をこれ出し、その上我等も罷り出ずべく候、近日帰城せしむべく候の条、普請等由断なく精入れらるべき事、肝要に候」とあり、高畠氏の離反が、秀吉の備中方面への出陣を決断させたと考えられる。

高畠氏の離反により、東瀬戸内海における毛利方の要衝児島は危機に陥った。児島に展開した宇喜多勢に対応するため、毛利勢も児島へ渡海して勃発したのが八浜（岡山県玉野市）合戦である。この合戦において、毛利勢は直家の甥とされる宇喜多与太郎を討取り、戦闘に勝利した。しかし、当初の目標だったと考えられる小串の奪回は実現しなかった。その理由は、秀吉が四月四日岡山に到着したからである。四月五日付け乃美宗勝《のみむねかつ》（隆景家臣）宛て隆景書状（「乃美文書」）には「幸い羽柴一分罷り下り候条、跡勢着き候わば一安否申し付けたきまでに候」「御方の儀その表に候条、灘手油断なく心付けらるべき事肝要に候」とあり、児島に渡海していた毛利勢は、常山城《つねやま》（岡山市南区、玉野市）に在番していたと考えられる乃美宗勝を残して、児島から撤退し、秀吉との決戦に備えた。

秀吉の進攻に対して、この時点における毛利方の認識は楽観的である。その理由は秀吉勢のみの進攻であったこと（「幸い羽柴一分罷り下り候」）に加え、四月九日山田出雲守宛吉川元春・元長書状写（「藩中諸家古文書纂」）に「敵警固の事も船てだては相下る者あらず候条、弥儀あるまじく候」とあり、織田方の水軍が下向していないため、水軍力で優位に立っていることにあった。高畠水軍の離反により児島東岸の制海権を失っていたが、村上水軍のほか塩飽水軍も毛利方にとどまっており、八浜合戦の勝利によって、毛利氏は児島西岸以西の制海権確保に成功していたからである。

しかし、水軍を帯同しなかった秀吉には勝算があった。四月五日付け隆景書状においても「沖家の儀吉定相談ぜられ、亮康相渡さる由に候、その後の御到来なく候」とあり、村上水軍の一角来島水軍（「沖家」）に不穏な動きがあったため、因島村上水軍の亮康を派遣していたのであるが、四月十日前後に来島水軍は離反の意思を明確に示した。

来島水軍同様に調略の対象であった能島村上水軍が離反を思いとどまったほか、平岡・黒河などの河野水軍、因島村上水軍、伊予甘崎の村上吉継などは毛利方に付いたものの（福川二〇〇三、山内二〇〇五・二〇一四、桑名二〇一二）、塩飽水軍は離反したと考えられる（橋詰二〇〇七）。高畠水軍と塩飽水軍の離反により備讃海峡の制海権はほぼ織田方の掌握するところとなった。来島を除く村上・河野水軍や小早川水軍の乃美宗勝などは来島村上との戦闘のため伊予に釘付けにされたからである。

四月二十四日付け吉川元長書状写（「石見吉川家文書」）には「隆景その外方角の国衆の事は、幸山尾頸・福山に陣候、敵陣中間一里半これある由に候、きっと後巻これ仰せ付けられ、一戦をもって案否を決せらるべきの御儀定に相澄み候、輝元御事も、不日先様御陣移らるの由に候」とあり、猿掛城（岡山県小田郡矢掛町）に陣を置いていたとされる輝元も前線に出陣する予定であった。ところが、隆景ら毛利勢先鋒部隊は幸山（岡山県総社市）に陣を置いたまま、積極的な軍事行動を起こさず、五月二十一日になってようやく、元春勢とともに織田勢と対峙する位置に陣を移したが「安否の一戦申し付け候わでは叶わざる趣に候」（岩国徴古館蔵「吉川家中并寺社文書」）という意気

村上水軍地図
（広島県立歴史博物館編『毛利氏VS天下人』より）

込みとは裏腹に、全兵力を投入して決戦を挑むことはなかった。この原因は何であろうか。

五月五日付け輝元書状（「岡家文書」）に『いかにもここもとにも筒の儀申すに及ばず、玉薬などの儀も方々へ遣し候故、払底候」「かれこれ兵粮・玉薬などの調いに、桂兵（広信）事、松山まで今明の間遣し候」とあり、輝元本陣でさえ兵粮・武器など物資の不足を来たしていたこと、その補給は松山からという陸路に頼らざるを得なかったことが窺える。従来、備中外郡・児島への物資の輸送は主に船によって担われていたものと考えられ、制海権を失った結果、毛利勢は物資の輸送に支障を来たしたことがこの消極策につながったのではなかろうか。

備中高松城水攻めと秀吉との停戦

織田方は四月十三日、毛利氏領へと進攻した。その最前線に位置する岩山城（現在地不明）を通過、さらに北上し、四月十六日より前に宮路山《みやじやま》城（岡山市北区）を攻撃した。ほぼ同時に冠山《かんむりやま》城（岡山市北区）も攻撃を受けたが、両城とも持ち堪えていた。宮路山・冠山の必死の抗戦が続いている一方、秀吉の調略によって、日幡《ひばた》城（岡山県倉敷市）の在番であった備後の有力国人領主で毛利家の縁戚にあたる上原元将が、少なくとも四月二十四日より前には離反を決意している。岩山城在番の湯浅将宗に対しても上原元将を通じて調略による離反を画策しており、元将が離反を決意したのは二十四日よりかなり前の時点であると推測される。このため、織田勢は岩山城への力攻めによる攻撃を控え、北上したものと考えられるが、結局、将宗は離反しなかった。

しかし、日幡城が織田方に転じた影響もあり、冠山城は四月二十五日、宮路山城は五月二日に落城

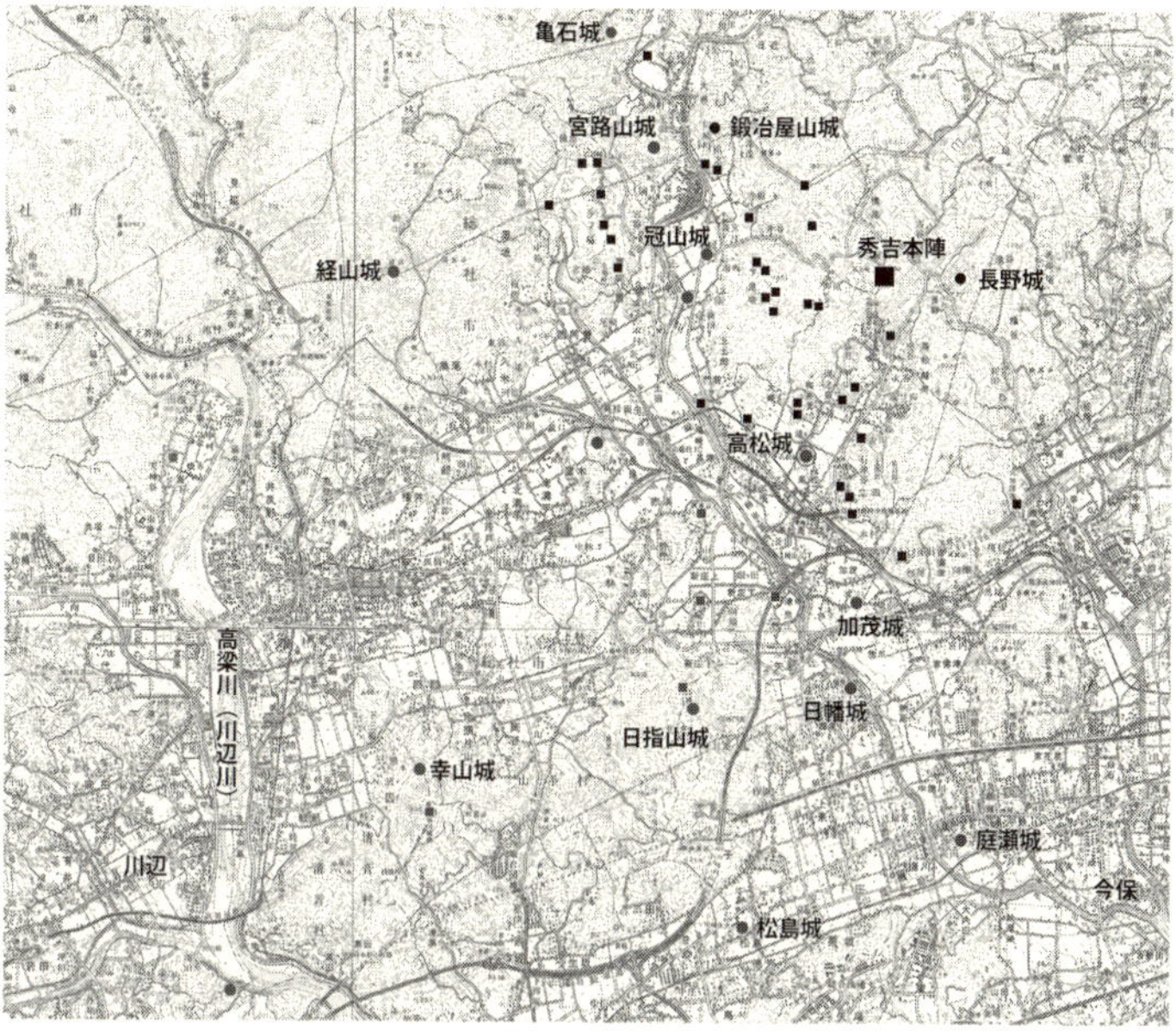

高松城周辺地図（財団法人広島市未来都市創造財団広島城編『輝元の分岐点』より）

した。宮路山城が落城した同日、鴨《かも》城（岡山市北区）の端城も落城し、在地の領主生石氏の離反により鴨城も危機に陥るが、桂広繁らの活躍により撃退に成功している。五月二日には、亀石城（岡山市北区）も織田方に降伏している。亀石城には、福武氏や長門氏（太井庄衆）など在地の土豪が子女を連れて入城していたと考えられる。在地の土豪層にとって最大の関心事は地域の安全であるから、毛利氏のために生命を危険にさらしてまで戦う理由はない。降伏は当然の選択であった（山本一九九四）。

一四五～一四六頁の元春書状には「長々しく候わば、御味方中に不慮出来べく候」とあり、戦争が長引いた場合、毛利方からの離反者が出来することを元春は懸念していた。毛利・織田戦争は天正四年から七年間にわたって打ち続いており、毛利氏による軍事動員体制は限界点に達していた。この段階における毛利氏領国の支配構造は、国人領主連合的性格を払拭しきれていない。毛利氏を盟主とする連合体は、輝元が国人領主層の権益を保護してくれる存在である限りにおいて、毛利氏からの軍事動員に応じる。しかし、輝元による権益保護が期待できないと認識し、逆に、信長が権益を保護、あるいは権益拡大を約束してくれると、毛利方からの離反を決意することは当然の結果ともいえる。

岸田裕之氏は対織田戦争中に輝元が岡元良(備後国人領主)に宛て発給した自筆書状について、軍役と報奨が不均衡になり、危機に陥った主従関係を復元するためのもの、人間的な心のつながりによる信頼感に訴えたものとした(岸田二〇一四)。元良の場合、輝元の心配りが功を奏したようであるが、若年の輝元と家臣団との紐帯は必ずしも強いとはいえず、報奨不足を自筆書状で補完するという手法がすべての家臣に有効であるとは限らない。元就は対大内氏・尼子氏など、合戦に勝利し続けることによって、国人領主層との主従関係を強固にしていったが、信長という強大な勢力を前に、毛利方の不敗神話は崩壊し、毛利氏領国は混乱状況に陥っていたのである。

そのような状況下において、清水宗治らの守備する高松城(岡山市北区)は秀吉によって水攻めされた。五月二十三日付け秀吉書状(「総見寺文書」)には、「今夜高松へかせぎに出られ、明船引き取られ候由もっともな御才覚御心懸け故、城内手を失うべくと珍重に候」とある。水攻めに対し、毛利勢は船を使った救援を企図したが、その船も入手できず救援の手段を失ったのである。高松城を孤立さ

「備中国加夜郡高松城水攻地理之図」
（資料提供：岡山県立図書館電子図書館システム「デジタル岡山大百科」）

せ自らは頑強な陣城を築いて（畑二〇〇八）、持久戦に持ち込む準備を整えている織田方に対し、毛利方には力攻めするだけの兵力はなく、持久戦に耐えるだけの物資輸送手段に窮していた。

ところが、六月二日に勃発した本能寺の変によって信長は横死し、その情報を得た秀吉は毛利氏に対して、停戦を提案した。毛利氏が本能寺の変の情報をいつの時点で得たのか、結論を出すのは困難である。しかしながら、停戦協定を締結し、上洛を図った秀吉を毛利勢が追撃しなかった理由については推測できる。物資輸送手段に窮した毛利氏には、信長の死を知っていようといまいと追撃する余力は残されていなかったのである。

また、永禄元年（一五五八）後半頃の

ものと推測される隆元宛元就書状（『毛利』）に「我等存知事には、是非備中の儀自然大まけ候ては、則ち備後の心遣いになるべく候、何方よりも、備後に何たる事も出来候わば、無興たるべく候間、是非とも是非とも、備中をまず大負けなきように御短息候わでは、曲あるべからず候と存ずばかりに候存ずばかりに候」とある。元就は、備後国支配に影響を与える程の大敗でなければ、備中国における支配圏縮小は容認することを指針としていた。その当時と状況は異なるが、このような元就の指針は備中高松城を見捨てるという輝元の判断を正当化できるものとなる。高松城周辺を失ったとしても、備中国全体から見れば大きくない。秀吉が撤退して、備中国の過半を維持できるのであれば、秀吉からの停戦提案を輝元が拒否する理由はない。信長の突然の死という天祐と、高松城主清水宗治を犠牲にすることによって（藤田二〇一〇）、輝元は危機を脱した。また、秀吉の停戦提案を受け入れたことによって、秀吉に対する借りも作った。秀吉との停戦という輝元の決断は、危機的状況から転じて毛利氏領国を大きく変革することにつながっていくのである。

2　秀吉との講和

山崎合戦・賤ヶ岳合戦と輝元

本能寺の変の報に接した羽柴秀吉は、毛利氏との停戦協定を結んだが、これは両者の講和ではない。当面の軍事行動を行わない旨の約束に過ぎない。足利義昭は六月九日、隆景に対して「上表かくのごとき上は、備（前）・播（磨）に至りきっとてだてに及び、この節帰洛馳走肝要」という御内書（『小早川』）を発して、自らの帰京に向け、毛利勢の備前・播磨方面への進攻を要請した。毛利氏は上方の情報収集に努めたものの、情勢を静観した。離反者が相次ぎ、混乱が広がっている領国内の動揺を鎮めることに精一杯で、進攻する余裕はなかったのである。

六月十三日の山崎合戦において秀吉が光秀を破ると、輝元は秀吉に対する祝いの使者として安国寺恵瓊を派遣した。秀吉側の窓口であった蜂須《はちす》賀《か》正勝《まさかつ》に宛てた七月十八日付け輝元書状（「大阪城天守閣所蔵文書」）には、「今度和睦の儀、秀吉申し談じ本望に候、殊に天下事御勝利に属さるの段、尤も珍重に候、かれこれもって都鄙の大慶この節に候、いよいよ長久申し承るべく候」とある。しかし、この書状をもって、輝元が秀吉と同盟関係に入ったとみることはできない。

豊臣（羽柴）秀吉（大阪城天守閣蔵）

八月二日付け孝高宛て秀吉書状（大阪青山学園蔵）に「安国寺大ぬる山に候間、先度岡平まで書状をもって申し候、返事によって直にも西国表相働くべく、早々馬を納め候」とある。山崎合戦における秀吉勝利に対して祝意を表した輝元であったが、講和交渉においては強硬姿勢をとったようであり、また、美作や伊予（中平二〇〇八・二〇一一、桑名二〇一四、山内二〇一四）においては羽柴方との戦闘が継続していた。

一方で、引き続き備後国に滞在していた義昭は、秀吉との講和交渉に携わる安国寺恵瓊を通じて、秀吉に対して自らの帰京を働きかけた。十月二十一日付け黒田孝高宛て御内書（『黒田家文書』）に「今度帰洛の儀申すところ、秀吉同心の由、悦喜この事に候」とあり、秀吉は義昭の帰京に同意したと義昭は認識しているが、秀吉の真意は不明であり、実際には、同時期頃から織田信孝を擁立する柴田勝家と秀吉との対立が表面化して、義昭の帰京は実現しなかった。

このため、義昭は秀吉包囲網の構築を企てた。越後上杉氏家臣上條宜順《じょうじょうぎじゅん》宛て十一月二十一日付け御内書（「斎藤秀平氏旧蔵文書」）には、「入洛儀、柴田修理亮（勝家）に対して申し遣わし候ところ、則ち請け及び候、然れば、この節景勝・勝家和与せしめ、一統帰洛馳走候よう」とある。上杉景勝との勝家との講和を成立させて、義昭の帰京を約束した柴田勝家が秀吉との決戦に臨めるように、義昭が工作活動を行っていたことを示すものであり、秀吉包囲網の一角には毛利氏も想定されていた。十一月一日付け吉川元春宛て織田信孝書状（『吉川』）に、「今度隆景相談じ候のところ、種々御入魂の由、祝着に候」とある。また、翌年二月十三日付け元春宛て柴田勝家書状（『吉川』）には、「御入洛の儀につき、御方受け含めせしめ馳走いたすべき旨、追々仰せ出だされ候、御請けの趣神文筆本木村市右衛門尉見置かれ候段、慥なる上意につき、三月二十日以前、江北に至り必定相働くべく候、然れば御方御手合せ見届けのため、重ねて木村差し越し候」とある。義昭が企てた秀吉包囲網に毛利氏も与同することを、吉川元春を通じて意思表示したものであるが、他方で、同年一月には秀吉・小早川隆景間の通交が確認される（徳川林政史研究所「古案」）。毛利氏は秀吉と勝家の双方に対して与同の意思を表示しているが、実際には、両者の抗争を静観する方針であったと考えられる。

勝家は天正十一年（一五八三）三月、近江へ出陣した。四月六日付け吉川元春・元長宛て義昭御内書（『吉川』）に「柴田諸勢既に江北に至り執り出す条、上口手合わせ儀指し急ぐべき事肝要」とあり、義昭は勝家の出陣にあわせて、毛利勢も羽柴方を攻撃するように命じた。これに対して、御四人のうち、元春・隆景・福原貞俊の三名による談合が開かれ、秀吉・勝家のいずれが勝利するか判断できないため、当面、両者との通交を維持して情勢を静観する（「両方の強弱知れず間、両方かけ候て見合わせ然るべく候」『毛利』）という方針を決定した。

秀吉は賤ヶ岳合戦において勝利すると、毛利氏に対して強硬な姿勢に転換した。五月十五日付け隆景宛て秀吉書状（『毛利』）には、「その御国端へ罷り越し、境目の儀をも相立て、連々御等閑なき験をも相見申すべく候条、よくよく御分別あり、秀吉腹を立てぬように御覚悟もっともに候事」とある。秀吉は毛利氏領国への再進攻を仄めかして、講和条件の受諾を迫った。その条件とは、来島への攻撃を中止すること（五月七日付け恵瓊宛て孝高書状、『小早川』）、領地の割譲である。これに対して恵瓊は、美作・備中・伯耆三国を割譲すること、ただし、備中については高梁川を境界として西部は穂田元清（元就四男）領、伯耆西半分については吉川元長領とし、両名は秀吉家臣とするという案を提示した。また、恵瓊はこの条件を毛利氏が拒否した場合、毛利氏は滅亡する（「此上においても、芸州何かと御詫言たて申し候えば、滅亡までに候」）という認識を示しており（七月十日付け堀秀政《ほりひでまさ》・蜂須賀家政《いえまさ》・孝高宛て恵瓊書状、『黒田家文書』）、輝元決断の時が迫っていた。

講和交渉の進展

恵瓊は悲壮な覚悟をもって輝元や元春・隆景らを説得しようとしたが、国境画定交渉は難航した。毛利氏は備前児島の常山城、備中松山城、美作高田城、伯耆八橋《やばせ》城（鳥取県東伯郡琴浦町）など、割譲対象地域内において現に支配している拠点的城館の領有に固執した。九月十六日付け佐世元嘉《させもとよし》（輝元側近）宛て恵瓊書状（『毛利』）には「隆景・元春この上にても欲心御座候て、御はて候までも、手を少しも御放しあるまじくも存ぜず候」とあり、強硬姿勢を主導したのが元春と隆景であることを示唆しているが、元春・隆景は自らの領土欲から、割譲を拒否したのではない。美作の草苅・中村氏、備前の伊賀氏、伯耆の山田氏など割譲対象地域を領有する国人領主は、領有地域からの退去に抵抗しており、彼らを納得させるためにも安易な妥協はできなかったのである。

立場は違えども、恵瓊、元春・隆景が苦悩する中、輝元は何を考えていたのか。前記恵瓊書状には、「これは　輝元様御口より出候わでは叶わざる事に候、御家の儀、隆景・元春に任せ申さるなどと候て、この一大事をも、今日明日と、碁・将棋の勝負ほどに思し召し候ては、恐れながら然るべからず候」とある。輝元の判断で決定する必要があるにもかかわらず、輝元は元春・隆景に任せたことであるとして、他人事のようであった。毛利氏の行末を左右する一大事について、碁や将棋の勝負のように軽く考えていた。高松城からの秀吉撤退後、毛利方は南条氏の羽衣石城（岡村二〇〇七）、来島氏の来島城（山内二〇一四）など、秀吉に与した領主の本拠を攻略している。また、美作をめぐる戦闘においても、草苅・中村氏が宇喜多勢を撃退している。このような戦況から、講和交渉が破綻して秀吉との直接的な軍事衝突に突入しても、互角に戦えると輝元は楽観していたのではなかろうか。

しかし、秀吉と軍事衝突した場合、「十に七・八は御負けたるべく候」（九月十六日付け恵瓊書状）という恵瓊の認識には明確な根拠があった。第一に、鳥取城や高松城攻防戦を通じて体感した羽柴勢の軍事行動の迅速さである。前線に到達するまでの時間を比べると、羽柴勢が十〜十五日、毛利勢が三十〜五十日（十二月十五日付け林《はやし》就長《なりなが》・恵瓊連署状、『毛利』）。この速度の差が両城の救援に失敗した一つの要因である。第二に、兵力数の差。第三に、兵站（米・銭）の差（以上、前記九月十六日付け恵瓊書状）。恵瓊は「日本半国は見廻し申し候条、世上御覧されざる衆の御目とはちと違い申すべく候」（十二月十五日付け連署状）と述べ、自らの判断の正確さを強調するとともに、「芸州の御かたがたは底慢心御座候」として、暗に輝元の慢心を戒めた。

天正十二年一月になると、遅々として進展しない講和交渉に業を煮やした秀吉は、蜂須賀正勝・黒田孝高に対して「城々何角申し候て、自然相渡さざる所をば、そこもとの人数をもって取り巻き、帰鹿垣を結い候て、干殺し候のように申付けらるべく候事」「高田・松山・児島・八橋等事、只今又詫言べく由、沙汰の限りの事に候、重々相究め儀候を、右様に申し候わば、成り次第に仕り候て、安国寺に詫言作らさるべく候、然れば本へ立ち帰り候て、最前かなたより仕出し候誓紙の旨に任せ、国五ともにこなたへ召し置くべく候条、只今とかく申し候段、かえって祝着候事」（『小早川』）と指示して、交渉が妥結しない場合、明渡し対象の毛利方の諸城を攻撃するとともに、高松城水攻め時の停戦条件だったとする美作・備中・伯耆・出雲・備後五ヶ国割譲に立ち戻ると脅したのである。

その後も、美作の中村氏などは退城を拒否していたが、秀吉は織田信雄《のぶかつ》や徳川家康との対立激化によって（小牧・長久手合戦）、毛利氏領国へ侵攻する状況になかったため、宇喜多勢と毛利方との戦闘は継続した。前年には、毛利氏からの人質として、元就九男の元総（のちの秀包）、元春三男の経言《つねのぶ》（のちの広家）が上洛していたが、人質提出によって講和が成立したとみなすことはできない。人質は秀吉との開戦を避けるための一時しのぎの方策という意味合いが強いとする跡部信氏の見解（跡部二〇〇六）は首肯される。一方で、秀吉にとっては、信雄・家康との軍事衝突時に、背後から毛利勢が進攻することはないという保障の意味合いを有していたと考えられるが、三月十三日付け丹羽長秀宛て秀吉書状写（「加越能古文叢」）に「西国表の事、城々請け取り、隙明け候、西口留守居として、備前・美作・因幡三ヶ国の人数は一人も相動かず、留守居として置き申す事」とあり、毛利氏を完全に信用していたわけではない。小牧・長久手合戦における秀吉包囲網に毛利氏が与する可能性も皆無とはいえず、宇喜多氏や因幡衆に警戒させていたのである。

天正十二年秋頃になると、備前・美作方面における戦闘はようやく終結して、伊賀氏や草苅氏らは退城していく。ちょうどその頃、秀吉と信雄・家康との講和が進行しており（九月十二日付け千宗易書状〔「西教寺文書」〕に「東国御和平事、秀吉御存分に去る六日に相済むの由、態と御陳より申し来り候」とある）、秀吉が東方面から引き揚げて、毛利氏領国へ矛先を変えることを恐れたのではなかろうか。また、九月九日付け伊賀家久宛て福原貞俊・隆景書状写（『萩藩閥閲録』）に「都鄙和睦成行をもって、御退城の事、申し入れられ候のところ、御同心誠に以て、言語に述べ難く候、然る間、少分候といえども、

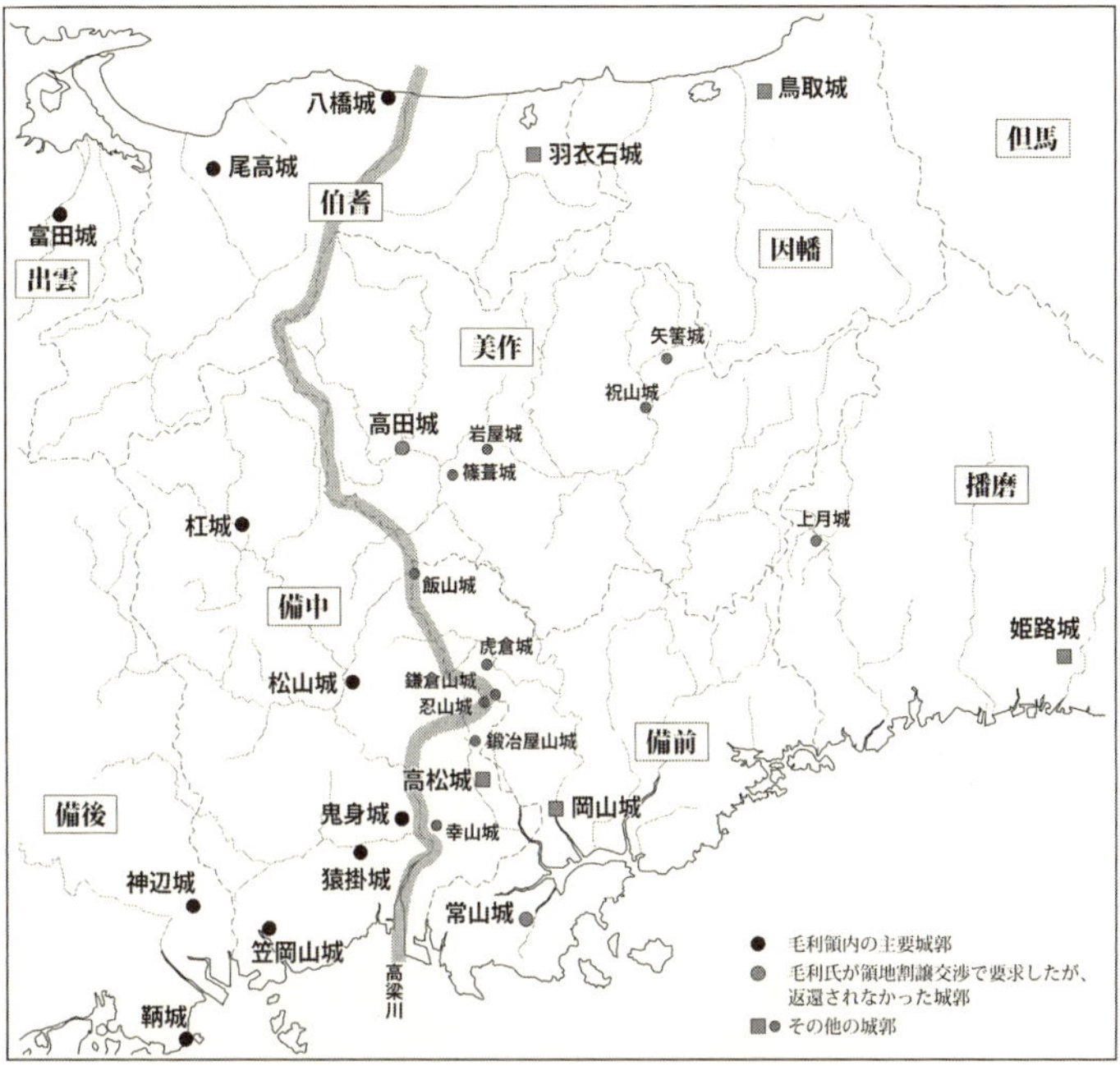

領地割譲（国分）交渉確定後の毛利領の国境

備中は高梁川（川辺川）以西の半国と松山領が，伯耆は西三郡と八橋領が毛利領に確定した。（財団法人広島市未来都市創造財団広島城編『輝元の分岐点』より）

神辺領の内において、一所進め置かるべく候、かの城方角簡要の在所候条、城領所相計り、その上をもって、国近所引き合わせ進め置かるべく候」とあり、講和により本領を失った備前・備中・美作などの領主の処遇（新たな給地の宛行）が課題として残ったのである。

天正十三年初頭には、帰属未定だった城館のうち、松山、八橋は毛利氏領（このうち、八橋については天正末年の毛利氏領にはないため、その後割譲されたと考えられる）、児島は宇喜多氏領とすることで決着し、国境画定に至った。また、秀吉養子於次秀勝（織田信長四男）と毛利輝元養女との縁組成立が成立し、人質として上洛していた秀包は帰国することとなった（広家は上洛して間もなく帰国している）。なお、秀勝に嫁いだ輝元養女の出自について、西尾和美氏は、内藤興盛の子元種の娘であったとされる（西尾二〇一〇）。元種は輝元生母尾崎局の弟である。そうすると、輝元養女は輝元の従姉妹にあたることになる。輝元養女の出自を同時代史料において論証することはできないが、輝元と何らかの血縁関係を有する女性であったと考えられ、元種娘が輝元養女であった蓋然性は高い。

このようにして、毛利氏と羽柴氏の講和が成立したのであるが、その結果、輝元は秀吉に臣従したといえるのであろうか。秀吉の天下統一戦争において、初めて毛利勢が本格的に参戦した長宗我部《ちょうそかべ》攻めについて検討してみたい。

長宗我部攻め

天正十三年に比定される一月十七日付け井上春忠（小早川家家臣）宛て黒田孝高・蜂須賀正勝連署状（『小早川』）には、先にみた講和条件のほか、「来る三月初、雑賀表御出馬候間、御警固として、大将御上りあるべく候」「四国の儀、来夏御てだて及ばるべきの条、

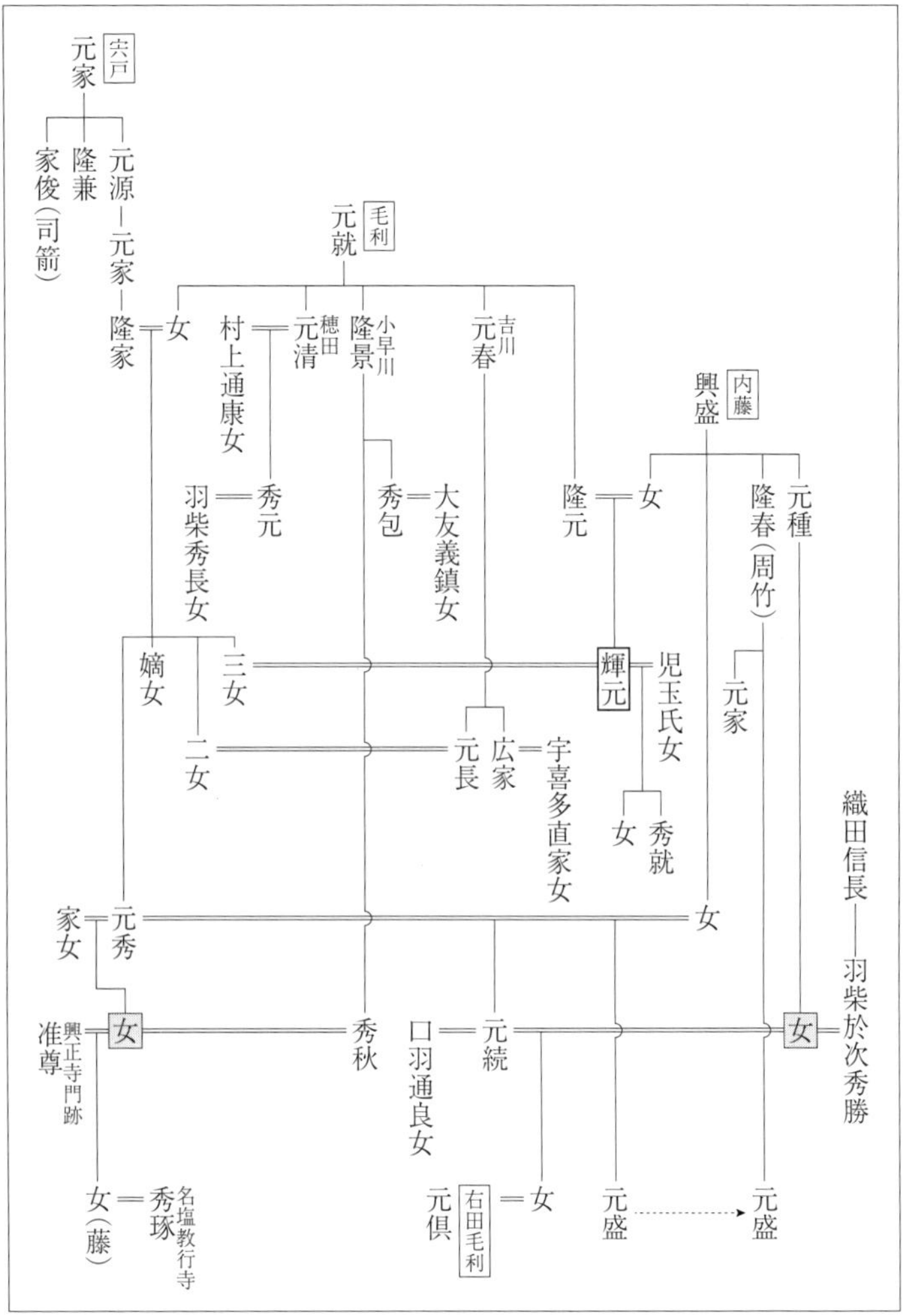

毛利輝元養女の婚姻をめぐる関係系図
（西尾和美「豊臣政権と毛利輝元養女の婚姻」より）

伊予・土佐両国進め置かるべき由、仰せ出られ候、それにつき、長曽我部種々懇望いたし候といえども、御許容なく候」とあり、三月に予定する秀吉の紀伊出兵に当たり、水軍の派遣を要請していること、夏には四国出兵を計画し、長宗我部氏征討後、伊予と土佐を毛利氏領とする旨を約束している。

このうち、長宗我部氏領の処分については、国境画定に言及した直後に記されており、国境最終案を毛利氏が受諾する条件として、長宗我部氏領の毛利氏への割譲が合意されたことを窺わせる。国境画定に伴い、毛利氏に従った美作や備中東部の領主は所領を失っており、彼らの給地を必要とする毛利氏にとって、新たな所領の獲得は不可欠であった。

また、毛利氏と長宗我部氏の関係については、(1)長宗我部氏が織田権力と断交した直後、天正九年八月までに同盟関係を結び、天正十二年の小牧・長久手合戦の時期まで維持されたとする説（藤田二〇〇六）、(2)先にみた天正五年の元吉合戦の後、長宗我部氏が讃岐国へ進出していく過程において連携関係に入り、天正十二年夏まで維持されたとする説（桑名二〇〇七）、(3)永禄末～元亀年間の頃に、伊予の諸勢力を通じてつながりを持ち、長宗我部氏が織田氏と誼を通じるようになった後において関係を保ち、天正十一年末まで友好的な関係を維持したとする説（川島二〇〇七Ⓐ）など諸説がある。毛利・長宗我部氏間の友好的関係の始期については相違があるものの、終期については、小牧・長久手合戦との関連性に着目する点において共通している。

その終期について詳細な考察を行った研究によると、(1)小牧・長久手合戦当初の三月頃まで両者のつながりは維持されていたが、秀吉の意を受けた毛利氏が伊予出兵を決定したことにより、両者は断交に至ったとする説（川島二〇〇七Ⓑ）、⑵毛利氏の南伊予介入は、伊予河野氏を主体とする喜多郡平定について、同氏からの要請に基づく支援として計画されたものであり、友好関係を保とうとする姿勢さえ窺えたが、結果として長宗我部氏は不信感を募らせて、両者は断交に至ったとする説（山内二〇一三）に分かれる。筆者の私見を述べると、毛利氏の伊予出兵が合意された河野氏との会談（芸予会談）が行われた天正十二年六月時点において、毛利氏と羽柴氏の講和は成立しておらず、その段階において、秀吉の意を受けたものと評価することはできない。しかし、伊予出兵の結果、長宗我部氏との断交に至ることは予見していたと考えられ、伊予への出兵を実施したことが、毛利・羽柴講和を成立へと向かわせたのではなかろうか。強く抵抗していた羽柴方への領地割譲を受諾する代替として、長宗我部氏領を獲得しようとする方針に転換することを決断したのである。秀吉もその条件を受け容れた結果、黒田孝高・蜂須賀正勝連署状にみられる伊予・土佐両国の毛利氏領化が合意された。

ところが、この四国国分けプランはその後変転する。六月十八日付け隆景宛秀吉書状（『小早川』）によると、阿波・讃岐を返上、さらに人質を提出して降伏を申し出た長宗我部元親に対し、秀吉は土佐と伊予を安堵しようとした（「今度、長曽我、阿波・讃岐返上致し、実子これを出し、子ども在大坂させ、奉公致すべくと申し候間、既に人質請け取り候といえども」）。この秀吉の方針に対して、隆景は強く伊予の領有を要求したため、いったん受取った人質を返して長宗我部氏を征討する方針が決定された（「伊与儀、その方御望みの事候間、是非に及ばず、長曽我部人質相返し候上、伊予国一職にその方進ぜ候、自然、長曽我部宥免せしめ候わば、土佐一国宛行うべく候也」）。つまり、長宗我部攻めは伊予の獲得を狙う毛利氏の強い意思により決せられたのである。この時点において、輝元が秀吉に臣従していたとすると、主人の方針に家臣が強く反対して、方針変更させたことになる。長宗我部攻めに参加するという「奉公」の代償として、伊予領有権という「御恩」が与えられたのではない。したがって、筆者は毛利・羽柴間の講和成立と同時に、輝元が秀吉に臣従したとはいえないと考える。

長宗我部氏領国への進攻は六月末から開始され、八月初頭、元親は降伏した。その結果、予定通り、長宗我部氏は土佐一国のみを安堵され、伊予は隆景に与えられることとなり、河野氏は除封された。なぜ、河野氏は除封されたのであろうか。

従来の説では、天正十三年以前に長宗我部氏の支配下に入っていた河野氏は、毛利勢らの進攻に対して戦闘に及んだが敗れ去り、湯築《ゆづき》城（愛媛県松山市）を開城し降伏したとされていた。近年、藤田達生氏（藤田二〇〇一）、西尾和美氏（西尾二〇〇五）、川岡勉氏（川岡二〇〇六）などの研究により、長宗我部氏の支配下にあったのは伊予国東部と南部のみであり、中部は河野氏の支配下にあったことが明らかにされている。河野氏は婚姻を通じた毛利氏との密接な関係を一貫して維持しており、毛利勢の進攻に敵対したとは考えられない。桑名洋一氏は、河野氏家臣団の一部による敵対行為があったため河野氏の断絶を招いたとされる（桑名二〇〇三）が、長宗我部攻め以前に隆景による伊予の領有が決定していること（六月十八日付け隆景宛秀吉書状）から推測すると、桑名説は検討を要する。

『フロイス日本史』に河野氏の当主通直は病人であると記されていることから推測すると、病気がちの通直では伊予の支配が不可能であると判断した河野氏家臣の過半（一部家臣団の反発があった可能性はある）が、通直母の叔父に当たる隆景（通直の母は宍戸隆家と元就娘五龍との間の嫡女である）を推戴しようとしたのではなかろうか。その背景には伊予の領有を狙う毛利氏の意思が働いているが、自己の在地支配を維持したいと考える河野氏家臣にとっても、隆景を新たな当主とすることが最適の選択肢だった。天正十年前後から毛利氏と河野氏の一体化が進んでおり（西尾二〇〇五）、通直の引退に伴い、外戚である隆景が家督相続に準じて伊予領有権を承継することには正当性もあった。小早川氏庇護の下で河野氏の国成敗権が生きていたとする川岡勉氏の見解（川岡二〇〇五）は、庇護か、継承かという相違はあるが、おおむね首肯できよう。ゆえに、秀吉もそれを追認せざるをえなかったのであり、この段階において、秀吉と輝元に明確な主従関係が成立していたとは考え難い。

島津攻め

長宗我部攻めに続いて、秀吉は九州島津氏を攻撃した。

秀吉による島津攻め以前において、毛利氏と島津氏は良好な関係にあった。島津氏は天正六年の耳川合戦で大友氏を破って以降、大友氏支配地域への侵蝕を図っており、大友氏を牽制するために、毛利氏と連携する必要があったからである。また大友氏は、大内氏滅亡後には大内氏の後継者として周防・長門の守護職も与えられており、この両国を実質的に支配していた毛利氏との間で抗争を繰り広げていた。戦闘の舞台となったのは筑前や豊前であったが、永禄十二年の大内輝弘の山口侵攻を受けて毛利氏が筑前から撤退した後は、出雲に侵入した尼子勝久や備前の浦上宗景と結び、毛利氏包囲網を形成するなどの外交政策によって毛利氏と対立し続けた。その後も天正二年に備中の領主三村元親が毛利氏から離反した背後に大友義鎮があったほか、天正六～七年の毛利氏家中における謀叛の動き（市川元教や杉重良）も義鎮に唆されたものであり、毛利氏と大友氏は宿敵ともいえるほどの険悪な関係にあった。さらに、信長は天正七年十一月、大友義統《よしむね》（義鎮嫡子）に対して、周防・長門両国を給与する朱印状（「大友文書」）を発給しており、大友氏は信長による毛利氏包囲網の一角を担っていた。したがって、島津氏による大友氏支配地域への侵蝕の結果、大友氏は島津氏対策に力を注がざるをえなくなり、対織田戦争に突入した毛利氏の背後を大友勢によって突かれる懸念は縮小していた。

本能寺の変以後においても、天正十二年に比定される九月十一日付け足利義昭御内書（『大日本古文書 家わけ第十六 島津家文書』）に「自然、豊州より防長に至り取り出し、入洛相妨げるべく候や、然る間、手合せとして、防長両国人数豊筑に向け、来春頓に差し渡すべく条、豊後表乱入すべき事、併せて供奉同前忠儀たるべく候」とあり、翌年には上使として、義昭近臣柳沢元政が薩摩へ下向している。元政の下向に関連すると考えられる十一月十日付け元政宛て輝元書状写（『萩藩閥閲録』）には「薩州こなた手合せの儀肝要」とり、毛利氏・島津氏間の対大友氏を想定した軍事同盟が継続していたことがわかる。

島津氏は天正十四年（一五八六）に大友氏の本領豊後へ侵攻し、大友義統を本拠である府内から豊前へ逃走させるという危機的状況に追い込んだ。しかし、島津氏のこのような軍事行動は豊臣政権の停戦令に違反したものであったことから、秀吉による島津攻めを招いた。毛利氏も秀吉に従い天正十四年末から豊前に上陸し、島津氏に属した領主との戦闘に突入した。秀吉の調停によって宿敵の大友氏を援け（尾下二〇一〇）、良好な関係にあった島津氏と戦うという皮肉な状況になったのである。

一方で、一月二十五日付け島津宛て輝元書状写（「旧記雑録」）に「九州の儀、諸家無事あり、京都馳走遂げられ候のよう、助言致すべきの由に候」、八月五日付け秀吉朱印状写（『毛利』）に「筑紫の儀、諸事異見に任さるべき儀、この節候」とあることから、秀吉が毛利氏に対して、九州の諸大名・領主を統括する役割を期待していたことがわかる。輝元（隆景）は「九州取次」（山本一九九〇、藤田二〇〇一、戸谷二〇〇五）に位置づけられ、豊臣政権に包摂されていったのであるが、そのことによって九州諸大名・領主への指揮権限の根拠を得ていたことにも留意する必要がある。

豊前国をめぐる争い

豊前国は毛利氏と大友氏が争奪戦を繰り広げた場所であり、永禄十二年に毛利氏が筑前から撤退した後も豊前には毛利氏の影響力が残っていた。大友氏領国の筑前において宝満・岩屋城（福岡県太宰府市）督に任じられた高橋鑑種は永禄五年、毛利氏に誼を通じて大友氏から離反していたが、永禄十二年の毛利氏撤退時に宝満・岩屋城を大友氏に明け渡し、豊前国の小倉城（北九州市小倉北区）に移った。この折、鑑種は大友氏家中に復帰したとの見解もあるが、実際には毛利氏と大友氏の講和の条件として小倉城の領有を認められたものと考えられ、毛利氏寄りの独立的な領主になったといえる。また、豊前国田川郡にも進出し、本拠を小倉城から香春岳《かわらだけ》城（福岡県田川郡香春町）に移したとされる。鑑種が没したのちも、養子元種（筑前の領主秋月種実《あきづきたねざね》の弟または子）が後継者となり、秋月種実や豊前国京都郡馬ヶ岳《うまがだけ》城（福岡県行橋市）の長野助盛らとともに大友氏との抗争を続けた。ところが、天正十年前後になると、いずれも毛利方の高橋・秋月氏と長野氏が対立し、この頃から高橋・秋月氏は島津氏との関係を深めていき、毛利氏との関係は疎遠になったようである。一方、企救郡の門司城（北九州市門司区）は永禄十二年の撤退後も毛利氏が豊前における拠点として保持し続け、仁保隆慰《たかやす》らの在番が確認される。

天正十四年の秀吉による島津攻め時に秋月一族は島津氏に属し、秀吉に従い出兵した毛利氏と戦うことになる。関門海峡を渡り九州に上陸した毛利勢は十月四日小倉城を攻略し、また、長野氏のほか山田・広津（上毛郡）・中八屋（築城郡）・時枝・宮成（宇佐郡）などの領主は人質を提出し降伏したが、高橋元種は抵抗を続けたため、毛利勢の攻撃を受け、十二月、香春岳城を開城して降伏した。このようにして豊前の一部は毛利氏の占領下に入ったのであるが、島津氏降伏後の九州国分けにおいて、企救・田川郡は森（毛利）吉成、京都・仲津・築城・上毛・下毛郡は黒田孝高（如水）といった豊臣系大名に与えられ、毛利氏は永らく支配してきた門司の領有権を失ったのである（外園二〇〇三）。

九州国分け

島津氏降伏後の九州国分けは、毛利氏にとって大きな転機となった。秀吉は当初、「隆景様をば、九州置き申さるべきとの御内意にて候」「輝元様御分別においては、豊前・筑前・筑後・肥後御渡しあるべく候、備中・伯耆・備後御あけこれあるべきやとの儀に候」（「不動院文書」五月九日付け安国寺恵瓊書状）として、毛利氏領国のうち、備中・伯耆・備後（＋隆景領の伊予）を収公して、豊前・筑前・筑後・肥後を給与すること、九州には隆景を置くこと、を提案した。これは西国を再編成しようとする秀吉の意図を示すものとされる（中野二〇〇六）。この案については、元就が早い時期に進出した備後を含むことから、毛利氏にとって受諾できるものではなく、秀吉は伊予以外の毛利氏領国の収公を断念して、「筑前・筑後の事、芸州（毛利氏）へ付け置かれ、隆景罷り居るべき」（「吉見家文書」六月五日付け隆景書状案）との新提案を行った。毛利氏に対して、伊予に代えて筑前・筑後を給与するという内容であるが、事実上、隆景を独立大名として九州に移封しようとするものである（桑田二〇一三）。

隆景はこの新提案に対しても難色を示した。その理由には「唯今中国七八ヶ国に及ぶの儀さえ上役等見合わせ申すところ、御気色に応じ候ところに相叶い難く、気遣い致し候ところに、御意忝くと申し候て、あら所両国まで御請け致し、堅固にこれを申し付け、京役相調い申すべき事、かつてもっておのおの才覚に及ばずの儀候の条、思し召し分けらるべきのとおり、頻りに申し上げ候」（「吉見家文書」）とあり、七・八ヶ国を領有している現状でさえ、秀吉から命じられた公役を果たすことに苦慮しており、戦乱によって荒廃した筑前・筑後を給与されても、公役を果たすことはできないとした。

ところが秀吉は、「両国の事、関白殿（秀吉）御公領として、隆景御代官いたすべき」（「吉見家文書」）との再提案を行った。この再提案についても隆景は難色を示し、その理由として「九州住人に罷り成るべき事は、輝元若く候間、自然上向きの御公役等緩みも候わば、則時に悴家失い候条、元春も罷りたらず候間、見捨て難く存ずとおり、重畳御ことわり申し上げ半ばに候」（私が九州へ移住してしまうと、輝元は若年なので、万一、秀吉からの公役を果たせなかった場合、毛利家は滅亡してしまいます。元春も亡くなってしまったので、私が輝元を見捨てるわけにはいかないと、秀吉にお断りしているところです）とした。この当時、輝元は三十五歳。若年と呼ばれる年齢ではない。しかし隆景は、輝元には毛利氏領国を秀吉の意に沿うように経営していく力量が未だ備わっていないと評価していた。自らが輔弼しなければ、毛利氏領国は崩壊するとの懸念を抱いていたのである。

隆景の固辞にもかかわらず、結局、天正十五年、筑前一国と筑後・肥前の一部は小早川領とされ、隆景は事実上、毛利氏領国の経営から距離を置かざるをえなくなったのである。

第五章　豊臣期における領国支配の変革

1　毛利氏軍事力編成の展開

毛利氏の軍事力編成、特に国人領主との関係を、⑴軍事組織及びその指揮権、⑵軍役賦課基準の統一性、という二つのメルクマールから、輝元がいかにして自らを頂点とした一元的ヒエラルヒー体系への包摂化を図っていったか、豊臣期における進展過程をみていく。

戦国期の軍事力編成

その前提として、豊臣期以前の段階の軍事力編成について概観しておきたい。第一のメルクマールについて、天正十年の備中高松城攻防時における熊谷信直書状（「厳島野坂文書」）から、譜代家臣団により構成される「吉田衆」や吉川元春、小早川隆景、穂田元清、宍戸隆家といった一門の軍事組織とは別に、細川、木梨、楢崎、三村、三吉、天野元明、山内、三沢といった有力国人領主は、自立性の高い軍事組織を編成していたことがわかる。第二のメルクマールについても、天正十四年に初めての領国全体にわたる知行高調査が開始されていることから、それ以前の毛利氏は家臣団の軍役賦課基礎数値を正確には把握していないものと考えられ、軍事動員自体が毛利氏との個別の関係に基づくもので（秋山一九九八）、強制力は弱かったといえよう。

第一次朝鮮侵略戦争以前

毛利氏は天正十三年の四国出兵を手始めに豊臣政権の軍事行動に参画していく。このような軍事行動が毛利氏の軍事力編成にどのような影響を与えたのであろうか。第一次朝鮮侵略戦争以前において、毛利氏にとって最も大規模な軍事動員であった九州出兵を中心にみていく。

第一のメルクマールから検討しよう。九州出兵期間中の天正十五年六月五日に死去した吉川元長の跡目を弟経言が相続した際の同年六月六日今田経忠外十七名宛て吉川経言（以下「広家」）書状（「二宮家文書」）に「その上御一手の国衆ならびに御老中御一同以上をもって仰せ蒙り候の条」とあり、吉川家の相続に当たり「御一手の国衆」から起請文が提出されている。「御一手の国衆」の構成員は、同年六月五日付けで「元長御煩いについて、御家御連続の儀、経言へ仰せ渡さるの由承り及び候、然るにおいては、おのおのとして、元春様・元長様御同前に、御手に属し、御下知に任せ、上様へ馳走抽んすべく候」という起請文（『吉川』）を連署で提出した益田元祥、宍道《しんじ》政慶《まさよし》、天野元珎（のちの元嘉）、周布《すふ》元城《もとしろ》、杉原廣亮、湯家綱、福頼元秀、古志重信、多賀元忠、湯原元綱、都野《つの》経良《つねよし》、赤穴《あかな》幸清、出羽元祐、熊谷元直、佐波《さわ》恵連である。

このうち熊谷元直は安芸国人領主で広家の母が元直の祖父信直の女であることから吉川家の代表的な縁戚であるほか、益田、周布、都野、出羽、佐波が石見国人領主、宍道、湯、福頼、古志、多賀、湯原、赤穴が出雲国人領主である。また、天野元珎は安芸国人領主志芳堀天野家の出身で、元珎の父隆重のとき出雲に与えられた給地を受け継いだもの、杉原廣亮は備後国人領主の出身で、兄景盛が天正十二年に秀吉への内通を疑われて誅伐され衰退し（松浦一九七七、横畠二〇〇九）、当時出雲に給地を持っていたものであり、出雲・伯耆・石見の有力国人領主はほぼ網羅されている。この起請文の署名が「前後不同」と記されていることから、同陣する各領主の署名を急遽集めたものと推測され、起請文署名者がこの当時、元長の軍事指揮下にあったことは明らかである。

また、湯原が天正十三年の四国出兵の際に、吉川元春・元長から出陣要請を受けた書状には「雲伯石衆残りなく同道候」（『萩藩閥閲録』）とあり、四国出兵の時点では単に「同道」という表現に留まっているのに対し、九州出兵の際には軍事指揮下に入ることが明示されており（「御手に属し、御下知に任せ」）、「御一手」は単なる同陣とは異なり、吉川家の当主を軍事指揮官として形成された軍事組織と定義づけることができる。しかし、起請文の「元春様・元長様御同前に」という表現から、「御一手」が山陰方面の総責任者としてカリスマ的存在であった元春及びその嫡子である元長の指揮権を引き継いだ組織であったことがわかり、実体的には、それ以前の毛利両川体制下における元春に統率された山陰方面国人領主のゆるやかな連合体による軍事組織と大きな差異があったとは考えられない。

その他の九州出兵時の「一手衆」として、毛利元就嫡女五龍が宍戸隆家の嫡孫宍戸元次《もとつぐ》を軍事指揮官とする組織が確認される。天正十五年に比定される十一月二十六日付け元次宛て黒田孝高書状写（『萩藩閥閲録』）に「御一手衆三沢・山内・多賀山、その外より一人充、黒井方同前に給うべく候」とあり、その構成員は、出雲国人領主の三沢、備後国人領主の山内・多賀山らである。「その外」に含まれる領主を特定することはできないが、三者がいずれも備後・出雲境目地域の領主であることから、他の構成員もこの地域の領主であろう。備後・出雲境目地域領主層が相互依存関係にあったこと（長谷川一九九三）、宍戸隆家の父・祖父がともに山内家の女を娶っているほか、天文二十二年の山内家の毛利氏帰属の際にも隆家の関与が認められることなど、宍戸家と山内家は深い関係にあり、宍戸「御一手衆」はこのような旧来の結合関係に基づき編成されたのである。

天正十四年の十二月二日付け元春・隆景・安国寺・元長宛豊臣秀吉書状（『黒田家文書』）において、「隆景・元春・黒田勘解由に相付け候人数」という表現が見られることから、この段階では毛利氏の軍事力編成は隆景・元春及び黒田孝高の三人を軍事指揮官とする組織に分けられたことがわかり、宍戸を軍事指揮官とする組織の存在は認められない。このため、宍戸「御一手衆」は、元春・元長の死去を受け、当初は元春・元長の軍事指揮下にあった国人領主の一部を宍戸の指揮下に移管することにより成立したものと推測される。広家は元春の三男であり、父・兄に比べると国人領主を統率するカリスマが不足していたことは否定できず、元春・元長の軍事指揮下にあった国人領主全体を統率させるには不安が大きいため、宍戸との分担により事態を収拾しようとしたのであろう。

九州出兵当初の軍事指揮官は元春、隆景、孝高の三名であった。このうち、隆景については、元春同様に毛利両川体制下における山陽方面の総責任者であったという従来の関係から、主に芸備南部の国人領主を軍事指揮下に置いていたものと推測される。残る黒田孝高が秀吉家臣であるにもかかわらず、毛利氏の軍事組織を指揮することになったのはなぜであろうか。

天正十四年に比定される九月二十五日付け仁保元棟宛吉川元春書状写（『萩藩閥閲録』）に「今明日にも渡海候て然るべきの由、黒官差し急がれ事、大形ならず候えども、国衆今ほど半分ほど下着候条、無勢にては小倉指し寄られ候事もいかがに候」とあり、防長の有力国人領主の参陣遅延が大きな問題となっていた。このような参陣の遅れの基本的要因として、従来からの個別契約的概念に基づく軍隊の派遣依頼に依拠していた毛利氏の軍事力編成の特質を挙げることができよう。

黒田孝高（大阪城天守閣蔵）

この危機を乗り切るためには、国人領主に対する統制を強化することが急務であった。しかし、毛利両川体制における元春・隆景の軍事指揮権下にあったという伝統的関係により統制可能な雲伯石芸備に比べ、防長の国人領主を伝統的関係により統制することは困難であった。戦地に最も近い防長の家臣団の軍事動員は一刻の猶予も許されない状況にあり、彼らを強制的に動員し、最前線で軍事行動に従事させるためには、中央政権の権威を借りる以外に有効な手段を講じ得ず、秀吉の家臣であり毛利氏とは関係の深かった孝高（津野一九九七、二〇〇二）を軍事指揮官として迎えたのである。

このようにみてくると、当該期の毛利氏の軍事力編成がすべて一手衆に編成されていたとは考えられない。当初は、従来の国人領主ごとの軍事組織を元春・隆景のゆるやかな軍事指揮下に置く体制が維持される一方で、中央政権の軍事指揮官により強権的に統率される組織も一時的には並存していたのである。その後、元春・元長の死去により陰りの生じた人格的要素を補完するものとして、伝統的な人格的・地縁的要素を強調する一手衆という概念を持ち出したのではなかろうか。しかし、それは国人領主を統制するシンボル的な表現としての一手衆であり、軍事組織として大きな変革があったとは言い難い。

次に、第二のメルクマールについて考察する。天正十四年四月、豊臣秀吉は九州出兵に向け、毛利輝元へ十四箇条の朱印状（『毛利』）を発給した。その四箇条目に「人数揃事」という表現がある。このことは、九州出兵が毛利氏にとって強制力を持った公儀の軍役であったことを意味する。秀吉から課せられた軍役数を確実に満たすために、軍役賦課の基礎数値を確定する必要性が生じ、天正十四年の知行高調査を準備作業として、惣国検地が行われた（秋山一九九五）。

しかし、天正十四年の知行高調査の段階では、不知行地が含まれているほか、給地が「古帳」と「検地」に分かれるなど、実際の収納高又は年貢高を正確に反映したものとは言えず、石高に対応した軍役という近世軍役の原則を満たすものではない（秋山一九九八）。また、九州出兵時より後の天正十七年（一五八九）になっても、「古帳」と「検地」に基づく二種類の賦課基準が並存している状況が関東出兵時や大仏殿材木供出の人夫役においても確認され、賦課基準を平準化しようとする意図は窺えるものの、統一できていない。

以上のように、この段階では、一手衆という新たな組織が見られるものの、臨時的な編成に過ぎず、中央政権の権威又は元春・隆景といったカリスマの存在や伝統的な関係、つまり、人格的・地縁的要素に依拠する編成であった点や軍役賦課基準の不統一性から、豊臣期以前の軍事組織と大きな差異は認められないのである。

また、黒田孝高が毛利氏家臣の軍事指揮官となったことをどのように評価すべきであろうか。これ以前に有力国人領主層が秀吉に人質を提出したケースもあり、彼らは秀吉との直接的な主従関係に準じた関係にあった。このため、秀吉家臣黒田孝高による軍事指揮を受容する素地はあったのであるが、一時的とはいえ、毛利氏家中への秀吉の介入を招いたという意味において、豊臣権力と毛利氏との対等性が大きく変化する画期となったといえよう。

第一次朝鮮侵略戦争時　天正二十年（一五九二）に始まる第一次朝鮮侵略戦争時の軍事力編成について、漢城撤退時までの毛利氏の動向について記述している「朝鮮陣留書」（毛利家文庫）をみてみよう。

まず、第一のメルクマールについて考察する。天正二十年四月に元就八男の毛利元康が渡海する際に同行していたのは、元康正室の弟である吉見元頼のみであったが、六月十七日に「あんとう」へ出撃する際、周布、市川、都野、天野元信、阿曽沼を「同道」しており、ここで軍事組織の再編成が行われている。七月十八日になると「安東の郡鎮一手之衆」として、先の構成員に加え、口羽元良、赤穴、冷泉が「元康様御手に付」いている。ここで、第一期の吉川・宍戸と同じ「一手衆」という表現が認められる。しかし、第一期の一手衆と同質のものであろうか。その構成員を分析すると、縁戚関係のある吉見のほか、赤穴は元康がかつて一時出雲富田城主であったことから地縁でつながっていたともいえるが、その他は特段の関係は認められない。ここに、従来の伝統的な関係に規定された軍事力編成とは異なる人格的・地縁的要素に依拠しない軍事組織が創設されたのである。

さらに、九月十六日には元就七男の天野元政が安芸国人領主の平賀、阿曽沼、熊谷及び元康一手衆であった赤穴とともに漢城へ向かっており、元政一手衆の成立が窺える。続いて十月二十八日には元康も「一手之衆」として、吉見、都野、天野元信に加え、三沢、佐波のほか、備後国人領主の三吉らを連れ漢城へ向かった。以降開城方面への転戦、翌年一月の漢城への撤退及び碧蹄館の戦い、二月の幸州山城攻撃の際、「元康一手」の存在が確認され、漢城撤退の際には「元政一手」「安国寺一手」の存在も確認される。

九州出兵時に一手衆を編成していた広家は単独の軍事組織を率いており、宍戸元次は輝元の側にいる。隆景も毛利氏とは別個の軍事組織を率いている。「朝鮮陣留書」によると、天正二十年六月以降元康を中核とする軍事組織の形成が認められ、かつ、その表現が「同道」から「同心」、「一手衆」へと変化している。九州平定後に隆景が独立大名となり、広家も独立大名に準じた扱いを受けたため、毛利氏家中においては軍事指揮官となり得る人材が不足し、渡海当初は一手衆を編成できなかったものと推測される。

このような状況の中、一手衆編成に方針転換したのは、天正二十年五月以降輝元が発病し、指揮を執ることが困難になったことによる緊急避難的措置だったのではなかろうか。輝元は家臣団を分割し、複数の指揮官のもとに軍事組織を編成する方法が、国人領主等を統制するための最も有効な手段であることを九州出兵時の経験から学習していたに違いない。また、家臣の側も日々悪化する戦況の中、自己の組織を守るためには統率された軍事組織を必要としていたのである。

その後、文禄二年の輝元、隆景、広家の帰国後は、譜代家臣の福原広俊・榍杜元縁《もとより》が軍事指揮官として起用されている。福原や榍杜が一手衆を編成したことを明確に示す史料は確認できないものの、天正二十年段階で一手衆を編成していた毛利元政とともに軍事指揮官になっていることから、一手衆あるいは一手衆に準じた軍事組織を編成していたものと考えられる。つまり、当初、輝元の病気に伴い緊急避難的に編成された一手衆を制度的に定着させようという意図が窺えるといえよう。一手衆という名称は同じであるが、第一期の臨時的な編成とは異なる新たな組織として生まれ変わったのである。しかし、有力国人領主の中でも益田のようにいずれの一手衆にも属した形跡のない者もあり、動員された全家臣団を一手衆に編成したとは考えられず、一手衆編成の限界が見られる。

次に、第二のメルクマールについて考察する。

朝鮮侵略戦争遂行に向け、軍役賦課基準の基礎数値を確定させるために惣国検地が実施され、その検地は先にみた知行高調査とは異なり、現実の年貢高を把握したものであった（利岡一九六六、加藤一

九八一、秋山一九九八)。

軍役賦課基準については三鬼清一郎氏の見解の通り(三鬼二〇一二)、百石に四人役である。しかし、渡海直前になっても公儀の軍役数三万人に足りない状況であった。公儀の軍役数は惣国検地の結果に基づき設定されたものであるから、各家臣が基準通りに動員すれば達成できるはずであったにもかかわらず不足を生じた原因は基準通りの動員を果たせない、あるいは故意に果たさない者がいたからであろう。現実に、一門の繁沢元氏《はんさわもとうじ》(吉川元春次男)でさえ、動員数は三百余人で百石に四人役をかなり下回っている。

公儀の軍役を果たせないという苦境の中、毛利氏はどのような対応を採ったのであろうか。結論から言えば軍役賦課基準を統一する方針とは反対に基準以上の負担を奨励する方向で不足分の穴埋めを図ったのである。有力国人領主である佐波、都野、周布の「分過」の「馳走」に対し輝元が褒美を約束している史料が確認されるほか、蜷川家では本役十三人に対し分過二十八人という三倍超の負担を行っている。

以上のように、この段階では、人格的・地縁的要素に依拠しない恒久的な軍事組織としての一手衆が創設され、また、軍事指揮官に両川以外の元就の庶子や譜代家臣を起用した点で組編成の萌芽が見られるものの、有力国人領主を一元的な軍事組織体系に組み込む段階までには至っておらず、また、軍役賦課基準の統一も自ら放棄するという中途半端な状況にあったのである。

第二次朝鮮侵略戦争時

慶長二年に始まる第二次朝鮮侵略戦争渡海時の軍事力編成及び軍役賦課基準を記した史料とされる「朝鮮国御渡海之時御當家御旗本組人数」（毛利家文庫）を用いて、中西誠氏は第二次朝鮮侵略戦争を機に毛利家臣団全体において組編成が成立したとする（中西一九八八）。また、中西氏は有力国人領主・外様の編成においては人格的な編成形態を導入しており、一元的な家臣団編成は実現していなかったとした。

しかし、詳細に検討してみると、宍戸元次、毛利元康、毛利元政といった毛利家一門を組頭とする組、安国寺恵瓊組の各構成員が組頭と血縁関係にあるわけではなく、逆に血縁関係がある組頭に属さない例も見られる。また、地縁関係についても、九州出兵時の宍戸一手衆の構成員が、第二次朝鮮侵略時の宍戸組に全く含まれていない。その他、宍戸元次が新たに給地を得た備中の有力国人領主の大部分が宍戸組に含まれていることを除き、各組の構成員に地域による偏在は認められない。第一次朝鮮侵略時の元康、元政、安国寺一手衆の構成員と重なる部分も多いが、異動している者もあり、人格的・地縁的要素に依拠しない編成となっている。また、福原広俊、椙杜元縁、三輪元徳組にも有力国人領主が属しており、一門の権威に頼らない編成も行われている。

軍役賦課基準については、すべての編成が百石に五人役という統一基準に基づき軍役を賦課されている。無役分の排除という方針は有力国人領主に対しても徹底されている。

さらに、渡海後、状況に応じて軍事組織は何度も編成替が行われている。慶長二年九月に桂元方（譜代家臣）、三尾元尚（安芸国中郡衆と呼ばれる国人領主）を組頭に登用したほか、翌年五月の秀元帰国後、益田元祥が天野元嘉を含む軍事組織の指揮官となっており、新たな人材登用が出自を問わず行われている。

以上のように第二次朝鮮侵略時において、組編成という近世家臣団編成の外形が整うとともに、人格的・地縁的に依拠しない機動的な編成が可能になり、また、個別の事情・伝統を排除した統一的な軍役賦課が行われた。しかし、この組編成はあくまでも当該軍事行動に限定した組織であり、軍事面を超えた家臣団編成が実現したとはいえない。

第二次朝鮮侵略戦争以後

組編成は状況に応じて何度も再編されている。まず、第二次朝鮮侵略戦争終結直後の慶長三年（一五九八）八月に児玉元兼（五奉行系譜代家臣であるが、妹が輝元側室となったため、輝元側近的性格が強い）組の成立が確認される。その構成員は大半が第二次朝鮮侵略時の福原組からの編成替であるが、祖式、佐々部、楢崎、小方らの国人領主が含まれている点に注目したい。三輪組からの唯一の編成替である長井と合わせ、輝元側近である児玉の軍事指揮下に国人領主がかなり含まれていることは、国人領主に対する統制の進展を示している。なお、軍役賦課基準は百石に四人役となっている。七月三日付けの「椙杜下野守組」も児玉組と同時期のもので、その構成員は第二次朝鮮侵略時の椙杜組構成員との重複が皆無である。元康組から赤穴、田総、元政組から宮、安国寺組から馬屋原、小笠原、湯浅が編成替になるなど、国人領主の少なかった第二次朝鮮侵略時とは異なり、有力国人領主も椙杜の軍事指揮下に入っていることがわかる。

百石に四人役という基準は翌慶長四年（一五九九）三月の大坂城普請役においても維持されている。

この際の組編成は元次、元康、元政、福原、榀杜、安国寺組に加え、第二次朝鮮侵略途中で組頭になったことが確認された熊谷組から成り、広家は組ではなく単独の組織として表記されている。なお、榀杜については第二次朝鮮侵略途中で組頭になったことが確認される桂元方及び新たな組頭の二宮就辰《にのみやなりとき》組とともに、百石に二人役の軍役を指示された史料が存在する。慶長四年六月に榀杜が毛利秀元の家臣団に編入されたことから、この史料は慶長三年のものと考えられ、七月三日時点の軍役賦課基準が変更されたものと推測される。同時期の児玉組の軍役賦課基準と異なることは、目的に応じて異なる基準を適用していたことを示している。

その後、慶長五年一月に堅田元慶《かただもとよし》、志道元幸、村上小右衛門組が確認され、福原広俊を含め、この時期の組頭に対して、組頭としての心得を輝元から指示された法令が発布されている（『福原家文書』）。この法令のうち、三条目には「組中所存あらずの者これあるにおいては異見せしめ、その上了簡及ばずんば、言上すべし、いとまその外用段の儀これある時は、組頭吹擧仕るべきの事」、四条目には「組中役に立たず者これある時は、組頭として、せんさく候て言上すべきの事」とあり、家臣団を厳しく統制する体制が構築されていることがみえる。

以上のように、第二次朝鮮侵略戦争以後になると、組頭には輝元側近を多く起用し、その軍事指揮下に有力国人領主も配するなど、軍事統制が一層進んだ状況が明らかになった。また、当該軍役に合わせて組編成の再編、賦課基準の変更も行っており、機動的な軍役編成が可能になっている。各軍事行動や普請ごとに必要な人員及びその配置は異なっており、それに対応するためには編成替が必要であった。また、人格的・地縁的要素に依拠しない編成であるため、指揮官と構成員の個別的関係は存在せず、編成替を自由に行うことが可能であった。慶長五年一月の法令により、組頭に構成員に対する指揮権が付与されているため、指揮官が誰であろうと構成員はその指揮に従うことを強制され、編成替の影響はなかった。さらに、組は単なる軍事組織を超えた家臣団編成組織となっており、ここに大名当主を頂点とする主従関係のみによって体系づけられた一元的ヒエラルヒー構造、すなわち、近世家臣団編成が実現したのである。

毛利氏軍事力編成の到達点

毛利氏は国人領主から発展したという大名領国の形成経緯ゆえに自立性が強く、毛利氏家中に包摂されていなかった（村井二〇一二）有力国人領主を、秀吉から課された公儀の軍役に対応するという大義名分の下、徐々に毛利氏家中に包摂していき、特に朝鮮半島における長期間にわたる軍役に従事させることにより、大名当主を頂点とする一元的な支配体制下に組み込んだ。その過程において、軍事力編成の果たした役割は大きかった。九州出兵時に臨時的に編成された一手衆が、第一次朝鮮侵略戦争時に人格的・地縁的要素に依拠しない軍事組織に発展し、この組織をもとに第二次朝鮮侵略戦争時に軍役賦課基準を統一した近世的軍事組織としての組編成が成立し、関ヶ原合戦までに軍事に特化しない家臣団編成組識としての組編成に結実したのである。

朝鮮侵略戦争のために実施された惣国検地高に基づき統一的軍役賦課体制が整備され、それを軍事的に組織化したのが有力家臣を組頭とする組編成であるとした加藤益幹氏の見解（加藤一九八四）、朝鮮侵略戦争への軍事動員を通じて組編成が作り出され、近世的軍事・行政機構は整備されたとしながら、その担い手は没人格的存在ではなく、その完成には防長移封という戦国的所領支配からの断絶が必要であったとした池享氏の見解（池一九九五）、文禄三年（一五九四）の相杜元縁組を嚆矢に、慶長二年の第二次朝鮮侵略戦争時に組編成が完成し、在地領主が各自の分限高に応じた自立性の強い軍事組織を率いて大名に直結し、大名の軍事力を構成するという中世的軍事組織に代わる、軍隊の単位としての組の規模の確定と維持に重点を置く新しい軍事組織に移行したとした『広島県史』の見解（松浦一九八二）を否定するものではないが、毛利氏における近世家臣団編成は豊臣政権への従属や防長移封によって自動的に実現したのではなく、段階的かつ自働的に成し遂げられたのであり、この点に豊臣期大名の中でも毛利氏権力の特質があるといえよう。また、豊臣期末には、身分上の兵農分離によって形成された常備軍的軍事組織の最終的な軍事指揮権を大名当主に一元化する体制が確立していたのである。

2　検地と村落支配

戦国期検地と惣国検地　戦国期毛利氏領国において、領国全体にわたる検地は実施されていない。知行宛行・諸役賦課の統一化政策として貫高制が実施されたが、独自の在地掌握を必須の前提として実施されるもの、収取内容・方式を規制するものではなく、実態の多様性を抽象化した基準値の設定を目的とするものであったとされる（池一九九五）。

しかし、豊臣権力による軍役賦課に対応するためには、戦国期に実施された多様性を内包した検地では不十分であり、領国全体にわたる検地が必要とされた。そこで、天正十四年に実施された知行高調査に続いて、天正十五～十八年に検地作業が行われた（秋山一九九八）。この検地は「惣国検地」と呼ばれるものであるが、次のような特徴がみられる。

(1)標準的な太閤検地基準を採用していない（土井一九八八、田中一九九六）。すなわち、三百六十歩＝一反で、大半小という単位も用いているが、畝という単位は用いていない。また、年貢高表示となっている。

(2)打渡奉行として、穂田元清・福原広俊・渡辺長《わたなべはじめ》・安国寺恵瓊の四名の年寄と、佐世元嘉・二宮就辰・内藤元栄・林就長の四名の奉行人が確認されるが、有力国人領主層については年寄の関与が必要であった。

(3)打渡手続きについては、家臣団内部の個別の人的結合関係の役割が大きく、合理的官僚制的行政機構が確立されていないとする池享氏の見解（池一九九五）と、官僚制的行政機構によって実施されたとする秋山伸隆氏の見解（秋山一九九八）が対立している。

(4)惣国検地における統一的検地原則の貫徹による在地掌握の深化とそれに基づく知行替えによって、多くの踏出地と上地を生じさせ、これらの地は、蔵入地《くらいりち》に吸収されるとともに、一族・譜代層に配分された（加藤一九八一）。

(5)三沢・三刀屋・宍道・湯(出雲)、有地・杉原(備後)など一部の有力国人領主の給地替えは実現したが、吉見・益田(石見)、赤穴(出雲)、平賀・熊谷(安芸)、山内・三吉(備後)、内藤(防長)といった有力国人領主のほか、備中の国人領主(細川・三村・石蟹・伊達・赤木)は本領を維持していた(池二〇一〇Ⓑ)。

以上を総括すると、惣国検地時においては、領国支配は複雑性を帯び、領主権の浸透度も地域によって強弱の差が見られるなど、大名領国の一本化を達成していない過渡的状況にあったとされる(利岡一九六六)一方で、基準銭と基準枡を構成要素とする石高制という新たな統一基準によって、領国内所領の数量的把握が実現した(本多二〇〇六)。

しかし、惣国検地においては各給人の地域統治実態を完全に把握することはできなかったと考えられる。その結果、第一次朝鮮侵略戦争時において、軍役賦課基準を充足させることに苦慮した。このため、各給人の地域統治実態を正確に把握し、それを給人石高に換算し、軍役賦課基礎数値とすることが求められていたのである。

豊臣期第二次検地
——兼重蔵田検地

惣国検地後においても解消できなかった諸問題を解決するための一方策として、慶長二~三年に再検地が実施された。打渡坪付に署判を加えている検地奉行のうち中心的な役割を担っていたと考えられる兼重元続と蔵田就貞の名をとって「兼重蔵田検地」と呼ばれている。

この検地の特徴について、惣国検地と比べてみると、大きな差異が認められる。

(1)検地基準については、(ア)三〇〇歩＝一反（五間×六〇間）、三〇歩＝一畝、(イ)田・畑・屋敷を上・中・下など九段階あるいは六段階に等級区分し、等級ごとに斗代はほぼ一定である、(ウ)形式上、一地一作人の原則で名請人が登録されている、(エ)田は斗代、畠・屋敷は分銭で表示されているといった特徴がみられる。これらの基準を太閤検地基準（池上二〇一二Ⓑ）と比較すると、兼重蔵田検地においては田・畠・屋敷の一筆ごとに斗代表示とならず、最後の合計で斗代に換算されている以外はほぼ合致しており、原則として、標準的な太閤検地基準を採用したものと評価できる。

(2)打渡奉行は、兼重・蔵田のほか、三輪元徳・佐武元真・竹内平兵衛・小方兵部など検地実務担当者が中心であり、年寄層の関与はない。

(3)打渡手続きにおいて、家臣団内部の個別の人的結合関係による影響はみられない。

(4)給人の財政基盤は朝鮮侵略戦争への動員や各種の普請など公儀からの過大な諸役負担の賦課などにより弱体化しており、給人財政の再建を優先したため、検地の結果打ち出される給人の検出分は収公しなかった。一方で、寺社については検出分を再給付しなかったため、寺社検出分が蔵入地に吸収された。

(5)慶長四年六月二十一日付け佐世元嘉（輝元出頭人）宛て益田元祥起請文（『毛利』）に「当春御分国衆中悉く座かえ仰せ付けらるべきとの節」とあり、検地の結果を踏まえ、給地総入れ替えを行うことが予定されていた。

以上を総括すると、兼重蔵田検地には、(ア)大規模な給地替えの前提として毛利氏領国内のすべての土地石高を確定する、(イ)在地の中世的慣行を否定し伝統的な支配構造を解体する、(ウ)領国内の財政基盤を強化する、(エ)各給人の地域統治実態をより正確に把握する、といった意義が認められる。とりわけ、この検地を踏まえ、給人の給地総入れ替えというきわめて専制的な政策を計画していた点は、凡庸な輝元像を覆すに十分なものと評価できる。

戦国期毛利氏領国の村落

戦国大名による村落支配について、松浦義則氏は主として毛利氏領国を対象に考察し、次のような結論を述べている（松浦一九七三）。

戦国大名は小領主を被官として編成掌握することにより大規模な軍事力を確保しえた。惣庄的結合は小領主が大名などの被官になることによって崩壊したのではなく、小領主層による共同支配体制に変質しながら存続した。

戦国大名の農民支配は小領主の村落における経済外強制と、小領主の支配する共同体規制やイデオロギー制に依存した支配であった。

上田祐子氏は、戦国大名毛利氏が在地社会に求めていたのは、給地となる「明所」（年貢部分の納入先のない地）と人夫・兵粮米などの軍事徴発、武力＝兵であり、これらを可能な限り獲得することができれば、村落内部にまで大きな改変をもたらすような強固な支配体制を確立する必要はなかったし、そのような余裕もなかったとした。また、毛利氏の戦国大名検地は在地の地主的得分をめぐる搾取関係を温存するものであり、年貢・夫役の徴発も代官の催促のもと村落が主導権をもって調達する村請制が引き続き採用されたとした（上田一九九六）。

上田氏の見解は豊臣期の村落も対象としたうえで提起されたものであったが、豊臣期を射程に入れた研究は多いとはいえない。そこで以下では、惣国検地の検討から天正末において毛利氏による小農民掌握が一定度進行したとはいえ、村落は依然として小領主的構造をもっていたが、郷村役人を中心とする村落結合を支配の対象として掌握するという方向が現実に進行していたとする松浦義則氏の見解（松浦一九七五）や、戦国大名権力による在地掌握の深化によって「百姓的」剰余取得権自体の存在は否定された結果、戦国大名権力による一円的封建支配体制が構築され、村落は領主階級へと上昇転化した旧在地小領主を通じてその直接支配下に置かれたのであり、毛利氏は村請制的支配に固執していなかったとする池享氏の見解（池一九九五・二〇一〇）などに学びつつ、豊臣期、とりわけ惣国検地以後の輝元の村落統治政策について法を中心にみていきたい。

法による村落統治

天正十四年に制定された分国掟（「右田毛利家文書」）には「人沙汰（村落から逃亡した者）の事」が含まれているが、この法は直属家臣の人沙汰に関するものであり、百姓に関する規定は存在していない（菊池一九九三）。

天正二十年に制定された人沙汰に関する法（『吉川』）は天正十四年の法とは異なり、百姓の人沙汰についても規定したものであるが、豊臣政権の命令により全国的に実施されたものである（三―鬼二〇一二）。条文の内容から、毛利氏が在地を村落共同体単位で把握しようとしていたこと、吉川家のような一門の支配する地域においても佐世元嘉をはじめとした中央行政機構が村落統治を統括していたことがわかるが、この後に制定された法に比べると、例外規定が存在し、かつ、実効性を担保する規定を欠いており、不完全なものである。

さらに文禄五年（一五九六）には、新たな人沙汰に関する法が制定された（「長府毛利家文書」）。第一条、第二条は武家奉公人を含む直属家臣の人沙汰に関する規定であるのに対し、第三条は百姓の人沙汰について規定している（菊池一九九三）。百姓を土地に緊縛することにより勧農や村落の復興を図ったものと考えられる。

同時期には、勧農や村落の復興について規定した法が定められた（「厳島野坂文書」）。この法の第四条・第五条は百姓の人沙汰について規定したものである。第五条本文において逐電百姓は給主（給人）に返還された場合でも処罰するという厳しい規定を設けている点に特徴がある。ただし、第五条の付則には年貢を三分の一以上納めた場合は処罰されないという救済規定があるから、処罰規定は百姓の逃散を防止することをねらったものであり、実際には農業生産の維持・拡大を企図したものであったことがわかる。一方、第一条～第三条は荒田対策について規定したものである。朝鮮侵略戦争は直接戦闘に参加する軍役にとどまらず、多量の陣夫役を諸大名に課した。このため、戦争の長期化により田畠の荒廃は悪化の一途をたどっていた（岸田二〇一四）。

そこで、豊臣政権は荒田を放置した大名に対してその給地を没収するという罰則付きで強権的に荒田対策を進めた。内容の特徴をみると、荒田を耕作する百姓に対する年貢・公役などの減免規定を設けている。逆に百姓が処罰の対象となるのは、年貢を減額されたにもかかわらず田地を荒らした場合や年貢を免除された田地を放棄した場合に限定されており、荒廃した村落の復興を優先課題として取り組む毛利氏の姿勢が窺える。このように百姓には妥協的な姿勢を採った一方で、給人に対しては過大な年貢を徴収したことにより田の荒廃を招いた場合は処罰するとしており、給人には厳しい姿勢を採っている。逐電した百姓だけでなくその百姓を返還しなかった給人をも処罰の対象としたことも毛利氏が給人への厳しい統制を進めていた状況を示している。

法の宛所である「公領代官」と「諸給肝煎」がこの法を実際に施行する者であったと考えられ、毛利氏の公領だけでなく給人領にもこの法が適用されたことを示すとともに、給人領への指示が給人ではなく給人領内の村落共同体に直接出されていることから、給地の支配が給人に委ねられていた戦国期の状況が大きく変容し、中央行政機構による村落統治への直接介入が可能になっていた状況が窺える。

慶長四年になると、村落統治に関する新たな法が定められた（『防長寺社由来』）。この法は純粋に毛利氏独自の法と解されるが、文禄五年の法と比較して、その特徴をみてみよう。

百姓の逃散に関して、当該百姓・その百姓を匿った村落共同体・抱えた給人を処罰する旨の人沙汰

について の条項はほぼ共通しているが、その他の条項には差異も見られる。まず、田畠を荒らした場合の罰則規定について、文禄法が荒田の程度に応じた年貢の減免を行い、公役も免除したうえで、その後も故意に荒廃を放置し年貢納入を怠った百姓及びその荒田に過重な年貢を賦課し荒廃を加速させた給人を処罰することとしていたのに対し、慶長法はなんらの条件なしに給人・百姓ともに処罰することとしている。第二に、文禄法では豊臣政権が荒田を没収する旨規定されているのに対し、慶長法では毛利氏が不作分を没収する旨規定されている。第三に、文禄法で認められていた年貢の減免が慶長法では全く認められず、農耕が強制されている。つまり、文禄法では年貢の減免など百姓に譲歩した策によって田畠の荒廃を改善しようとしたのに対し、慶長法では百姓・給人に対する厳罰と農耕の強制という厳格な方針に転換している。また、慶長法第四条においては種子の貸付などによる農業生産の維持・拡大という直接的な農業振興策も導入している。

田畠の荒廃状況はさらに悪化した状況にあったにもかかわらず、厳格な方針に転じたのはなぜであろうか。一点目として朝鮮侵略戦争中は陣夫役確保のために百姓に譲歩せざるを得なかった大名権力が、朝鮮侵略戦争の終結により強圧的な政策に転換したこと、二点目として前述の兼重蔵田検地の実施を通じて在地の実情を把握したことにより大名権力による村落統制の強化が可能になったことを示している。三点目としてこのような方針を受け入れる素地が村落側にもあったことを窺わせる。

給地替え計画と村落統治

慶長四年十二月、給地替えに際する規則を定めた法が組頭に対して発せられた（『萩藩閥閲録』）。

一、村切に遣し候者入部の事、正月十五日より仕るべきの事
一、在郷の者、先様知行相定まり候までは、その在所に置くべき事
一、扶持人の儀は新知行所へ召し連れ相越すべき事

第一条は給地替えの実施により一つの村を一人の給人に与えた場合は、その給地へ一月一五日以降に入村することを規定している。なお、「村切に」与えない場合＝相給の村もあったことが窺える。第二条は、従来の在地領主に対し給地替えを指示しているが、一斉に移動することは困難であるため、移動先が決定したものから順に移動することとし、移動先が決定するまでは従来の給地に留まることを許可しているものである。第三条は給人に奉公する扶持人、つまり被官についてはすべて新たな給地に連れて行く一方、従来の給地内の百姓については一人として新たな給地に連れて行くことを禁止したものである。

この法においては、領国支配に関する根幹的な二つの政策が打ち出されている。一点目は惣国検地後も残存していた在地領主制の解体を意図したことである。この法は第一条からわかるように、給人が在地すること自体を禁止したものではない。しかし、給地替えにより従来の給地、特に伝統的に保持してきた本領から切り離された場合、給人は在地していても自己の給地の村落やそこに居住する百姓との紐帯は弱く、彼らは同じ在地給人であっても中世的な在地領主から、大名領主によって地域統治権の一部を委任されたに過ぎない一行政官的存在へと変質することになり、在地領主制は換骨奪胎

されていった。二点目は第三条で規定された兵農分離である（利岡一九六二）。小規模給人や国人領主の被官などのいわゆる土豪層の多くは自ら農業経営を行っていたのであるが、給地替えを契機に兵を選ぶか農を選ぶかの選択を迫られた。兵を選べば土地の直接的な支配権を失い、伝統的な在地との関係も絶たれ、一方、農を選べば支配階級たる武士の地位を喪失する。つまり、この法令は土豪層のあり方を抜本的に変質させるものであった。

このような領国支配のあり方を抜本的に変革する政策が兼重蔵田検地の結果がとりまとめられた時期に打ち出されたことは単なる偶然ではあるまい。検地により在地の実態を掌握し、各土地の石高を確定したことが給地替えを可能ならしめたのである。

また、この政策を実行すれば、大名権力による一元的な支配体制下にシステム的に組み込まれた村請制も成立するはずであった。毛利氏は給地替えによる在地領主制の解体によって、従来の村落統治体制を一気に変革しようとしたのである。しかし、変革後の村落運営にまで直接的な統治を及ぼすことは物理的に困難であり、疲弊した村落の回復を図るには村落の実情に最も精通した百姓層を活用する以外に方法は無かった。また、慶長三年秋には給地替えの情報によって「下々」が混乱状態に陥るという事態を招いており（「厚狭毛利家文書」）、今回の給地替えにより再度混乱状態に陥ることを防止するためには、在地領主の伝統的な支配体系に依拠しない新たな統治体系を導入する必要があった。

給地替えに関する「定」の第一条において、村単位で給地を支給し、その給人は在村するケースが想定されているが、彼らは給地替えにより在地領主制を剝奪されており、在村したとしても在地の状況には不案内であるから、統括的行政官としての性格が強く、村落共同体の実質的な運営権はのちの庄屋をはじめとする村落上層に委任せざるを得なかったものと考えられる。

3　行政機構の変革と家臣団統制

毛利氏行政機構に関する通説

元就死没以前の毛利氏領国における中央行政機構については、第一章・第二章で触れたが、ここで元就死没以後を含む戦国〜惣国検地期の毛利氏行政機構について先行研究に沿って概観しておく。

中央組織については、五奉行体制に対する評価が中心である。家臣の一揆的談合形態の存在を前提にしていたが、談合組織からは独立していたとする松浦義則氏の見解（松浦一九七六）、五奉行は共同支配身分が構成する属地主義的ゲノッセンシャフトのメンバーであり、その内部から当主によって抽出され組織化された存在であったが、元亀三年の掟により分裂した権力機構を払拭し、さらに、秀吉政権に対する屈服と照応して新官僚が比較的無秩序に現われ、それが惣国検地における打渡機構として顕現したとする西山克氏の見解（西山一九八二）、天正九年以降には児玉元貫、内藤元栄を中心とする検地奉行体制が成立して、五奉行体制の権限の分化が見られるが、五奉行体制は戦時体制下の天正十五年まで存続し、天正十六年（一五八八）以降に刷新されたとする加藤益幹氏の見解（加藤一九七八）、有力国人領主に対してその執行権は及ばないとし、公儀権力による一元的支配が未達成な状況にあり、私的・人格的結合関係に依拠していたとする池享氏の見解（池一九九五）、豊臣期には所属集団を持たない個人を登用することにより大名への忠誠を第一義とする新しい官僚群が創出されたとする秋山伸隆氏の見解（秋山一九九八）など、五奉行体制は輝元にとって克服すべき存在であったこと、惣国検地が五奉行体制の終期であるなどの評価が通説といえよう。

地方組織については、周防・長門において山口奉行や段銭奉行が設置されるとともに、大内氏時代から置かれていた郡司を活用する一方、給地においては給人の支配に委ね毛利氏は原則介入できなかった、惣国検地後も名主層による年貢請負や出挙による寄生的収取という後退した支配であったとする松浦氏の見解、郡代は周防・長門のほか出雲大原・飯石において児玉元信が確認されるなど全領国に置かれたと推測した一方、吉見家など有力国人領主の支配地域には貫徹しなかったとする加藤氏の見解、山口奉行が軍事動員権の執行にあたるなど、公的領域支配機構の整備によって一元的領域支配体制の構築を目指していた点に特徴があるとし、山陰においては公的支配機構が未整備であるため人格的関係を媒介として支配を実現した、郷単位の担当領域を持つ代官に譜代家臣、その下に置かれた散使には在地小領主を任命したとする池氏の見解（池二〇一〇Ⓐ）、出雲における地域支配について、富田城主の職務は毛利氏が発令した普請役の徴発や寺社と毛利氏の仲介などであり、その地域支配はきわめて限定的なものであり、天正五年以降には吉川家への依存度が高まったが、地域支配全般を委任されたわけではない、郡使は郡権断権を守護から委任された尼子氏の郡奉行の職務を継承したものではなく、毛利氏本宗家の管轄下で諸役の徴発を職務とするものであったとする長谷川博史氏の見解

（長谷川二〇〇三）、公領の支配にあたる代官にも天正十年代より実務官僚層を登用したとする秋山氏の見解などが挙げられ、輝元が伝統的な地域支配の克服を図ろうとしたものの、限界があったとされる。

次に、豊臣期、とりわけ惣国検地以後の毛利氏行政機構に関する通説を概観する。

中央組織である五奉行と地方組織である山口奉行の対立関係は、当主である毛利輝元が奉行人組織から自立する専制的体制を確立したことにより克服されたとして、豊臣期においても個別給人の支配のあり方を止揚した支配体制ではなく、地域的支配機構と中央集権的奉行制度を有してすぐれて領国的支配において他の領主層に超越した権力構造であったとする松浦氏の見解（松浦一九七六）、文禄・慶長検地は実務的能力に優れた検地奉行が実施し、中央奉行衆は不関与であったとして、この時期に毛利氏支配権が強化されたとする加藤氏の見解が挙げられ、戦国～惣国検地期に比べて、研究の余地が多い。そこで、以下では、豊臣期、とりわけ惣国検地以後の毛利氏行政機構についてみていく。

天正十五年以前の中央行政機構

元就期から領国内中央政務を担ってきた五奉行は、赤川元保の失脚以降、国司・粟屋・桂・児玉の四家に固定され、豊臣期においてもこの体制は天正十五年まで存続したが、段銭など諸役の賦課と検地については、内藤元栄・児玉元貫を中心とする検地奉行が五奉行体制から分化し独立したとする加藤益幹氏の見解（加藤一九七八）について検証する。

天正十四年の分国掟は桂就宣・粟屋元真・渡辺長連署、天正十五年の志道元幸に対する知行付立は児玉元兼・国司元武・粟屋元勝・粟屋元真・渡辺長連署となっており、天正十四年頃には四家固定体制が崩壊し、新たに渡辺長が奉行人に加わっている。しかし、渡辺家は元就以前からの有力な譜代家臣であり、国人毛利氏家中の行政機構を受け継いだ戦国大名毛利氏行政機構の性格が大きく変革されたものとは評価できない。また、天正十七年の日御碕《ひのみさき》社領に関する裁判や天正十九年（一五九一）の佐草兵部・左衛門に対する所持屋敷に関する指令において、国司元武やその嫡子元蔵《もとくら》の関与が認められるなど、天正十六年以降も五奉行系よる中央行政への関与は継続しているが、それらは従来からの人的関係に基づく愁訴窓口として機能するといった個別の関与にとどまっており、五奉行系の複数の家が共同して奉行人としての活動を行う事例は天正十五年以降全く確認できなくなる。したがって、五奉行体制の終期を天正十五年とすることは妥当であると考えられる。

次に、内藤元栄・児玉元貫についてみていく。加藤氏は五奉行と検地奉行を別系統とされたが、実際には五奉行系と検地奉行とされる内藤元栄・児玉元貫らが連署した奉書や書状などは多数存在する。また、その内容は検地奉行の本来の職務である検地や検地の結果に基づく諸役の賦課のみに限定されているわけではない。このことは、五奉行とは別系統の奉行人組織が成立したのではなく、従来の四家固定の五奉行体制から五奉行系に内藤元栄・児玉元貫らの新たな奉行人を加えた体制になったことを示している。なお、内藤元栄・児玉元貫とともに新たに奉行人として活動している人物に堅田元乗がいる。

彼らの出自を見ると、児玉元貫は譜代児玉家の庶家であるが、内藤元栄は国人毛利氏の本領吉田に接する安芸国中郡衆内藤家家庶家、堅田元乗は防長の出身と考えられ、譜代家臣以外の者が奉行人に抜擢されている。しかし、前述の志道元幸への知行付立のほか、天正十四年に行われた有力国人領主からの付立提出において元栄・元貫などの関与は認められず、五奉行系や御四人系が付立受領者となっている。つまり、有力な譜代や国人に対する行為については、新たな奉行人は関与することができず、五奉行系や御四人系が職務執行する必要性があった。内藤元栄・児玉元貫・堅田元乗は元就・隆元期からの検地や段銭の徴収など実務に精通した官僚であり、また、家臣団から輝元への取次役を務めるなど基本的には輝元側近としての性格を有していたから、五奉行系とは明確な序列差が存在していたといえよう。

また、内藤元栄・児玉元貫・堅田元乗と並んで取次役を担った輝元側近として、佐世元祝（のちの元嘉）や二宮就辰を挙げることができる。しかし、元祝・就辰が五奉行系と連署することは皆無であり、五奉行系は無論のこと、内藤元栄・児玉元貫・堅田元乗との間にも明確な序列差あるいは職務分担が認められる。

以上をまとめると、当該期の中央行政機構は伝統的に毛利氏家中の行政を処理してきた「イエ」が職を世襲する伝統支配型官僚制機構と当主の信認と自己の能力に基づき選任された元祝・就辰ら出頭人的官僚制機構の混合した形態であったといえよう。ただし、伝統支配型官僚制機構と出頭人的官僚制機構の関係は前者が明確に優越しており、伝統的な支配形態に毛利氏当主も束縛される状況にあったのである。

天正十六～二十年の中央行政機構

当該期になっても五奉行系による行政職務の執行が皆無になったわけではないが、五奉行系による関与は非常に限定的になっている。一方で、天正十六年に輝元が初めて上洛した際、五奉行系は地域統治官へと変容した桂家を除き、上洛に随行し位階（官位）などを与えられたのに対して、輝元奉行人のうち年長の林や譜代の堅田は位階（官位）を与えられているものの、代表格の佐世・二宮は随行したにもかかわらず、位階（官位）などを与えられていない（二木二〇〇八）。このことは、天正十五年以前に五奉行系と輝元奉行人とされる佐世や二宮の間に存在していた序列差が、天正十六年の輝元上洛段階においても歴然と現存しており、そのことを豊臣政権が公認したことを示している。また、輝元奉行人の中で最も年少の堅田が位階（官位）を与えられている点からも伝統重視の姿勢も窺える。

さらに、天正十九年の惣国検地後の打渡状のうち有力国人領主に対しては八名連署型（佐世元嘉・二宮就辰・内藤元栄・林就長の奉行人四名＋穂田元清・福原広俊・渡辺長・安国寺恵瓊の年寄四名）が採られており（秋山一九八五）、この段階では奉行人四名単独で有力国人領主に対して給地打渡ができなかったことがわかる。

有力国人領主に対する行政行為については、天正十五年以前には五奉行・御四人系が関与していた。しかし、五奉行の共同活動停止、御四人の消滅（隆景を除き死去、隆景は独立大名化）に伴い、五奉行・御四人に代わる機構が必要とされ、一門・有力譜代などで形成される（元清は一門、広俊は福原貞俊孫、渡辺長は五奉行系）四年寄が成立したのであろう。惣国検地後の給地打渡に限らず、有力国人領主を対象とした行政行為や重要な法の発布などには四年寄の関与が認められる。四年寄は御四人の代わりに成立した機関であるが、その機能には相違点が認められる。すなわち、御四人が当主輝元を補弼する機関であったのに対し、四年寄が輝元に直接異見を具申するケースは少なく、その主な機能は奉行人四名の権限を制限することにあったのである。

以上をまとめると、当該期には出頭人的官僚制機構が政務の中枢を担うようになったものの、出頭人的官僚制機構の専制を抑制するための伝統支配型官僚制機構も並存していた。また、出雲国人領主の庶家である佐世元嘉が登用されるなど奉行人の選任における能力重視の方向が強まった。しかし、家中あるいは豊臣政権から見た序列という点では佐世元嘉・二宮就辰は有力譜代の下に置かれており、能力に基づく家臣団構造に統一されたわけではない。

文禄二～慶長三年の中央行政機構

第一次朝鮮侵略戦争に当たって渡海していた輝元が帰国した文禄二年八月以降、佐世元嘉・榎本元吉・堅田元慶・張元至・二宮就辰という五名の輝元出頭人が、中央行政を担うようになった。佐世元嘉は出雲国人の庶家の出身で天正年代初頭から輝元の側近として活動している人物、榎本元吉は大内家臣榎本賢忠の子で天正十六年頃から輝元の側近として活動している人物、堅田元慶は譜代粟屋元通三男で天正十四年に周防玖珂地方の支配に関与するのを初見とする人物、張元至は明からの帰化人で医師であった父張忠の跡を永禄八年に継ぎ、その後佐世元嘉や二宮就辰とともに輝元に近侍している人物、二宮就辰は元就の落胤と伝わるが、永禄年代後半から輝元の側近として活動している人物であり、五名は様々な出自、経歴の人物によって形成されている。とりわけ、張元至のような帰化人が権力中枢を担った例は全国的にも稀であり、出自や家格にとらわれず能力評価に基づく登用を図る輝元の姿勢が窺える。輝元出頭人のうち、文禄四年（一五九五）に二宮就辰が従五位下信濃守、文禄五年には榎本元吉が従五位下中務大輔に叙位任官しているほか、佐世元嘉も文禄三〜四年に叙位任官（石見守）したものと推測されるなど、官位の面においても五奉行系・四年寄や有力国人領主と同格になり、中央行政機構の権威づけが進んだ。

また、文禄五年に比定される十一月二十五日付け榎本・張・堅田連署状（「毛利家文庫　諸臣」、以下「諸臣」）に「人夫の事、安芸国中へ申し付けられ、指し出さるべく候、誰々領内なりとも、難渋の者候わば、その肝煎を搦め取られ、大坂に至り注進あるべく候、その上を以って御成敗あるべく候」とあり、輝元出頭人によるすべての給領への強制的な介入が明記されている。これは輝元の権力に裏付けられたものであるが、四年寄の関与なしでは有力国人領主層への職務執行が困難であった惣国検地時の状況から大きく変化したものといえよう。

一方、五奉行系の第一次朝鮮侵略戦争輝元渡海時の動向を見ると、国司元蔵・粟屋元貞・桂元綱・児玉元兼・赤川元房の渡海が確認される。彼らは輝元側近として同行した榎本・堅田・張とは異なり、軍事官として渡海しており、元就期から世襲的に奉行人を務めてきた五奉行系の位置づけに大きな変化があったことが窺える。また、四年寄の安国寺恵瓊・穂田元清・福原広俊や御四人系の口羽春良も渡海しており、輝元渡海時の佐世元嘉らによる領国経営を抑制する機関は存在しなかったのである。輝元の帰国後も五奉行系・四年寄のうち国司・赤川・元清・福原は朝鮮への残留が確認され、五奉行系・四年寄の領国内中央行政への関与排除は固定化されていった。その後、残留していた者も順次帰国したが、五奉行系・四年寄の領国内中央行政への関与はほとんど確認できない。

当該期のもう一つの特徴は下部の行政機構が発達したことにある。文禄五年に行われた「分限掃」と呼ばれる給地知行高の確認と御礼銀の徴収においても、実務を担当した国司元武・山田元宗・少林寺が徴収した銀等は堅田元慶のもとに納められ、調査した知行高や屋敷数の確認は佐世元嘉によって行われており、「分限掃」奉行は輝元出頭人の下部機構とみなされよう。ここで注目すべきは、かつて五奉行であった国司元武さえも輝元出頭人の下部機構に吸収されていることである。

以上をまとめると、当該期には朝鮮侵略戦争を契機に、輝元出頭人に権力が集中することにより、輝元専制体制が進行し、また、奉行人選任に当たっては伝統的基準を排除し能力重視で評価するようになった。行政機構の階層・機能分化も当該期に進んだのである。ただし、輝元出頭人各自の職務権限は必ずしも明確ではなく、近代官僚制と同一視することができない点については留意しておく必要がある（村井 二〇一二）。

慶長三～五年の中央行政機構

慶長三年八月の豊臣秀吉の死没直前に輝元の実子松寿丸（のちの秀就《ひでなり》）が後継者として豊臣政権に認められた。これに伴い、松寿丸付の家老が選任され、松寿丸の家臣団も構成された。その顔ぶれは五奉行系の国司元蔵、松就丸母（輝元側室児玉氏、のちの「二の丸」）の弟児玉元経（五奉行系児玉元兼弟）及び輝元出頭人であった張元至となっている。この時期には松寿丸後継に伴い、輝元の養子となっていた秀元への給地分配などを巡って毛利氏家中に混乱が生じていたところであり、後継に決まったとはいえ、松寿丸の地位は不安定であった。このため、輝元は松寿丸付の家老の選任に当たり、家中バランスに配慮したものと考えられる。松寿丸の基盤強化のためには、これまで政権中枢から遠ざける方向であった五奉行系も政権内に取り込む必要があったのだ。とりわけ、国司元蔵は、輝元の守役国司元武の嫡子であり、国司家から次期当主の守役を選任するという伝統が守られている。一方で、国司家と並ぶ守役の家粟屋家からの選任はない。粟屋元種の養子元貞（元種弟元利の子）は、この当時、大坂や伏見の留守居役であったとされる（堀越二〇一三）が、政権中枢としての職務を担っていたとは考えられない。

張の松寿丸付の家老への就任と相前後して中央行政機構にも変化が見られる。慶長二年末以降、輝元がいわゆる五大老職として上方へ常駐するようになったことに伴い、(A)輝元とともに上方にある者、(B)広島で内政を統括する者、(C)松寿丸付家老として広島にありながら内政を補助する者に三分化した。(A)が榎本元吉・二宮就辰・堅田元慶の輝元出頭人に組頭の代表として安国寺恵瓊・福原広俊を加えたグループ、(B)が佐世元嘉、(C)が張元至である。

恵瓊や福原は四年寄の時とは異なり出頭人的官僚制機構を監視・抑制するのではなく、業務上は同格の立場で参画している。彼らの参画は朝鮮侵略戦争の終結により軍事指揮官としての役割をいったん終えたことを反映している。また、組編成が平時の家臣団編成組織として機能し始めたことに伴い、ラインの代表者をスタッフ内に取り込む必要が生じたこと、そのことによってしばしば生じるラインとスタッフ間の対立を防ごうとしたものであること、豊臣政権に強いパイプを持つ恵瓊と家中の有力者である福原を出頭人的官僚制機構内に取り込むことにより松寿丸の基盤強化を図ろうとしたことなどの意図があったと考えられる。

一方で、従来はスタッフ職でありラインを有さなかった輝元出頭人のうち、二宮が慶長三年、堅田が慶長五年に組頭になっていることが確認される。これは組編成が家臣団編成組織に衣替えしたことに伴い、スタッフによる家臣団の直接掌握を図るとともに、スタッフの基盤強化を図ったものである。

以上をまとめると、当該期には松就丸の後継決定を契機に、安国寺恵瓊や福原広俊などライン組織の統率者であり、かつ、かつては四年寄として出頭人的官僚制機構を監視・抑制する存在であった者を政権内に取り込むことにより、政権基盤の強化、松寿丸の後継者としての地位の安定化を図ったのである。また、スタッフがラインの長を兼職することにより、出頭人的官僚制機構が主導する形で有力国人領主などを毛利氏家中へ包摂し、輝元を頂点とする一元的な支配構造を構築しようとしたのである。

地域統治機構(1)——中間機構

戦国期の毛利氏領国において中央行政機構と末端の地域統治機構の中間にあって広域的な地域統治を担っていた機関として、山口奉行や周防四郡（玖珂・熊毛・都濃・大島）段銭奉行、領域支配権を付与された城番主を挙げることができる。

このうち、山口奉行については、吉川家一門の市川経好を首班に、譜代の国司就信、大内家臣黒川著保《あきやす》で構成され、阿武郡除く長門と周防吉敷・佐波郡を管轄していた。天正十二年の経好の死没後は、その子元好が奉行職を引き継ぎ、就信の子元信、著保の子兵部丞も参画するなど、奉行職が世襲化する傾向を示していた。

一方で、防長の寺社を対象とした検地において、天正五〜六年には山口奉行が実務を担当したのに対し、天正十～十二年には山口奉行の管轄地域についても堅田元乗や小方元信など山口奉行以外の検地奉行が実務を担当しており、山口奉行の権限を縮小しようとする動きが見られる。しかし、天正十四年の付立提出においては防長の給地については山口奉行が受領者となるなど、防長の支配における山口奉行の権限は未だ大きく、中央行政機構の意に従わないこともしばしばであった。このため、山口奉行は当主輝元への権力一元化実現のためには廃止すべき中間機構であり、惣国検地の実施に伴い天正十六年に首班の市川家を出雲に給地替えすることにより世襲化を切断しようとしたのである。

市川家地替え後においても、国司元信が惣国検地においても吉敷郡・佐波郡や長門美祢郡の打渡奉行を務めている（天正二十年まで）など、山口奉行の権限の一部は残存している。また、天正十六年に吉敷郡を本領とする国人領主仁保家の養子となった輝元の近習三浦（松山）元忠がその後も山口の寺社領の確認（天正十六年）や防長郡司への指令（天正十九年）のほか、防長における給地配に関する愁訴の取次を行っており、山口奉行の権限の一部が三浦時代にも有効に機能していたことが窺える。

しかし、三浦元忠は輝元の側近であり、実質的には輝元への権力一元化は成し遂げられたと同様であった。形式的に山口奉行の権限を残したのは、大内氏時代から守護公権に基づく体系的な支配構造が構築されていた防長両国においては、伝統的な支配構造を拙速に解体するより当面の間は活用した方が領国支配の面から有効であったからであろう。その後、天正二十年以降は三浦による広域行政への関与は見られなくなり、また、国司元信は文禄四年以前に小早川秀秋家臣となっている。つまり、第一次朝鮮侵略戦争を契機に形式的にも山口奉行は廃止された。

次に周防四郡段銭奉行であった湯川元常の活動を見ると、その権限として段銭の徴収・管理にとどまらず、祭礼の実施や夫役の賦課のほか周防四郡の郡司や給人に対する広範な指揮権を有していたことがわかる。しかしながら、段銭奉行としての活動が確認されるのは天正十六年頃までであり、その後の惣国検地において湯川は段銭奉行管轄外の周防佐波郡や安芸佐西郡などの打渡奉行を務めており、周防四郡段銭奉行についても天正十七年頃にはその役割を終えたものと考えられる。

以上をまとめると、中間機構は天正十五年前後に廃止の方向に向かい、以降は輝元への権力一元化が進行したのである。

地域統治機構(2)——郡司（郡代）

大内氏時代から防長二国においては地域統治機構として郡司が置かれていたが、豊臣期の郡司の特徴として次の点を挙げることができる。第一に、豊臣期以前には大内氏時代に整備された機構を継承し、郡司には在地の小領主や寺社を起用していた（松浦一九七六）のに対して、天正十五年前後から在地には関係の薄い者を郡司として派遣するケースが出現した。第二に、天正二十年前後から郡司に対する命令権が中央行政機構に一元化された。例えば、周防において天正十六年には四郡段銭奉行の関与が認められるのに対して、文禄四年には中央行政機構から直接郡司に命令が発せられている。長門における郡司に対する命令も天正十九年まで山口奉行から発せられていたのに対して、天正二十年には中央行政機構から発せられている。また、天正十六年には、輝元袖判文書（「末国家文書」）によって、中央行政機構の命令への郡司の絶対的服従義務、郡司による恣意的な地域統治の排除も定められている。

防長以外においては出雲大原郡・飯石郡、能儀郡において郡司の存在が明示されるのみであるが、慶長二年に比定される四月二十日付け渋谷与右衛門尉宛て堅田元慶書状（「渋谷文書」）に「右の儀御分国郡司郡司へ堅く仰せ出され候えども、かたがたへの儀我等一人より申すべき旨、重ねて仰せ出され候故、かくのごとくに候」とあり、豊臣期の毛利氏分国内においてはおおよその地域に郡司が置かれていたことが窺えるとともに、郡司を経由する命令系統と並行して中央行政機構から直接給人へ命令するルートがあったことがわかる。宛所の渋谷家は備後尾道の商人でありながら、毛利氏から給人を与えられ、毛利氏のために武器・兵糧米などの調達・輸送を行っていた人物である（及川一九九六、松井一九九七）。このような渋谷家の御用商人的な性格から直接の命令が発せられたものと考えられ、毛利氏が経済や流通機能の掌握を重視していたことが窺える。

以上をまとめると、大内氏時代から村落・地方寺社の支配、小領主の統制、公領管理のために置かれていた郡司を毛利氏は豊臣期においても活用した一方で、郡司に在地と関係の薄い人物を派遣するとともに、中央行政機構による統括下に置くことにより、伝統的な支配構造を解体しようとした。また郡司は、法や中央行政機構による監督を通じて、守護公権に基づく伝統的支配機構から大名当主の専制的権力にのみ従う地方行政機構へと変貌を遂げたのである。

家臣団統制の進展

戦国期の毛利氏領国においては有力国人領主など給人の自律性が高く、給地の支配は給人に委ねられており、その傾向は豊臣期においても大きく変化しなかったものとされてきた（松浦一九七六）。体系的な地域統治機構の未整備ゆえに、国人領主や譜代家臣を在地させて各給人に統治を委任することにより彼らの力を利用する必要があったことは否定できない。しかし、輝元は給人に対して給地の統治を委任する一方、給人を規制する法を制定し、給人を毛利氏の統制下に置こうとした。以下では、豊臣期に制定された給人統制法について分析し、毛利氏領国における給人統制の進展過程を検証する。

豊臣期以前の毛利氏の給人統制法については、岸田裕之氏の著書（岸田二〇一四）において詳述されているため割愛するが、簡単に私見を述べておきたい。第一次朝鮮侵略戦争時までは出頭人的官僚制機構による有力国人領主などへの行政執行は限定されているため、直接の適用対象が奉行人や番衆とされている元亀三年掟の浸透範囲も有力国人領主には及ばなかったと考えられる。秋山伸隆氏が指摘するように（秋山一九九八）、戦国期においても弘治三年の「郡法度」・「防長法度」（①）や天正七年の「下夫荷定」（②）など有力国人領主領にも適用されたと推測される法が制定された形跡はある。しかし、①は大内氏領国の包摂直後のものであり、守護公権に基づき大内氏によって定められていた伝統的な法を継承したものである可能性があり、かつ、適用範囲も地域的に限定されている。また、②が有力国人領主にも適用されたか否か不明であるが、少なくとも、豊臣秀吉の九州出兵に対応するため諸関の停止・渡船の運賃・人沙汰に関する「分国掟」を定めた天正十四年、あるいは天正十六年頃（上洛直前の輝元袖判文書（「末国家文書」）に「その身その身の大小分限をも謂わず、自堪忍にて相調うべく候」とある）には適用範囲を限定しない領国法の制定が可能になっていたと考えられる。

文禄・慶長期になると、次々に給人統制法が定められていった。(ア)文禄四年の荒田対策に関する法、

(イ)同年の奉行衆に対する職務心得、(ウ)文禄五年の家臣心得、(エ)同年の人沙汰に関する法、(オ)慶長四年の給人の借金対策に関する法などである。

とりわけ、(ウ)においては「下知を出し候時、その使者その奉行の仁、不肖により用ると用いざると、聞くと聞かざると、はなはだ以って謂われなき儀也、たとえ尫弱《おうじゃく》の小者・小殿原なりとも、直に言い聞かすると同前に存ずべき事」(『毛利』)あり、行政機構の絶対的権限を規定していることである。この権限は当主輝元の絶対性に由来するものであり、輝元が志向した給人に対する法による支配とは近代的な当主をも拘束する法による支配ではなく、絶対主義的な支配であったことが窺える。また、同法には「小身・大身によらず」とあり、法の適用範囲が給人石高の大小を問わなかったことがわかる。

(エ)においても「但し給主に対して三ケ度に及び理を申し落着なくば、広島に至り奉行中庭中仕るべき事」(「長府毛利家文書」)と規定されており、毛利氏領国全体の人沙汰に関する最終的な裁判権を中央行政機構が握っていたことがわかる。

(オ)においては、毛利氏から公役相当の銀子を貸与した場合には、その給地に毛利氏が任命した管財人を置き、毛利氏の厳しい統制下に置いたうえ、毛利氏からの借金によっても状況が好転しない場合は給地を没収することとしたほか、給地を質に入れた場合やこの法に違反した給人は借り手・貸し手ともに追放、この法に違反した貸し手の商人・百姓は所帯没収という罰則を定めている。毛利氏領国内の給人の中には、朝鮮侵略戦争や大坂城・伏見城・広島城の普請などの相次ぐ公役を負担するために、給地を質に入れる者が続出した。第二次朝鮮侵略戦争における軍役が百石に五人役という厳しい基準で統一的に賦課され、原則として無役分が認められなかったことから、給人被官で対応できず、傭兵を雇用したケースが多かったと推測される。また、軍役に伴う百姓の夫役に対しては報酬も必要であったほか、普請に伴い材木等の現物を調達するケースもあったと考えられ、公役負担には金銭を必要としたのである。実際に、公役負担に耐えかねて給地を返上、譲渡する例も見られ、給人の財政は窮乏していた。この借金対策に関する法は相次ぐ公役により疲弊した領国の回復を図るという目的を有するが、給人統制の一手段となっている点に特徴がある。朝鮮侵略戦争をはじめとする過重な公役は給人層の困窮を招いたことにより、相対的に輝元権力の強化につながったのである。

以上をまとめると、第一次朝鮮侵略戦争前後から給人に対する法による支配が毛利氏領国全体に貫徹されるようになったのであるが、それは当主輝元及び出頭人的官僚制機構による絶対主義的な支配であり、給人の自律性は大きく制限されていった。そして、慶長四年十二月に給地替えに関する法が制定されたことによって、給人は給地に対する伝統的支配権を喪失し、新たに与えられた給地における地域統治官としての性格を強めていく。さらに、分散知行の場合には給人は自ら在地を掌握しておらず、年貢の徴収などを他の給人に依存せざるを得ない状況も見られるようになっていたのである。

4　広島城築城と都市支配

広島城築城と豊臣政権

天正十六年七月に初上洛した輝元は、従四位下、侍従・参議に叙任され、「清華成」大名となった（矢部二〇一一）。この結果、秀吉の創出した公儀の序列下に入ったとされ、輝元の帰国直後に、広島城（広島市中区）の築城が始まったことから、広島城は豊臣政権の強い影響下において築城されたものとする見解も根強い。輝元が上洛時に見聞した大坂城（大阪市中央区）や聚楽第（京都市上京区）に感化されて広島城を築城したことは事実であろう。しかし、「孝高ノ指麾《しき》ヲウケ」とする『陰徳太平記』の記述の信憑性は低く、秀吉の軍師と言われる黒田孝高の指導によって築城されたとは考え難い。孝高の広島城築城関与を示す古文書を確認することはできず、孝高の活躍の様子を描いた『黒田家譜』においてさえ、すでに城郭が概成した後に孝高は広島城を見たとされている。

したがって広島城は、権威の象徴として豪壮雄大な天守を備えた城郭を建設するとともに、大田川デルタの干拓により、毛利氏領国内の首都的機能を集積することによって、自己の権力強化を図ろうとした輝元の意向によって築城されたものであり、豊臣政権の指揮下で築城されたものではない。そこで以下においては、家臣団・商工業者の大名城下町への集住や計画的な町割り構造といった、豊臣政権が大坂や京（聚楽）、伏見などで実現した形態を受容することにより、戦国大名は家臣団への強い統制や領民支配が可能になったとする豊臣大名マニュアル論（小島一九九三、仁木二〇〇二）が、毛利氏のケースにも当てはまるのか、検証していく。

毛利期広島城下町絵図にみる家臣団・商工業者の集住

毛利期広島城下町における特徴を考える前提として、広島移転前の吉田郡山城下町の状況について歴史地理学的観点から整理しておこう。

吉田時代の絵図は数種類残存するものの、いずれも江戸期に作成されたものであり、絵図が表現しているのは単なる地理的存在としての吉田ではなく、歴史的空間としての吉田であるとされるが、秋山伸隆氏による豊栄神社蔵「芸州吉田城下ノ古図」の分析結果によると、絵図中の家臣団屋敷の記載はかなり正確であると推測されている（秋山一九九八）。そこで、秋山氏の分析を踏まえ、吉田郡山城下町における屋敷の立地についておおよその傾向をみてみよう。

屋敷を有する家臣数は八十五に過ぎず、また、その出自は譜代・側近のみで吉田周辺以外の国人領主は屋敷を有していない。吉川元春や小早川隆景などの一門については宿所を有するが屋敷は有していない。さらに、屋敷の配置は吉田郡山城の麓に密集する形態ではなく、吉田盆地に散在しているほか、いわゆる五奉行と呼ばれる奉行衆は山上の郭内に屋敷を有しており、内山下の公用地化が進んでいない状況が窺える。なお、このような特徴は他の戦国城下町と大きな差異は認められない。

このように典型的な戦国期城下町の特徴を備えた吉田郡山から移転して形成された広島城下町の当初計画はどのようなものであったか、築城当初の屋敷地配分の状況を正確に示す史料であると推測される「芸州広嶋城町割之図」（山口県文書館蔵）を分析した結果、次のような特徴がみられた。

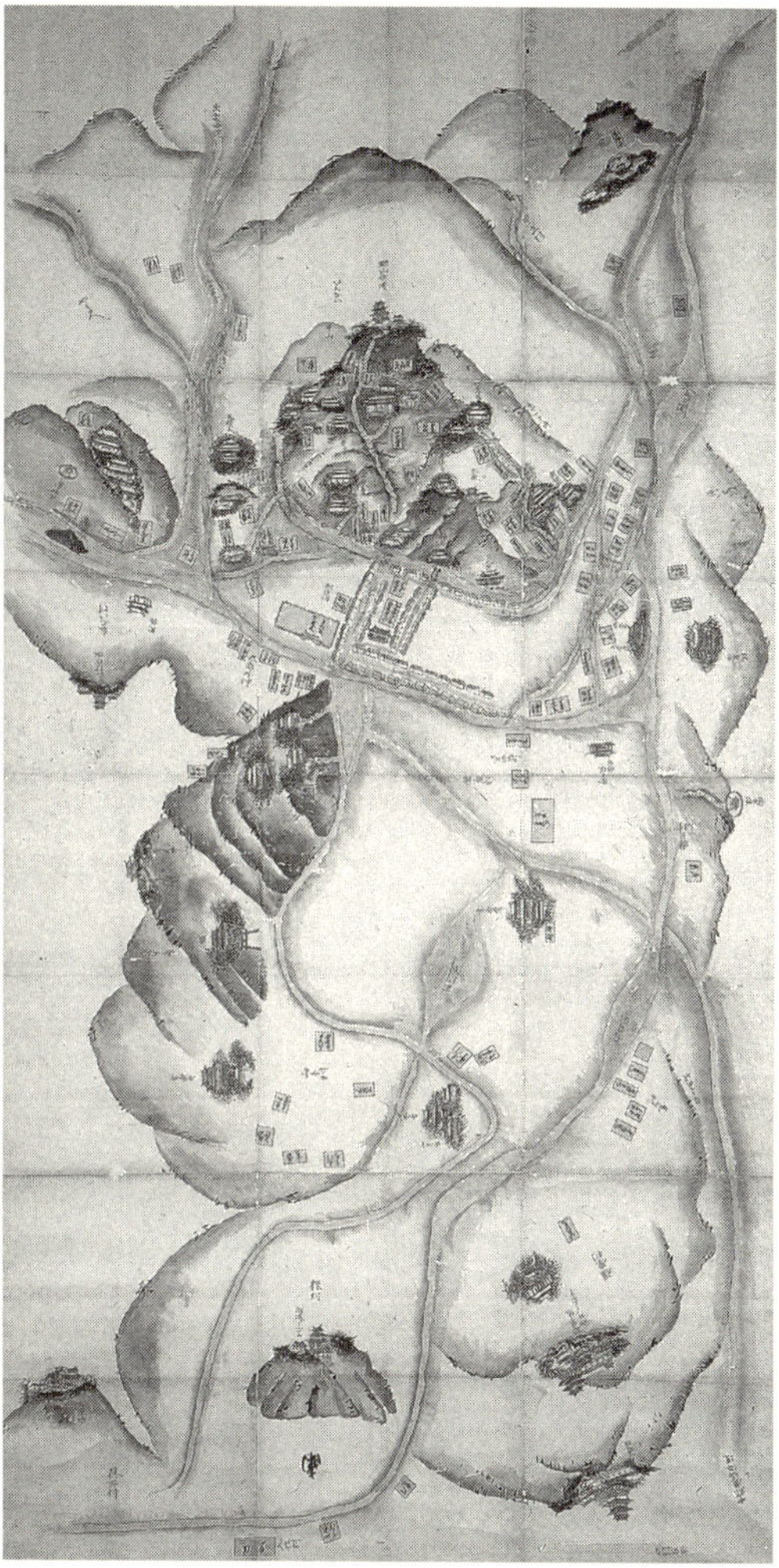

「芸州吉田城下ノ古図」
（山口市・豊栄神社蔵／安芸高田市歴史民俗博物館提供）

戦国期城下町における家臣団の散住状況は克服され、規則的に屋敷地が配置されている。町屋も侍屋敷地とは明確に区分され、計画的に配置されているが、侍屋敷地比率が八五％ときわめて高率になっている。その要因は、江戸期に比べ⑴侍屋敷地の一つ一つが大きいこと、⑵町屋が未発達であることに求められる。⑴の背景には、石高の高い家臣が多かったこと、⑵の背景には、江戸期に発達した

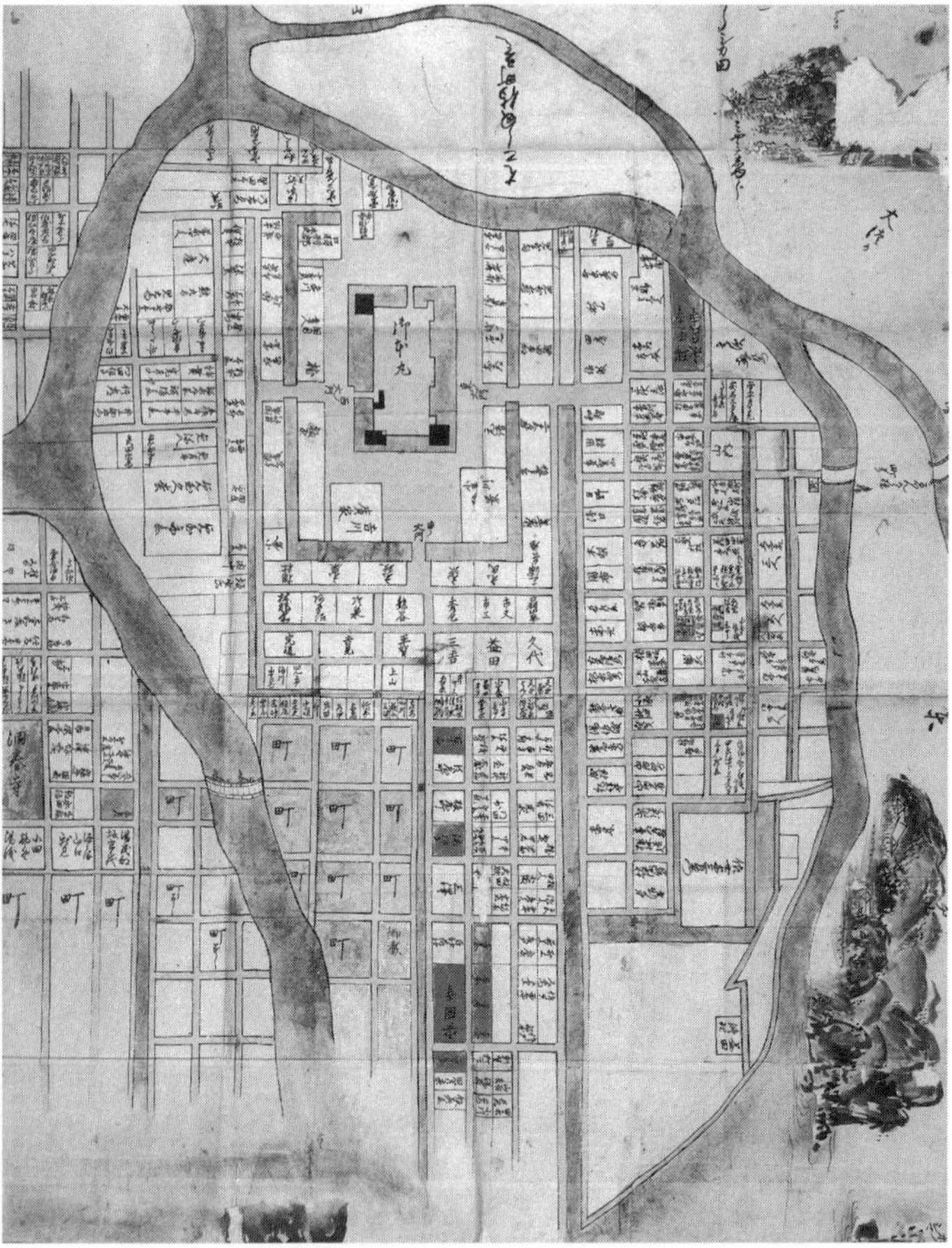

「芸州広嶋城町割之図」(山口県文書館蔵)

西堂川以東の西国街道沿い・出雲街道沿いの町屋や南方面の新開開発による町屋が見られないことなどが挙げられる。また、寺社についても局地的な分布で江戸期に見られるような寺町が形成されていないことも侍屋敷地比率が高い要因の一つと考えられる。

広島築城当初の侍屋敷地配分計画の特徴として、五千石以上の給人がすべて屋敷地を有すること、石高が下るにつれ、屋敷地所有比率が低下すること、特に百石未満層については四％ときわめて低率になっていることが挙げられる。屋敷地所有者について出自別にみると、一門はすべて屋敷地を有しているが、五百石以上の譜代・新参・側近・国人領主の大部分も屋敷地を有するが、備中出自の国人領主と警固衆の屋敷地所有率が低くなっている。警固衆は広島城下ではなく、浦辺に居住することが基本であったものと考えられる。

次に、侍屋敷地の配置について分析する。その特徴は、⑴三の丸内に屋敷地が設定されており、内山下の公用地化は進んでいない、⑵基本的には、城郭部（本丸・三の丸）に近い位置に石高の高い家臣の屋敷地が設定され、周縁部に行くほど、石高の低い家臣の屋敷地が設定される構造となっている、⑶東端部に中間階級の屋敷地が設定され、その隣接地に富落・河野（渡）といった中間頭の屋敷地が見られる、⑷下屋敷地を持っていることが認められるのは広島城留守居を務めた佐世元嘉など数例であり、近世萩城下において、一門・永代家老に対し一律に下屋敷を与えていたような規則性はない、⑸血縁による屋敷地のグループ化は、天野元信・元嘉、児玉元兼・元次、市川元直・元好など数例見受けられるが、本領・給地などの地縁、一所衆・一戸衆・一手衆などの軍事編成によるグループ化は見受けられない。特に、(3)については城下町への入口付近に中間階級を配置し、城下町防衛の軍事力として中間階級が常住していたことを示している。

中心部の屋敷地の配置について分析すると、三の丸内は、最有力一門、伝統的譜代の惣領、輝元初期の側近が配置されている。三の丸内は近世には公用地化し、政務を行う場になっていくが、築城当初の計画では政務よりも毛利氏家中の伝統的序列を重視した配置となっていたのである。

以上のように、築城当初の広島城下町の都市計画においては、(1)侍・町人など階級ごとに居住区が明確に区分され規則的に配置されている、(2)有力国人層も屋敷地を有する、(3)中心部においては出自や役職に基づく規則的な配置が行われていることなどの近世的な特徴も認められる。一方で、(1)町屋の集積が不十分で武士階級の屋敷地が大きな面積を占める軍事的色彩の強い構造となっている、(2)在地と密接に結び付いた小規模領主・土豪層は屋敷地を有さない、(3)三の丸より内部の内山下の公用地化が進んでいない、(4)伝統的な序列を重視する傾向もみられるなどの中世的な特徴も認められ、矛盾を内包する構造であったことが明らかになった。

次に、築城期以降の家臣団屋敷地の配置の変化について考察する。広島城がほぼ完成し、輝元が入城した天正十九年初頭以降の城下町全体の絵図は確認できないが、慶長二年以前の広島城下町中心部の状況を示す「毛利氏時代城郭内之図」(広島大学附属図書館蔵「知新集」所収)をみると、三の丸内に下屋敷、馬屋敷、作事小屋、材木小屋といった公用施設が立地し、内山下の公用地化が進んでいることがわかる。これに伴い、伝統的譜代(桂、国司、赤川、志道、粟屋、口羽)及び輝元初期側近の木原が三の丸外に移転した一方で、伝統的譜代ではあるが、文禄・慶長年代も領国内中央政務を担っていた福原、渡辺については三の丸内に残っている。つまり、築城当初の中世的な特徴の(3)・(4)を克服した一方で、領国内中央政務を担う層がより城郭部に近い位置に配置されるという構造＝伝統よりも実務能力を重視する配置へと転換したといえよう。

文献史料にみる家臣団の広島城下集住の実態

家臣団の城下町への集住を可能にしたとされる豊臣大名マニュアルは、広島城下町にも適用されたのであろうか。出自別に家臣団の広島集住状況についてみていく。

(1)一門

吉田時代には宿所を有していたが、吉川元春や穂田元清は譜代家臣の屋敷を臨時の宿所として利用するなど、常住空間とは言えなかった（秋山一九九八）。広島移転後、吉川広家が天正二十年の朝鮮侵略戦争への出兵に当たり、「広島私宅」を有していたことが明記されており、他の一門衆についても自己単独の屋敷を有していたものと推測される。一方で、広家は惣国検地後の給地替えに伴い居城となった出雲富田城に居住していたことが天正十九年、慶長五年の時点で確認され、広島への常住は否定される。他の一門衆も同様に自己の給地に居住していたものと推測される。また、妻子についても人質として大坂に提出する例は見受けられるが、広島に居住していたことは確認できない。このように、一門については広島城下町に屋敷を有するものの通常は留守居の家臣のみが詰めている状態で、広島に出仕した際の宿所的色彩が強かったのである。

(2)側近

広島築城前後から側近の中央行政機構への登用が進む。中でも佐世元嘉は広島城の留守居として広島城下町の東南端に広大な屋敷を有しており、そこに常住していた。一方で、輝元は広島築城後も第一次朝鮮侵略戦争のため朝鮮に渡海したほか、いわゆる五大老の一人として伏見や大坂にいることも多かったため、輝元に近侍する側近は広島に屋敷を有している場合でも屋敷にいることは少なかったものと推測される。また、木原元定・二宮就辰・張元至など代官として領国内の諸都市へ派遣された者も多い。その他、検地奉行であった山田元宗のように「芸州広嶋城町割之図」に記載されていながら、実際には自己の給地に居住している例も見受けられ、側近についても常住性はあまり高くない。

(3)譜代

吉田時代の郡山城下町の状況を示す「芸州吉田・沼田・中郡御秡賦帳《おはらいくばりちょう》」(以下「村山檀那帳」)によると、天正九年の時点で吉田に居住している家臣が百八十名確認される。しかし、その出自は側近と譜代のみで国人領主は吉田ではなく、それぞれの本領に居住している。また、吉田のうち郡山は三十四名のみでその他は福原、桂、志道などはそれぞれ郡山周辺の名字の地に居住していた。つまり、織田期末においても郡山城下町は集住状況にはなく散住状況であったことがわかる。

「村山檀那帳」に記載のある家臣百八十名のうち、「芸州広島城町割之図」において屋敷地が確認される者は八十八名に過ぎない。ただし、「村山檀那帳」には譜代家臣の被官層も多く記載されており、「村山檀那帳」において吉田居住が確認されながら「芸州広嶋城町割之図」に記載のない者のうち、毛利氏直属給人層は十九名であり、そのうち、十八名は「村山檀那帳」において郡山以外に居住していた。広島築城後も郡山城が残存し吉田城下町も機能していたことは、飯田越中守が隠居後吉田に残っていた自分の旧屋敷に帰ろうとした事例からも立証される。また、父就方の時代から草津（広島市西区）に在城してきた児玉就英は広島築城に伴い、草津を没収され、広島城下町に屋敷地を与えられているが、実際には「浦辺在宅」を認められ、広島には常住していないし、長沼家は慶長五年になっても自己の給地に居住し農業経営を行っている。

逆に、吉田時代には名字の地に居住していた福原家は広島城下に常住している。したがって、福原広俊のような領国内中央政務に携わる者以外は必ずしも広島城下に集住する必然性はなかったのではなかろうか。譜代家臣あるいは吉田に居住していた者すべてが広島城下に常住したのではなく、領国内中央政務に携わる一部の者が常住したに過ぎないと考えられる。

(4)有力国人領主

有力国人領主は備中の一部の領主を除き、屋敷地を有する予定となっている。実際に屋敷を有していたことが史料上窺えるのは益田、吉見、佐波、小笠原の四家のみであるが、「毛利氏時代城郭内之図」にも多くの有力国人領主が記載されていることから、この階層については広島城下に屋敷を有していたものと推測される。しかし、屋敷を有していたとしても、当主の常住性という点では疑問が残る。

従来の研究では、石見小笠原家に対する「各国の衆、在廣嶋の事これ申し出候、さ候間、当腹息女と元枝次男三七申し合わせ家督に相定め、在廣嶋肝要に候」という輝元の書状（『萩藩閥閲録』）から、国衆と呼ばれる有力国人領主の広島城下への常住が進んだと考えられてきた。しかし、この命令が過去に毛利氏と敵対した現当主の長旌《ながはた》を隠居させ、長旌の弟元枝の次男（のちの長親）を後継者とするという当主交代事件の中で述べられている点に注意する必要がある。つまり、長旌を更迭する理由として、広島に常住できないことが使われた可能性があるのではなかろうか。現実に他の有力国人領主が広島在住を申し出たことを裏付けることはできない。また、益田家においては妻子が広島に居住していたものの、元祥は防長移封まで本領である石見の益田本郷（島根県益田市）に居住し続けている。吉見家は慶長四年に不行跡により当主元行が広島に蟄居させられているが、当主に復帰した広頼は給地である長門の萩（山口県萩市）に居住している。

その他、広島城下に屋敷を有すると考えられるにもかかわらず、実際には広島に常住していない例として、本領に居住し続けたと考えられる中郡衆の内藤（安芸）、山内・湯浅（以上備後）、杉（長門）などのほか、中郡衆の井原元尚が移封先の周防三尾に居住、長門の内藤隆春が周防の徳地に居住するなど本領を離れた後も給地に居住する例もある。同様に出雲から長門に移封された多賀家の場合、当主元龍が朝鮮侵略戦争に従軍して広島屋敷に不在の折、妻子も広島に居住していなかったことが確認される。妻子が広島に居住していない例として他に三浦元忠の妻長山（仁保元氏女）が確認される。

以上のように、吉田時代には城下に屋敷を有しなかった有力国人領主層の大部分は、広島城下に屋敷地を有することになったが、当主は常住しておらず、人質である妻子の居住地あるいは広島に出仕した際の宿所的な色彩が強く、妻子さえ置いていないケースもあった。これは、有力国人領主層が領国内中央政務に携わらない一方、給地の支配に専念することによって領国経営・防衛に貢献していたという江戸期以前における毛利氏領国支配体制の特質を反映したものといえよう。

(5)小規模領主・土豪

この階層の家臣団の多くは「芸州広嶋城町割之図」において屋敷地を有する予定になっていない。「芸州広嶋城町割之図」に記載のない佐東衆の福井（安芸）、阿武郡の高木（長門）などについても本領に居住していることが確認される。なお、福井は惣国検地後、高木は兼重蔵田検地後の給地替えにより本領を失った後も本領に居住しているものであり、武士階級でありながら農業経営も行うことも多く、村落と密着していた小規模領主・土豪の在地性の強さが窺えるとともに、毛利氏も安定した村落統治のためには村落に強い影響力を持つ小規模領主・土豪を利用せざるを得なかった状況を物語っている。

以上、出自別に家臣団の広島集住状況を検証した結果、一門及び有力国人領主はほとんどの者が城下に屋敷を有するものの、他の階層では集住率は高くないことが明らかになった。また、常住性についてはいずれの階層においても高くなかったことが確認された。しかし、井原家のように、城持ち領主としての地位を保障されたものの、移封された領主については、在地から引き離したことに大きな意義がある。

商工業者の広島城下集住と広島築城の意義

広島城下に集住した商人は吉田からの移転者や武士身分からの転化を含む新興商人が多いとされ（河合一九五七）、実際に、中世からの伝統的な地域市場に居住する商人は広島城下に移住していないことが確認される。また、「八箇国時代分限帳」（毛利家文庫）によると、安芸、備後、周防、長門には地域市場を支配するための目代を設置しているが、直轄市町のみで給人領の市町は含まれておらず、出雲、石見、伯耆、備中には目代が設置されていない。これは、地域市場の多くが広島築城後も残存しており、とりわけ国人領主の支配下にあった地域市場について大名権力が介入できなかった状況を示している。吉田においても十日市・六日市・多治比などに目代が設置されており、吉田の商人がすべて広島に移転したのではないことがわかる。

職人については、「芸州広嶋城町割之図」に記載があるのは東端部の大工、南堀沿いの革屋、板屋のみであり、「八箇国時代分限帳」でも佐東郡に給地を持つのは番匠七名、革屋一名のみである。つまり、当初の広島城下町には城郭、屋敷作事に必要な大工、板屋や武具に不可欠の革屋といった職人のみが集住していたのである。以上のように、築城当初には商業面での広島城下への集積が進んでおらず、消費生活に必要な物資の供給が不足する状態であるため、家臣団及びその家族、被官の城下集住に対応できない状況であったことがわかる。

このように、領国内の兵農商分離と同時進行していない広島城下町の建設は、毛利氏にとってどのような意義を有していたのであろうか。

築城当初の広島城は馬出し部分を持たない方形状であった可能性が高いが、このような方形居館は室町将軍の居館「花の御所」や守護所のほか、足利義昭の二条城（京都市上京区）や豊臣秀吉の聚楽第の系譜に連なるものであり、伝統的支配における権威の象徴であった。輝元は天正十六年に初上洛し、従四位下・侍従・参議に叙任されたことにより、公儀（天皇及び天皇から国政を委任された秀吉）から領国内の統括的支配権を認められた。その象徴として広島城を建設し、領国内の首都としての広島城下町を整備しようとしたのである。また、安土城や大坂城に匹敵する豪壮雄大な天守を備えた点では軍事力で他を圧倒する新たな武家政権の軍事力の象徴でもある。

つまり、輝元は国人領主城郭の延長に過ぎない吉田郡山城から広島城に移転することにより、国人領主連合の盟主としての毛利氏の性格を否定し、領国内の統括的支配者としての毛利氏に変容したことを国人領主や領民に印象付けようとしたのである。また、広島城下町において、吉田に屋敷地を有しなかった有力国人領主を含む主要な家臣団の屋敷地を、毛利氏当主の居住する本丸を中心にして同心円的に配置したことにより、毛利氏当主を頂点とする家臣団秩序が形成されるとともに、当主の家臣団に対する絶対的権威を誇示し、その秩序を可視化した。ここに広島城下町建設の大きな意義があったのである。

一方で、大田川デルタの干拓により港湾機能と直結した新都市を建設し、そこに流通拠点などの経済的機能をはじめとした毛利氏領国内の首都的機能を集積しようというもう一つの狙いについては、武士階級・商工業者ともに常住はなかなか進まず、領国内の政治・経済・軍事中枢機能が高次に集積した段階には達していない状況にあった。

このため、広島築城後も毛利氏にとって中世的権力構造の変革が引き続き課題となっており、朝鮮侵略戦争を通じた軍事力編成の改革のほか、次項においてみる兵農分離政策などが実施されていき、給人の在郷についても、伝統性に基づく在地領主的支配のための在郷から法令に基づく代官的支配のための在郷、あるいは給人財政再建のための在郷へと変容させようとした。このような政策の延長線上に首都的機能が高次に集積した広島城下町の完成があったものと考えられるが、その完成を見る前に関ヶ原合戦により毛利氏は防長に移封され、広島城下町から離れてしまうのである。

直轄城館の立地と都市支配

豊臣期における毛利氏直轄城館などの立地状況をみると、安芸国においては、広島城・郡山城のほか、金山城（広島市安佐南区）、草津城など、備後国においては、神辺《かんなべ》城（広島県福山市、天正十九〜二十年以降は毛利元康領）、相方《さがた》城・鞆番所（福山市）、周防・長門国においては、高嶺《こうのみね》城（山口市、慶長四年半ば以降は毛利秀元領）、鍋城（山口県下関市）、石見国において山吹《やまぶき》城（島根県大田市）が確認される。また、天正二十年以降に比治山《ひじやま》（広島市南区）、慶長五年の関ヶ原合戦の際に、櫛崎《くしざき》（山口県下関市）、秋穂《あいお》（山口市）において普請が行われており、これらも直轄城館的な建築物があった蓋然性が高い。

立地の主な特徴及びその目的として、⑴広島城周辺に多くの直轄城館を配置し、領国の首都広島の防衛を強化した、⑵備後の神辺・鞆、周防の山口（高嶺）、長門の赤間関（鍋）など地域統治の核となる都市や流通の拠点となる都市を掌握するとともに、それらの都市を拠点とする商工業者を統制しようとしたことが挙げられる。

また、城館などが立地したか否か不明であるが、天正二十年以降、広島周辺の己斐《こい》（広島市西区）、牛田、尾永、馬木（広島市東区）、長束、中庄、東原（広島市安佐南区）、深川、久村、諸木、末光、岩ノ上（広島市安佐北区）や備後の尾道（広島県尾道市）、周防の下松《くだまつ》（山口県下松市）、富田、久米（山口県周南市）、石見の温泉津《ゆのつ》（島根県大田市）などには、輝元出頭人や行政官僚を代官や奉行として置いている。広島周辺は右記(1)に加え広島への物資供給基盤の確保を図ったもの、その他は右記(2)と同様の目的であろう。中でも尾道は神辺・相方・鞆と同様に従来から都市支配を行ってきた有力国人領主を給地替えすることにより、毛利氏の直轄支配下に収めたものであり、有力国人領主には妥協的な政策を採ることが多かった毛利氏が、流通機能の掌握や商工業者の統制にはこだわっていたことを示している。

尾道の公領代官に有力町人泉屋・笠岡屋を起用したほか、石見温泉津及び石見銀山の統治を銀山役人（鉱山経営者）である今井越中守・宗岡弥右衛門・吉岡隼人助に委任するなど武士階級以外の者を統治機構内に取り込もうとした点も特筆すべき点である。町人や鉱山経営者に都市経営を委ねたとはいえ、自治権はきわめて制限されており、実際には中央行政機構の強い統制を受けている（松岡二〇〇二）。

また、中小都市についても、天正末期の長門において目代が設置されていたのは南部の吉田市・廿五日市（厚狭郡）船木市・山中市（厚東郡）のみであり、中北部の市町は直轄支配下に入っていなかったのに対して、文禄五年には美祢郡大嶺・伊佐といった中部の市町も直轄支配下に入ったことが確認され、従来は国人領主の統制下にあった都市を次々に直轄化している。毛利氏は地域経済や流通網の拠点を直接掌握することにより、給人領を含めた領国全体の経済を大名権力の統制下に置こうとしたのである。

以上の分析を踏まえ、毛利氏領国における地域統治の特質についてまとめておく。

毛利氏領国における地域統治の特質

天正二十年以降になると、後北条領国における支城主と同様に（黒田一九九五、朝倉一九九七）、毛利氏領国においても地域拠点に一門を配置しているが、後北条氏の場合とは異なり一門を中心とした周辺領主の軍事的結合体は組織されておらず、周辺地域の統治権も限定的であった（長谷川二〇〇三、石畑二〇一四）。独立大名として中央政権からも独立大名に準じた存在と認められていた毛利秀元領においてさえ、領内の人事権や裁判権・公役賦課権に制限が加えられている。

また、周辺地域領主を一所衆に編成するなど周辺地域の統治権を分与されていた周防の山代五ヶ村における高森城（山口県岩国市）番（坂元祐・宮千代）や同玖珂郡の事能《ことよし》城（山口県柳井市）番（正覚寺・粟屋元如）、備後世羅郡の山中城（広島県世羅郡世羅町）番（粟屋元種）などの活動も天正十四年頃以降は確認できなくなり、有力な譜代家臣による広域的な地域統治もみられなくなる。

一方で有力国人領主の城館の多くが関ヶ原合戦の頃まで機能していることは、軍事力編成上有力国人領主の軍事力に負う所が大きい毛利氏領国において、有力国人領主当主やその家臣団を彼らの給地に居住させることにより、領国防衛の軍事力として利用することが有効であったことを示している。

とりわけ、最も注意を要する境目地域である備中の有力国人領主が広島城下に常住していない蓋然性が高いことは、有力国人領主軍事力の用途を顕著に物語っている。また、小規模領主・土豪層が在地の居屋敷に居住し続けたことは、防衛上の観点に加え、朝鮮侵略戦争など相次ぐ戦争や普請役などにより荒廃した村落を復興するためには、課役の賦課・徴収や勧農、治安維持、百姓管理などの村落統治において在地領主が果たしてきた役割を利用せざるを得ない状況であったことを示している。このような措置は江戸期の宰判制度のような村落支配のための官僚制機構が未整備であったために採られたものであった。

毛利氏領国においては有力国人領主領の混在性から支城をネットワーク的に配置できなかったが、支城主による広域的・間接的地域統治ではなく、城番主・代官による拠点的・直接的統治を志向していた（馬部二〇〇二、村井二〇一二）。とりわけ、天正二十年以降になると、一門や有力譜代家臣・有力国人領主には広域的な地域統治権限を与えず、地域統治の核となる都市や流通の拠点となる都市を直轄化して、広域的な地域統治拠点として機能させるとともに、輝元出頭人や行政官僚を直轄都市の城番主・代官に任命して、商工業者を直接的に統制する体制への転換を図っている。

さらに、慶長四年頃には、有力国人領主城館の性格も大きく変容している。四月二日付け榎本元吉（輝元出頭人）宛て益田元祥書状に、「たとい城取等仰せ付けられ候とも、我々事も妻子は残らず在広島仕り候からは、仰せ付けられ候わば、随分武具・玉薬・兵糧已下内々丈夫に支度仕り候て、自然の時の御気遣い無き様仕組候て、馳走も仕るべく候」とある。兼重蔵田検地の結果を踏まえて計画されていた給地総入れ替え計画に対して、最大級の国人領主益田家は、引き続き城持ち領主であることを希望した。しかし、妻子はすべて広島城下に置いており、益田家防衛のためではなく、毛利氏にとって有事の際の地域防衛のために城持ち領主を希望するのだと強調している。給地替え後において、有力国人領主らが城館を保持したとしても、もはや毛利氏によって任命された城番主的な性格を帯びた地域統治官とされることが予定されていたのである。豊臣期末には、絶対主義的地域（都市）統治体制の完成に迫っていたといえよう。

第六章　豊臣政権の崩壊と防長減封

1　関ヶ原合戦

毛利秀元の処遇と小早川隆景の死

文禄四年十月、輝元に実子松寿丸が誕生した。松寿丸誕生以前の天正二十年、広島を訪れた秀吉は、元就四男元清の子秀元を毛利家の後継者として認める一方で、「輝元若く候間、実子出来るべく候、その時は実子をたて、大夫（秀元）事、似合の扶持を遣わすべく候」（『毛利』）という条件を付していた。このため、秀就の誕生により毛利家の後継者たる地位を失った秀元に対して、輝元は「似合」の給地を分配する必要が生じた。

さらに、慶長二年六月十二日、輝元の叔父小早川隆景が急死した。隆景の死は毛利氏を支える柱の喪失という精神的なダメージを与えたが、より直接的な影響として、九州の小早川領国以外に、隆景が毛利氏領国内に保持していた三原などの給地、及び養子の秀秋家臣団とは別個に保持していた隆景

小早川秀秋（京都市・高台寺蔵）

独自の家臣団の処理方針を決定することも必要となった。秀秋は輝元養女（宍戸隆家と元就嫡女五龍との間の娘。のちの長寿院）と婚姻していた（西尾二〇一〇、二〇一二）が、この時点においては毛利一門とはいえず、豊臣系小早川家を形成していたと考えられる。

第二次朝鮮侵略戦争や豊臣秀吉の病状悪化により、この問題の解決は長引いていたが、慶長三年八月一日、ようやく秀吉の意向が伝えられた。その内容は、秀元の給地を出雲・石見（銀山を除く）とし、隆景旧家臣団及び秀元領となる出雲・石見に給地を有する給人の一部を秀元家臣団に編入する一方、隆景遺領には吉川広家を移すというものであった。

しかし、この裁定は結局実行されなかった。なぜならば、八月一日の裁定後、秀吉の病状は再び悪化し、八月十八日、この世を去ったからである。秀吉の死が目前に迫った八月十三日、吉川広家は、長門国一国に加え、毛利氏領国内の隆景遺領約五万石のうち、一万石程度を広島堪忍領・上京用として拝領し、残った隆景遺領は秀元領に予定されていた出雲・石見に当時給地を有していた輝元馬廻衆の代替地にするよう輝元に提案している。このように、一日の秀吉裁定を覆そうという動きがすでに始まっていたが、秀吉の死没後、この問題は単なる毛利氏領国内を超えた国全体の政局変動の中で大きく変化していく。

秀吉の死から十日後の八月二十八日、輝元は増田長盛《ましたながもり》・石田三成・長束正家《なつかまさいえ》・前田玄以《まえだげんい》（以下「豊臣奉行衆」）に対し起請文を提出した（『毛利』）。秀吉が死去する直前から大老及び奉行衆は連名で起請文を取り交わし、秀吉死没後の集団指導体制について決めていたが、秀吉が亡くなるや否や早くも多数派工作が激化したのである。

輝元の起請文の内容は、「もし今度定められた五人の奉行（いわゆる五大老）の内、秀頼様への謀叛ではなくても、増田長盛・石田三成・前田玄以・長束正家の意見に同意しない者があれば、私（輝元）は長盛・三成・玄以・正家に同意して、秀頼様へ奉公する」というものだったが、当初の案文では「秀頼様の取り立てられた衆と心を合わせ、表裏なく秀頼様へご奉公いたします。太閤様のご遺言もこれ以後忘れることはありません」となっていた。輝元起請文の訂正加筆された部分は三成の筆によるものであり、当初の案文に比べ、輝元の連携相手を明記するとともに、敵対する可能性のある者として、輝元以外の大老を明記した点に特徴がある（堀越二〇〇九）。

石田三成
（個人蔵／長浜市長浜城歴史博物館提供）

実際に、輝元と豊臣奉行衆が想定していた敵対勢力は家康である。九月二日、毛利氏家臣内藤周竹の書状（『萩藩閥閲録』）によると、「御存命中堅く仰せられ候事」に家康が違背したため、「五人の奉行と家康半不和」となった際、輝元は先の起請文にある通り、豊臣奉行衆との連携という策略を選び、不測の事態に備えて上方方面に兵力を集結させていることがわかる。

この軍事的緊張状態は内藤周竹書状の発せられた直後の九月三日、五大老・五奉行が再び起請文(『毛利』)を取り交わしいったん沈静化した。この起請文では「十人の衆中と諸傍輩之間において、大小名によらず、何事についても、一切誓紙取かわすべからず」と定め、多数派工作を禁じた。これは徳川家康に対する牽制を意図したものであろう。

このように軍事衝突は回避されたものの、家康と豊臣奉行衆の対立は根深く、徳川氏に比べ軍事力に劣る豊臣奉行衆にとって、徳川氏に対抗するための軍事力の結集は不可欠であった。そこで、輝元を味方陣営に引き留めるため、豊臣奉行衆は秀元処遇・隆景遺領問題を輝元に有利な方向で決着すべく、秀吉裁定を見直していき、秀元の給地は出雲国一円・隠岐国一円・伯耆国三郡と安芸廿日市一万石とされた。

豊臣・毛利間の取次は、当初は黒田孝高・蜂須賀正勝・同家政であったが、文禄二年頃より石田三成・増田長盛に交代したとされ(津野一九九七、二〇〇一)、さらに、慶長二年の蔚山の戦いの際に、事実を秀吉に披露すべき「取次」長盛・三成が、毛利勢の失態を隠蔽して戦功のみを注進し、逆に、黒田長政や蜂須賀家政は譴責されるという結果を招いた(津野二〇〇二)。輝元と三成らの同盟関係は、この延長線上にあり、また、次項でみる三成襲撃事件についても、「取次」関係が一因にあるとされている。

石田三成失脚事件

五大老の一人前田利家が慶長四年閏三月三日に死没した直後、朝鮮侵略戦争時の作戦及び論功行賞問題を巡って不満を募らせていた加藤清正・浅《あさ》野《の》幸長《よしなが》・蜂須賀家政・福島正則・藤堂高虎《とうどうたかとら》・黒田長政・細川忠興のいわゆる七将による石田三成襲撃事件が勃発した。この事件については長らく、七将の襲撃から逃れた三成が伏見の家康邸に逃げ込んだが、家康は三成を助けることで将来三成を挙兵させ、反徳川勢力を一掃しようとしたという見解が信じられてきた。この見解が『日本戦史・関原役』や『近世日本国民史・関原役』の記述に沿った誤った見解であり、実際には三成は伏見の自邸、おそらく伏見城内の「治部少丸」と呼ばれる曲輪に入ったことが、近年、笠谷和比古氏によって立証された（笠谷二〇〇〇、二〇〇七）。

三成は自邸に入った後、輝元との連絡を図った（「厚狭毛利家文書」口絵）。

　誰ぞこれ進ぜ候て申たく候えとも、左様の者には用申付寸暇なく候、まず書中にて申し候

一、①治少（石田三成）より、小西（行長）・寺澤（正成）越され候わば、②ねらいたて仕り候者一向珍事なく結句手おきたる、今においては仕合わせ候条、此方より仕懸けらるべく候、左候わば、輝（毛利輝元）も天馬のごとく罷り下り、陣取あまさき（尼崎）へ持ち続け候様にと申され候事

一、面むきは左様申し候か、彼衆申し候所は、③御城は彼方衆持ち候と聞え候、此方衆一切出入とまり、立ち入らずの由候事

一、④増右（増田長盛）申さる事に、とかく治少より身を引き候わでは、済み候まじく候と申されたる由候

一、⑤右分候時は、はや彼方へ皆なり候と聞え候、此時は舵の取さま肝心候間、⑥禅高《（山名）》・兌長老《（西笑承兌）》を以て内々調略申すべく候と安国《（恵瓊）》申され候、何も爰元へやがて越され候て相談ずべくにて候、禅高折ふし昨日越され候、種々引成したがり申され候間、此方より申し候わば成るべく候、いかが思し召され候哉、承るべく候

一、⑦上様仰せ置かるの由候て、昨日、内府《（徳川家康）》・景勝《（上杉）》縁辺の使、互いに増右案内者にて調い候、内心はそれには染み候わず候、公儀は上様御意のままと景勝は申さる由候えども、これもしれぬ物にて候物にて候、とかくはや弱めに成り行き候間、これは分別のある所候

一、⑧御城つめには、こいて《（小出秀政）》・かたきり《（片桐且元）》など居り候、是は内府方にて候、かくのごとく候時は何もかも要らざる趣候

一、⑨大刑少《（大谷吉継）》より申さる事に、下やしき罷り下るの由然るべからず候、内府向い面に成り候様に候との事候、⑩治少へも此中秀元《（毛利）》に人数三千副え遣したると沙汰申し候、大刑よく存じ候間、一円左様にてはなく候と申すべく候、⑪ただ引取て加担無益にて候、⑫辻合わせ計り然るべく候との内意候、

（後略）

〔意訳〕

誰かを行かせて申したいと思ったのですが、適任の者には用事を申し付けていて、ひまがありません。まず、書面で申します。一、石田三成から（使者として）、小西行長と寺沢正成が来られました。石田三成は「私の命を狙った者達は全く成果を挙げることができず、むしろ、手をこまね

いている今に至ってはよい機会ですので、こちらから仕掛けられるのがよいでしょう。そこで、輝元も天馬のように都から下って、陣営を尼崎へ敷き続けるように」と申されました。一、表面上はそのように申したのでしょうが、小西・寺沢が言っているところでは、大坂城は徳川派の軍勢が支配していると聞きました。こちらの兵は全く出入りが止められ、立ち入れないようです。一、増田長盛が申されたことによると、どうしても石田三成が引退しなければ、決着できないと申されたようです。一、右のような状況では、すでに全員徳川派になってしまったと聞きました。現在は（どのように対処するか）舵の取り方が肝心です。山名禅高や西笑承兌《さいしょうじょうたい》を利用して、ひそかに調略するのがよいと安国寺恵瓊は申しました。いずれにしてもこちらへ早くお越しになられて話し合いましょう。山名禅高がちょうど昨日来られました。いろいろと仲裁しようとされましたので、こちらから持ちかければ調略は成功するでしょう。どのように思われますか。お考えを承りたいのです。一、上様（豊臣秀吉）が言い残されていたとのことで、昨日、徳川家康と上杉景勝の縁組について双方の使者として増田長盛が仲介者となって整ったそうです。内心はそのような縁組には賛成できないのです。公儀のことは上様のお考え通りにすると上杉景勝は申されたそうですが、これも信用できないことです。とにかく、すでにこちらは弱い状況になっているので、ここはよく考えて判断しなければならない所です。一、大坂城の番としては、小出秀政と片桐且元などが居るのですが、これらの人は徳川派です。このような時は何もかも不必要に思われます。一、大谷吉継《おおたによしつぐ》が申したことには、下屋敷に下がるのはよろしくないとのことです。徳川家康と対峙するようにとのことです。石田三成にもこの前、秀元に軍勢を三千人添えて派遣しているとの情報を申しました。大谷吉継はよく知っているので、本当はそうではないのだと申すつもりです。（輝元が）この状況を引き取って、（石田三成に）加担するのは無益なことです。人数合わせするのがよいとの吉継の内意です。

輝元の居所は下屋敷に下る場所であり（傍線部⑨）、伏見城下の上屋敷とされる（堀越二〇一三）。その輝元の所へ三成からの使者として小西行長・寺沢正成が訪れており（傍線部①）、もし三成が家康邸に逃げ込んでいたのであれば、このような使者の往来は困難であるから、笠谷氏の主張通り三成は伏見城内にいたことが立証される。次に、傍線部②では、七将側の動きが止まった今、三成側から逆襲に転じる方針を伝え、輝元には尼崎方面に陣を構えるよう要請している。三成は家康に助けを求めるどころか、七将側あるいはその背後にいる家康に対して軍事行動を計画していたのである。

では、三成の軍事作戦はどのようなものだったのであろうか。この書状からは明確ではないが、傍線部③の「御城」（傍線部⑧の「御城」も同様）は大坂城を指しているから、増田長盛などが大坂城の豊臣秀頼を奉じ、大坂の喉元を押さえる交通の要衝である尼崎に陣を張った輝元とともに西日本の諸大名を結集、伏見城内の石田三成と協力して「内府かた」（以下「徳川派」）を挟撃するというものではなかったかと推測される。

ところが、大坂城はすでに徳川派により占領されており、此方衆（以下「反徳川派」）は城内に入ることができない状態になっていた（傍線部③）。大坂城の在番を務めていた小出秀政、片桐且元らが徳川派に付いたからである（傍線部⑧）。大坂には家康の意を受けた藤堂高虎もいたことが確認され、高虎による多数派工作があったことも推測される。

軍事的優位性を有さない豊臣奉行衆が主導する軍事行動においては、名目上の最高権力者である豊臣秀頼の命令に基づくものという公儀の根拠がなければ、諸大名を動員することは困難であったが、その秀頼を徳川派に握られ、豊臣奉行衆の命令に従う大名はほとんどいない状況であった（傍線部⑤）。輝元と並んで三成が反徳川派の中核として期待していた上杉景勝も、家康との縁戚関係を約して家康に接近する（傍線部⑦）など、反徳川派は圧倒的に不利な状況に追い込まれていた。

そのような状況下で三成の盟友大谷吉継は輝元に対し下屋敷へ撤退せず、家康に対抗するよう依頼しており、輝元も三成に毛利秀元の援軍が到着するという偽情報を与え勇気づけている（傍線部⑩）が、吉継も徳川派との軍事闘争はすでに断念しており、和解の条件を有利にするために兵力を補充し、徳川派との軍事的均衡を保つべきとの考えであった（傍線部⑫）。一方で、安国寺恵瓊は家康との間を仲裁しようとする山名禅高や西笑承兌を逆用して徳川派を攪乱しようという作戦を提案している（傍線部⑥）。

ここで注目すべきは、軍事闘争を断念した大谷吉継から徳川派の軍事的圧力を一身に引き受けて三成に加担することを諌められている（傍線部⑪）毛利輝元の積極的な姿勢である。約一カ月前の三月一日には吉川広家が千五百の兵員を伏見に置いていることが確認され、広家自身も伏見を目指し上京中であった。一方、傍線部④の増田長盛の言葉は、長盛自身の考えではなく、ある人物の意見を伝えたとも解釈でき、その場合、ある人物とは家康と考えられる。事件初期の段階から家康は三成の引退を和解の条件と考えていたのであろう。

その後の経過を示す輝元書状をみてみよう（「厚狭毛利家文書」）。

①昨日彼方と間、かくのごとく相調い候

一、治少身上面むきのあつかい、三人衆へ申し渡し候、これもこの中あつかいかけ、これある候由候、治少一人さほ山《（佐和山）》へ隠居候て天下事存知なく候様との儀候、これに相澄むべく候、増右をも皆々、種々申し候えども、治少一人にて澄むべくと内意候、左候とも増右はそのままにて居られ候まじく候条、同前たるべく候、これほどに澄み候えば、然るべく候、②治少ことのほか折れたる申され事候、長老《（安国寺恵瓊）》へ文を見、涙流し候、この一通事、家康よりも一段密々候えとの事候、一人にも御沙汰候まじく候、よくよくその御心得候べく候、梅りん《（林就長）》・渡飛《（渡辺長）》・児若《（児玉元兼）》、其元へ召し寄され候て、密々にて仰せ聞かされ給うべく候、召上せ申候えば、こととしく候、少しも口外候まじく候由、かたく仰せらるべく候仰せらるべく候、かしく

〔意訳〕

昨日、彼との協議がこのように調った。一、石田三成の表向きの処分を三人衆へ申し渡した。これも先ごろ仲裁があったからです。三成一人が佐和山へ隠居し、天下のことについて関与しない

ようにとのことです。増田長盛についても皆がいろいろ言っていますが、三成一人（の処分）で済ますとの内意です。三成は非常に控けた申し様です。（三成から）安国寺恵瓊への書状を見て、（輝元も）涙を流しました。この書状の内容について一層内密にしてくださいとの家康の意向です。誰にも知らせないでください。よく心得ておいてください。林就長・渡辺長・児玉元兼（いずれも毛利氏家臣）をそちらに呼んで内々に伝えてください。（私が）呼んだのでは大袈裟になってしまいます。決して他言しないように話してください。

傍線部①の「彼方」上杉景勝を指すと考えられる。長盛と三成は反徳川闘争遂行の最終判断を輝元と景勝に一任しており（「厚狭毛利家文書」）、その一任は闘争を断念し、処分を受け入れるという判断まで含むものだったと考えられる。よって、処分の決定にも輝元と景勝の調整が必要であったと推測される。もちろん、輝元と景勝の二人で決定できる訳ではなく、家康との調整も必要であったことは言うまでもないが、長盛・三成ら豊臣奉行衆と輝元・景勝の結びつきが強固であったことを指摘しておきたい。輝元はとりわけ、傍線部②にあるように、三成の失脚に涙を流すほど、三成との関係が強固であった。

最終的に、三成が奉行職を退き、佐和山城（滋賀県彦根市）へ隠居することによってこの事件は解決した。閏三月二十一日、輝元と家康は起請文を交換するが、その中で家康は輝元を兄弟、輝元は家康を親子と称し、表面的には家康に屈服した形となっていた。このように七将襲撃事件は家康の一方的な勝利のように見える。しかし、反徳川派にとっても全くの無意味ではなかった。輝元と三成の関係は安国寺恵瓊を介して三成失脚後も続いていた。三成失脚にあたり輝元の流した涙は、三成一人を犠牲にしたことに対する懺悔の涙だったのではなかろうか。輝元の心には、三成に対する借りをいつかは返そうという念が渦巻いていたものと思われる。また三成も、自らがいったん身を引くことで反徳川派の勢力を温存し、反撃の好機を待つという戦略に転換したものと考えられ、自分のみが犠牲になったことで他の同志を恨むということはなかったであろう。さらに、輝元と景勝の関係も襲撃事件の解決に向けて二人で調整を図る中で強く結び付いたと考えられる。反徳川闘争計画は表面的には挫折に追い込まれたのであるが、水面下で毛利・上杉・豊臣奉行衆の三者は同盟関係を維持しながら、再決起の時期を密かに探っていくのである。

一方、石田三成失脚事件を通じて、豊臣政権の実権を握った家康は、対抗勢力を弱体化させるために様々な手段を講じる。毛利氏に対しては、未だ決着していない毛利秀元への給地分配問題への介入を行った。元康宛輝元書状（「厚狭毛利家文書」）から、その経過を追ってみよう。

秀元のこと、安国寺恵瓊が言うには強く言われたとのことです。もちろん、奇特なことです。三原は広島に近く、役に立つ場所ですので、長門に周防（の一部を）を加え、出雲・伯耆・隠岐の石高相当を分配するとの内意です。三カ国の石高相当にしようとすれば、周防の良い場所はすべて分配することになるので、そのような訳を安国寺恵瓊に言って欲しいと考えています。「彼方」が言う

 こともやむを得ないことですが、検地による打ち出し分もまだ確定していないので、どう見ても、三カ国の石高にはなり難いでしょう。この段階で行き詰っています。どうしたらよいでしょうか。「彼方」も急がれています。もっともなことです。私も急いで決着させたいと思います。（中略）昨日のお返事を見ました。家康がこれほど言ってくるのも上様（秀吉）の遺命だからということなのでしょう。一向に（広島へ）下向できません。非常に難しく、今後が心配なことです。

この書状は慶長四年四月頃のものと推測されるが、家康は秀元への給地分配は秀吉の遺命であるという大義名分を掲げ、その実行を輝元に強く迫った。この家康の介入が裏で秀元と連携したものであったことは、同年六月に秀元が家康との連携を否定する起請文（『毛利』）を提出していることから窺える。加えて、同年八月にも秀元は給地分配のことで毛利氏重臣福原広俊から諫言されており、給地分配を望む秀元が豊臣政権の最大有力者となった家康に接近する一方で、家康はそのような秀元の動きを毛利氏内部の分断に利用した状況が見えてくる。また、書状中の「彼方」は家康と考えられ、毛利氏領国の給地分配の具体案にまで家康は介入したのである。

さて、家康の強制的な仲介には抗しきれないものの、長門に加え周防の良地をすべて秀元に分配することは、自己の権力強化を目指す輝元にとって受け入れられないことであった。最終的に、慶長四年六月十五日、秀元の給地は長門、周防吉敷郡、安芸・周防・備後の旧元清（秀元の亡父）領に決定した。「八箇国時代分限帳」の石高で比較すると、出雲・伯耆・隠岐の合計石高に若干及ばないが、父の遺領を引き続き安堵されたからであろうか秀元も了解し、秀元処遇問題はようやく決着を見た。

しかし、そこには家康の介入を許したという禍根が残った。自らを頂点とする一元的な支配体系の確立を目指してきた輝元にとって、家中の仕置さえも思い通りにできなかったことは屈辱だっただろう。そして、家康の権力増大化を何とかして食い止めなければならないと心中ひそかに期したのではなかろうか。家康の介入は一方で翌年の反徳川闘争決起につながる芽を成長させる結果ともなったのである。

西軍決起

慶長五年五月、家康は会津に帰国していた大老上杉景勝の上洛拒否を秀頼に対する謀叛とみなし、会津征討を決定した。慶長四年九月の家康大坂入城以降、家康主導による豊臣「公儀」運営が進行しており（水野二〇一〇Ⓐ、谷二〇一四）、会津征討の決定に対して、輝元も消極的に賛同せざるをえなかったのである。家康が六月十六日に大坂を立ったのに対し、輝元は家康の出立直前に帰国している。広島への帰路中途であったと考えられる六月十四日、輝元は安国寺恵瓊へ、「今度、関東御下り事、御大儀御辛労なかなか言語に及ばず候、併せて家のため思し召され、かくのごとく候段感じ入り候」との書状（『萩藩閥閲録』遺漏）を送った。これに対して恵瓊は人夫の派遣を要請するなど出陣の準備を進めていたが、自領の出雲富田に帰っていた一方の指揮官吉川広家は不仲だった恵瓊との同陣を嫌ったため、その出陣は遅延し、七月四日にようやく出雲を発して十三日に大坂に到着した。

ところが、広家到着の直前に恵瓊は密かに佐和山に赴き、三成・大谷吉継と会談し、反徳川闘争の決起を決定していた。この決定は輝元の承認を得ないで恵瓊が独断で行ったとするのが従来の理解である。また、七月十二日付け輝元宛豊臣三奉行（前田玄以・増田長盛・長束正家）連署状（「松井家文書」）に「大坂御仕置の儀について、御意を得べく儀候間、早々御上りなさるべく候、様子においては、安国寺より申し入らるべく候、長老御迎として罷り下るべくの由候えども、その間も此地の儀申し談じ候について、其儀なく御座候、猶、早々待ち存じ奉り候」とあり、安国寺恵瓊に欺かれて輝元は上坂したとされてきた。

　そこで、この上坂要請に輝元がどのように対処したのかを分析することによって、輝元の決起への関与を探ってみよう。

安国寺恵瓊（彦根市・龍潭寺蔵）

　七月十五日に輝元は加藤清正へ、「急度申し候、両三人よりかくのごとくの書状到来候条、是非に及ばず、今日十五日出舟候、とかく秀頼様へ忠節遂ぐべくの由言上候、各御指図次第候、早々御上洛待ち存じ候」との書状（「松井家文書」）を発している。七月十二日の書状において、三奉行は上坂要請の理由を大坂の仕置について輝元の許可を得たいとするのみであり、反徳川闘争への参画が明記されているわけではないが、傍線部から恵瓊から詳しい説明がなされたことが判明する。ただし、恵瓊の説明が輝元を欺くものだったという従来の理解を、この史料のみで否定することはできない。

次に、七月十五日付け書状の「両三人」からの「書状」とは十二日の書状を指し、輝元はこの書状が大老の留守中公儀を差配する三奉行からの公儀の命令であるとして、自らは同日（七月十五日）広島を立つことを知らせるとともに、清正にも同心を要求している。

輝元の上坂決断はどのような経緯で下されたのであろうか。後年に毛利氏家臣佐々部一斎が記した「一斎留書」によると、林就長・渡辺長ら老臣は上坂に反対、佐世元嘉・二宮就辰ら側近は賛成し議論が伯仲したが、恵瓊の書状に上坂しなければ秀頼への反逆とみなされるとあったため、輝元はやむをえず上坂を決断したことになっている（佐世元嘉自身は慶長十四年に記した「宗孚書案」において、すべて恵瓊の策動によるものであり、自分は反対であったとしている。このことからも、後年の覚書類が、記された時点の著者を取り巻く環境に大きく影響されるものであることがわかる）。

しかし、書状が大坂から広島に到着するまで通常三日を要する（例えば、この年の六月二十四日付けの大坂留守居から輝元への書状は二十七日の夜に広島へ届いている）ことから、十二日に発せられた三奉行の上坂要請の書状は十五日に到着した蓋然性が高い。つまり、輝元は上坂を即断しているのである。さらに、上坂を即断した輝元はその日のうちに広島を舟で出発している（十五日書状の傍線部）。仮に恵瓊の偽情報により輝元が騙されて上坂を決意したとしても、その日のうちに上坂に用いる舟や供奉する家臣及びそれに付随する武具・兵粮の手配などの準備を整えることは不可能であろう。よって、決起に備えてあらかじめ準備していた蓋然性が高いのである。

十五日に広島を出発した輝元はいつ大坂に到着したのであろうか。慶長五年八月一日の吉川氏家臣・下備後守らに宛てた下二介書状（「下家文書」）に「七月十九日に毛利殿様、大坂の城御入城なされ候、天下の儀ことごとく御裁判なされ候」とある。これは『義演准后日記』七月十九日条の「毛利中納言六万にて大坂城へ籠もる」という記事と一致するが、一方で『義演准后日記』の十八日条には「昨夕大坂西丸へ毛利宰相（秀元）御守護として入る」とあり、大坂に留守居していた秀元が家康の居住していた大坂城西の丸を十七日に占領していることが判明する。家康の留守居を追い出して西の丸を占領することにより、大坂城の親徳川派の動きを封じ、豊臣秀頼を掌中に収めるという行為は反徳川闘争計画における最重要行動の一つである。そのような行動を当主である輝元の承認なしに秀元が行うことは考え難いため、(1)輝元は十七日には在坂していないが、事前に秀元に対して指示が出ていた、(2)輝元は十七日には大坂に到着しており（「一斎留書」においては「御一族家中残りなく御出船候て、夜昼御急にて広島より二日に木津〈大坂の毛利氏屋敷があった場所〉御着き候」とあり、広島から大坂まで二日間で到着したとしている）、直接秀元に指示を出した、という二つのケースが想定される。

(1)の場合、書状の届く日数を考慮すると十五日の上坂要請以前に輝元が秀元に指示を出していたことになり、輝元と豊臣奉行衆との間に反徳川闘争決起の事前協議があったことが立証される。一方、(2)の場合、二日間の航行という驚異的なスピードで航行したことになる。輝元が上坂に応じなければ反逆になるとの恵瓊の言を信じてやむを得ず上坂したのであれば、このようなハイスピードで進む必要はなく、むしろ、情勢を見極めるためにゆっくりと進むのではないか。瀬戸内海の航海は危険を伴うものであり、夜間航行はもちろん、日中のみの航行でもハイスピードで航行するためには、潮流や風向、周囲の地形などをあらかじめシミュレーションし、航海計画を立てておく必要があろう。つまり、輝元はあらかじめ奉行衆や恵瓊と決起のタイミングについて打ち合わせ、諸準備を整えたうえで、上坂要請という大義名分を受け、迅速に行動したものと推測されるのである。

(1)、(2)いずれであったか確定はできないが、いずれのケースにおいても、輝元が十五日の上坂要請以前から反徳川闘争計画に直接関与していたことが立証されよう。水野伍貴氏も、佐和山引退後の石田三成は家康に服従して協力的姿勢をとっていた時期もあり、輝元や宇喜多秀家《ひでいえ》が反徳川闘争に積極的であったことを決起の大きな要因としている（水野二〇一〇Ⓑ）。誰がもっとも積極的であったかを確定することはできないが、慶長五年七月の反徳川闘争の決起は、少なくとも三成・吉継・輝元（恵瓊）という、慶長四年閏三月の三成失脚事件の際に結束していた三者による計画的な行動であったと結論づけることができよう（布谷二〇〇五）。

関ヶ原合戦

大坂城へ入った輝元は、関ヶ原合戦終結まで城から出陣することはなかった。一方、秀元・広家・恵瓊を中心とする毛利勢は、近江瀬田の普請、伊勢国安濃津城《あのつ》（三重県津市）攻撃を経て、九月十日頃に南宮山《なんぐうさん》（岐阜県不破郡垂井町）へ着陣した。九月十二日付け益田元祥書状写（『萩藩閥閲録』遺漏）には「①この地雑説の様子は先刻重々安国寺より仰せ上げられ候、②今朝内府（徳川家康）御人数着くまでは③何たる沙汰もこなたには御座なく候つる故、注進遂げず候、私ことも今日参上の覚悟の処、④ここもと右の仕合わせ候条、承り届け候てと存じ、罷り上らず候」とあり、南宮山への着陣が家康西上に対応したものだったことが判明する（傍線部②）。家康は八月二十三日の岐阜城攻略の報を受け、九月一日にようやく江戸を出発し、十二日に岐阜に到着した。家康の西上に合わせ、前述の通り大津において京極高次が西軍から離反したほか、西軍の諸大名には離反の噂が飛び交っており、その噂は恵瓊から大坂の輝元へ報告されている（傍線部①）。「この地雑説」とあるから、離反の噂のあったのは美濃方面に展開していた大名を指しており、具体的には小早川秀秋のことであろう。

南宮山（岐阜県不破郡垂井町）

しかし、益田元祥は明確な離反情報をまだ得ていなかったことが傍線部③からわかる。

輝元は家康西上を食い止めるために軍を南宮山に着陣させる一方、離反の情報を懸命に収集している。同日付けの元祥外宛輝元書状写（譜録）にも「①追々様子申し越され、肝煎祝着候、まずもって異儀無きの由然るべく候、自然、替わる事ども候わば、即刻これ申し越さるべく候、②安国寺・福式（福原広俊）その面の事候条、申し談ぜらるべく候」とあり、十二日以前から情報を収集していることが判明する。また、傍線部②から、恵瓊と並ぶ南宮山の毛利勢指揮官として、福原広俊を輝元が信用していた様子が窺える。

一方、吉川広家の下には黒田長政やその父如水から、家康との講和を勧める書状（『吉川』）が再三にわたり送られていたが、岐阜城の落城、安濃津城攻撃時の味方側の多くの被害に加え、家康西上の情報を得て、広家は家康への内通を決断した。

　九月十四日、徳川氏家臣本多忠勝・井伊直政は吉川広家・福原広俊に対し、家康が輝元を疎かに扱わないこと、領国はすべて安堵することなどを約束した起請文を提出した。同時に、黒田直政と福島正則もその起請文の内容を保障する起請文を提出した（『毛利』）。これらは徳川派から一方的に提示されたものではなく、両者の協議の結果、起請文という形態になったものと考えられる。

黒田長政（福岡市博物館蔵）

　一方、毛利勢の総大将に位置づけられてきた毛利秀元は、広家・広俊の主導による関ヶ原本戦における毛利勢不戦の密約（慶長五年九月十四日付、井伊直政・本多忠勝連署起請文『毛利』）を知らなかったとされる。密約を知らなかった秀元が最後まで出撃しなかった理由について、笠谷和比古氏は先陣とされた広家・広俊を差し越して敵に攻撃を仕掛けたときは、「抜け駆け」として厳しい処分が行われる定めとなっており、総大将といえどもこれを尊重しなければならなかったためとされている（笠谷二〇〇七）。秀元が密約を知らなかったとされる根拠は「長大（長束正家）・長老（恵瓊）その外の衆へも談合いたさず、両人短息の余り、別に伝えこれなく候条、黒田甲斐所へ広家内三浦と申すかち者を、口上ばかりに惣和談の手筋、いかがあるべき哉とばかりこれ申し遣わし候」とする広家書状案（『吉川』）と思われるが、これは広家の主張に過ぎない。広家が他の諸将と協議しなかったことは事実であると考えられるが、他の諸将が密約を知らなかったことの証明にはならない。

また、広家らが先陣であったとする点は再検討の必要がある。『吉川』には「当手の事は南宮山最前の陣取に候」とあるが、合戦終結後の広家の主張を全面的に信用することはできない。同じ『吉川』には「南宮山への手あては、先手池田三左衛門尉《輝政》・①井伊兵部《直政》・本多中書《忠勝》、その外内符馬廻この衆にて候、土佐侍従《長宗我部盛親》陣から御弓鉄炮衆陣、②安国寺陣足がかりよく候条、これを切り崩し候て、かさ陣へ切り上るの由にて候」（傍線部①は「田中兵部《吉政》・堀尾信濃《忠氏》」に見せ消ちカ）とあり、南宮山山頂の陣から下る最前列には安国寺恵瓊が配置されていたとされている（傍線部②）。前記の通り、恵瓊は独自の兵を率いていたわけではなく、毛利氏家臣を構成員とする組を率いており、明白に毛利勢の一部である。そうすると、毛利勢の先陣は恵瓊組とみなすべきであり、広家らは先陣ではない。したがって、広家らが先陣であったため、秀元が出撃できなかったわけではない。

瀬田から安濃津、南宮山へと転戦した毛利勢は、輝元の決定した基本方針に基づき、恵瓊の統括の下に行動していたと評価すべきであろう。その恵瓊が先陣を務めていたのであるから、関ヶ原本戦における毛利勢の当面の不戦は恵瓊の黙示的了承があったものと考えられる。『吉川』には「長大・安国寺は（打出）たがり候つれども、両人面白おかしく申し候て、御人数出し候わで」とあるが、反徳川闘争決起の責任を恵瓊のみに負わせるためには、恵瓊が不戦に反対したことにする必要があったことから、捏造された記述である蓋然性が高い。

また、不戦の密約に福原広俊が関与した点についても、輝元の意向に沿ったものであったと考えたい。広家については、九月十六日の黒田如水宛加藤清正書状（『黒田家文書』）に「吉川・筑中殿（小早川秀秋）雑説の由、この時分は定めて本説に罷りなるべく候事」とあり、西軍からの離反の噂は遠く九州にまで伝わっていた。当然、輝元にもその情報は入っていたものと考えられる。先にみた九月十二日付け益田元祥書状写にも「輝元は離反情報を知っているだろう」とあり（傍線部④）、秀秋の離反のみならず、広家の動きについても恵瓊から報告されていたと推測される。

輝元と広家の疎遠な関係を考えると、輝元の指示に基づき、広家が徳川派と協議した蓋然性は低い。一方で、出陣した毛利勢に対する輝元の指示は、恵瓊と広俊を通じて伝えられていた。輝元から広俊に対して密約に関する明示的な指示があった蓋然性は低いが、輝元・輝元側近からの何らかの示唆、あるいは、輝元の意向を忖度して、広俊が黒田長政ルートを有する広家と協同した工作だったものと推測される。

その真意が家康との講和にあったと単純に決め付けることはできない。輝元も岐阜城落城や伊勢や大津における苦戦、家康の西上に不安を感じていたであろうが、他方、石田三成らとの絆も完全に崩壊はしていない。また、西軍の総大将格としての矜持も失っていない。そこで、広家ルートによって、万一、西軍が敗戦した場合の自己保身を図る一方、南宮山の布陣は解かず、西軍有利と見れば下山して東軍を叩き潰す。弱気と強気の交錯した感情の中で、輝元はどちらにも対応できる策を採ったものと考えたい。

大坂城以西においても、東軍への参加を明らかにした大名が存在した。阿波の蜂須賀氏、讃岐の生駒氏、伊予の加藤（嘉明）氏及び藤堂氏、豊前の黒田氏、豊後の細川氏（留守居の松井康之）、肥後の加藤（清正）氏である。これらの大名領に対して輝元はどのような行動をとったのであろうか。

四国への出兵

まず、阿波蜂須賀領についてみていく。家康主導による会津征討に当たり、蜂須賀氏では家政ではなく、嫡子至鎮《よししげ》がわずかな兵を率いて従軍した。至鎮は慶長四年、家康の養女（家康の外曽孫、小笠原秀政娘）との縁組が調っており、家康の娘婿とされていた。三成襲撃事件の際の動向から見ても、蜂須賀氏の親徳川という立場は明確であったから、家政の大坂残留は反徳川の動きを牽制するという狙いがあったのかもしれない。

実際に、石田三成・大谷吉継・安国寺恵瓊の謀議に三奉行の参画が明確になった直後の七月十六日、家政は輝元側近で大坂留守居を務める堅田元慶に「この度の石田三成と大谷吉継の謀叛はけしからんことです。その企みに輝元様も同意しているとこちらでは言われています。不安に思っています。もし事実であるなら世間の批判を浴びるでしょう。近年家康が届けをせずに縁組したということがありました。しかし、そのことが秀頼公に対する謀叛であるとは私は聞いたこともありません。ですから、（輝元が三成らの企みに同意するという）覚悟は天下に乱れをもたらすものです。歎かわしい事であり、よくお考えになってください。このようなことをこちらから言うのは失礼なことですが、長年非常に親密にしてきましたので申し上げます。この旨を（輝元に）伝えてください。（中略）猶、三成と吉継に同意したとのこと、初めは噂に過ぎないと信じていませんでしたが、安国寺恵瓊から聞いたことには、この度東国への派兵を差し止めるよう仰られたとのことで驚いています。」という書状を送り、反徳川闘争決起に加担した輝元を誡めていた（『毛利』）。

しかし、大坂へ入城した輝元は、大坂の徳川派を一掃した。大坂にいたものと考えられる家政も親徳川的行動を咎められ、自身は逼塞処分を受け、家臣団は豊臣家の馬廻衆に編入された（『義演准后日記』）。

その後、家政は剃髪させられて高野山に追放されたが、かなりの兵力が阿波に残っていたものと推測され、当主家政が逼塞に追い込まれた後の阿波を西軍の支配下に置くことが急がれた。阿波に残っている蜂須賀氏家臣団が西軍に敵対行動を採る可能性があったからである。阿波占領の役割を担ったのは毛利勢であった。伏見城攻撃の最中の七月二十九日、毛利氏家臣佐波広忠へ長束正家・増田長盛・前田玄以の三奉行と輝元は「阿波国猪山城山上山下の外、陣取りこれあるべからず候、もし、乱妨狼藉の族これあるにおいては、速やかに御成敗加えらるべき者也」との判物（『萩藩閥閲録』）を下しており、蜂須賀氏の居城徳島城が毛利勢によって占領されていたことがわかる。

毛利氏による阿波の占領は結局関ヶ原合戦の後まで続いた。関ヶ原合戦から三日経過した九月十九日、輝元は阿波占領軍へ「①先手の儀和平に相調い、当手の人数悉く無事に中途まで打ち入り候、然る時は②そこもとの儀入らざる事候間、早々この面罷り上るべく候、その段阿州（蜂須賀家政）へも申し入れ候」との書状を送り、講和が調ったことに伴い（傍線部①）、阿波の占領は不要となったため、占領軍は大坂へ引き上げるよう命じた（傍線部②）。輝元の命令を受けた占領軍は九月二十五日、蜂須賀氏家臣益田彦四郎に徳島城の城内・城下町をともに引渡し、ここに毛利勢による阿波占領は終結したのである。

次に、伊予についてみていく。関ヶ原合戦時には、東予に小川祐忠、中予に加藤嘉明《かとうよしあき》、南予に藤堂高虎（喜多郡の一部は池田秀氏）という豊臣系大名が配置されていた。なお、野間・風早二郡は来島一族に与えられ、関ヶ原合戦当時の当主は来島康親であった。このうち、小川祐忠・池田秀氏・来島康親は西軍に与したが、松前城主加藤嘉明と板島城主藤堂高虎は家康の会津征討に従っており、反徳川闘争決起後も反転・西上し、関ヶ原合戦に東軍として臨んでいる。高虎は秀吉死没後いち早く家康に接近していたし、嘉明は福島正則・加藤清正らと親しかった関係上徳川派であった。嘉明・高虎ともに会津へは相当の兵力を連れて向かったものと考えられるが、国許にもある程度の兵力を残していた。輝元はその嘉明・高虎領に調略の手を伸ばした。

その調略の対象となったのは伊予に残っていたかつての国人領主らである。長宗我部攻めの際に毛利勢に敵対行動を示した金子氏など東予領主の一部などは断絶したが、嘉明・高虎領の南予の領主の多くは隆景入封時、その家臣団に編入されていたものと考えられる。また、河野氏奉行人であった出淵氏や垣生氏も隆景家臣団に編入されており、隆景による支配が河野氏支配体制を引き継いだものであったことを窺わせる。その後、隆景の九州への国替え時には能島村上氏や村上吉継、村上吉郷といった水軍の給人が隆景（能島村上氏は輝元）に従い伊予を離れたのに対し、平岡氏など中予の領主や喜多郡の国人領主曽根氏などは伊予に残留した。

曽根景房は戸田勝隆に召し抱えられたが、戸田氏断絶時に伊予を離れて小早川氏に仕官し、さらに、隆景死没後の家臣団再編時には毛利氏家臣団へ編入されていた。輝元は嘉明・高虎領の調略に際し、この曽根景房を起用した。曽根景房はその経歴から喜多郡・宇和郡の国人領主層に広範な人脈を持っており、調略を行うに最適の人物であった。例えば、輝元とともに大坂にいたと考えられる毛利元康・堅田元慶から高虎領内の国人領主久枝又左衛門に宛てられた八月十八日付け書状写（『萩藩閥閲録』）に「未だ申し通ぜず候といえども、啓せしめ候、その表の様子承り合うべきため、曽根孫左衛門尉差し渡され候、先年公広・中国御入魂の好み、かたがたもってこの時候条、万事御馳走干要に候、委細孫左口上申さるべく候」とあり、曽根景房を通じて、高虎領への侵略を前提に村落に基盤を持つかつての国人領主層に対して、毛利氏への協力、具体的には武装蜂起を要請している。久枝氏は南伊予の領主西園寺氏の家臣であったが、天正十三年の隆景伊予領有時には隆景家臣団に編入され、天正十五年の隆景九州国替え後は戸田勝隆から宇和郡久枝村において二百石の給地を与えられている。しかし、戸田勝隆の死没後入封した藤堂高虎家臣団中に久枝氏は確認されず、小早川家臣団や毛利家臣団にも見当たらない。恐らくこの段階で給人身分を失い本領久枝村に寓居したものと推測される。右記八月十八日書状傍線部の「公広」とは久枝氏の旧主西園寺公広のことであり、国人領主層に残存するかつての支配者への愛着心、伝統的な支配構造を破壊した豊臣系大名への反感を利用しようとした状況が窺える。

その後、八月二十七日付け村上武吉・宍戸景世・村上元吉・曽根景房宛毛利輝元書状写（『萩藩閥閲

録』）に、「藤佐領分の儀、留守居操りの道これある儀候条、動きの儀今少し差し延ぶべく、やがて趣申し下すべく候」とある。高虎領の留守居の者を離反させる方策があるので、直接の軍事侵略は今暫く延期するとしており、調略の相手が藤堂氏給人層にまで及んでいたようである。

一方、加藤嘉明領については二十七日付け輝元書状写に「加藤佐馬領の儀は、成り次第涯分発向せしむべく候」とあり、輝元は準備が調い次第、直接の軍事侵略に移るよう指示した。調略を進める一方で、八月二十日には村上吉継の嫡子で隆景家臣団を経て毛利氏家臣団に編入された村上景房らへ「先日の首尾に早々御下り候えとの御意に候、様子においては武吉父子・佐石仰せ談ぜらるべく候、万事越度無く御肝煎肝要に候、船数・人数等この節候条御馳走もっともに候」との書状（「村上小四郎蔵文書」）が発せられている。この書状からは、広島留守居の佐世元嘉の差配の下、八月上旬に「用段の儀」ありとして阿波から呼び返された村上元吉のほか、元吉の父武吉、前述の曽根景房を中心に軍事侵略の準備も着々と進んでいたことがわかる。また、この書状には現れないが、伊予国喜多郡の領主の末裔と考えられる兵頭正言が渡海用の警固船を用意し、その後伊予における戦闘に参加していたことも確認されるなど、能島水軍の村上武吉父子を含め、侵略軍には伊予に関係の深い人物が選ばれている（山内一九九八）。

九月に入ると、五日に志道元幸・桂元武に対して「その方組の者ども、時宜により与州辺へ遣すべく候条、おのおの肝煎仕るべきの由、よくよく申し聞かすべく候」との書状（「譜録」桂）が発せられ、伊予侵略軍は増強されている。このようにして準備の調った伊予侵略軍は九月十日前後に広島を発ったものと考えられ、九月十四日には松前沖の興居島に達し、翌十五日、侵略軍の指揮官村上武吉父子と宍戸景世から伊予の豪商とされる武井宗意・宮内休意へ「加藤嘉明が家康に同心したことはけしからぬ事であるため、豊臣秀頼様が毛利勢の派遣を命じられました。そこで、先鋒隊として私達父子（村上武吉・元吉）・宍戸景世・村上吉祐・桂元綱を佐世元嘉の代理として渡海させられましたので、昨朝、興居島まで渡りました。村の百姓については毛利勢に協力すればよし、万一、嘉明に従う覚悟をする者があれば、すぐに打ち破り、妻子も殺すとの輝元の厳しい命令ですので、この旨心得られて、村々に対して毛利勢に協力するよう説得することが重要です。」との書状が発せられた（村上水軍博物館蔵）。

『河野家譜』によると、河野通直の死没後、毛利家において評議し、御台所の甥である宍戸氏の息を幼君として擁立し、河野太郎を名乗らせ、その河野太郎がのちに通軌と名乗り、慶長五年の毛利勢伊予侵略の旗頭となったとされる。一方、右記九月十五日書状によると、伊予侵略軍には因島村上水軍や桂元綱が加わっているほか、宍戸景世が侵略軍の総大将格となっている。宍戸景世は、その家系が萩藩に残っていないため、謎の多い人物である。

景世は文禄三年、河野通直母の菩提を弔っている（高野山上蔵院「河野家御過去帳」）。また、「高野山上蔵院文書」所収の景世書状には、景世が河野氏家臣平岡氏から宍戸氏に入った養子である旨の異筆が付されているが、毛利勢の侵入に呼応して蜂起したとされる平岡善兵衛直房と仮名が似通っていることから後世に混同された蓋然性が高い。河野太郎が河野通軌を名乗ったという記録も平岡直房の兄

（父ともされる）通倚と混同されたのであろう。ところが、『河野家譜』における御台所が通直母を指すものとすると、宍戸元秀《もとひで》（通直母の兄弟）の子が河野太郎にあたることになるが、宍戸家系図において、元秀の子に景世なる人物は見当たらない。

　他方、のちの大坂の陣の際、豊臣秀頼に属して大坂城に籠城した佐野道可（実は宍戸元秀の次男内藤元盛）の処分に関連する書状に宍戸景好なる人物が見られる。景好は元秀の五男とされる。景世は景好の子元真とする見解もあるが（西尾二〇〇九）、景好の大坂の陣の際の官途名は景世と同じ善左衛門尉であり、景世と同一人物という可能性もある。しかし、宍戸家系図においては景好の官途名は掃部頭・但馬守とされており、確定できない。

　いずれにしても、慶長五年の段階で河野家の後継者的な位置づけにあったのは宍戸景世であり、ゆえに景世を伊予侵略軍の指揮官としたのである。これによって、河野家再興という大義名分を掲げることができ、河野氏旧臣の毛利勢への協力だけでなく、九月十五日付け書状の傍線部に見られるように、嘉明領の百姓層の毛利勢への協力が見込まれると輝元は考えたのである。

　このような様々な調略を行った後、毛利勢は嘉明領への軍事侵略を開始した。ところが、三津浜で野営中の九月十七日、嘉明留守居軍の奇襲を受け、村上元吉・曽根景房らが戦死した。これまでは、三津浜の戦闘により村上元吉・曽根景房らを失った侵略軍は壊滅状態に陥ったとされてきたが、事実は異なる。九月十八日付け村上景房宛佐世元嘉書状写（「村上小四郎蔵文書」）には、「①猶もってその地丈夫の御覚悟の由もっともに存じ候、②猶宍五兵（宍道政慶）・木屋新兵（木屋元公）申し達さるべく候」とある。傍線部①からは、派遣軍がなお伊予での軍事行動を継続しようとしている様子が判明し、壊滅状態に陥ったわけではなかったことがわかる。さらに、旧出雲国人で長門に給地を持つ宍道政慶のほか木屋元公が援軍として伊予に派遣されており（傍線部②）、戦闘が終了したわけではない。時期は確定できないが、関ヶ原における敗報が伝わったのち、毛利勢は撤退したと考えられる。

次に、八月二十七日の書状において調略が順調に進んでいるとされていた、藤堂高虎領のその後をみてみよう。結局、高虎領へは毛利氏による直接の軍事侵略は行われなかった。また、調略の対象となった久枝氏や山田氏の軍事蜂起も確認できないが、久枝村の隣宇和郡松葉村の郷士三瀬六兵衛が毛利氏に内通し一揆を起こしたとの記録がある。この三瀬六兵衛の蜂起は、江戸期に成立した『宇和旧記』の記述に従い、きわめて小規模なものと考えられてきた。しかし、藤堂家の記録（『公室年譜略』や『高山公実録』など）を見ると、鎮圧軍の組頭である足軽大将力石治兵衛が戦死したこと、六兵衛が毛利氏に内通し、「その徒を集めて近所の要害の地を掻揚げ楯籠」ったこと、鎮圧軍はいったん敗れて板島に引き上げた後、宇都宮氏旧臣で伊賀崎村に隠遁していたとされる栗田宮内の働きにより、郷村指導者層の協力を得てようやく鎮圧したことなどが明記されている。つまり、三瀬六兵衛の一揆は酒蔵に籠ったとい

三津浜（松山市三津）

う小規模なものではなく、廃城になっていた戦国期の山城にかなりの兵力が立て籠った大規模な反乱だったのである。

このように、伊予においては従来言われていたような局地的な戦闘があっただけではなく、調略と直接軍事行動の両面から毛利氏は大規模な侵略行為を実施していたのである。

九州への出兵

続いて豊後についてみていく。文禄二年五月、朝鮮侵略時の臆病行為により、大友吉統は豊後を没収され、大名の座から転落した。豊後を没収された吉統の身は毛利輝元に預け置かれ、同行を許されたのは四、五人のみという厳しい処分であったという。慶長五年七月に三成や輝元らが決起すると、上方にいた吉統にも西軍への参加が呼びかけられた。八月半ば頃、吉統は輝元に起請文を提出するとともに、次子長蔵（正照）を人質として差し出し、西軍への奉公を誓った。九月七日付け黒田如水宛大友義統書状（『黒田家譜』所収文書）には「拙者事配所において毛利殿御懇意深重に候えば、今度一命を捨てその恩に報いるべくと存じ候」とあり、義統の進攻には輝元の意向が大きく働いていたと考えられる。

西軍への参加を決意した吉統に与えられた役割は、かつての支配地豊後への帰国であった。義統は八月半ば頃に大坂を発ち、二十五日前後には周防の上関に至ったとされる。「大友家文書録」によると、周防の大畠において輝元から軍艦と砲卒百人を授かったとあるが、毛利氏領国における水軍基地である上関に停泊している蓋然性が高いことから推測すれば、少なくとも船の手配は輝元による援助だったのではなかろうか。その後、豊後へ上陸した大友勢は九月十三日、石垣原において黒田如水・

門司城跡（北九州市門司区古城山）

細川留守居（松井康之ら）勢に敗れ、大友氏の再興活動は挫折し、西軍にとっても九州における東軍勢力を駆逐するという作戦は失敗に終わった。この作戦には豊臣奉行衆も関与しており、毛利氏の利益のみを図ろうとしたものではないが、吉統への働きかけや軍備面での援助など実効性のある関与はほとんど毛利氏が担っていたことを指摘しておきたい。

最期に、豊前についてみていく。関門海峡を隔てて毛利氏領国と境を接する企救・田川郡の領主となっていたのは森（毛利）吉成である。吉成は三成らの決起に際して西軍に参加したが、伏見城攻撃の際多くの家臣団を失い家中は混乱状態に陥った。八月二十八日付け松井康之書状（「松井家文書」）には「このたびの伏見城攻撃の際、毛利九左衛門・毛利勘左衛門のほか多くの家臣が討死した。このため、家中は弱体化し、混乱しているそうだ。黒田如水が軍勢を集め、どちらにでも攻撃を仕掛ける準備を整えているので、小倉城は大変心配しているそうだ。そこで、加藤清正の返事の伝達のために使者を上洛させ、吉成自身は上洛しないだろうと思う。門司城の普請も行ったとのことだ。これも吉成では守ることができないので、毛利輝元が軍勢を入城させると言っている。」とある。

慶長五年八月と考えられる年月未詳二十六日宍戸元行・佐世元嘉・三澤為虎・和田重信宛毛利輝元

書状（『萩藩閥閲録』）には長門下関の鍋城・櫛崎、周防の秋穂（山口市）と並んで「門司　三澤《（為虎）》・和因《（和田重信）》てつほう百、その上肝煎次第中筒二十ほど、台なしはあるまじく候哉」とあり、旧出雲国人で長門の給人三澤為虎や和田（古志）重信が門司に在番したことがわかる。同書状においては「町人通まで人質だによく取りかため候て番申し付くべく候、人数の才覚いよいよ油断あるべからず候、玉薬・兵粮丈夫に申し付くべく候」との指示も出されており、単に門司城を占領するだけでなく、門司という都市全体を支配下に収めようという姿勢が窺える。

関ヶ原合戦が終了した後の十月四日吉川広家宛黒田如水書状（『吉川』）には「尚々小倉の儀、輝元より加番入の由候間、壱岐《（毛利吉成）》へ渡さぬ様に仰せ付けらるべく候」とあり、門司城のほか吉成の居城小倉城（北九州市小倉北区）も毛利氏に占領されたことが判明する。

以上のように、輝元は四国から北部九州に至る広範囲で侵略行為を計画・実行している。その背景や意図を探ってみよう。

輝元の思惑

行動の背景として、輝元が西国の統括者たる自負心を持っていたことが挙げられる。関白豊臣秀次が失脚した文禄四年七月の起請文前書案（『毛利』）には「坂東法度置目公事篇、順路憲法の上をもって、家康に申し付くべく候、坂西の儀は輝元ならびに隆景に申し付くべく候事」とあり、豊臣秀吉・秀頼を補佐する体制として東国を家康、西国を輝元と小早川隆景が統括する構想が示されている。秀吉の死没直前にも「毛り《（利）》表裏事、本式者と思し召さるの由候、西国の儀任せ置かるの由候、（中略）東西は家（康）・輝（元）両人、北国は前田、五畿内は五人の奉行異儀なく候わば、一向別儀あるべからず候」(『萩藩閥閲録』遺漏)とされており、秀吉は自らの死没後、西国を輝元の統括下に置く政治体制を指示している。このような意識から、輝元は反徳川闘争の決起に際しても西国方面の大名に対して参加を呼びかけたのであり、それに従わない大名に対しては懲罰権の発動として軍事侵略を企図したのである。

次に輝元の意図について考えてみよう。第一に毛利氏の抱える領国内課題(①給地総入れ替えなど家臣団統制強化策の未了、②給人の財政状況悪化、③村落の荒廃)に対し、輝元の直轄地増加、給人の経済的基盤の強化、村落の復興という三方両得となり、家臣団の給地総入れ替えも成し得る方策として、他の領国への侵攻、占領を企図したのである。その際、豊臣政権によって廃絶させられた領主の家臣団や地下人の動員を図っており、自力救済を禁止した惣無事令(藤木一九八五)を無視した行動に出ている。

輝元の第二の意図は、阿波~讃岐~伊予~豊前・豊後ラインを制圧しようとしたものと考えられる。秀吉の海賊停止令により失った瀬戸内海制海権(藤田二〇〇一、本多二〇〇六)を奪還し、石見銀山産出銀の輸出など東アジア貿易への進出など交易による利益の獲得を企図したものである。毛利氏は従来から有していた日本海西部の制海権と瀬戸内海制海権とを有機的に結合することにより、豊臣政権の統制下から脱した独自の交易を展開しようとしたものと評価される。

つまり、輝元は豊臣奉行衆と同盟して表面的には豊臣政権を支える姿勢を見せながら、その真意は独立的な領国を形成することにあり、実際には豊臣政権の根幹的な政策である惣無事令や海賊停止令をも否定しようとしていたのである。

2　防長減封と後継者秀就

防長減封までの真相

関ヶ原における戦闘は一日で決着が付き、南宮山に陣取った毛利勢は傍観したまま西軍の敗北を見届けた後、戦場から退却した。九月十七日に吉川広家が記したとされる書状案（『吉川』）によると、毛利勢は、関ヶ原合戦の前日（十四日）に講和を仲介した黒田長政・福島正則と談合の上、黒田・福島勢が進軍する近江筋を堀尾忠氏の案内者に従って無事退却したという。この退却中に東軍との戦闘は起こっていない。これは広家・福原広俊が人質を提出して成立した講和を、起請文を書いた黒田・福島や徳川氏（起請文は本多忠勝・井伊直政が提出）が戦後も守ったことを示すとともに、関ヶ原の戦闘で激戦を繰り広げた東軍には、無傷で退却する毛利勢を攻撃する余力がなかったことをも窺わせる。このようにして大坂に引き上げた毛利勢は輝元の居た大坂城西の丸に入ったのではなく、大坂の町中に駐屯していたようである。

一方、輝元に対して、家康は甘言をもって大坂城からの退去を働きかけた。九月十七日付け黒田長政・福島正則書状（『毛利』）には、「今度奉行ども逆心の相構えについて、内府公濃州表御出馬について、吉川殿・福原、輝元御家御大切に存ぜらるにつき、両人まで御内存、則ち、内府公へ申し上げ候処、輝元に対し少しも御如在無きの儀候間、御忠節においてはいよいよこれ以後も仰せ談ぜらるべき

福島正則（大阪城天守閣蔵）

の旨、両人より申し入るべきの御意候」とあり、長政・正則は輝元との良好な関係を望む家康の意向を伝えている。これに対して輝元は、十九日に返書を認めた（『毛利』）。そこには「殊に分国中相違あるべからずのとおり、御誓帋預かり安堵この事候」とあり、所領安堵の件が最も重要な話題となっている。大坂城退去については触れていないが、九月二十二日付け井伊直政・本多忠勝宛起請文（『毛利』）には所領安堵に加え、「この上においては西丸の儀渡し申すべく候」とあるから、大坂城西の丸退去の交渉も行われていたものと考えられる。

近年、笠谷和比古氏が主張されているように、関ヶ原合戦直後の政権構造は家康が最大の権力者とは言え、関ヶ原における勝利に貢献した東軍参加の豊臣系大名の発言権も大きく、連立政権的な性格も有していた（笠谷二〇〇〇、二〇〇七）。ゆえに、この講和も輝元と家康との講和ではなく、毛利氏と東軍の講和であったとみなされよう。その証拠として、九月二十五日、藤堂高虎・浅野幸長・黒田長政・福島正則・池田輝政が連署して輝元に起請文を提出し、所領安堵を約束した直政・忠勝起請文が偽りでないことなどを誓っている。このように二重三重の保証を得たうえで、輝元は二十五日頃、大坂城を退去し、木津の毛利屋敷に入ったのである。

ところが、十月十日付けで家康は毛利氏に対して周防・長門二国への減封を言い渡した。この間の経緯について、岩国藩（吉川家）が編纂した「吉川家譜」に三通の文書が所収されている。十月二日付け広家宛長政起請文には家康の毛利氏処分方針が示されており、その内容は⑴輝元は豊臣奉行衆の一味として大坂城西の丸に入城し、諸大名に対する西軍参加要請書状に在判しているうえ、四国へ出兵しており許し難い、⑵広家は律儀であるので中国地方において一、二カ国を与えるというものであった。この方針を聞いた広家は十月三日、正則・長政に対して改めて輝元は西軍の首謀者ではないことを弁明するとともに、広家自身が大名となることは本意ではないとして、あくまでも毛利家の存続を求めた結果、前記のような防長二国への減封で決着したとされている。

しかしながら、これら三通の文書は『大日本古文書』に収録されていない。つまり、原本が吉川家に伝来していないのである。十月三日付け広家書状は長政宛であるが、受領したはずの黒田家にも伝来していない。また、毛利氏本宗家が編纂した「毛利三代実録考証」にもこれらの文書は収録されていない。このような史料の残存状況は、問題となる三通の文書が偽文書である可能性を示している。さらに、十月二日付け長政起請文が作成された翌日（三日）付けで、広家・宍戸元次・福原広俊から榊原康政《さかきばらやすまさ》・本多忠勝・井伊直政に対して、島津攻めや人質の提出などに関する書状が発せられているが（『福原家文書』）、内容は毛利氏分国安堵を前提としたもの

徳川家康
（久能山東照宮博物館蔵）

であり、二日付け長政起請文の内容と矛盾している。この点も「吉川家譜」所収文書偽文書説の根拠として挙げられよう。

山本洋氏によると、岩国藩士香川正矩《かがわまさのり》の著した『陰徳記』をもとに『陰徳太平記』を完成させた正矩の子景継（宣阿）は、『関ヶ原軍記大成』など他の軍記類に、吉川家の主張を盛り込む活動を行い（山本二〇〇五）、また、岩国藩からも右筆戸川幸太夫を筑前福岡藩へ下向させて、『関ヶ原軍記大成』への吉川家の事蹟書入れ工作を行っていたとされる（山本二〇一二）。自らが大名となることを拒絶してまで毛利氏本宗家の危機を救ったとする内容は、のちに支藩家格をめぐって本宗家と対立する吉川家にとって、偽作する動機は十分にある。

一方で、毛利氏に対する処分方針が十月初頭に一変したことは、同時代史料から裏付けられる。つまり家康は、輝元が秀頼を奉じて大坂城に立て籠り、抵抗を続けることを恐れて、輝元の大坂城退去までは所領安堵を匂わせておいて、退去後には所領安堵という講和条件を反故にしたのである（布谷二〇〇七）。反故にする理由とされたのは、「吉川家譜」の記す通り、西軍への積極的な参加、四国への出兵だった蓋然性が高い。

輝元は自らの意思で反徳川闘争を主導し、隣国への侵略を行っている。そのような負い目のある輝元が、大坂城という絶好の抵抗拠点を放棄した後に、家康に対して強硬的な態度をとることは困難であり、もはや防長二ヶ国への減封という処分を受け入れるしかなかったのだ。一方家康は、輝元を大坂城から退去させるための毛利氏所領安堵の起請文を提出する際、井伊直政・本多忠勝や黒田長政・

福島正則に署名させており、彼自身は署名していない。このことは、当初から家康が所領を安堵するつもりのなかったことを窺わせる。結局、老獪な家康の外交交渉に翻弄された輝元は、祖父元就以来の領国の多くを失うこととなったのである。

秀就への家督継承

輝元は永禄十一年（一五六八）、元就の娘五龍と宍戸隆家の間に生まれた「南の御方」と婚姻した。「南の御方」は隆家・五龍の三女で、のちに「清光院」と呼ばれた（西尾二〇一三）。二人の間には二子があったとする記録も残されているが（「毛利家文庫　寺院書出　大通院」）（萩博物館二〇〇四）、「南の御方」が出産したこと、出生した子が養育されていることを窺わせる同時代史料を確認することはできない。出生したとしても、すぐに夭折したと考えられる。

そのため、先にみたように、元就四男元清の子秀元を後継者に決定していた。ところが文禄四年、輝元は実子松寿丸を授かった。母は毛利氏家臣児玉元良の娘「二の丸」である。「二の丸」は杉元宣（大内氏旧臣杉家一族）の妻だったが、懸想した輝元によって略奪され、その後、元宣は殺害されたという記録が残されている（布引一九九五）。この記録の信憑性は高いと考えられ、松寿丸の後継者としての正統性に疑問を抱く勢力も家中には存在したと推測される。

清光院

そのため、輝元の実子でありながら、松寿丸が後継者として認められるまでには時間を要した。慶長三年に比定される八月十四日付け内藤周竹書状写（『萩藩閥閲録』）に「御実子出来の条、定めて輝元様大切に思し召され候、御家の儀進ぜられ候え」とあり、秀吉が死没直前に松寿丸を後継者とするよう指示したことによって、ようやく後継者として公認されたのであるが、それ以前には秀吉への披露もできない状態であったことを窺わせる。また、死没直前時の秀吉の判断能力には疑問があり、秀吉が死没してしまうと、松寿丸が後継者として公認される機会を逸すると危機感を抱いた輝元の強い要望に沿い、石田三成らの働きによって、公認をとりつけたと考えられる。

松寿丸が後継者として公認されたことに伴い、松寿丸付の家老が選任され、松寿丸の家臣団も構成された。慶長四年に比定される六月二十五日付け輝元書状（「今川家文書」）に「孫三ことは松寿へ奉公すべきと申し候、心得のために候、松寿召し遣うべく候」とある。「孫三」とは、安芸国中郡衆井原元尚の次男元応である。先にみたように元尚は周防国三尾に給地替えされ、在地性を喪失していたが城持ち領主として遇され、また、元応は慶長二年に井原家と同じ中郡衆の秋山家が第二次朝鮮侵略の軍役を務めることができなかった際、秋山家を相続しており、元尚一族に対する輝元からの信頼の厚さが窺える。そのような信頼関係に基づき、輝元は愛児松寿丸家臣に元応を加えたと考えられる。

一方、輝元直書の宛所三名が松寿丸付の家老である。その顔ぶれは五奉行系の国司元蔵（元武の子）、松寿丸母（輝元側室二の丸）の弟児玉元経（五奉行系児玉元兼弟）及び輝元出頭人であった張元至となっている。この書状は慶長四年六月のものであるが、この時期には松寿丸後継に伴い、輝元の養子となっていた秀元への給地分配などを巡って、毛利氏家中に混乱が生じていたところであり、後継に決まったとはいえ、松寿丸の地位は不安定であった。このため、輝元は松寿丸付の家老の選任に当たり、家中バランスに配慮したものと考えられる。松寿丸の基盤強化のためには、これまで政権中枢から遠ざける方向であった五奉行系も政権内に取り込む必要があったのだ。

しかし、第一章でみたように、毛利氏次期当主の守役は慣例として粟屋家・国司家が務めていたにもかかわらず、粟屋家からの選任がなかったこと、一方で、帰化人という異例の経歴をもつ元至を選任したことは、輝元が伝統的な家中構造を超克して、自らの絶対性を確立しつつあったことを示すものである。児玉元経の選任についても、五奉行系というよりむしろ松寿丸との血縁関係（叔父）であることを重要視したものと考えられる。同年四月十一日付け佐世元嘉宛て輝元直書（『益田』）に「益父子へ内々心懸け馳走無二のとおり祝着に候、惣別最前より慥かなる事見すえ候から、以来身にもにもと存じ候故、松（松寿丸）が母兄弟とも修理方へ遣わし候」とあり、同時期に、有力国人領主の益田家についても、松就丸母の妹と益田家当主元祥の次男景祥《かげよし》（「修理」）の縁組を成立させているが、これも松寿丸を支える基盤を強化するため、益田家の取り込みを図ったものと評価できる。

関ヶ原合戦に際して、輝元は大坂城西ノ丸、秀就（慶長四年九月に元服）は大坂城本丸の豊臣秀頼の側にいたが、輝元の大坂城退去時に秀就も退去したと推測され、大坂城退去後に防長減封を命じた十月十日付け家康起請文（毛利博物館蔵）においても、その宛所は「安芸中納言」（輝元）、「毛利藤七郎」（秀就）連名になっている。さらに、同月中に輝元は剃髪して「宗瑞」と号した（以下、輝元の呼称は「宗瑞」に統一する）。この時点で、輝元は隠居して秀就が家督を継承したのであろうか。

元就・輝元期と同様に、官途状・加冠状類の発給状況をみていくことにより検証してみたい。二八二〜二八三頁の表は、慶長五年十月から輝元死没時（寛永二年（一六二五）四月二十七日）までの官途状・加冠状類の発給通数について、木下聡氏の成果（木下二〇一〇）を基に補訂を加えたものである。なお、括弧内は宗瑞・秀就連署の内数である。

官途状類については、慶長二十年（一六一五）五月の大坂城落城を境に、秀就の発給通数が宗瑞の発給通数を上回るようになっている。一方、加冠状類については、官途状類に比べると、時期による大きな変化は顕著でないが、大坂城落城前においては宗瑞の発給通数が圧倒的に多いが、落城後は合計するとほぼ同程度となっている。

このような傾向は何を意味するのか。大坂城落城前において、慶長十七年（一六一二）のみ、秀就の発給通数が宗瑞の発給通数を上回っていることに着目したい。

関ヶ原合戦後、宗瑞と秀就はともに上方に留まっていたが、慶長六年九月、秀就は江戸へ赴くこととなった。事実上の人質である。その後、宗瑞は慶長八年（一六〇三）に江戸へ参府したのち、十月にようやく帰国を許されたが、秀就は引き続き江戸に留められた。秀就が防長減封後初めて帰国を許されたのが、慶長十六年（一六一一）十一月である。秀就は十二月末に萩へ入城し、慶長十八年一月に再び江戸へ到着しており、慶長十七年はほぼ一年を通して在国していた。また、慶長六年の宗瑞・秀就連署の官途状類発給は、両者がともに上方に居たときのものである。したがって、慶長六年九月の江戸下向から大坂城落城までの間に秀就が発給した官途状・加冠状類の少なさは、慶長十七年を除き、秀就が江戸に滞在していたため、在国家臣に対して物理的に発給できなかったことに起因しているといえる（島津二〇〇七）。

逆に、秀就が在国していた慶長十七年に発給された官途状・加冠状類において、秀就発給通数が宗瑞発給通数を大きく上回っていることは、物理的条件さえ整えば、官途状・加冠状類の発給は秀就が行うべきであると宗瑞が考えていたことを窺わせる。また、この時期における徳川家康・秀忠御内書は、宗瑞宛てと秀就宛ての双方を確認することができる。

以上の検討から推測すると、関ヶ原合戦後の毛利氏当主は、宗瑞と秀就の両者であったと考えられる。しかしながら、秀就は江戸に留まっていたため、対内的当主権限を行使することは制限されており、宗瑞がその役割をほぼ独占していた。関ヶ原合戦の当時、秀就はわずか六歳であり、現実的にも当主権限を行使することは不可能であったが、慶長六年の宗瑞・秀就連署官途状類の発給が示すように、秀就も当主であることを宗瑞は家中に浸透させようと努めていた。関ヶ原合戦における事実上の敗北によって、家中における宗瑞の求心力は低下しており、愛児秀就の将来を考えると、早急に秀就の当主としての地位を盤石する必要性に迫られていたからである。そこで、慶長十七年に秀就が帰国した際には、大量の官途状・加冠状類を発給させたと考えられる。

一方で、表に掲げた通り、大坂城落城前における宗瑞・秀就連署状類の発給はきわめて少ない。物理的に両者が同場所に居た時期に限られるからである（慶長十年を除く）。両者の署名位置をみると、慶長六年の官途書出五通はすべて、日下が秀就、奥が宗瑞であり、慶長六年を除いても、宗瑞奥のケ

宗瑞期の官途状・加冠状類の発給状況

	官途状類		加冠状類		連署状類
	宗瑞	秀就	宗瑞	秀就	
慶長5	8	0	2	0	0
慶長6	25（5）	1	1	2	5
慶長7	15	2	5	2	0
慶長8	33	1	23	4	0
慶長9	36	5	24	4	0
慶長10	21	2	11	2	2
慶長11	29	2	9	1	0
慶長12	17	1	4	1	0
慶長13	39	3	8	0	0
慶長14	30	4	17	2	0
慶長15	45	1	22	1	0
慶長16	36	3	13	0	0
慶長17	11	51	5	21	14
慶長18	19	6	8	1	0

ースが多い。このことは、宗瑞・秀就二頭体制における宗瑞の優位性を示すものと評価できる。

　大坂城落城後になると、秀就はおおよそ毎年帰国している（元和二年は不明）が、年の半ば頃に江戸へ参府しているため、官途状・加冠状類発給通数の年による偏差はみられない。宗瑞発給の官途状・加冠状類については、大坂城落城前に比べると減少傾向にあるが、秀就在国中にも発給がみられ、当主権限を引き続き行使していたことがわかる。元和三年（一六一七）九月五日付け徳川秀忠領知判物（毛利博物館蔵）の宛所は「松平長門守」のみとなっており、慶長五年の家康書状と比較すると、

慶長19	14	1	12	0	0
慶長20	14	20	8	12	12
元和2	27	26	17	1	2
元和3	18（1）	39	18	6	10
元和4	13	39	10	17	14
元和5	8	18	18	13	10
元和6	9（1）	51	7（1）	25	39
元和7	9	13	11	3	10
元和8	12	22	5	13	9
元和9	19	37	9	2	4
寛永1	6	25	3	11	2
寛永2	5	8	2	3	0

註：（　）は秀就と連署しているもの（内数）。

この時点において、対外的には秀就が藩主とされている一方で、連署状の署名位置については、大坂城落城前には、日下秀就、奥宗瑞と同数に近づいてきていた日下宗瑞、奥秀就のケースが、大坂城落城後にはほとんどみられない。この点の評価は難しいが、秀就の当主としての地位が確立してきたことに伴い、連署状の署名位置による家督継承の可視化は必要なくなり、父子の序に従った署名位置になったと考えておきたい。

さらに、元和九年（一六二三）九月に秀就が帰国した際、宗瑞から秀就への家督継承の儀式が行われたとされる（田中一九八九Ⓐ、同二〇一三）。それ以降における連署状類をみると、元和九年の三通は日下秀就、奥宗瑞であったが、元和十年の二通は日下宗瑞、奥秀就となっている。一方で、官途状・加冠状類については、元和十年半ば頃に秀就が江戸へ参府したのちのみならず、秀就在国中にも宗瑞による発給が確認される。

したがって、元和九年の秀就へ内証家督によって、対内的にも秀就への家督継承は完了したが、そののちも宗瑞は死没するまで毛利氏当主としての権限を一定程度行使していたと評価でき、最後まで二頭体制が続いたといえよう。

愛児秀就

秀就は宗瑞が四十三歳のときにようやく得た後継者であった。そのため、秀就に対する愛情には溺愛ともいえるほどの深さを感じることができる。

例えば、慶長六年に比定される十一月十九日付け佐世元嘉宛て書状写（「諸臣」）には、家臣団の中でも最大級の給地を有していた吉見家の当主広長《ひろなが》の動向が不審であるとしたうえで、「手前つよく成り候わば、なにたる事も申すべく力これあるべく候、いまは大病の者・無養生仕るようなる物にて候、他国者に成り候ても、家中にても、我々身上あぶなく朝夕存ずばかりに候、一身事はとしも栄花のほどもよく候、藤七いでき候て、身上おしく成り、是非に及ばず候、十五・六まで堅固にかかわり候えかしと存ずまでに候（私の権力基盤が強固になれば、どのようなことでも命令する力があるでしょう。しかし、現在は大病を患った者、あるいは健康に気をつけていない者のような状態です。吉見広長が他国へ出奔しても、家中に残っていても、毛利氏の危機であると朝夕に悩んでいます。私自身だけのことであれば、年齢も栄花の程度ももう十分です。けれども、藤七（秀就）が生まれ、身上が惜しくなり、どうしようもありません。秀就が十五～六歳になるまでは元気で秀就を支えなければと思っています）」とある。

　また、同年に比定される福原広俊宛て書状（『福原家文書』）にも、「幾度申し候ても、なにとぞ候て、藤七郎相続き候ようありたきまでに候、ぜひともこの節の御短息に相極まり候と存じ候（何度も申しますが、藤七郎（秀就）を当主とする毛利氏が無事に存続できるようにと願っています。その実現の可否は、現在のあなたのご尽力にかかっていると思います）」とある。いずれからも、慶長六年当時七歳でまだ幼い秀就の将来を案じた父としての宗瑞の想いが伝わってくる。

毛利秀就（毛利博物館蔵）

　さらに、秀就が江戸へ赴いたのちになると、宗瑞は秀就の様子を気遣う書状を再三にわたり発している。慶長七年と推測される五月二十二日付け国司元蔵宛て書状（「國司家文書」）には「秀就息災の由専一に候、何より悦びに候、いよいよ夏のどく立ち専要に候、ちと食せず候てやせ候の由、夏へ成り候故と存じ候、様子申し越すべく候（秀就は健康であるとのこと第一です。何よりも喜ばしいことです。さらに夏の毒立ちが最も大切です。少し食欲がなく痩せたとのこと、夏になったためだと思います。様子を知らせてください）」とあり、遠く離れて暮らす幼い我が子を心配する父の心情が表れている。この書状と同じ国司元蔵宛てのみにおいても、秀就の様子を気遣う内容の書状が、九月の江戸下向以降の慶長六年に三通、七年（一六〇二）に六通、八年に十九通、九年（一六〇四）に四通、十年に三通、十一年（一六〇六）に二通確認され（その他、年未詳のものが八通）、宗瑞の秀就への溺愛ぶりが窺える。
慶長八年に宗瑞が江戸へ赴き、およそ二年ぶりの父子再会を果たした際には、「今度下り候て藤七郎息災成人候を見候て、本望悦びこの事に候（このたび江戸へ赴き、藤七郎（秀就）が元気に成長している様子を見ることができ、満足で大変喜ばしいことです）」（『萩藩閥閲録』遺漏）との感想を漏らしている。その後、国許へ下向して関ヶ原合戦後初入国を果たすに当たり、宗瑞は次のような書状を国司元蔵らに送った（「國司家文書」）。

藤七郎（秀就）は江戸に居ます。私と遠く離れてしまい、遺憾なのですが、国（毛利氏）の存続は藤七郎のためなのです。江戸に藤七郎が居るお陰で、私はこのように国許へ下向できたのです。私が精一杯藤七郎の代官を務め、江戸への諸費用について気をつけて申し付けます。上様は、藤七郎が江戸に居るので安心して、宗瑞は万一の時に備えて領国を守る覚悟が大切だとの御意です。そのうちに、速やかに江戸から国許へ帰り、藩政に携わることができるでしょう。江戸と国許に秀就と宗瑞のそれぞれが居れば、安心であるとの仰せです。藤七郎を贔屓にするので安心するようにとのことです。忝いことで、私は涙を流しました。皆も感謝して一層奉公することが大切です。将来頼もしい家は藤七郎であると、上州（家康出頭人本多正純）なども言っています。藤七郎が江戸に居ることによって、毛利家は再興できるのです。

秀就を江戸へ残して国許へ帰る悲痛な心情、豊臣期においては同格の家であった徳川家にひれ伏してでも、秀就のために国を存続・再興しなければならないという強い決意、一方で、幕府の秀就への好待遇に涙を流して感謝する気持ちといった様々な宗瑞の心境が窺われる書状である。

以上のような秀就への溺愛の一方で、厳しく当主教育を施す面もみられる。

慶長九年に比定される三月二十一日付け国司元蔵宛て書状写（『萩藩閥閲録』遺漏）に「藤七少し心ままになり候様聞き候、今時の者はまえまえ替わり、十ばかりよりは十七・八者の様に候間、この節の儀一大事のさかえにて候、何にと気にあたり候とも、申すべき事専一に候（藤七（秀就）は少し我儘になったと聞きました。いまどきの者は昔の者とは異なり、十歳くらいのときから十七・八歳のようですので、今が立派な当主になれるかどうかの境目です。秀就の気に障ることでも、あなたが異見することが大切です。）」とある。宗瑞の溺愛が災いしたのか、秀就は我儘な振る舞いが目に付くようになり、その後も秀就の行状は収まらなかった。

秀就が初入国した折、江戸に留まっていた福原広俊は宗瑞に対して、秀就の評判が悪いこと（「あしき覚えを取り申され候事」）は、我儘な性格のためである（「みなみな気ずい心のまま故」）として、このままでは毛利氏の存続も危ういとの認識を示し（「御家の御調いは、若殿様の御形儀御存分に相極まり申し候」）、宗瑞から直接秀就に異見する以外に、秀就の行状を改善する方法はない（「もはや殿様の御異見にてよく御分別おちつき申すべきよりほかの頼みは御座なくと申しあわせたる御事に候」）ので、秀就在国中に異見して欲しいと要請した（慶長十七年に比定される三月六日付け、「毛利家文庫　諸省」）。とりわけ広俊が懸念していたのは、在国中に宗瑞が秀就を甘やかして、我儘放題にさせると、宗瑞が秀就に異見することもできなくなり、江戸へ帰ったのちの秀就の行状がさらに悪化することであった（「今度御在国中に御馳走過ぎ候て、御心のままに召され候わば、殿様も若殿様の御気を御ためらい候ように御座候て、御上国候わば、重ねては何事もはずれはずれ申す儀までたるべく候」）。

ところが、翌年三月十六日、広俊は秀就の行状を宗瑞に訴えて、再度の異見を要請した（「毛利家文庫　諸省」）。その文中には「昨年のご異見は十分でなく、秀就への手加減やいたわりが過ぎたため、在国中に身に付いた自由きままに行動する癖が抜けず、また、殿様（宗瑞）は若殿様（秀就）に対して、何も悪い点を指摘されなかったと自慢しておられるので、困ったことだと思っています（「去年中の御異見足り申さず、御用捨また御いたわり過ごしなされ候故、そこもとにて御自由かれこれの御くせ、うせ申さず、また殿様も若殿様へは何たる非をも入□□られぬと御じまん故に、笑止なる御事ともと存じ候」）」とある。秀就可愛さのあまり、宗瑞の異見は手ぬるいもので、結果、秀就はさらに増長したのである。その行状は、①毎日のように遊び歩き、夜遅くまで起きているため、翌日の言動にも支障が生じるほどである、②普請や物品の購入などに費用をかけすぎる、③飲酒が過ぎる、などである。それらには広俊の批評が加えられており、①については在国中の癖が抜けていない、②については、井原元応・粟屋元吉・宍道元兼が対処しようとしても、秀就が自ら注文を書いて判を据えてしまうので、その後、値下げ交渉をしなければならなくなる、③については飲酒自慢をするほどで大問題である、としている。

広俊からの再度の要請に対して、宗瑞は江戸に居た秀元や広俊を通じてようやく秀就への厳しい訓戒を発した。二十一ヶ条にも及ぶ異見書（十二月付け、『毛利』）の内容を列挙すると、①～③行儀の手本とすべき者（家康・秀忠に近い大名・家中衆、器用・華麗は家風に合わない）、④～⑦秀就帰国時に宗瑞が行儀を厳しく指導しなかった理由、⑧⑨他大名などとの付き合い（評判の悪い若者との付き合い禁止）、⑩～⑫普請や奉公人雇用など江戸における財政（秀就独断決裁の禁止）、⑬大酒の禁止、⑭遊興の制限、⑮体調管理、⑯家臣の人選、⑰約束を守ること、⑱折檻に関する注意、⑲人の異見をよく聞くこと、⑳家臣への憐愍（とくに小者中間）、㉑自慢の禁止（家康・秀忠や元就・隆元も嫌っている）、と多岐にわたっている。

⑦には「去々年長門罷り下り候時、ここもとにて遊び過ぎ候ように候つる、余りに近年在江戸候て窮困候、然れば、今度国へ罷り越し候儀はきとく千万に候、我ら見参候事、一生の本望これに過ぎず候、やがて又江戸罷り下る儀候条、いささか気をも延ばし候ようにと存じ候ゆえ、我ら緩み候て、一かど手かたく申し聞かす儀もこれなく候」とあり、宗瑞が久しぶりに再会できた秀就を甘やかして、我儘放題にさせていたということがわかる。出立の際に、江戸においては行状を正すよう言い聞かせたとするが、甘い父親の言葉はもはや秀就の頭には残らなかったのであろう。慶長十八年時点で十九歳の秀就は、慶長十三年（一六〇八）には長門守に任官されており、当時としては分別の付かなければならない年齢に達していた。にもかかわらず、行状の乱れが収まらなかったことは、秀就自身の性格もあるが、宗瑞の教育が招いた結果だったのである（脇二〇〇六）。

その後も再三にわたり、宗瑞は秀就に対して訓戒状を発している（『毛利』）。元和元年（一六一五）

の訓戒状においては、相変わらず、飲酒や遊興、夜更かしなどを注意しており、秀就の行状は改善していなかったことを窺わせる。さらに、元和七年（一六二一）には再び二十一ヶ条の訓戒を与えた。その内容は、①〜⑥幕府への警戒、⑦⑧大酒・夜更かしの禁止、⑨⑩宗瑞への孝行、⑪側近衆の処遇、⑫家臣の進言への対応、⑬〜⑮他大名などへの対応、⑯家臣の処遇、⑰財政、⑱人事、⑲家康見舞い時の失態、⑳人心の掌握方法、㉑将軍に対する態度であり、宗瑞は六十九歳の老境にあったが、二十七歳に達した秀就の行状に未だ悩まされていたことが窺える。また、この訓戒は、翌々年に行われた宗瑞から秀就への内証家督に向けて、藩政全般についての引き継ぎ的な要素も有している。宗瑞死没四年前のものであり、遺言ともいえるものだったのである。

第七章　毛利氏再興

1　藩政の整備

防長減封に伴い、宗瑞は家臣団編成上、二つの大きな問題を抱えることになった。一つ目は、豊臣期において独立大名に準じた扱いをうけていた毛利秀元・吉川広家の処遇である。両者ともに徳川家康との関係は良好であり、彼らの処遇を誤ると、萩藩は分裂状態に陥る恐れが高かった。

支藩の創設

まず、秀元についてみていく。秀元は慶長四年の石田三成失脚事件直後の六月四日付け安国寺恵瓊宛て起請文（『毛利』）に「今度家康に対し、我等使として宗薫申す子細ともこれある由候や」とあり、秀元への給地分配問題をめぐって、家康と親密な関係にあった堺の商人今井宗薫を通じて接触したとの疑惑があった。先にみたように、その後の秀元への給地分配は、家康の介入によって、秀元に有利な決着に終わっている。

防長減封後、秀元は長門国下関一帯に配されることとなった。慶長五年十一月に比定される黒田如水・長政宛て宗瑞起請文前書案（『毛利』）に「宰相事、下関相抱え候条、豊前の物主とは申し談ぜず、貴所御等閑なく、御意を得るべきのとおり、堅く申し聞かせ、即ち宰相誓紙をもって申し入れ候事」とあり、秀元から如水父子に対する同趣旨の起請文前書案も確認できる。「宰相」とは秀元のことであり、「豊前の物主」とは関ヶ原合戦後に豊前国主とされた細川忠興を指す。「宰相事、下関相抱え候」とあることから、細川領となった豊前国と関門海峡をはさみ対岸にある下関一帯が秀元領に決定していたことがわかる。

毛利秀元
（長府毛利家蔵／下関市立長府博物館寄託）

また、同年十一月十六日付けで如水父子に対して提出した起請文（『毛利』）の連署者には秀元は含まれておらず（吉川広家・佐世元嘉・堅田元慶・渡辺長・福原広俊・毛利元政・宍戸元続といった毛利氏重臣・一門が連署）、前書の文言に「家中の者ども勿論表裏別心存じまじき事」とあることから、秀元が狭義の毛利氏家中（萩藩）に属しておらず、長府藩が支藩として創設されたことを窺わせる。

支藩創設以降輝元死没機までの秀元の政治的役割については、先行研究（市村一九六七、大舘一九八二）に見直しを迫った田中誠二氏の論文（田中一九八九Ⓐ）に詳しいため、本書においては概要を記す。

慶長五〜十四年（一六〇九）の第一期の役割は、両川（元春、隆景）の後継者に擬せられていたこと、若い毛利一門（厚狭毛利家元康の子元宣、吉敷毛利家秀包の子元鎮）への異見者であったこと、である。しかし、吉川広家とは相対立する存在であったため、宗瑞の期待するほどの両川の後継者たり得ておらず、両者の仲を取り持ち、両者を競わせて本宗家のために働かせることなどは、宗瑞の人使の範囲にとどまっており、秀元執政（後見）体制とはいえないとする。

慶長十四〜元和二年（一六一六）の第二期の役割は、秀就の後見役である。慶長六年の江戸下向以降における秀就の後見役であった国司元蔵が慶長十三年に死没、児玉元兼も病気がちになり、秀就側近が手薄になったことから、秀元が江戸へ赴くこととなった。秀元下向時に宗瑞が発した六ヶ条の覚書（『毛利』）の内容は、①児玉兄弟との協議、②上衆との付き合い、③秀就の後見、④宗瑞との連絡、⑤幕府の意向重視、⑥糸賀真作の派遣、であり、とりわけ②・③・⑤、具体的にいうと、幕府や大名衆との秀就の交際時の指導、行儀の指導が中心的な役割であった。しかし、児玉景唯や福原広俊も同様の役割を担っており、秀元執政（後見）体制が確立したとはいえないとする。

元和二〜九年の第三期の役割は、後見役と聞次（対徳川氏対幕府交渉の毛利氏側窓口）である。秀元と役割の競合していた広俊が元和二年五月、景唯が同年六月に帰国したことにより、彼らの担っていた役割も秀元によって独占されることとなった。しかし、宍道元兼・井原元応・井原元以ら秀就側近層や江戸留守居的な役割を担う糸賀真作の台頭、さらに重臣益田元祥の江戸下向によって、江戸における政務を秀元が専制的に執行する状況にはなく、宗瑞による人使の範囲に属するとする。

元和九年以降の第四期の主な役割は、藩財政立て直しの統轄責任者である。しかし、宗瑞死没以前においては、先にみたように、隠居した宗瑞が当主としての権限を一定程度行使していたため、秀元色は藩政の上に現れなかったとされる（田中二〇〇五Ⓐ）。秀元に対する財政立て直し依頼は前年から行われていたが、秀元はよい方策を思いつかないとして断っていた。けれども、再度の要請があったため、やむなく承諾したとしている（『毛利』）。

つまり、秀元は支藩主であることを自らの本質と認識しており、毛利家一門として若年の藩主を補佐することには積極的であるが、藩政の根幹を担う責任を負う必要はないと考えていたのではなかろうか。宗瑞の存命中に藩政全般を統括することは不可能であり、財政立て直しという難題のみを背負わされることには消極的だったのである。換言すると、宗瑞の狙いは、財政立て直しに伴う家中や領民からの不満の矛先を秀元に向かわせることによって、秀就の権威には傷がつかないようにしようと考えた。秀元の主導で財政立て直しが成就した頃には、秀就が壮年に達して、本格的な秀就政権へと移行できるという目論見だったのでないか。結局、二年後に宗瑞が死没したのち、萩藩政は秀元によって統括されることになり、宗瑞の目論見は必ずしも成功しなかったのであるが、宗瑞死没後の藩政の動向については割愛したい。

次に、広家についてみていく。先にみた慶長五年十一月十六日付け起請文において、吉川広家が他の毛利一門（宍戸元続・毛利元政）とともに連署していることから、広家は狭義の毛利氏家中（萩藩）

に属していたことがわかる。これに先立つ十一月二日付けで、広家は三万四千石余の領地打渡注文（『吉川』）を受給した。給地は周防国玖珂郡・大嶋郡で、発給者は輝元出頭人であった榎本元吉・堅田元慶と福原広俊の連署である。

同日付けで発給者同一の打渡注文が、毛利元康（「毛利家文庫　叢書」）、毛利元政（「毛利家文庫　巨室」、以下「巨室」）に対しても発給されており、それぞれ、元康・元政を組頭とする組中家臣に対する打渡注文が付記されている。広家宛ての打渡注文においても、末尾に、繁沢元氏（広家兄）、天野元嘉、吉田元重に対する打渡注文が付記されており、広家の処遇が、元康・元政と同格であったことを窺わせる。また、元氏以下は毛利氏直臣であるから、岩国藩を本藩家中とはまったく別個の支藩と考えると、支藩主が本藩家臣を組構成員（あるいは与力）とするという不自然な状態になる。したがって、岩国藩の本藩からの独立性は、長府藩に比べ低かったと考えられる。

吉川広家（岩国市・吉川史料館蔵）

秀元と広家で処遇が異なったのはなぜであろうか。広家は天正十九年三月十三日付け秀吉朱印知行目録（『毛利』）において、秀吉から直接、給地を指定されており、その時点においては独立大名に準じた扱いをうけていた。しかし、先にみた秀元への給地分配問題時における吉川領の移封計画の経緯などをみると、毛利氏領国内の配置問題として処理されており、江戸期の支藩主的な性格は有さない状態になっていたと考えられる。その点において、慶長四年に豊臣政権の公認のもとに給地分配を受けてから間もない秀元とは、江戸期の前提となる背景に大きな相違があったのである。

また、広家と宗瑞との関係は必ずしも良好とはいえなかった。広家の父元春は「御四人」の構成員として、毛利氏領国の運営を担っていたが、元春と兄元長の相次ぐ死没後に吉川家を相続した広家が、領国の運営について関与した形跡はない。元春死没以前から、輝元の吉川家に対する警戒感は強かったとされ（村井二〇一〇）、元春・元長死没後になると、毛利氏領国の中枢から広家を排除していたのである。

先にみたように、関ヶ原合戦直前の講和締結は広家と福原広俊との共同作業であったにもかかわらず、九月十九日付けで広俊に対して「拵えの儀、広家・御方才覚をもって相調い候段、祝着に候、倅家のつづきこの事に候、結句御方気づかい候つるよし、近ごろさかさま事に候」（『福原家文書』）と、直接感謝の言葉を述べているが、宗瑞が広家に対して、講和締結に関する謝意を示した書状は確認できない。筆者はこの講和を輝元からの示唆に基づく蓋然性が高いと考えており、広家が輝元の意向に反して講和したために、合戦後の両者の関係が悪化したわけではない。そもそも輝元の広家に対する評価や信頼度は低く、合戦後においてもその評価は変化しなかったと考えるべきである。

慶長六年のものとされる広家自筆覚書案（『吉川』）の冒頭には「今度御和睦相調い、我等満足この事に候、このなかの儀、世上の批判のところ承り及び候のとおり、申し上げたく候」とあり、講和締結に対する批判が強く、広家が宗瑞へ弁明しようとしていた状況がわかる。広家とともに講和締結を主導した福原広俊が、合戦後さらに宗瑞から重用されていることと比較すると、広家は冷遇されていたと推測される。秀就が江戸から初めて下向した慶長十六年十二月の席次において、広家は家中筆頭に着席しており、家格の面では冷遇されていないが、藩政への参画はほとんどみられず、広家は不満を抱えていたと考えられる。

先にみたように、大坂城落城後になると秀就への権限移譲が進んでいく。しかし、秀就の権力基盤を安定化させるためには、秀元の江戸下向によって比重が秀元へと傾いていた秀元・広家間の均衡を是正する必要があった。そこで、元和二年、宗瑞は長女高玄院を広家嫡子広正へ嫁がせることとした。

高玄院は秀就の同母妹で、慶長五年生まれとされる。同年七月二十七日付け広家宛て宗瑞書状（『毛利』）に「お姫惣別幼少の時よりものよわく生まれつき候て、そだち候ものにてはこれなく候つる間、人にだになり候わばと存じ、心ままにそだて候のゆえ、短気に候間、かたがた仰天あるべく候」とあるように、宗瑞が目の中に入れても痛くないほど可愛がっていた愛娘である。

宗瑞が高玄院へ宛てた教訓書（『毛利』）には「このえん（縁）のこと、ふそく（不足）のようにおもい候すると存じ候」とあり、高玄院周辺には、毛利家と同格の他の大名家ではなく、家中の吉川家との縁組に不満を抱く者もいたようである。これに対して宗瑞は「わが身かちゅう（家中）しまらず候ては、なにもかもならざるものにて候と、御だんぎ（談議）候つるゆえ、かちゅうのととのえ（調え）もっぱらと存じ候について、かようえんへん（縁辺）申しだんじ候、とうけ（当家）にてはひでもと・きっかかんよう（肝要）に候につき、かくのごとく申し談じ候」と記しており、高玄院と広正の縁組の狙いを明確に述べている。

広正は慶長六年生まれで、元和二年当時は十六歳。秀就二十二歳、秀元は三十八歳であり、秀就と同世代の広正は、秀元に対抗して秀就を補佐するに適した存在であった。先にみたように、ちょうどこの時期から秀元が江戸において後見役と聞次を兼任するようになっており、本格的な秀就政権へ移行した際に、秀元専横体制にならないようにするためには、秀就と広正が義兄弟となり、連携して秀元を牽制する必要があると宗瑞は考えたのではなかろうか。

秀元に宛てたと考えられる宗瑞書状案（『毛利』）には「家中にて縁定めほどの事候わば、御方様の御息などへこそ申し談ずべく候ところ、その儀なく是非に及ばざる儀に候」とあり、秀元に対して、広正との縁組は秀元に男児がいなかったため（嫡子光広はこの年の八月誕生）、やむをえないことであったと弁解しており、宗瑞が秀元・広家間の均衡に配慮していた状況が窺える。広正縁組の翌年には、宗瑞次男就隆《なりたか》と秀元娘との縁組を調えており、秀就政権安定化に向けて、秀元・吉川家に就隆を加えた三者の均衡を図ろうとした宗瑞の意図が窺える。

この縁組に対して広家は、「御所縁の儀、誠惶千万恐れ多く候といえども、私家末々まで守りに存じ奉り候」との起請文（『毛利』）を提出した。宗瑞の狙い通り、広家の不満はある程度解消され、吉川家を秀就政権支持基盤に組み込むことに成功した。その後も、広家は江戸における秀元の活動に不満を述べ、広正の在江戸を企図するなど、秀元への対抗心をむき出しにしたが（田中一九八九Ⓐ）、宗瑞は広正を秀就支持勢力として期待する一方で、広家を政権中枢に入れることはなく、逆に、秀元を起用する方針にも変化はなかったのである。

最後に、宗瑞次男就隆についてみていく。就隆は慶長七年九月三日生まれ。宗瑞が五十歳のときに授かった末子である。九月四日付け児玉元兼・国司元蔵・湯原元経宛て書状写（『萩藩閥閲録』遺漏）に「夕べいぬの時やすやすと誕生候、心安かるべく候、二の丸も一段息災に候」とあり、秀就同母弟であること、就隆の誕生を宗瑞が喜んでいる様子がわかる。誕生した場所は伏見の毛利屋敷とされ、慶長六年の秀就江戸下向後も宗瑞の側において養育され、慶長八年十月に宗瑞が帰国を許された際にも、父とともに帰国しており、父と接する機会の多くなかった秀就に比べ、父の愛情を身近に感じながら成長したと考えられる。幼名は百助。宗瑞は「お百」と呼んでいた。

慶長十六年に秀就の帰国が許されると、その代わりに就隆が江戸へ下向することとなった。江戸下向前の就隆は「三次郎」と称していたが、江戸において「日向守」の官途を賜り、その処遇は秀就に準ずるものであった。しかし、江戸下向時の就隆は十歳。就隆付きの女房衆「しきな」へ宛てた十一月十三日付け宗瑞書状写（『譜録』）に「三次郎じゅりょう《受領》の儀仰せ出さるるよし、ここもとにてよろこび候、そのためこのもの遣わし候、日向きぶんともよく候や、ずいぶんひゅうがへ心そえかんよう《肝要》に候、くわしくおち所まで申し遣わし候」とあり、誕生以来ずっと手元において養育してきた幼い就隆を遠い江戸へ送らざるをえなかった父宗瑞の心配する心情が読み取れる。

毛利就隆
（徳山毛利家蔵／周南市美術博物館提供）

その後、就隆は秀就の身替の証人として、在江戸・在国を繰り返し、元和三年四月、三万石の内証分知をうけ、下松藩（のちの徳山藩）が創設された（田中一九八九Ⓑ）。その経緯について、宗瑞は「ひゅうがへ知行の儀、江戸にて直に申したるの由に候、さ候えば、罷り上り候にその沙汰これなく候について、ひゅうが気をくさし、この中はらだち候、いかにも公領所少分になり候間、何にかと思案候とて、申し聞かせず候えども、江戸にて申したる由に候、その上何も遣わし叶わず事候間、まず申し渡し候、所がらくばりなどの事は、しづしづと申し付くべく候」と記している（「譜録」）。

就隆への分知は本藩蔵入地の減少につながることから、宗瑞も苦慮していたところ、江戸において秀就が就隆へ直接約束してしまい、その実現が遅れていることに就隆が腹を立てたため、やむなく分知を決断したことがわかる。秀就の思慮不足、就隆の我儘ぶり、宗瑞の愛息への甘さ、三者三様の性格が現れた出来事といえよう。

宗瑞の甘さは就隆への愛情のみが原因ではない。就隆の冷遇によって、秀就・就隆間が不仲になることを恐れたからでもある。宗瑞が理想としたのは、祖父元就の下で、父隆元・叔父元春・隆景が協力して、毛利家を発展させた「三矢《さんし》」体制である。自らの目の黒いうちに、本宗家秀就とその弟就隆、両川の後継としての吉川家と秀元、この四者の協力体制（秀就を除く三者については、均衡を保ちつつ）を確立しようとした。

慶長十一年の広家と秀元の和解、元和二年の広正と高玄院の縁組、元和三年の就隆と秀元娘の縁組のほか、年未詳（元和九年頃）四月四日付け秀就宛て宗瑞書状（『毛利』）に「日向（就隆）事、先書に申し候ごとく、そこもとしかと罷り居り候て、御方伽候て、万事御方と申し談じ候わでは叶わざる儀に候、先書に重畳申し候様、その段肝要に候、いよいよその御分別、我らにおいて本望たるべく候」「万事秀元・日向仰せ談ぜられ候事肝要に候」とある。また、これも年未詳であるが、広正宛て宗瑞書状（『吉川』）には「明日、御方・日向へ茶申すべく候、御出で祝着たるべく候」とある。縁組、相談体制、茶会など様々な方策を用いて、四者の協力体制を構築しようとした宗瑞の苦労が窺える。

しかしながら、先にみたように、吉川家の秀元に対する反感は強く、また、寛永元年（一六二四）十月十四日付け就隆書状（『毛利』）に「秀元・私如在にこれある様に聞こし召し付けられ、この中重畳御意なされ候とおり、その旨存じ奉り候、然れば、秀元、私に対して少しも疎略に存じられずのとおり、仰せ下され候、ことさら忝き御意候上は、以来の儀、秀元へ毛頭別儀存じまじく候」とあり、秀元と娘婿就隆との関係悪化がみられる。結局、宗瑞の願いもむなしく、寛永八年（一六三一）の秀元の藩政からの退任、同十一年の秀元・就隆の別朱印発給運動と岩国藩の陪臣位置づけの確定、時期は不明であるが就隆と毛利秀元娘との離縁などによって、四者は反目し合うことになるのである。

財政再建

防長減封直後の宗瑞は、二つの大きな難題を抱えていた。

一つ目は先納貢租返還問題である（利岡一九七一）。減封の決定した十月時点において、慶長五年分の貢租はすでに収納済であったと考えられ、毛利氏領国から外れることとなった安芸・備後（福島正則領）、石見（幕領、浮田左京亮領）、出雲・隠岐（堀尾吉晴・忠氏領）、伯耆（中村忠一領）、備中（幕領）分の先納貢租について各藩主・代官からの返還督促に悩まされることになった。とりわけ、福島正則については、慶長六年に比定される二月二日付け正則書状（『福原家文書』）に「去年てるもと御身上儀候、随分馳走申し候、はや御失念候や」とあり、関ヶ原合戦後の処分軽減に尽力した恩義を忘れたのかとして、返還を強く迫った。

これに対する二月三日付け返書案（『福原家文書』）には、「この中も色々短息仕り候えども、了簡及ばず候て、御使衆をも一日一日と抑留いたし候、右申し様手前に少しもこれなく候上は、別に仕るべき才覚御座なく候条、追々人を差し下し候て、防長罷り退き候家人どもの内をせんさく仕り候て、弐万石分の儀、来る三月中に何とぞ相調え申し候よう仕るべく候、然れば、先給主、地下に借り置き候分も少々これあるの由候間、その究めをも内儀申し付け候て、御意を得べく候条、さようの所をも聞こしめしわけられ、その上不足分の儀、来秋召し置かれ候て下さるべく候、さ候わねば、防長に相抱え候事も罷りならずまでを、迚《とて》も御引立てをもって今まで相続き候身上候条、御分別においては、重々の御取立たるべく候、御倉納御代官衆ならびに堀尾殿よりも日々御催促候えども、何とも罷りならず候て、是非に及ばず候」とある。

正則からの使者は色よい返事をもらうまでは帰れないとして留まっていたが、種々検討してもよい解決策を思いつかず、結局、芸備両国を離れて防長へ移住した給人から収納分を徴発することによって、三月までにとりあえず二万石を返還し、不足分は秋の収納をもって返還するので待って欲しいとしたのである。待ってもらえなければ、正則の尽力によって存続できた毛利氏が破綻するとして、懇願した。

返還分の調達方法として、関ヶ原合戦以前の給主が村（「地下」）へ貸していた分、すなわち、徴収を免除・猶予していた分の取立が挙げられている。実際に、一月十七日付け兼重元続・佐世元嘉書状写（『萩藩閥閲録』）に、「去務有米の儀、堅固に預け置かるべく候、未進の儀は当給主相調え、抱え置かれらるべきの由申し渡し候、これは先給返納の儀についてかくのごとくに候」とある。長門国阿武郡賀年村（山口市）において二百石余の給地を与えられた入江元親に対するものであり、以前の給主は毛利秀元と考えられる。旧秀元領については、「かの上地ならびに当知行にこれある八木押し取り、相調える儀たるべく候」（三月二十八日付け佐世元嘉宛て宗瑞書状写、「巨室」）とあり、秀元領が防長両国のうち過半を占めていた（長門国すべてと周防国吉敷郡ほか）ことから、主な取立の対象となったが、周防国都濃郡においても、郡司御手洗又右衛門・弘中与次郎に対して一月十七日付けと同内容の書状（二十五日付け）が発給されており（『萩藩閥閲録』）、藩領全体を対象とした方策だったと考えられる。

一月十七日付け書状写における給主である入江元親は、先にみた兼重蔵田検地の結果、四百石を宛行われていた。防長減封後の給地が二百石余であるから、以前の給地において全額収納していたとすると、二百石分は余剰利得となる。正則に対する返書案の「防長罷り退き候家人どもの内をせんさく」にはこのような余剰利得も含まれると考えられる。入江のケースにおいては、約五割の給地削減に過ぎないが、慶長六年三月五日付け宗瑞定書写（『萩藩閥閲録』）には「家中の者給地最前の辻引き合わせ五分の一配当すべき事」とあり、五分の一への削減方針が示されている。関ヶ原合戦前の毛利氏領石高は約百十九万石、その内、防長二国分が約三十万石であるため（田中一九九三）、支配領域の削減比率を上回る削減方針を示しているが、実際には入江のような中小領主については、五分の一への削減では家の維持が困難となるケースが多いと考えられたため、削減比率には軽重をつけたのであろう。三月五日付け宗瑞定書の付則においても「少宛加増これあるべき者の事」とあり、五分の一からの加増があることを明記している。

このような方策によって、当面の正則への二万石分を確保するとしても、不足分の返還がさらに難問であった。先にみた十一月十九日付け佐世元嘉宛て書状写（「諸臣」）に「下々、返納・国替えさまざまに明日の迷惑をも存ぜず、当座当座心持ちと聞こえ候、それとても返納差し置くこともならざる儀候間、口にてがい分いさめ、我々身上よく次第なり候、今少しの儀候間、おのおの下々もはげみいたし、堪忍候えとの儀、うそまじりに申し候ていさめ候」「返納の調えにて、なにとぞ下々おどしつけ候事」とある。民衆は貢租返還問題や減封になったことなどには関心がなく、当座のことのみ考えているが、返還を放置することはできないので、口先で、あと少しの辛抱だからと嘘を交えて、民衆を宥め、従わない場合は、威力を用いて強制するようにとの指示であり、貢租返還のために民衆を欺き、収奪しようとする宗瑞の姿勢が示されている。

二つ目の問題は家臣団の処遇である。先にみたように、防長減封後も家中に留まることを選択した家臣に対しては、五分の一への減知が基本とされたのであるが、一律五分の一にすることは困難であった。防長減封直後の給地石高をみると、一門の毛利元康・元政や備後の有力国人領主山内家、安芸の有力国人領主阿曽沼家・天野元嘉などは五分の一になっているが、備後の有力国人領主の三吉家は十分の一以下となっている。中規模家臣をみると、譜代家臣粟屋元定は二四％、出雲国人領主の湯原家は二五％、小規模家臣においては、久芳与三兵衛が三三％、高尾又右衛門が五二％と規模が小さくなるに従い、減知率が縮小している。御園生平右衛門や神保善左衛門のように増加している者もあるが、一族が分散して与えられていた給分を統合した可能性もある。いずれにせよ、このような減知比率の差は、宗瑞との親疎や、宗瑞の期待感をある程度反映したものと考えられる。

この結果、減知に不満を抱いた家臣は萩藩から出奔した。のちに帰参している家もあり、『萩藩閥閲録』の由緒書などには、やむなく家中を離れたとする記述もみられるが、実際には、家の規模を維持するために、他大名への仕官を選択したものと推測される。逆に、関ヶ原合戦後に加増された大名にとって、独自の軍事力を保持する大規模領主層を新たに召し抱えることは効果的であった。

例えば、十分の一以下となっている三吉家の場合、惣領の元高が出奔し、元高の弟新兵衛は家中に留まったものの、減知された。元高は姫路城主となった池田輝政へ仕官して一万二千石を与えられた。合戦前の給地が一万九百三十九石であるから、出奔により、加増を獲得したのである。備後の有力国人領主の木梨家では、兄の清右衛門が池田輝政、弟の喜左衛門が黒田長政へ、石見の有力国人領主小笠原家は津和野城主となった浮田左京亮へ仕官した。赤間関代官を務めるなど重用されていた粟屋平右衛門さえも出奔して、加藤清正へ仕官している。合戦前の石高が千百五十二石、清正家中においては二千十六石、ほぼ倍増である。彼の場合、自らの能力を目に見える給地という形で評価してくれる大名を選択したものと推測される。

家中の有力国人領主の中でも最大の給地（一万八三八三石）を有していた平賀家の場合、四千石に減知される予定であったが、貢租返還分を負担することができず、家中を離れたとされる。一方、当主だった元相の嫡子元忠は紀州浅野氏に寄食して百人の月俸を与えられたとある（「平賀家文書」）。単なる寄食であったのか、実際には仕官していたのか不明である。元忠は慶長八年頃に帰参したが、三百石に減知されており、出奔の代償は大きかった。

その他、隆景旧臣層からも、乃美景嘉・井上春忠・粟屋景雄・村上景房ら多くの出奔者が発生した。このような家中の混乱に対して、宗瑞はどのように対処したのか。十一月十九日付け元嘉宛て書状写の一部を抜粋する。

自然、世上大替わりも候わば、今度の罷り退く者どもはあいてに罷りなるべく候、案内者と申し弓矢なれたる者候条、気遣いになるべくと存じ候、その段も是非なく候

一、この身上にてはいらざる事にて候えども、二ヶ国持ち候上は、人につままれざるようにほぞかたく、時々喧嘩以下候とも、わらわれざるように仕りたきか、この上にても男の役に候、今の分は一こうさようの心持ちこれなく見え候間、しょうし候、定めてその分別もこれあるべく候が、ふかく候てのがし候や、存ぜず候、まず我々存ずる所は

一、他国者許要は公儀へのためらい、人は知行候はや存じ寄らざる儀に候、少しも武辺かた、ざれごとにも心がけ、さかさか候わん者、老若仁不肖よらず自余のことはかけ候とも、大段これあ

るべき者、あと知行をも遣わし、はなはなとそれしやに仕りなし仕立てたく候、とかく真実身がわりにも立つべきと存ずる者は、十万二十万が中に一人もそれはあるまじく候、さ候とて当分役にも立つべきと存ずべき者、おしこみ置き候わば、自然の時一はらいもなるまじく候、我々は右のとおりに存ずる事に候、その方いかが存じ候や、同意候わば、さようの者付立存じ候ところ申し越すべく候、われわれも存じ出申すべく候

一、有地はいかが候や、いよいよ無二候か、さよう候わば、心付け候て、いよいよ我々懇ろに申し候とていさめ申すべく候、心得のために候事

一、岡惣左しゅっかい候て近年出でず候、内々の心持ちはさたのかぎりの者候えども、武辺かたをばすきにて心がけ候者にて候、今度何方も仕るべくと存じ候ところ、さようもこれなく候や、その段いよいよその分候わば、召し出し、似あいの知行も遣わし候わんや、その方へ内談候、今度の始末知らず候、申し越すべく候

一、是非とも右の調えを仕りたく候、その心持ち専一に候、存ず所申し越すべく候

〔意訳〕

万一、情勢が大きく変化すると、このたび出奔した者達は敵になるでしょう。毛利氏攻撃の案内者として、戦闘を得意とする者ですので、懸念されることですが、しかたがないことです。

一、このような身上になってしまったのでは不要なことですが、防長二カ国を領有しているからには、他人にばかにされないように決心をして、時々は喧嘩してでも笑われないようにしたい

のです。それが男の務めなのです。ところが今、あなたにはそのような気持ちがないように見えますので、おかしいことです。きっとその思慮はあるのでしょうが、不覚にも出奔を見逃してしまったのでしょうか。わかりません。私の考えは次のとおりです。

一、他国へ出奔する者を許容することは公儀への躊躇もありますが、他大名から知行を与えられた者のことはもはや知りません。武を尊び、社交性もあり、才知に優れた者は、年老いた者であろうと、若い者であろうと、蔵入地が減少してでも、知行を与えて、その者に適した職に就けたいのです。本当に身代わりになるような人材は、十万人・二十万人に一人もいません。だからといって、当分役に立つ程度の人物を家中に引き留めると、万一の時に、解雇することができなくなります。私は右のように思うのですが、あなたはどう思われますか。同意していただければ、そのような人物を書きあげて知らせてください。私も考えを知らせます。

一、有地はどうでしょうか。かけがえのない存在でしょうか。そうであれば、気を配って、私が大事に思っていることを伝えて、出奔を諫めてください。心得のためです。

一、岡就康は不平を言って、近年は伺候しません。内心はけしからぬ者ですが、武を非常に尊ぶ者です。このたびも他大名へ仕官すると思っていたところ、その様子はありません。出奔しないようであれば、召し出して、彼にふさわしい知行を与えるべきでしょうか。あなたに相談します。このたびの彼の動向はよく知らないので、知らせてください。

一、ぜひとも右のように処理したいのです。その心がけが第一です。あなたの考えを知らせてく

――ださい。

出奔者の多くは、佐世元嘉が統括する国許からであった。上方に留まっていた宗瑞は、出奔者の続出によって、宗瑞、ひいては毛利家が侮られることや、家康の機嫌を損ねることを恐れた。一方で、有能な人材は家中に引き留める必要があるが、そうでない者は家中に留めておいても、財政再建の支障となるだけであり、ある程度の出奔はむしろ好ましいと考えていた様子が窺える。この書状において、問題視されていた備後の有力国人領主の有地家や岡就康は、結局家中に留まっており、元嘉を通じた説得が功を奏したものと考えられ、体面を保ちつつ、毛利氏再建のために何が必要で、何が必要でないかを冷徹に判断する宗瑞の姿勢を物語る事例といえよう。

先にみた出奔者以外で、防長減封の際に、毛利氏家中から離脱した領主層として、備中国を本拠とする国人領主を挙げることができる。毛利氏家中に残ったのは清水家のほか、長府藩に編入された細川（浅口）家などきわめて少数であり、三村（成羽）家・石蟹家・伊達家・赤木家・小田家・野山家・伊勢家・庄（津々）家といった有力国人領主層が軒並み毛利氏家中から離脱している。高松城水攻めの項において指摘したように、毛利氏の備中国支配の対する執着心は薄く、その結果、備中国人領主層と宗瑞との紐帯は強くない。ゆえに、備中国人領主層には本拠を捨ててまで毛利氏家中に残るという忠誠心はなく、宗瑞にとっても、彼らを引き留めるより、彼らに与える分の知行を、残留した譜代家臣層や芸備・防長・雲石領主層に分け与える方が遙かに有効であった。備中国人領主層の家中からの離脱は歓迎すべき事態だったのである。

また、中小領主の中には手作地を有して、農業経営を行っている者も少なくなかったため、防長への移動に従わず、帰農した者もあったが、減封後の家臣数は全体の石高縮小比率に比べて、減少していない（約三分の二）とされる（利岡一九六四）。その結果、領知に比して家臣団数が過大であり、また、連年にわたって課された幕府普請役への対応によって、家臣は疲弊しており、その不満を解消して、財政基盤を強化し、役負担を確保する必要性に迫られていた（市村一九六七、田中二〇一三）。

以上のような課題に対応するために実施されたのが、慶長十二～十六年のいわゆる三井検地（検地惣奉行三井元信）である。この検地については田中誠二氏の著書（田中一九九六）に詳しいため、本書においては概要を記す。

三井検地は以降の萩藩の地方支配・財政の規矩の大枠を構成するものであったが、丈量は相当杜撰であったと考えられ、石盛は物成が七ツ三分に当たるように物成から逆算したものと推定される。石高は慶長十年御前帳の一・八倍の打出しであり、畠・屋敷もはじめから分米表示となり、有用樹木を小物成として石盛をしている。畠高については高一石に銀十匁を収納しており、この検地によって、田方＝米納、畠方＝銀納の収納原則が確定した。給領検地にあっては、指出を通じて内所務の把握、案内者を出させることを通じて落地の防止につとめ、連年続く幕府普請役に耐え得る知行の「平等」さを確保しようとした。しかし、激しい打出しと杜撰さとは、在地との間に大きな矛盾を生じさせ、在地の荒廃を招来した。そのため、寛永二～三年（一六二六）に再検地（寛永検地・熊野検地）が必要となったのである（田中一九九三）。

田中氏の見解の通り、三井検地は在地の実態を無視した財政再建優先の検地であり、結果として、失敗に終わったとする評価は妥当かもしれない。一方で、大坂の陣や幕府からの普請役などにおいて、萩藩が表面的には大きな失敗なく役を務めたこと、三井検地以降、家中からの離反者がほとんどみられなくなることからみると、幕府対策、家臣団統制という意味においては、ある程度の評価を与えてもよいのではなかろうか。

支配構造の変容　豊臣期末において、輝元は自らを頂点として、出頭人的官僚制機構が領国統治を主導するという一元的な支配構造を構築しつつあった。このような支配構造が関ヶ原合戦後、どのように変容していったのか、田中誠二氏の研究（田中二〇〇五Ⓐ Ⓑ）に学びながら、みていきたい。

朝鮮侵略戦争期以降、当主輝元の在上方が多かったものの、国許の統治は輝元によって登用された輝元出頭人（佐世元嘉ら）によって担われていたため、支配機構は一元化されていた。ところが、江戸期になると、在国の宗瑞と、在江戸の（元和期以降は隔年在国）秀就という二頭政治体制になったこと、対幕府折衝が豊臣期よりも重要になってきたことによって、支配機構も国許に常駐する役職と藩主に随従する役職の二元構造へと変容した。

まず国許に常駐する役職についてみていく。

国元加判役は、藩主が在江戸で国許を留守にしている時、藩主に代わって留守を守る役割を担ったことから、「留守居」とも呼ばれた。その職務規程の初見は元和九年十一月二十三日付け秀就覚（「右田毛利家文書」）で、職務内容は、高札や家臣への役目触れ・藩主の意を受けての命令書への署判、蔵入地と知行地との間の訴訟、給人同士の訴訟である。また、これらの職務にはこの時期の当職《とうしょく》（益田元祥）も参画していることから、当職も広い意味での加判役であったとされる。

次に、当職について、元和九年から慶安四年（一六五一）までの法制にみられるその固有の職務（加判役も担う職務は除く）は、蔵入地間の訴訟、地方（農村・農民）・町方支配やそれに関する人事、年貢収納、藩財政・藩借銀である。

田中氏は、国元加判役が藩主の主従制的支配、当職が藩主の統治権的支配を代行するという任務分担をした上で、寄合によって相談・合議し、全体として加判衆を構成していたが、秀就期までは、加判役の役割の方が重視されており、家臣団編成・家臣団秩序の確立の方が、領内統治機構の整備に先行したことを意味するとしている。また、加判役の構成員について、関ヶ原合戦以降の慶長期には一門の福原広俊、宗瑞側近の榎本元吉・井原元以の三人体制、その後、一門については、元和期に宍戸元続、寛永期に毛利元倶《もととも》（右田毛利家）と続き、益田元祥も加わったとし、側近層については、井原・祖式・清水・宍道らが務めたとする。

当職については、慶長十二年まで佐世元嘉、十三〜十五年十一月まで三井元信、その後、十七年六月まで井原元歳、慶長二十年二月まで三浦元澄、元和四年（一六一八）一月まで井原元以、元和六年（一六二〇）四月まで榎本元吉、元和七年六月まで三井元信、寛永元年十二月まで井上元光、それ以降

（宗瑞死没以前）は益田元祥と清水景治（当職副）が勤めたとされる（『防長風土注進案研究要覧』）。

次に、藩主に随従する役職についてみていく。

当役は江戸藩邸の「当職」であり、財政関係などの「御用所」を統括する役職。江戸加判役は江戸藩邸に詰めて、幕府からの用、幕閣・幕府上使・大名・旗本等の客の応接、江戸藩邸に詰めている藩士の統率を行う役職。江戸加判役が主従制的支配権を代行し、公儀向きをも担って、初期においては中心的役割を担ったとされる。藩主帰国の際は、当役とともに江戸加判役も帰国したが、江戸加判役のうち一人は江戸に残り、「江戸留守居」となった。

当役については、慶長六年二江戸加判役の児玉元兼が江戸定詰都合人として藩主に陪従して機務の処理に当たったことに始まり、その後、福原広俊（慶長十五年六月～）、児玉元兼（慶長十七年十二月～）を経て、井原元応（慶長二十年～）に至り「江戸御当役」と称されるようになったとされる。元応ののち、益田元祥（元和三年六月～）、井原元以（元和六年～）、山田元縁（元和八年（一六二二）～）、宍道元兼（寛永二年～）が歴任した（『防長風土注進案研究要覧』）。また、秀就が初めて江戸下向した際に随行した児玉元兼・景唯兄弟、国司元蔵が江戸加判役の端緒とされる（田中一九八九Ⓐ）。

これらの役職を先にみた慶長三～五年の中央行政機構と比べると、豊臣期に輝元とともに在上方であった榎本元吉・二宮就辰・堅田元慶（輝元出頭人）＋安国寺恵瓊・福原広俊（組頭代表）（類型A）と松寿丸付家老として広島にありながら内政を補助していた張元至（類型C）が加判役として国許と江戸に分かれ、広島で内政を統括していた佐世元嘉（類型B）はそのまま当職となっている。また、元至とともに松寿丸付き家老であった国司元蔵はそのまま秀就に随行して江戸加判役を務めている。湯原に改姓した児玉元経も兄元兼や国司元蔵ともに、慶長八年頃まで江戸における職務を統括しており、さらに、慶長八年半ば頃から元兼の弟景唯が加わっている（元経はみられなくなる）。

一方で、張元至は秀就の江戸下向に随行していない。秀就が下向する直前の慶長六年八月、元至は帰国を命じられ、秀就乳母との密通を理由に、同月二十七日、周防国大島郡において切腹したとされる（河野一九六九）。その結果、秀就周辺から輝元出頭人が排除され、秀就母の兄弟（元兼・景唯・元経）、伝統的に次期当主の守役を務めていた国司家の国司元蔵という五奉行系の家によって、秀就側近は独占されることとなった。

元至と密通したとされる乳母は、その事実を強く否定しており（『防長風土注進案』）、張家も宗瑞存命中に再興されていることから推測すると、密通事件は捏造された蓋然性が高い。関ヶ原合戦における敗北によって宗瑞の権威は低下していたが、宗瑞に代わって当主となるべき人物は他になく（幼年の秀就は時期早尚）、宗瑞の責任を追及することができない状況下において、豊臣期の輝元権力の専制体制化に反比例して、領国支配から遠ざけられていた旧勢力（五奉行系など）は、豊時期末に輝元を支えていた輝元出頭人をスケープゴートにした。なかでも、帰化人である元至は、他の輝元出頭人に比べ、旧勢力との関係に乏しいことから、スケープゴートに最適であり、また、宗瑞の後継者秀就に対する輝元出頭人の影響力を排除するためにも、元至を失脚させる必要性に迫られていた。江戸加判役の顔ぶれは、このような権力闘争を経て、決定したものと考えられる。

換言すると、宗瑞は来るべき秀就政権の安定化に向けて、旧勢力に軸足を移したのである。国許における政務は、引き続き「当職」佐世元嘉が統括したが、宗瑞が慶長八年十月まで帰国できなかったこと、居城さえも決定できない状況であったことなどもあり、藩政の主導権は上方にあり、元嘉の担う役割は低下していた。宗瑞のもとで実質的に政務を担ったのは、輝元出頭人の榎本元吉に加え、福原広俊と井原元以であったが、徳川政権との調整が重要視される状況下においては、関ヶ原合戦時の講和交渉を担った広俊が筆頭格となり、上方においても輝元出頭人の権力は低下していた。

輝元出頭人の一人堅田元慶についても、関ヶ原合戦時の行動を問題視されて、「今においてはかの者事、ただの者なみ召し遣い候」（『福原家文書』）とされ、政権中枢から外され、証人として江戸に留められたとされる（宮崎二〇一一）。

また、井原元以は安芸国中郡衆井原家の出身で、第二次朝鮮侵略時に組頭を務めた三尾元尚の弟である。元尚が死没したのち、その嫡子元直が若年であったため、元以が井原家を代表する存在となっており、毛利氏家中において最も毛利家との同格意識の高い安芸の有力国人領主（熊谷、天野など）への配慮上、元以が起用された可能性を指摘できる。関ヶ原合戦後には、熊谷のほか、益田（石見）や宍道（出雲）といった安芸国以外の有力国人領主も政務に参画するようになっており、危機に陥った毛利氏再建のために、宗瑞が家臣団の融和を最優先したことが窺える。

慶長八年以降、宗瑞が在国するようになると、国許の政務は佐世・榎本・井原の三者による遂行が主となったが、彼らを規制する存在として、幕府との交渉を担う福原広俊があり、益田元祥も広俊に準じる存在となっていく。輝元出頭人の代表的存在であった元嘉は慶長十二年頃、財政再建の失敗を理由に事実上の更迭処分を受け、豊臣期末に輝元が目指した専制体制は、宗瑞自らの手で葬り去られたのである。

国元加判役については宗瑞死没後に一門による独占体制が確立したとされるが、慶長年間において は、右田毛利（元就七男元政系）・厚狭毛利（元就八男元康系）・吉敷毛利（元就九男秀包系）のいずれも当主が若年（元政は慶長十四年まで存命しているが、関ヶ原合戦直後に剃髪しているため、政務には参画していない）であるため、一門（元就の血縁ではない福原・益田家を除く）の政務への参画はみられない。

一方で、慶長十七年の千石夫（江戸における普請役）付立（『萩藩閥閲録』）に記された組編成をみると、一門四家（宍戸元続、右田毛利元倶、厚狭毛利元宣、吉敷毛利元鎮）及び吉川家が指揮する組がみられ、そのほか内藤家（宗瑞母尾崎局の実家）に養子に入った元続弟元盛（のちの佐野道可）の嫡子内藤元珍《もとよし》や元続弟景好（関ヶ原合戦時に伊予へ進攻した景世と同一人物の可能性がある）の指揮する組も含めると、全体に占める一門比率は六割弱である。この数値は第二次朝鮮侵略戦争時の組編制における一門比率とほぼ同等であるが、先にみたように、第二次朝鮮侵略戦争後には、二宮就辰や堅田元慶といった輝元出頭人を指揮者とする組が編成されていたことと比較すると、一門を通じた家臣団統制へと戻りつつあったといえよう。この延長線上に、宗瑞死没後の一門による大組の統率があったものと考えられる。

なお、慶長十七年千石夫付立におけるその他の組指揮者は、毛利家庶家出身の譜代（志道）、伝統的譜代（渡辺）、五奉行系（粟屋、桂）、旧国人領主（益田、山内、井原、祖式）といった様々な出自の者である。

以上のように、朝鮮侵略戦争期以降に進行していた輝元出頭人への権力集中を通じた輝元専制体制は、関ヶ原合戦後になると大きく変容し、一門や五奉行系譜代家臣、毛利家庶家、旧有力国人領主層など、各層のバランスの上に宗瑞・秀就が立つという支配体制になったのである。

萩築城

慶長八年八月、宗瑞は防長減封後初めての帰国を家康から許されたが、その際に「国境目城丈夫に申し付け候て、両国抱えるべきの由に候、家城の事は見合わせ、こころ次第申し付くべきの由御意に候」（『萩藩閥閲録』）という指示を与えられており、「家城」すなわち居城をどこにするか早急に検討する必要があった。とりあえず、山口に仮居住した宗瑞は、複数の候補地を選定して、家康や幕閣との意向を探った。長文であるが、その経緯や宗瑞の真意がよくわかる慶長九年一月二十八日付け福原広俊・国司元蔵連署覚書（『毛利』）をみてみよう。

①本多正純（家康出頭人）殿の所へ最初に伺い、絵図をお目にかけたところ、くわしくご覧になり、国の実情、方角、風習などを丁寧にお尋ねになって、節所（要害となる場所）について入念にお尋ねになりました。

②高嶺（山口市）について、いずれにせよ居城とすることはできないかとお尋ねになったので、そうであると答えました。

③桑山（山口県防府市）について、節所ではないと聞いているが、どうすべきであろうかとおっし

ゃられました。

④指月（山口県萩市）についてお尋ねになられたので、様子を話すと、場所柄は適切であるとおっしゃられたので、山口からの道、諸方面からの入口が難所であると言いました。

⑤指月は引っ込んだ場所であると言ったところ、それは構わないとのことです。場所柄さえよければよいとおっしゃりました。「何にせよ、本多正信（正純の父）へ話して、正信の異見・指図に従えば、悪いことにはなりません。居城地の決定については幕閣の支援が必要ですが、私や正信が居ますので安心してください。」とおっしゃられました。

⑥右の通りですので、正純からの使者とともに、私たち二人が正信の所へ参りました。

⑦正信も丁寧に絵図をご覧になって、桑山・高嶺・指月それぞれについてお尋ねになり、国の風習、国境、川の流れ（浅い場所、深い場所）などをお尋ねになりました。そして、桑山の周辺は湿地なのか、海は浅瀬か、周辺に大河はあるか、鉄砲で桑山を攻撃できる山はないか、などとお尋ねになりました。「率直に言うと、桑山は現在の財政状況では普請できない山です。指月が適切な場所です。家臣団の妻子を指月に置いて、山口において人の応援をされるのが適切でしょう。」とおっしゃられました。

⑧上と下の国境には誰を配置されているか、とお尋ねになられたので、毛利秀元と吉川広家ですと答えたところ、「適切です。彼らがいれば、誰も国内へ侵入できないでしょう。その方針で国の仕置をされることが適当です。」「指月と岩国・長府の三つの城が金輪になるので、さらに適当で

ある。」とおっしゃられました。
⑨その後いろいろなお話をされ、「いずれにせよ、居城は場所柄の適切である所がよいものです。そのことをご納得されることが適当です。」とおっしゃられました。
⑩そして、「五・六日ほど経過して、家康へ披露したところ、一段とご機嫌のよい様子だったので、ご安心ください。」とおっしゃられました。
⑪村越直吉（家康側近）殿の所へ伺うと、いろいろお話をされ、家康の機嫌がよかった様子を本多正信が話されていたとおっしゃり、居城のことについてお尋ねになりました。詳しくお話ししたところ、「節所が適切であると思います。私は知りませんが、皆が言っていたことを聞いたことには、上方衆は新規築城するとして、大規模な普請を行われ、完成しないうちに、不祥事を惹起して、皆、大名家存続の危機に陥ったとのことですので、少々の不便は我慢して、節所を少人数で守備するようにご覚悟なさるべきです。」とのお話しでした。
⑫城昌茂（家康奏者番）の所へ、堅田元慶と私たち二人が饗膳に伺いました。その座敷で居城のことについて尋ねられました。ことの次第を話すと、「指月のようなよい場所がありながら、他の場所についておっしゃられることは適切ではありません。私も甲斐国において戦争を経験しました。いずれにせよ、危機に陥った際には、小勢で節所を守備することが最善です。何よりも、秀就様が江戸に居られる状況なので、他の大名とはまったく異なるご判断が必要です」と申されました。

⑬「家康様が現在のようにお元気であろうと、病気になられようと、世間ではさまざまに言うでしょう。そのような時に、新しい城を普請しないでいることは適切ではありません。何よりも、普請されていない山に新規築城することは、他大名から大きく注目され、その成否をもってその国を見下すことになります。とくに、桑山は節所としてまったく適切ではありません。」

⑭「世間でいかなる事態が起ころうとも、夜襲で萩藩領へ乱入することはないでしょう。音信はあるでしょうから、その時には、指月へ引き籠って、いずこから何を言ってきても、また、隣接する大名が談合をもちかけてきても、「宗瑞は俗世を捨てた者です。その理由は関ヶ原合戦において一度失敗をしているからです。何よりも、秀就を江戸へ置いていますので、どなたともきわめて親密にするつもりはありません。私のことは放っておいてください。」とおっしゃって、指月へ引き籠るのが適切です。そのような時には、大勢の人が集まるような新しい城では対応できないのではないですか。宗瑞は戦争に疎いと他人に思われますので、よくよくお考えになる必要があります。」と申されました。

⑮「ですから、居城は非常に小規模にされて、吉川広家・毛利秀元・福原広俊・佐世元嘉・榎元元吉が討死しようとも、指月を守り抜いて、宗瑞一人が生き残って、情勢を見極められる判断が肝要です。そのような時に、居城の場所によって成否が決まるのです。」とおっしゃられました。

⑯「日常は山口に居られて、小姓衆のみを在番に置かれて、金銀その他はすべて指月に置かれ、山口を、私などの江戸屋敷同様にされるのが適切です。」と申されました。

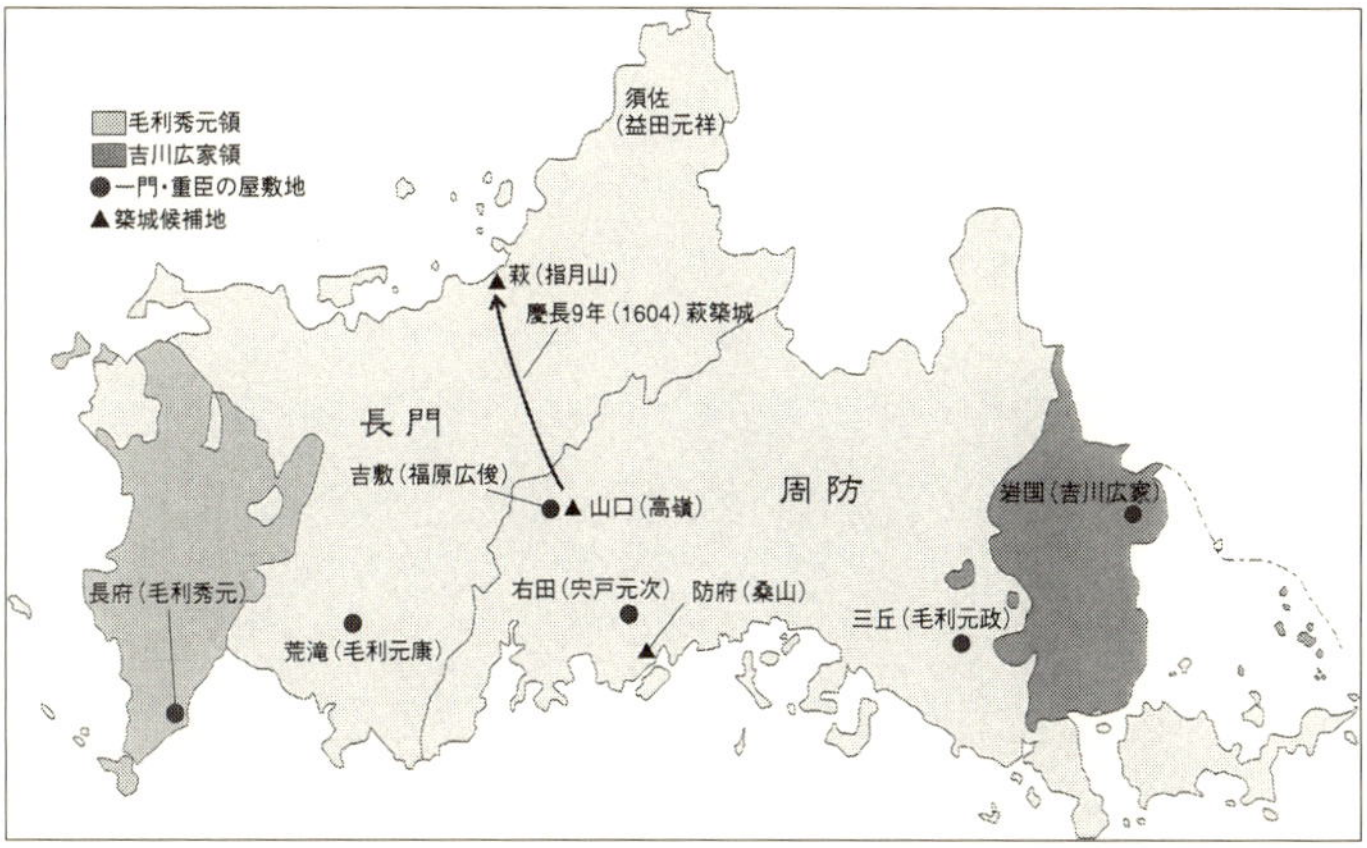

防長地図（毛利博物館編『毛利氏の関ヶ原』より）

⑰「不必要な普請は放っておいて、家中を安定化させることが肝要です。そして、家中を結束させて藩を運営すれば、城や構にも優るでしょう。」と申されて、笑われました。

⑱以上が、我々二人が承った内容です。城昌茂が申されたことは、堅田元慶も聞いています。昌茂の申された内容と、本多正信がおっしゃった趣旨は、ほとんど似通った内容が多くございました。

②、③、④から、居城の候補地は、山口の高嶺、防府の桑山、萩の指月の三カ所であったことがわかる。高嶺については宗瑞の希望地ではなく（②）、指月についても引っ込んだ場所にあることを理由に、宗瑞は否定的であった（④、⑤）。おそらく、攻めづらく、守りやすい（⑨、⑫、⑭、⑮）指月への築城が、幕府に警戒される要因になることを懸念したものと推測される。そこで、表面的には桑山を第一候補地として、幕府の

意向を伺ったようである（③、⑦、⑫、⑬）。

しかし、実際には、右記覚書に先立つ前年の十一月二十一日付け国司元蔵宛て宗瑞書状写（『萩藩閥閲録』）に「こゝもと居城定め、いかにもならず候、くわ山と申す防府沖の山、一段所柄山よく候、ただすな山にて、石がきなりがたく候、石がきならず候えば、手間明けはなく候、察しあるべく候、このぶんにては、いかがかと申す事候て、すみかね候」とあり、桑山には石垣整備が困難という難点があったため、現実的には普請不可能であると宗瑞も認識していた。したがって、宗瑞の真意は、指月への築城であったと考えられるが、攻めづらく、守りやすい指月を推したのでは、幕府への謀反を疑われかねない。そこで、指月には否定的な姿勢を示す一方で、桑山の問題点を報告して、幕府から指月への築城を勧められるように仕向けたのではなかろうか。

指月は、石見・長門にまたがる領域を支配していた有力国人領主吉見正頼が隠居後に別邸を建てていた場所であり、正頼の嫡子広頼も関ヶ原合戦当時まで萩に居住していたため、まったくの「あら山」（⑬）ではない。このため、財政難に苦しむ毛利氏にとっても好都合な場所であった。

かつての通説においては、毛利氏は関ケ原合戦で敵対した徳川家康から警戒され、大内氏の拠点として栄えた山口や、瀬戸内海沿岸の要地・防府に居城を築くことを許されず、幕府の命令に従い、希望しなかった不便な日本海側に居城を強制的に移されたとされてきたが、このような見解は最近の研究において否定されている（田中一九九二、脇一九九四、田中二〇〇五Ⓐ）。

萩には、既に津和野城主吉見家の居館を中心とした町が形成されていたといわれる（『萩市史』第一

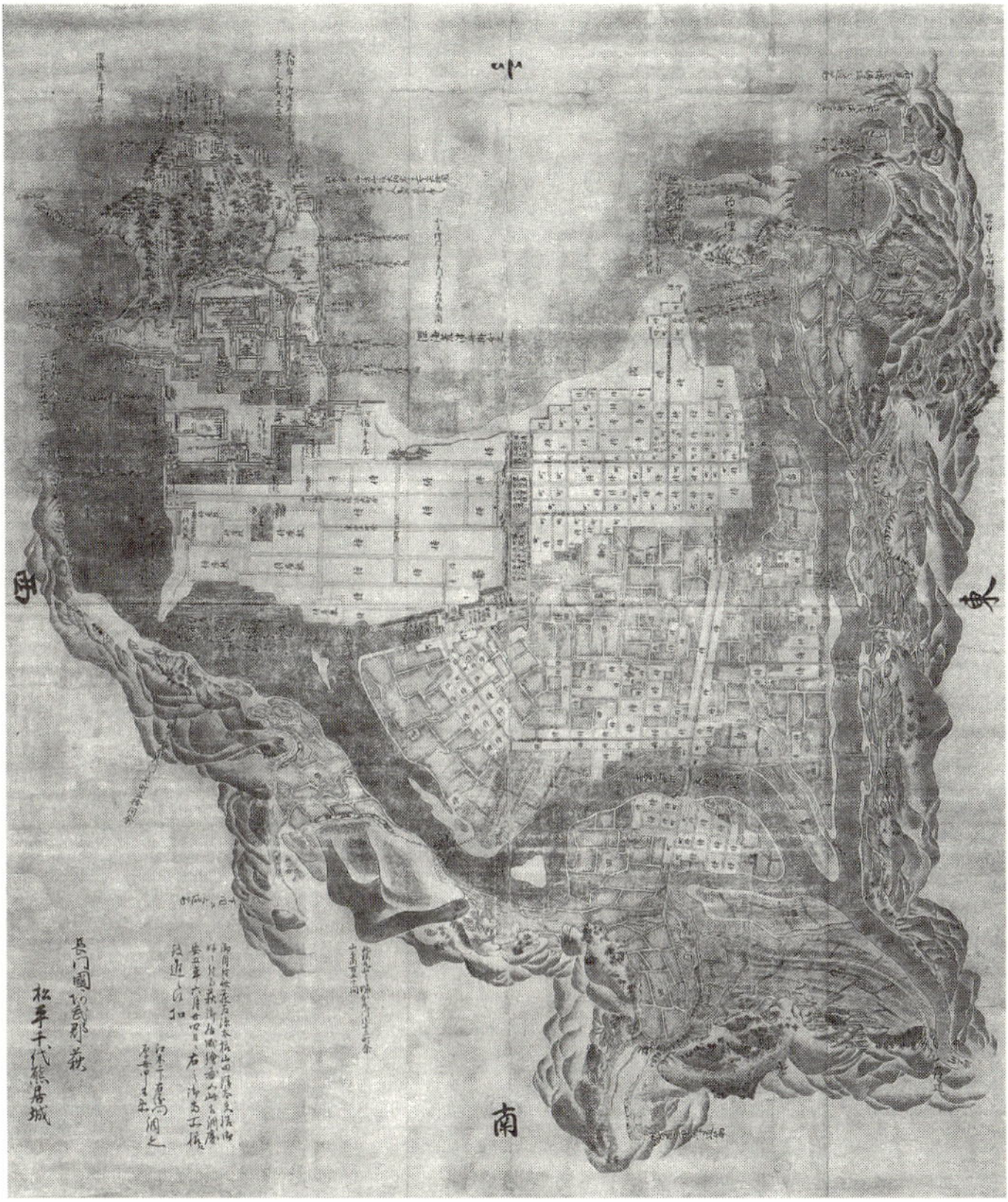

「萩居城絵図」（萩博物館蔵）

巻、柏元・樋口一九九七）。また、萩北方の海上には中世の対外貿易の拠点だった見島がある。日本海側は、実は古くから海外とつながり、栄えてきた。再浮上を胸に秘めた宗瑞にとって萩は居城を築く格好の地だったのである。

幕府も毛利氏への警戒は解いていない。ゆえに、要害の地指月への築城を勧めながらも、その規模をきわめて小さくするように指示している（⑦、⑪、⑫、⑭〜⑰）。結局、宗瑞と幕府の両者の意向が一致した指月への築城が、慶長九年二月頃に承認され、同年、萩築城が開始され、同年末には一部完成して、宗瑞は移住している。このような工事期間の短さからも、指月にある程度の城館の素地があったことが窺える。しかしながら、その後も普請は続行され、最終的に萩城は広島城にも匹敵するほどの大規模な城郭として完成した。ここにも、宗瑞の野望の燻りが窺える。

また、福原広俊・国司元蔵連署覚書にみられる幕閣との交渉経緯から、宗瑞が様々なルートを用いて、家康の真意を探ろうとしていたことがわかる。豊臣期後半には、石田三成・増田長盛に傾斜しすぎた結果、関ヶ原の敗戦を招いてしまった。その反省から、居城の決定に慎重を期し、複数の側近の意見が一致していたことから（⑱）、指月への築城が家康の真意であると判断した。城昌茂の言葉の通り、宗瑞は「一度手こり」をしており、再度の失敗は許されない。しかしながら、宗瑞はおとなしく自重するような性格ではなかった。家康の機嫌を損ねないように苦労しながらも、智将元就の嫡孫という自尊心を持ち、名族毛利家に相応しい城づくりを進めようとしたのである。

2　関ヶ原合戦後の諸事件と旧有力国人領主層

吉見家の滅亡

宗瑞の姉の「津和野局」は、石見国三本松城（現在の津和野城）を居城とする有力国人領主吉見正頼の嫡子広頼に嫁いだが、二人の間には男児はなく、「津和野局」の早世後、広頼は継室に内藤隆春娘を娶り、その間に生まれた子が元頼である。元頼は第一次朝鮮侵略のため渡海するが、帰国後の文禄三年に死没したため、元頼の弟広行（母は内藤隆春娘）が家督を継承した。また、広頼と「津和野局」との間に生まれた「矢野」は最初、伊予の河野通直（母は元就孫娘）、のちに毛利元康（元就八男）と婚姻しており、毛利家と吉見家も重縁関係で結ばれていた。

ところが、慶長四年、広行は不行跡の廉で蟄居させられ、父広頼が吉見家の政務に復帰するという事件が発生した。広島に抑留されていた広行は、慶長五年八月、蟄居を解かれたが、毛利氏の厳しい統制下に置かれ、領主権は制限されたうえ、「御かちゆう《家中》のむね《旨》をいらいそむき候わば、われわれ身上の事は申すに及ばず、よしみのいえ御かいえき《改易》あるべく候」（「吉見家譜別録」）と約束させられた。

防長減封により、広長（広行から改名）は長門国厚狭郡へ給地替えされたが、石高は豊臣期の約一万五千石から二千石に減少し、基準の五分の一を上回る減知であった（ただし、厚狭郡以外に、父広頼の隠居料が阿武郡において約千石あるため、合計すると基準通りである）。

広長は戦国期以来のライバルである益田家に対する厚遇と比較して、不満を抱いた。また、関ヶ原

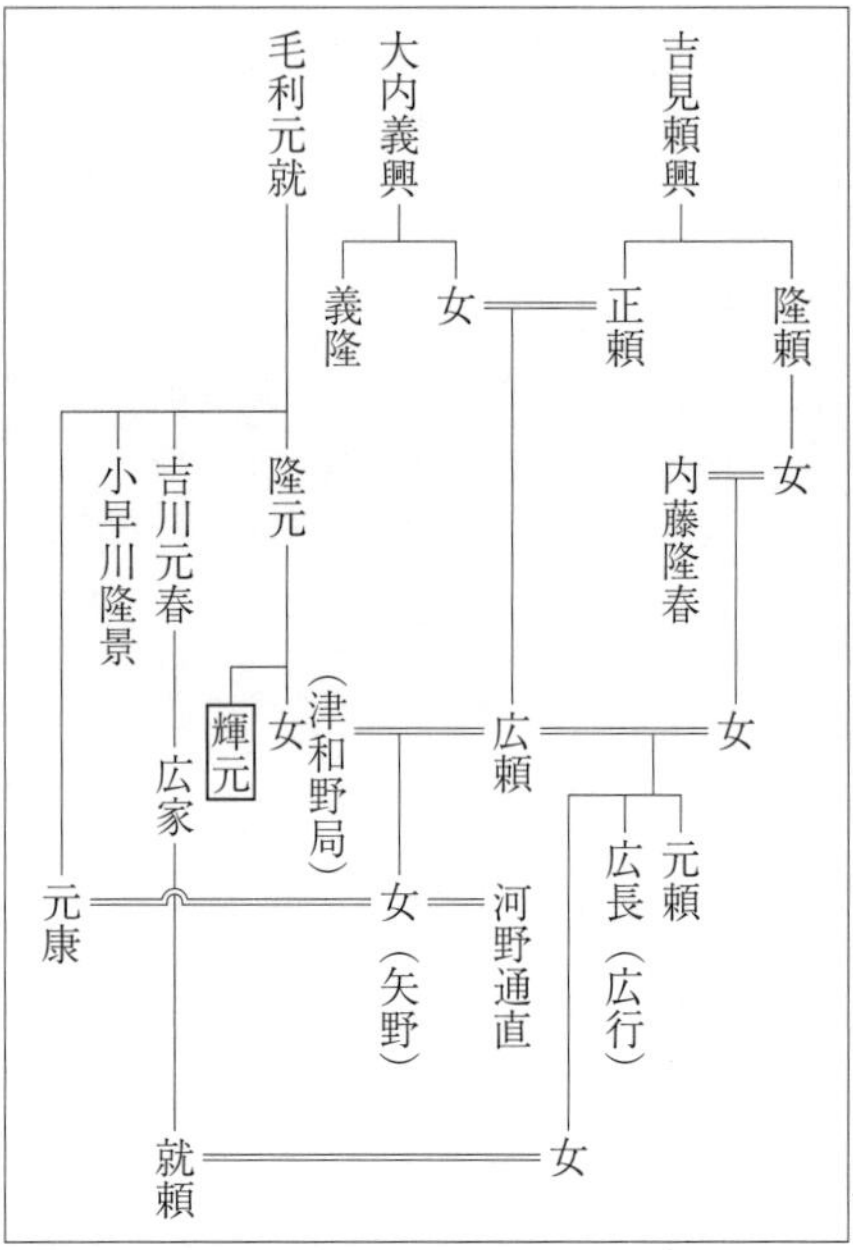

吉見家関係系図

の敗北によって権威の低下した宗瑞を侮り、先にみた十一月十九日付け佐世元嘉宛て宗瑞書状写（「諸臣」）に「吉見などの事あぶなく候」とあるように、他大名へなどへの仕官の機会を窺っていた。その後、父広頼の隠居所のあった指月が居城地に決定した結果、広頼が大井村（山口県萩市）への移住を余儀なくされたため、広長の不満はさらに高まったと考えられ、遂に慶長九年十二月頃、出奔した。

宗瑞は十二月十五日付けで、家康側室阿茶局の前夫の子神尾守世に宛て次のような書状を発した（『毛利』）。

毛利氏家中の吉見長次郎という者は、祖父が大蔵太輔（正頼）といって、私の祖父元就が格別な処遇をしていた者でしたので、大蔵太輔の子三河守（広頼）を孫婿にしました。三河守室は私の姉でしたが、二十年以上前に亡くなりました。三河守と姉との間には女子二人が生まれましたが、一人は亡くなり、あと一人は生きています。三河守はすでに高齢で、継室との間に生まれた男子二人のうち、一人は高麗（朝鮮半島）において亡くなりましたので、その弟の長二郎に吉見家の家督を継承させました。ところが、長二郎は不心得者で、私の言う事を聞かず、家中の者を、追放、あるいは理由なく成敗するため、手に余り、親三河守やその兄弟、家中の者と相談して、いったん隠居を命じて、その間、三河守へ役目を申し付けました。そうすると、少し改心したようでしたので、近年、いろいろと申し聞かせて、再び家督に復帰させて、役目を申し付けましたが、最近はまた以前のような乱行です。親三河守やその兄弟と義絶し、家中の以前からの年寄衆を追放、あるいは成敗して、家中は混乱し、私の申し聞かせたことをまったく聞き入れません。その様子は福原広俊から詳しく報告させます。長二郎は、防長への国替えの際に、戦功を上様（家康）へ言上して、朱印状をもらっています。このような事情がありましたので、万一、長二郎の行状について宗瑞が悪しざまに報告したという取成しがあると、私が迷惑しますので、今まで報告しませんでしたが、行状はおさまらず、私の家中の法度も破りました。世間への聞こえも悪いことです。このように親しくお引き立てていただいておりますので、手加減することはできないと思い、本多正信・正純殿まで報告します。内々に阿茶局様へもこのことを知っておいていただくようお頼みいたします。まったく偽りではありません。誠にいろいろと家中のことを申し上げ、恥ずかしいことで、迷惑なことですが、いろいろと我慢してきたことがありましたので、仕方なく申し上げました。詳しくは広俊が申します。

この書状には明記されていないが、翌年の一月二十三日付け宗瑞黒印状（『毛利』）には「今度長二郎他出」とあり、出奔した、あるいは出奔の動きが明確になったことを認識した宗瑞が、徳川政権に対してその経緯を弁明しようとしたものと考えられる。広長と徳川政権との間には、関ヶ原合戦後の朱印状発給の際に形成された通交ルートが存在していたと推測され、広長が徳川政権に対して、自らの出奔の正当性、換言すると、宗瑞に非があることを訴え出る可能性があり、そうなった場合、萩藩内の家中騒動、家中混乱と認定され、改易理由となるおそれがあった。そのため、宗瑞は本多父子や阿茶局を通じて急いで事情を説明しようとしたのである。

あわせて、宗瑞は当主不在となった吉見家に対して厳しい処分を科した。父広頼は広長に同心していなかったため、隠居料は安堵されたものの、吉見家家臣たちは、広長補佐の任を果たさなかったとして、追放処分とされた。防長二国への入国禁止、入国した場合は成敗するという厳しい罰則も科せられた。神尾守世宛て書状にあった通り、吉見家は関ヶ原合戦後、家康から朱印状を与えられている。同時期に、益田元祥も徳川政権から独立大名（旗本）として処遇するという勧誘を受けており、それを元祥は断って、毛利氏家中に留まったのであるが、吉見家の場合、逆に自らが徳川政権へ接近して独立大名化を企てたものと考えられる。その企ては未遂に終わったが、今回の出奔の際も、あわよくば独立大名化することを狙ったものと推測され、そのような動きを看過した場合、毛利氏家中に留まっている有力国人領主への悪影響が懸念される。きわめて厳しい処分を家中に対して明示する必要があったのである。結局、広長の徳川政権に対する働きかけは成就することなく、また、出奔前から接触していた九州の大名（細川氏など）への仕官についても、宗瑞からの「奉公構」（召し抱え禁止依頼）があったのであろうか、失敗に終わる。

慶長十七年になると、宗瑞は、広頼娘と吉川広家次男彦二郎とを娶せて、彦二郎に吉見家を相続させた。この段階で、事実上、有力国人領主吉見家は毛利家に吸収され、その自律性を喪失したのである（利岡一九六四）。なお、慶長十八年には正頼が死没した。また、彦二郎はのちに毛利姓に改め、毛利就頼を名乗り、一門大野毛利家の始祖となった。

一方、他大名などへの仕官に失敗した広長は、経済的に困窮して、大坂の陣終結後になると、毛利氏への復帰を嘆願するようなった。元和三年、ようやく広長は復帰を許されたが、翌年八月二十五日、宗瑞の命令によって広長は殺害された。再び出奔を画策したのか、あるいは、当初から殺害する予定で復帰を認めたかは定かでない。一度裏切った者は絶対に許さないという冷酷さが宗瑞にはあったのかもしれない。

熊谷党誅伐事件

かつては毛利家と同格の存在であった有力国人領主といえども、豊臣期末には毛利氏家中へ包摂され、自律性をほとんど喪失していた。一方で、毛利氏領国の運営から排除されており、不満を抱きつつ、専制化していた輝元権力に絶対服従せざるをえない状況にあった。ところが、関ヶ原合戦の敗北によって、輝元の専制的権力は大きく揺らぐこととなった。また、石田三成・増田長盛ら豊臣奉行人との連携関係を重視する路線の中心にあった輝元出頭人は、徳川政権への移行によって、後面に控えざるをえなくなった。軍事力編成の面においても、九州出兵時から多くの有力国人領主層の指揮官を務めてきた安国寺恵瓊が処刑されたことに伴い、組編成の指揮をとることのできる新たな人材が必要とされた。

軍事力編成の面においては、関ヶ原合戦時には安国寺組に編成されているものの、第一次朝鮮侵略戦争時に輝元や恵瓊らが帰国したのち、及び慶長四年の大坂城普請時に、一時的にではあるが組頭を務めた経験のある安芸有力国人領主の熊谷元直が、新たな指揮官として適任者であった。かつ、元直は、第一次朝鮮侵略戦争時に組頭に抜擢されたことのある益田元祥や、九州出兵時以降、軍事指揮官を務めてきた一門の宍戸元次（元続）とともに、慶長五年七月の石田三成・安国寺恵瓊らの決起の謀議に際して、吉川広家同様に、榊原康政ら徳川氏家臣に対して、謀議の情報や輝元の関与がないことを報じようとしたとされる（「譜録」）。

この書状は実際に発された形跡はないため、合戦後に作成された可能性もある。合戦後に作成されたとすると、豊臣奉行人との連携関係を重視する路線から徳川政権への従属へと転換するに当たって、輝元出頭人に代わって、元直らが藩政の主導権を握るために、偽造した可能性を示すものとなる。合戦前に作成されていたとすると、元直が元祥らとともに、家康との協調関係を重視していたことを示すものとなる。いずれにせよ、この書状案の存在は、元直らの毛利氏家中における存在感の上昇に資するものとなったのではなかろうか。

また、宗瑞にとっても、三成らの決起における自らの積極的関与はなかったという建前を強調するため、あるいは、家康への従属の意思を明確に示すためには、徳川政権との関係において元直らを前面に立てることが有効であった。

以上のような要因に基づき、関ヶ原合戦以前においては毛利氏領国の運営から排除されていた元直が、関ヶ原合戦後において重要な役割を担うようになった。

第一に、先納貢租返還問題である。慶長六年に比定される二月十四日付け宗瑞書状写（『萩藩閥閲録』）に「今度先納の儀について究め申し付け候条、その方事備・芸両国のせんさく仕るべく候（中略）熊豊（熊谷元直）その外歴々申し聞かせ候条、相談じ、何分にもはか行候ように肝煎り専一に候」とあり、三上元安に命じられた備後・安芸両国の先納貢租の処理について、関与することとされている。これは、熊谷家が安芸国最大級の有力国人領主であることから、元直に先納貢租処理を担わせることによって、他の国人領主層への先納分を徴発しやすくしようという狙いがあったものと考えられる。なお、熊谷党誅伐事件において元直とともに処罰された天野元信についても、給地を有していた備中国の先納貢租処理を担っている（「備中国のせんさく天五郎右（天野元信）相談じ」、同日付け宗瑞書状写『萩藩閥閲録』）。

同年十二月十七日付け元直宛て宗瑞書状（『大日本古文書　家わけ第十四　熊谷家文書』、以下『熊谷』）には「先納貢租の返納のことについては、佐世元嘉と相談してくださるようお願いします。何としてでも、この問題を解決できるように、元嘉とよく相談され、ご尽力をお頼みします。詳しいことは佐世へ伝えますので、佐世から申すでしょう。こちらは無事です。江戸の秀就も変わりないとのことですので、きっと茶湯を嗜んでいると思います。来春には私も帰国して、あなたや佐世元嘉の田舎流の茶湯を味わうことが望みです。」とあり、宗瑞が上方に留められ、秀就が江戸へ下向しているため、国許へ戻っている家臣が限られているとはいえ、元直が「当職」佐世元嘉と並ぶ存在になっていることを窺わせる。

また、慶長七年の秀就と結城《ゆうき》秀康《ひでやす》（家康次男）娘との縁組決定を知らせる数通の宗瑞書状の宛所に、元直が含まれていることからも、慶長八年の宗瑞帰国以前の国許において、元直の位置付けが高かったことがわかる。なお、六月二十七日付け宗瑞書状写（「譜録」）の宛所は、益田元祥・柳沢元政・湯佐渡守・宍道政慶・元直の順となっており、元祥と元直の両名が筆頭格であることがわかるとともに、足利義昭家臣だった柳沢を除き、出雲の有力国人領主の湯・宍道といった旧有力国人領主層に対する宗瑞の配慮がみられる。宗瑞の権威低下と反比例して、旧有力国人領主層の地位が上昇したこと、宗瑞も家中安定のためにそれを受容せざるをえなかったことを示すものといえよう。

第二に、慶長六年の秀就江戸下向における警固役の一番手になっている。これは、単に軍事力を期待されたのみではなく、徳川政権との良好な関係を前提にした人選だったと推測される。慶長八年の江戸町普請においても、元直は下向して普請の指揮を担うこととなった（一月十二日付け元直宛て宗瑞書状、『熊谷』）。

きっと申し候、当年御役目の事、江戸において仰せ付けられ候、三月三日より相始められるのとおり、仰せ出され候、然れば、普請奉行として差し下すべくの間、二月に江戸下着候て、右の御普請町場請け取られ候ように、用意あるべく候、この儀について、林志摩今日差し下し候えども、ふねにて候間、自然遅々候てわと存じ、まず早飛脚に申し候、委細志摩口上に申し含め候、恐々謹言
なおなお、天五郎右・神三郎兵相副え候条、万事申し談ぜらるべく候、以上

〔意訳〕

急ぎ申します。今年の公儀の役については江戸において命じられました。三月三日から開始すると命令がありました。そこで、あなたを普請奉行として派遣することとしましたので、二月には江戸へ到着して、普請を担当する町場を受け取ることのできるように、用意してください。このことについて、今日、林元善を下向させましたが、船ですので、万一遅延してはと思い、先に早飛脚で伝えます。詳しくは林元善が口頭で伝えます。

なお、天野元信と神村元種を同行させますので、すべてについて相談してください。

江戸町普請における元直の働きについては、五月十四日付け益田元祥宛て宗瑞書状写(「譜録」)に「ここもと公儀御普請、今までは惣並相調い候、心安かるべく候、熊豊(熊谷元直)肝煎にて候」とあり、他大名にひけをとならい普請ぶりであったことがわかる。

そのような経験を買われ、萩城普請においては、元直は中心的な役割を担うこととなった。慶長九年に比定される七月十六日付け毛利元政宛て宗瑞書状写(「巨室」)に「御方・元続(宍戸)、番手にさせられ、萩に相詰められ候て給うべく候、その外、益田・熊谷その外番手に罷り居る事に候」とあり、

元直とともに普請を担ったのは、益田元祥である。

ところが、慶長十年三月十四日、萩城普請のために元直の娘婿天野元信組が運搬し、二の丸東門入口の松の木の下に積んでいた五郎太石《ごろたいし》が盗まれるという事件が発生した。天野方が盗人を捕まえて追及したところ、同じく萩城普請に従事していた益田元祥・景祥父子組の者であることが発覚したため、三月十七日、元祥・景祥は犯人を処分したが、盗難分の返還量について納得しなかった元信は、義父元直と連携して提訴に及んだ。提訴者は天野・三輪元祐・佐波次郎左衛門尉・牧野次郎右衛門尉・熊谷元実、中原善兵衛尉の六名である。三輪・佐波・牧野・熊谷元実は天野元信の指揮下で普請に当たっていた者で、かつ、いずれも、天野元信と同様に熊谷元直と姻戚関係、あるいは血縁関係があったと考えられる（系図）。

天野元信は安芸の有力国人領主志芳堀天野家の惣領で、先にみた慶長八年の江戸町普請の際、元直とともに江戸へ下向するなど、元直との関係はきわめて親密であった。三輪元祐は第二次朝鮮侵略戦争時に組頭を務めていた三輪元徳の子で、その室は元直弟景真の娘（元直の姪）。佐波次郎左衛門尉は石見有力国人領主佐波隆秀の嫡孫で、元直室は隆秀娘、かつ、次郎左衛門尉室は元直娘という重縁関係にあった。牧野次郎右衛門尉は出雲の有力国人領主湯家の惣領と考えられ、慶長七年の秀就縁組時の宗瑞書状において、元直や益田元祥とともに宛所になっていた湯佐渡守の嫡子と推測される。牧野と元直の間の姻戚関係は不詳であるが、ともに天野元信の指揮下にあった三輪や佐波が元直と姻戚関係にあったことから推測すると、元直あるいは天野元信と何らかの姻戚関係にあった可能性を指摘で

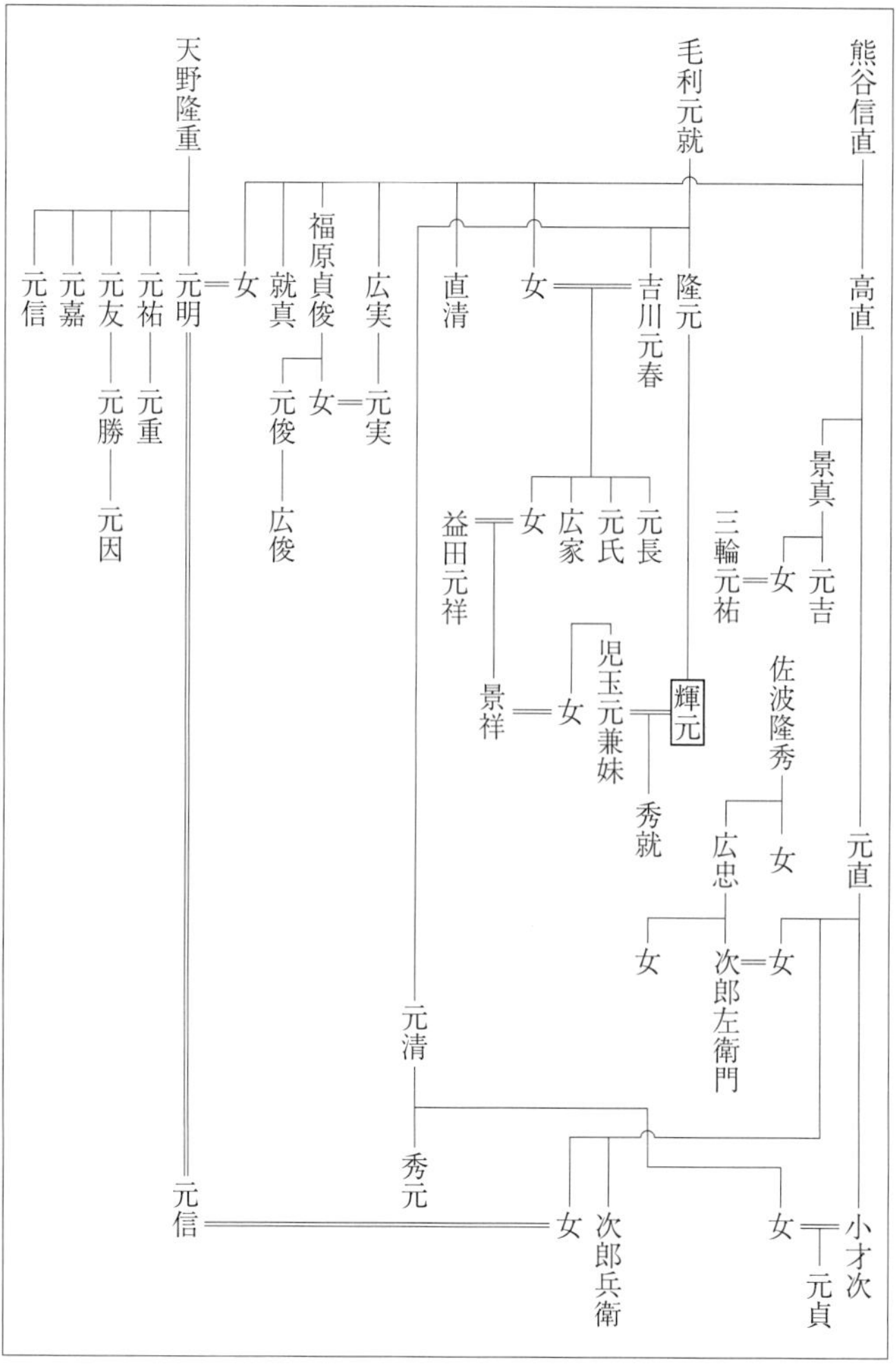
熊谷信直
毛利元就
天野隆重
高直
隆元
吉川元春
女
直清
広実
福原貞俊
就真
女
元明
元祐
元友
元嘉
元信
元実
女
元俊
元重
元勝
広俊
元因
景真
元長
元氏
広家
女
益田元祥
三輪元祐
女
元吉
児玉元兼妹
輝元
女
景祥
秀就
佐波隆秀
女
広忠
元直
女
次郎左衛門
女
元清
秀元
元信
女
次郎兵衛
女
小才次
元貞

熊谷元直関係系図

きる。熊谷元実は元直父高直の弟広実の嫡子である。

豊臣期の軍事力編成においては、最終的に、人格的・地縁的要素に依拠しない軍事組織の構築を実現していたのであるが、萩城普請役の組編成においては、天野元信組にみられるように、ある程度人格的要素に依拠した構成になっていたと考えられる。関ヶ原の敗戦の結果、宗瑞の権威による普請への動員が困難となったため、軍事（夫役）動員力の大きい旧有力国人領主層を指揮官に登用して、指揮官の血縁・姻戚関係を通じた統制へと転換せざるをえなかったのではなかろうか。

しかしながら、そのような旧有力国人領主層の登用は、彼らを増長させ、宗瑞による統制が及ばない状況を生み出そうとしていた。五郎太石事件においても、宍道政慶や宍戸善左衛門尉にらよる公儀の調停を、元直らは拒否して、徒党を組み、自らの主張を通そうとした。中原善兵衛尉は、事件に直接関係なかったと考えられるが、熊谷元直と親密であったことから提訴に加わっており、宗瑞の意向に関係なく家臣自らによって形成される集団が生まれようとしていた。

このような家臣の動きを黙視することは、さらなる宗瑞の権威低下を招くことになる。そこで、七月二日、宗瑞の命令により討手が派遣され、熊谷元直夫婦・同息次郎兵衛尉を宍戸元富らが殺害、同日、山口において天野元信夫妻を桂元綱らが殺害した。三輪元祐・中原善兵衛尉の罪科は追放相当であったが、熊谷元直とともに家中を乱す行為が目に余ったため、香川景貞らが元祐を、庄原元信らが善兵衛尉を殺害した。佐波次郎左衛門尉については殺害の意図はなく、追放処分であったが、襲撃時に元直とともにいたため、一緒に殺害された。逆に、熊谷元実は殺害相当であったが、福原広俊の縁者であるため追放処分に減刑され、牧野次郎右衛門尉は追放処分となった。

さらに、この事件の処分は、毛利氏家中において大きな地位を占めていた、熊谷一族、天野一族にも及んだ。元直の甥元吉（景真の子、三輪元祐室の兄弟）は元直襲撃時に元直を庇ったが、従来からの一味ではないため追放処分とされ、天野元因（元信の兄元友の嫡孫）・天野元重（元信の兄元祐の嫡子）も元信襲撃時に元信を庇ったのみであるため追放処分とされた。なお、一族の中でも、熊谷就真（元直の父高直の弟）、天野元嘉（元信の兄）はまったく関与がなかったとして、処罰されていない。また、元直の嫡子小才次（直貞）は早世しており、毛利秀元姉妹との間に生まれた子（二郎三郎、のちの熊谷元貞）があったが、秀元の嘆願により処分を免れ、当面、長府藩において庇護されることとなった。

元直らの処罰について、キリシタン信仰を棄教しなかったことが要因であるとされることもあるが、家中に明示された処罰理由は多岐にわたる。

熊谷元直の場合、①慶長八年の江戸町普請の折、秀元の妹と細川氏との縁組について、宗瑞や秀元に相談なく、まとめようとしたこと、同普請中に家中の悪口を口外したこと、②穂田元清（元就四男）に取り入って、佐波広忠娘（佐波次郎左衛門尉姉妹、元直室の姪）を元清へ娶せたこと、備後の有力国人領主有地小吉と元直娘との縁組を宗瑞に相談なく決めたこと、③吉川広家の仲介によって、元直娘と、繁沢元氏（吉川元春次男、広家の兄）嫡子元景（阿川毛利家の祖）の縁組が進んでいたにもかかわらず、勝手に佐波次郎左衛門尉と縁組したこと、④高麗（朝鮮半島）において、毛利元政への同行を命じたにもかかわらず、命令を無視したこと、⑤高麗や大坂における普請時に宗瑞の命令について悪口を口外しようとしたこと、⑥朝鮮侵略戦争時の釜山への転戦命令に従わなかったこと、⑦秀吉の大仏殿建立用木材の木引夫供出を拒否したこと、⑧キリスト教信仰を内々に禁止したにもかかわらず、無視して、一族や縁者までキリシタンへ改宗させたこと、⑨朝鮮侵略戦争時の村上景親の喧嘩について、宗瑞に報告せずに、豊臣政権へ報告したこと、⑩穂田元清が危篤に陥った際、秀元は輝元養子であったため、熊谷元貞（元直の孫、元清娘の子であるため、元清の孫でもある）を元清の後継者にしようと画策したこと、⑪五郎太石事件の解決を遅らせたため、宗瑞の上洛日程を延期せざるをえなくなったこと、⑫関ヶ原合戦後には、益田元祥と同様に、様々な政務について相談したにもかかわらず、宗瑞の意思に反する行動が多かったため、吉川広家に異見させたが、無視したこと。

天野元信については、①関ヶ原合戦時には大津城在番であったが、勝手に大坂へ下向したうえ、木津屋敷に置かれていた妻子を秘かに逃がしたこと、②第二次朝鮮侵略戦争時の蔚山籠城時に命令に従わなかったこと、③萩城普請奉行に任命したにもかかわらず、普請の遂行を妨げたこと、④熊谷元直と諸事について同心して家中を混乱させたこと。

これらの事由がすべて真実であるかは不明である。宗瑞によって捏造された冤罪も含まれている可能性もあるが、少なくとも、五郎太石事件解決に向けた公儀の調停を拒否して、宗瑞上洛を遅らせたこと（元直の⑪、元信の③）が処罰実行の最終決定をもたらしたことは確実である。また、キリシタンであることが以前から問題視されていたことを示す史料は他に確認できないため、処罰理由の一つとされたものの（元直の⑧）、最大の要因とはいえない。その他の列挙された事由は、縁組や姻戚・血縁関係を通じて、熊谷・天野派ともいえる集団を形成しようとしたこと（元直の①〜③、⑩）、宗瑞の権威を失墜させる行為（元直の④〜⑦、⑨、⑫、元信の①、②）に大別され、これらが事実であると否とを問わず、彼らの処罰によって、宗瑞・秀就を頂点とする一元的な指揮命令系統の回復を図ろうとしていたことが窺える。

熊谷・天野一派の処罰の家中に与えた衝撃は大きかったと考えられる。熊谷家・天野家ともに、毛利氏が一国人領主から戦国大名へと成長するに当たって、その基盤となった有力国人領主連合の中核的存在であり、熊谷元直の叔母（祖父信直娘）は吉川元春の室、吉川元長・（繁沢）元氏・広家の母であり、毛利一族の縁戚でもあった。連座した佐波、湯家も毛利氏の山陰制圧に大きな役割を果たした石見・出雲の有力国人領主である。そのような家を一斉に断罪に処した宗瑞の恐怖政治は、緩んでいた家中を一気に引き締めることに成功した。

この年の十二月十四日付けで、毛利氏家中八百二十名連署の起請文が作成された。その前書の内容は、①熊谷元直らの処罰は当然のことであり、宗瑞・秀就に対して忠誠を誓う、②元就が井上一族を処罰した際の起請文前書文言の再確認、③喧嘩への合力禁止、④喧嘩の見物禁止、⑤家中の和合、⑥私的な対立を公儀に持ち込まないこと、⑦徒党形成の禁止、⑧喧嘩は宗瑞の裁定に委ねること、⑨牢人の雇用禁止、⑩関ヶ原合戦時を雇用の基準時とする、⑪百姓逐電の禁止、⑫牛馬の扱い、⑬山川大道の扱い、⑭井手の扱い、⑮鹿の扱い、⑯役目の精勤、⑰馬武具の調え、という十七ヶ条から成っており、家臣としての心得に加え、家臣団の「イエ」運営指針も含む藩内の基本法規ともいえる内容である。宗瑞は、熊谷・天野一派の処罰によって、藩主権威の回復に成功し、藩政の再構築へと歩み出したといえよう（利岡一九六四、市村一九六七）。

一方で、五郎太石事件のきっかけを作った益田元祥・景祥父子についてはまったく処分の対象とはなっていない。むしろ、彼らの藩内における地位・重要性は、事件後さらに上昇した。先にみたように、慶長四年、宗瑞は秀就母の妹を景祥へ娶せて、秀就と益田家との縁戚関係を形成しており、その理由について、「益田父子の忠誠心は並ぶ者がないほどで、うれしく思います。以前よりみてきましたが、その忠誠心は確かなものだとわかりました。功名心がありますが、それも私達の役に立つと思います」としており、元祥・景祥父子を来るべき秀就政権を支えるキーパーソンと考えていた。そのような元祥父子を処分する選択肢はなく、宗瑞の処罰が不公平であったことは否めないが、益田家にとっても、この事件は旧有力国人領主から毛利氏の官僚的な性格へと変質していく契機になったと考えられる。

毛利氏の官途政策と有力国人領主層

官途政策の面から毛利氏の家中統制、とりわけ、有力国人領主層に対する統制の進展について確認しておきたい。有力国人領主層の毛利氏家中への包摂については、防長減封後とする説（河合一九七三）、熊谷党誅伐事件後とする説（池一九九五）、天正十年代前半とする説（鴨川一九九二）などの対立があった。

これに対して、今岡典和氏は官途の面からの考察を行い、有力国人領主層に対する毛利氏の官途授与が現われ始めるのは天正末年、有力国人領主を含む毛利氏の官途による身分秩序が完成するのは慶長年間であるとした（今岡一九九四）。前者は、天正十六年の宮家、天正十八年（一五九〇）の平賀家に対して官途状が与えられたことを事例とするが、豊臣政権による有力国人領主層への叙位任官もみられ（池二〇〇三、秋山一九九八）、また、熊谷家のようにいまだ毛利氏から官途を受けていない者もあった。後者について、豊臣政権から直接官位を受ける家臣が出現したことは、毛利氏独自の官途による身分秩序構築の障害となりかねなかったが、徳川政権は豊臣政権と同様の政策はとらなかったとされる。その結果、それまで毛利氏から官途を与えられた形跡のなかった益田家が慶長九年に官途状を受けており、この時期に身分秩序が完成したとされるのである。

また、島津論史氏によると、毛利氏は戦国大名化した後にも国人領主時代の官途政策を続行したとされ、その要因として、官途書出の発給日を毛利氏の年中行事時に限定していたため、毛利氏の年中行事に出仕しない国人領主に対して官途書出を発給することができなかったことを挙げている（島津二〇〇七）。

しかしながら、秋山氏の指摘する通り、豊臣政権の関与があったとはいえ、天正十六年〜文禄五年にかけて、輝元出頭人と有力国人領主とが同列に位置づけられたことは大きな画期と評価すべきである。輝元を頂点とする新しい身分秩序が編成され、有力国人領主をも包摂した新しい毛利氏「家中」が形成されはじめたのであり、豊臣政権からの官途授与が毛利氏家中の身分秩序構築の障害となったとは考え難い。

一方で、関ヶ原合戦の敗北後には、平賀・三吉・木梨や備中の有力国人領主らが家中から離れた。

この背景には、宗瑞の権威低下があったが、他大名への仕官に失敗した平賀家が帰参すると、慶長九年五月に仮名書出を発給しており、徐々に権威を回復しつつあったことが窺える。平賀家への発給に先立ち、慶長九年一月には益田家に対する仮名書出幷一字状も発給されている。そのような旧有力国人領主統制強化への延長線上に、熊谷党誅伐事件があったと考えられ、また、事件の結果、官途による身分秩序の再構築も成し遂げたのである。例えば、慶長十二年一月に山内家・日野家、慶長十四年十二月には阿曽沼家・宍道家、慶長十五年十二月には清水家・冷泉家、元和二年七月には杉岡（周布）家に対する官途状類の発給がみられる。

このような身分秩序を明確に可視化したのが、防長減封後秀就初入国時の慶長十七年正月の座配である。元日の座配をみると、左に、吉川広家、広家嫡子広正、毛利元宣、益田、日野、阿曽沼、宍道、有地、杉岡、右に宍戸元続、毛利元倶（右田）、毛利元鎮（吉敷）、繁沢元景（元春次男元氏嫡子）、平賀、山内、和智、内藤元珍、福岡（草苅）と並んでいる。このような座配は、一門を上座として、その下に旧有力国人領主層をほぼ網羅したものとなっている。初入国した秀就を当主として身分秩序を明確化するためのセレモニーがこの正月行事だったのである。

次に、輝元発給文書の様式に着目したい。山室恭子氏の研究によると、輝元発給文書の様式は天正十六年八月と九月の間に大きな変化があったとされる（山室一九九一）。その変化とは、(1)署判の書き方が、名を書いて花押を据える方式から、花押だけを据える方式へと変化したこと、(2)宛先に付ける敬称が「殿」から「とのへ」へと変化したこと、の二点。変化が起こった時期は、輝元が上洛から帰国する時期と一致している。

ところが、この変化の例外として、天正十六年以降においても、有署名で敬称も「殿」となっているケースをみると、六十二通のうち三十五通までが文禄三年に出されたもの、受取人は毛利一門や益田・山内といった家格の高い家が大部分を占めるとされ、書式の尊大化を有力国人領主に対して及ぼしにくかったことを示すものとする。

天正十六年以降関ヶ原合戦までの有力国人領主層に対する宗瑞発給文書について、詳しくみてみよう。代表例として、慶長十七年正月座配に記された家を対象とするが、対象期間が長くないため、文書数は多くない。益田家については、天正十七年に元祥に対して宛行状、元祥嫡子広兼に対して加冠状が発給されているが、前者は無署名、後者は有署名（敬称は「殿」）である。平賀家については、天正十七年に無署名・「殿」の宛行状、天正十八年の官途書出と文禄五年の加冠状は有署名・「殿」である。日野家については、慶長二年の仮名書出、慶長三年の書状ともに有署名・「殿」である。周布（杉岡）家については、文禄三年の官途書出が無署名・「とのへ」、文禄五年の書状は有署名・「とのへ」である。

関ヶ原合戦後の有力国人領主層に対する発給文書についてもみていこう。

益田家の場合、安堵状・宛行状類については、天正十七年以降、無署名となっており、元和六年には敬称「とのへ」もみられるようになる。ただし、「とのへ」とされているのは元祥の後継者（嫡孫）元堯宛てであり、元祥宛ては「殿」とされている。これに対して、官途状・加冠状類及び書状については、元和期になっても、有署名・「殿」のままであるが、書状について、天正十四年発給文書を終見として、脇付はみられなくなる。

平賀家の場合、官途状類について、慶長九年に無署名・「とのへ」がみられ始める点に特徴がある。年次未詳であるが、帰参以降の書状についても無署名・「とのへ」がみられる。

山内家の場合、官途状類については、益田家同様に、宗瑞発給文書は有署名・「殿」のままであるが、秀就発給文書については、元和六年から無署名がみられ始める。また、判物の花押の位置についても、慶長十二年の宗瑞官途書出においては日下であったが、慶長十七年の秀就受領書出においては奥へと変化している（河本一九九九）。

宍道家の場合、官途状類について、慶長十四年に無署名・「とのへ」がみられ始める。ところが、同じ慶長十四年十二月に発給された阿曽沼元理宛ての官途書出は無署名・「殿」となっている。元理は右田毛利元政の子で、慶長七年、阿曽沼元郷の娘との嫁宿によって阿曽沼家を相続したのであるが、その際の宗瑞安堵状や同時に発給された加冠状においては、有署名・「殿」となっている。さらに、慶長十七年の元理宛て秀就官途書出は有署名・「殿」、それ以降に発給された宗瑞書状も、有署名・「殿」のうえ、脇付も付されている。他の有力国人領主との相違は、毛利一門から養子を迎えたことを反映したものと考えられる。

日野家の場合、官途状・加冠状類について、慶長十二年から無署名・「殿」となり、慶長十八年には「とのへ」と変化している。

杉岡家の場合、官途状・加冠状類については、慶長十年から無署名・「とのへ」となっており、書状についても無署名である。元和六年の安堵状も無署名・「とのへ」である。

和智家の場合、慶長十一年の宗瑞安堵状のほか、慶長十七年の秀就官途書出、元和十年の秀就加冠状、いずれも無署名・「とのへ」となっている。

福岡家の場合、官途状・加冠状類について、関ヶ原合戦直後には有署名・「殿」であるが、慶長十一年には無署名・「殿」（慶長十四年の安堵状も無署名・「殿」）、元和期になると無署名・「とのへ」となっている。

以上のように、官途状・加冠状類については、慶長十年前後から、無署名が現われ、少し遅れて敬称が「とのへ」へと変化するといった傾向がみられるが、一門に準じる家となった益田家や、旧有力国人領主層の筆頭格山内家については変化が遅れ、いったん出奔したのちに帰参した平賀家については変化が早まるなど、それぞれの家の地位に応じた細かな書札礼が適用されていた状況を窺わせる。一門から養子を迎えた阿曽沼家の場合も、発給者や発給文書の種類、時期などを考慮した書札礼を適用されている。

天正十六年以降関ヶ原合戦までの書札礼と、関ヶ原合戦後の書札礼とを比較してみると、天正十六年以降に進行していた発給文書の薄礼化が、関ヶ原合戦の敗北後、一時的に停滞し、慶長十年の熊谷党誅伐事件を契機に、再び加速化していったといえよう。豊臣期末に大きく進展していた有力国人領主層を完全に毛利氏家中に包摂しようとする動きは、いったん挫折したものの、関ヶ原合戦終結から五年を経て、ようやく完成といえる状況になったのである（菊池二〇〇一Ⓑ）。

大坂の陣と佐野道可事件

慶長十九年（一六一四）八月の方広寺大仏鐘銘問題を契機として、家康と豊臣氏との間の緊張関係が高まると、豊臣秀頼は豊臣恩顧の諸大名に対して、豊臣方への与同を呼びかけた。この呼びかけに応じる大名はなかったが、宍戸元秀（隆家の子、元就の外孫）の次男で、内藤家（宗瑞母尾崎局の実家）を相続していた元盛（宍戸元続弟）が、佐野道可と改名して大坂城に入城した（以下「道可」）。入城の経緯については、吉川広家や福原広俊に相談することなく、宗瑞と秀元の意向により行われたとする見解が有力であった。その背景には、家中仕置の主導権をめぐる広家・広俊と秀元との対立があったとされる（大舘一九八二、脇一九九三）。

これに対して、近年、堀智博氏による新説が提起された（堀二〇一三）。堀氏の見解を要約すると、⑴佐野道可が宗瑞の密命を帯びて大坂入城したことを示す史料とされてきた『萩藩閥閲録』所収の起請文写（年次未詳、氏名不明）は、原本が存在せず、文言にも不審な点があることから、内藤家において後年に創作された蓋然性が高い、⑵佐野道可は天正十七年頃に不行跡によって、毛利氏家中から追放され、政治的に失脚していた蓋然性が高い、⑶当時家中において、豊臣方との内通を疑われていたのは、吉川広家であったが、それを否定するために、後年に作成された『吉川家譜』においては、毛利秀元を首謀者とする密書が創作された、⑷慶長十八年十二月付け毛利秀元・福原広俊宛て書状案（『毛利』）や慶長十九年十二月二十一日付け椙杜元縁宛て書状案（『毛利』）の文言をみると、徳川家への追従こそが毛利家の存続にとって第一であるというのが宗瑞の素直な心情だった。

このうち、⑴と⑶については首肯できる。

⑵について、堀氏は惣国検地に基づいて作成された「八箇国時代分限帳」に道可の名が見えないとしているが、実際には五千四百余石の給地を有する「内藤将右衛門」が道可を指す。その後においても、第二次朝鮮侵略戦争時の組編成（慶長二年）にみられる「内藤修理大夫」（兄宍戸元次組に所属）、慶長三年の蔚山城における戦闘時の一月二十五日付け秀吉朱印状（『毛利』）の宛所「内藤修理亮」など、道可が毛利氏家中から追放されていないことを示す史料が確認され、少なくとも、関ヶ原合戦時までは、道可は毛利氏家中にあったと考えられる。ところが、熊谷党誅伐事件後の家中連署起請文において、内藤一族の中では、道可の次男で、のちに道可の弟粟屋孝春の家を継ぐ「内藤伝次」（粟屋元豊）や、道可の長男「孫兵衛元珍」と同一人物の可能性がある「内藤久太郎」は署名しているが、道可の署名はみあたらない。「内藤久太郎」については「八箇国時代分限帳」においても確認されるほか、慶長五年八月の伊勢国安濃津城攻撃にも参加している。「内藤久太郎」が内藤元珍と同一人物とすると、天正十七年時点で七歳、関ヶ原合戦時点で十八歳、熊谷党誅伐事件時点で二十三歳となる。そうすると、二十三歳を過ぎても官途授与されていないこととなり、名族内藤家当主の処遇としては不自然である。道可からの正式な家督継承が行われていない、すなわち、道可に不行跡があり、謹慎状態にあったものの、毛利氏家中から放逐された状況にはなかったという可能性が浮上する。

その後、秀就が初入国した直後の慶長十七年正月の座配には「内藤孫兵衛（元珍）」が記されているため、道可が正式に隠居したと推測されるが、正月三日の座配には「道可」という人物が記されて

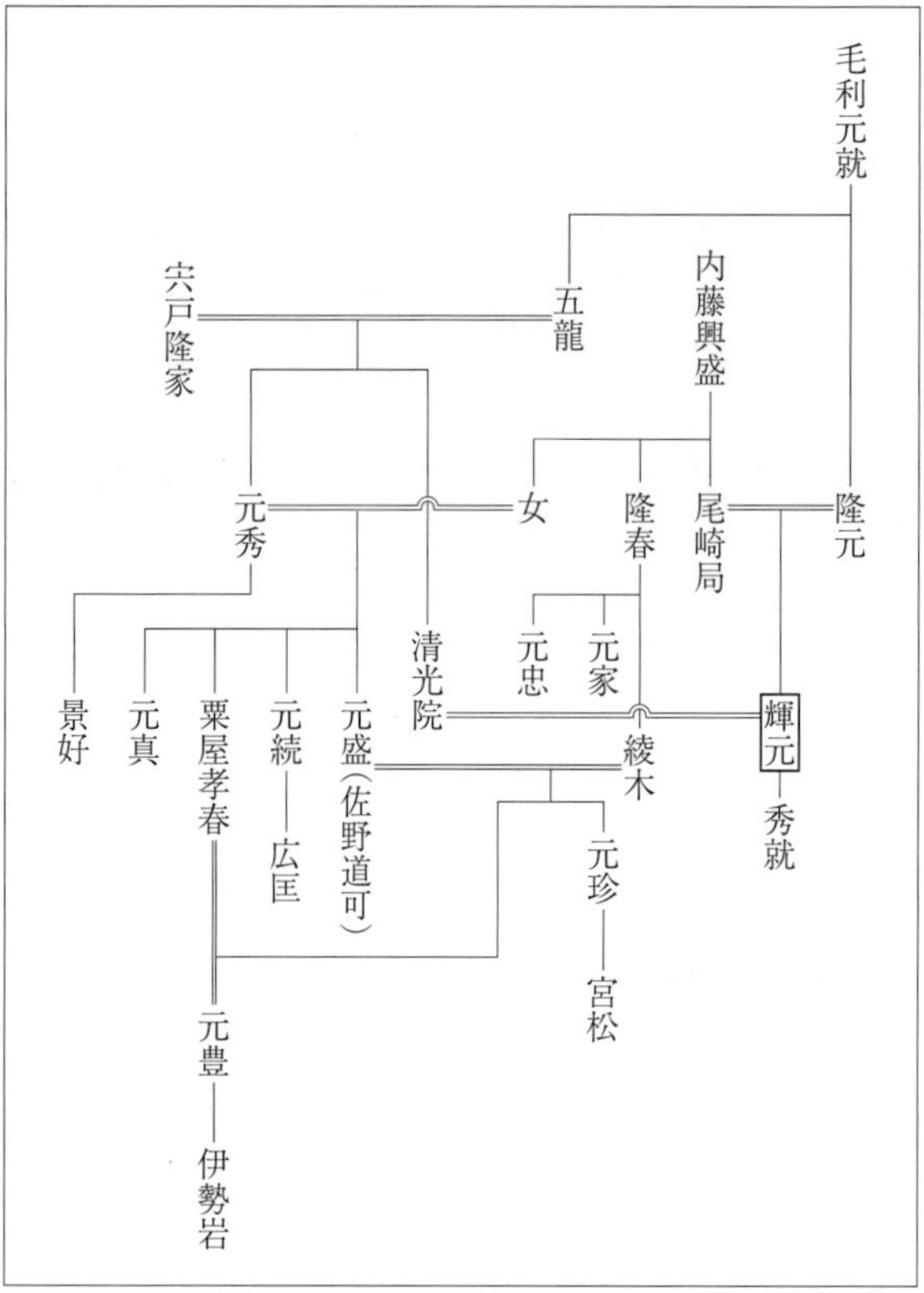

内藤・宍戸家関係系図

いる。御用絵師雲谷等顔の隣であり、お伽衆と考えられる人物であるが、隠居した内藤元盛がお伽衆として宗瑞に仕えていた可能性もある。

大坂の陣終結後の十一月二十一日付け宍戸元続（道可の兄）宛て柳生宗矩《やぎゅうむねのり》（家康家臣）書状写（『萩藩閥閲録』）には、宗瑞からの使者都野惣右衛門から聞いた弁明として、「内藤孫兵衛尉殿御事、つれづれ修理殿と御間の事、各別にこれあり、修理殿大坂へ籠城儀も一円存じられず、その上久しく会わず（元珍は父道可と不和であり、道可の大坂籠城についてもまったく知らなかった。また、長年あったこともない）」とある。七月五日付け元珍宛て宗瑞書状写（『萩藩閥閲録』）にも「近年親子不和の段、相紛れにあらず儀たるといえども」とあり（元珍弟粟屋元豊宛て宗瑞書状写も同文言）、さらに、「毛利家文庫」に残されている七月二十日付け福原広俊宛て元珍・元豊連署状案文（実際には写の可能性がある）には、親子は不和であり、天正十七年に道可が追放されて以来、二十七年間別居していたとある。しかしながら、天正十七年の追放は明らかな嘘であり、少なくとも、元珍・元豊連署状は偽造されたものである。後年の偽造か、徳川政権への弁明のために実際に七月二十日前後に偽造されていたかは定かでないが、柳生宗矩書状写や宗瑞書状写の内容からも、徳川政権に対する弁明のため、道可がかなり以前に毛利氏家中から出奔して、誰も連絡をとっておらず、大坂入城の件はまったく知らなかったとされたという統一見解をまとめていたものと推測される。

道可は大坂夏の陣の後、京に逃れたが五月二十一日に切腹。内藤元珍・粟屋元豊についても、宗瑞は徳川政権を憚り、切腹を申し付けた。柳生宗矩は都野からの聞いた弁明に納得して、元珍が自分で弁明するのは難しいだろうから、宗矩が代わって弁明する（「孫兵衛殿自分にては申し分けなり難く候間、宗瑞様・長門殿など仰せらるにおいては、いかようの御使なりとも拙者申すべくと存じ、則ち、つの惣右衛門殿へ申し渡し、その地へも書状をもって申入候」）としており、道可一族への連累は免れる蓋然性が高かった。

にもかかわらず宗瑞は、徳川政権の取り調べに呼ばれた元珍・元豊の証言によって、統一見解の矛盾点が露見する前に抹殺してしまったのである。八月十六日付け福原広俊書状（「毛利家文庫」）によると、元珍らは父の行動には一切関与していないことを主張したいとしたが、本多正純との協議により、元珍らは早々に国許へ帰国させられた。京都所司代板倉勝重の書状（Ⓐ八月十日付け福原広俊宛て「譜録」、Ⓑ十一月十三日付け宗瑞宛て「毛利家文庫」）をみると、Ⓐには「今度大坂へ走り籠り候もの、子まで成敗致すべきの由、貴殿へ申し渡すべき由仰せ出され候」、Ⓑには「今度大坂へ走り入り候内藤修理息孫兵衛娘七人まで御成敗なさるの由」とあり、板倉が元珍らを取り調べた形跡はなく、宗瑞が関係者すべてを成敗する旨、徳川政権へ報告して、事件の決着を急いだ様子が窺える。

このような経緯をみると、堀氏の見解④にも若干の疑問が残る。大坂の陣に際して、徳川方の勝利はほぼ確実であると宗瑞は考え、表面的には徳川政権へ追従した。けれども、大坂方勝利の可能性も皆無ではない。万一の場合に備え、また、豊臣方勝利の際に毛利氏復権を図るための布石が必要と考えた。道可に兵を与えて入城させた可能性は少ない。これ以前に出奔していた、あるいは、国許で隠居していた道可が合戦前に出奔して、単身入城した蓋然性が高い。一方で、何らかの事情で毛利氏家中から離れていた笠井重政（元重の次男）、幸田匡種など、毛利氏旧臣が大坂へ入城した記録も残されており、道可が旧臣層を糾合した可能性もある。

かつ、大坂夏の陣へ突入する以前の四月二十六日付けで、宍戸元真（道可弟）が道可の大坂入城には関与していない旨の起請文を提出しており（『毛利』）、仮に道可の大坂入城を宗瑞が事前に知らなかったとしても、入城後早い段階で認識していたと考えられる。しかし、宗瑞が道可に退城するよう働きかけた形跡はない。退城説得が不可能であるならば、徳川政権に自ら報告して、毛利氏はまったく関与していないことを弁明した方が徳川政権への追従姿勢を強調するためには得策と考えられるが、豊臣氏滅亡まで秘匿していたと推測される。道可の入城を知りつつ黙認していたのであり、道可の行動の背後に宗瑞の指嗾があった可能性も排除できない。

また、慶長二十年に比定される四月十八日付け広家覚書（「祖式家旧蔵文書」）には「我ら、宗瑞様を申しなし候て、大坂御ゆみやよくなり候わば、その身も人になり、我らがためと存じ、うかと申し廻りたる物と存じ候（広家が宗瑞様に献策して、佐野道可を入城させたことにすれば、豊臣方が勝利した場合、広家の地位が上がると考えて、広家のために、松斎が噂を吹聴したのだと思う）」とあり、道可入城について、誰が献策したかは別として、最終的には宗瑞の指示によるものという認識を持つ者が毛利氏家中にいたことを示している。このような経緯を勘案すると、少なくとも、豊臣方勝利の際の保険として、宗瑞が道可を利用しようとしたことは確実であろう。宗瑞は野望を捨てていなかったのである。

結局、宗瑞の野望が現実化することはなかった。豊臣氏は滅亡して、徳川政権は盤石となった。しかし、宗瑞は佐野道可事件を家中統制に利用した。元珍・元豊を上方へ送るに際して、宗瑞・秀就は元珍子宮松、元豊子伊勢岩への家督継承を約束していた（『萩藩閥閲録』）。また、先に見た柳生宗矩書状写にも「定めて子息なども御座あるべく候間、さようの儀は何とぞ御分別候て御意見専一に候」とあり、元珍・元豊らの切腹後も、幕府は内藤・粟屋家の家督継承を認める方針であった。ところが、宗瑞は両家ともに継承を認めなかったのである（のちに再興される）。道可の兄宍戸元続は、弟の不祥事の責任をとり、この年九月に隠居して、家督を嫡子広匡《ひろまさ》へ譲った。道可の兄弟や内藤一族からも起請文や忠誠を誓う書状を提出させた。宍戸家は一門とはいえ、本来は国人領主毛利家に隣接する地域を支配していた有力国人領主である。内藤家は長門国守護代を務めていた大内氏重臣であり、毛利家より格上であった。佐野道可事件というピンチを宗瑞はチャンスに変えて、有力給人を失脚、あるいは屈服させたのである。戦国期以来の荒波を乗り越えてきた宗瑞は、防長二国へ減封されながらも、毛利の「イエ」を守り抜き、後継者秀就の政権地盤を固めて、明治維新に至る萩藩繁栄の礎をつくったと評価できるであろう。

終章　輝元は凡将だったのか

同時代史料を中心に輝元の実像に迫った結果、『名将言行録』において描かれた輝元とは異なる姿がみえてきた。とはいえ、筆者が輝元に抱く印象は、時期によって大きく異なる。第一期は小早川隆景の九州移封まで、第二期は関ヶ原合戦まで、第三期は関ヶ原合戦以降と大別されよう。

コンプレックスを抱える輝元

第一期は、祖父元就の構築した枠組みに縛られ、元就、あるいは元春・隆景に依存して、自立できていない、グランドファーザー・アンクルコンプレックス期の輝元である。慶長十八年十二月付け毛利秀元・福原広俊宛て書状案（『毛利』）において、輝元（宗瑞）は愛息秀就を厳しく指導しなかった理由として、次のように回想している。

私は十一歳のときに父親を失い、十三歳のときに尼子攻めの陣に呼ばれて、初陣しました。それ以降、日頼様（元就）の側に居て、十九歳のときまでずっと元就の側を離れることなく仕えました。人事はまったく行わず、善くも悪くも日頼様の御意をうかがい、日頼様を敬って、親子の間であれば目上の人に対してでも許される振る舞いと思われるようなこともしませんでした。日頼様のご折檻は、大変厳しいものでした。（中略）そのため、この歳になっても、世間から尊敬されることもなく、利発でもなく、才覚もないため、ただ無事に過ごすことができればと日々を送ってきましたので、国主となった現在の状況は、意外なことです。

秀就への指導に対する弁解であるため、百パーセント真実を語っていると断定することはできないが、元就の輝元に対する指導が厳しかった様子は、元就自筆書状（『毛利』）からも窺える。たとえば隆景に宛てたとされる書状においては、「これまでは、輝元は私に対してだらけた考えをみせないのでよいことだ。今後も輝元への指導が肝心なので、会った折に話そう。」としている。また、輝元母尾崎局への書状においては、酒の飲み方について細かい指導を与えている。

このような過干渉は、毛利家を守ろうとする元就の危機感に基づくものであり、実際に、元就の厳しい指導によって、輝元が当主としての役割を果たしえた面もある。しかしながら、少年期からの厳しい躾は、輝元に自分は祖父や叔父には及ばないという劣等感と、いつかは祖父や叔父を乗り越えたいという反発心を植え付けた。

偉大な祖父の死没後も、元就の遺命に沿って、輝元の当主権限は御四人体制の制約をうけた。先にみた回想の続きには「私は、日頼様からひどい折檻をうけたうえ、隆景・元春は一緒にいろいろな異見をされ、このような状態では身がもたないと感じたことが何度もありました」とある。祖父の厳しい指導、叔父からの教育に耐えかねて、精神的に追い詰められていた輝元。彼が楽になる方法は、元就死没後も、叔父の異見にすべて従うことだったのではなかろうか。

元就死没以前のものであるが、十二月十三日付け元春宛て輝元書状（『吉川』）には「名将元就の後継者として生まれたことは、私の不運です。親や祖父はもちろん、ご先祖さまにも口惜しいことです。毛利家は私の代に傷をつけることになるでしょう。残念に思います。（中略）今後の領国運営を担っていただくことを、一書をもって誓っていただけると忝く思います」とある。

また、元就死没後の三月十八日付け隆景・元春宛て輝元書状（『吉川』）にも、「申すまでもないことですが、今は当家の一大事です。ですから、言っても実現しないことですが、私の考えを言って、もう少し頑張ってみたいと思います。とは言うものの、私は能力がないので、うまくいきませんが、今は一大事のときなので、すべてについてご相談し、ご指南の通りに決定します。（中略）今でも隆景・元春様が私を疎かにしているというわけではないのですが、場合によっては、取捨選択されることがあるので、政務が停滞しています。また、私も相談したいことを言えずにいました。さらに、両方面の軍事行動についても私に相談されますので、私一人が気づかいして迷惑しています。そのうえ、私は手際が悪いので、本当は疎ましく思っていないのに、場合によっては、隆景・元春様のご機嫌を損ねることもあるでしょう。このようなことは、今後もあると思いますので、何度も何度もご指導いただき、また、相談して、悪い点は直します。」とある。これは対織田戦争当時のものと推測され、輝元は二十代後半の青年武将に成長している。しかしながら、輝元の劣等感は強く、すべてを投げ出して、隆景・元春に任せてしまいたいとの心情が滲み出ている。

このような輝元の言行をみると、凡将といわれても仕方のない面もある。しかし、偉大な先代を持ち、その先代の遺命によって、実質的に領国を運営している叔父が存在している場合、多くの者が同じような心境に陥るのではなかろうか。少年期から厳しく指導され、劣等感を植え付けられた輝元には同情すべき点が多い。名将元就も孫の教育という点においては成功したとは言い難い。輝元の器量不足は元就によって創出された面もあるといえよう。このような生育環境を乗り越えることができた人間が名将だとすると、そのような名将は稀有な存在であり、我々には縁遠い、特別な人間である。むしろ、輝元にこそ親近感を抱く人も多いであろう。

また元就は、輝元の器量不足ゆえに、毛利氏が天下を望むことを戒めたとされるが、輝元が十五歳のとき（永禄十年）に、元就は領国拡大の危険性を危惧しており、輝元の器量とは関係のない元就の信念だったと考えられる。

改革者輝元

ところが、元春が死没し、隆景が毛利氏領国の運営から直接的には離れざるをえない状況が生じると、抑圧されていた輝元の功名心が発露されていく。これが第二期である。それを支えたのが輝元出頭人たちであった。先にみた十二月十三日付け元春宛て輝元書状には「よい側近がおらず、年上の者ばかりで、私を私だと知っている者が一人もいません。一大事です。遠い海へ小舟で乗り出す心境です」とある。輝元を知らないというのは比喩であり、おそらく、自分を当主として扱ってくれる奉行人がいないという意味であろう。この当時は、元就存命中であるから、それは五奉行系の家臣を指すものと考えられる。元就死没後も五奉行系を中心とした政権運営は、隆景・元春ら「御四人」の輔弼のもと継続していたが、「御四人」の退場とともに、五奉行系も政務から排除されていき、輝元は自分の意向を忠実に実現しようとする有能な輝元出頭人を登用して、様々な改革を断行していったのである。

改革を通じて、輝元は中世的な慣行をも打破して、自らを頂点とする一元的なヒエラルヒー体系、絶対主義的な領国構造を実現する一歩手前まできていた。名将元就にも成し遂げることのできなかった構造転換である。むろん、これは輝元個人の能力のみによる結果ではない。天下を統一して、国内における惣無事＝平和を作り上げようとした豊臣政権のバックアップや、毛利氏領国を取り巻く社会経済状況の影響を受けた（本多二〇〇六）、とりわけ、政権主導の物流が地域的流通を統合していく機運を生んでいた（本多二〇一二）点も大きい。一方で、豊臣政権下においても、秀吉の望む改革を実現できずに改易された戦国大名（大友氏など）もあり、すべての大名領国において、自動的に改革が実現したわけではない。輝元出頭人の登用を含め、改革を指揮した輝元の手腕は、領国経営者として大きく評価できる。

そのような改革者としての輝元像が第二期の特徴であるが、祖父や叔父の軛から逃れた解放感が、輝元を暴走させていった。

第一に、家臣杉元宣の妻（二の丸）略奪事件である。隆景は実質的にはすでに毛利氏家中の外にあったが、このような不祥事を看過するわけにはいかなかった。年月日欠であるが、輝元が吉川広家に宛てた書状（『吉川』）には、「今年の春、思いも寄らない事があり、隆景がいろいろと私を折檻され、隆景の異見がもっともだと思ったので、ご異見の通り、（二の丸からは）手をひきました。あながち、私に身に覚えのないことではなかったのですが、成り行きが悪く、強硬手段をとっていたので、隆景の異見に従った結果、私は世間からの評判が悪くなりました。そこで、今は二の丸を彼女の親類の所へ返して置いていています」とある。隆景は輝元の行動を厳しく窘め、二の丸を側室と認めようとしなかった。このため輝元は、いったん二の丸を実家児玉家に返したとされる（布引一九九七）。この書状をみると、輝元が心から反省している様子は窺えない。人妻を奪ったことについても、円満に迎えようとしたのに、二の丸の夫杉元宣あるいは二の丸自身が抵抗したため、騒ぎになったのだと、責任転嫁したうえ、隆景の異見に従ったために自分の権威が低下したと隆景を恨んでいる。秀吉からの信任、改革の進展によって、輝元はおごり高ぶっていた。それでも、隆景存命中は、輝元の暴走を食い止めることができたが、慶長二年の隆景死没によって、その防波堤は取り払われた。

その結果、第二の暴走として引き起こされたのが、慶長五年の反徳川闘争決起、西国への侵略行動である。元就による抑圧（元就の遺命を忠実に守る元春・隆景からの抑圧）から解放された輝元は、元就の最大の遺命ともいえる拡張抑制路線から転換したのである。コンプレックスに悩み続けてきた輝元は、祖父や叔父の敷いたレールから飛び出して、祖父から引き継がれてきた路線を否定することによって、自分という存在を証明しようとした。天下を狙ったとまではいえないが、少なくとも天下を動かす最高権力者の一人になろうとした（白峰二〇一二）。拡大する家康権力から毛利氏を防衛するための決起という側面もあるが、祖父・叔父を超える名将として自らの名を残したいという功名心に突き動かされた面もあると推測される。祖父や叔父を見返してやりたいという私的な動機が、天下を揺るがす大争乱勃発の一要因となったのである。

結局、輝元最大の祖父・叔父への反抗は、大失敗に終わった。結果のみをみると、やはり輝元は凡将ということになるが、安国寺恵瓊に騙されて担がれたのではない。自らが野望を抱き、元就譲りの知略を駆使して、一時的には名将家康をも慌てさせた。しかしながら、家康との決定的な相違は、最終局面での決断力が欠如していたことである。厳しい指導を受けたとはいえ、西国の覇者元就の後継者としての地位は保障されていた。幼い頃から修羅場を潜り抜けてきた家康とは異なり、三代目としてのひ弱さがあった面は否定できない。策謀をめぐらすだけでは対応できない土壇場での胆力に賭けていた。

毛利家を守り抜いた輝元

関ヶ原合戦後の第三期は、輝元の権威が大きく低下し、財政的にも危機に陥った状況からスタートした。その危機を輝元は見事に切り抜けて、明治維新を主導する雄藩萩（長州）藩の礎を作り上げた。しかし、その陰には、自らへの批判を鎮静化するために第二期の改革を担った張元至を切り捨て、低下した権威を回復するために、熊谷党を虐殺するといった冷酷な手段を講じた。また、大坂の陣に際しては、佐野道可を利用して再び策謀をめぐらせたが、失敗に終わると、無関係の道可一族までを処罰して、家康へ媚びを売った。

輝元の冷酷さは、関原合戦直後の小西行長の子に対する仕打ちにおいてもみられる。イエズス会宣教師の報告によると（『十六・七世紀イエズス会日本報告集』）、輝元とともに西軍に与して、戦後、処刑された小西行長の子は、毛利氏領国へ逃れた。輝元は彼を匿うことを約束したが、結局、騙して大坂へ連行させたうえ、斬首してその首を家康に差し出したという。自らの命や毛利の「イエ」を守るために、数日前まで盟友であった者の子を犠牲にしたのである。その卑劣さには家康もあきれ果てたとされる。

このような第三期の言行も名将には相応しくない。しかしながら、輝元には何もかもを投げ出してしまうという選択肢はなかったのである。祖父の作り上げた毛利家を守り抜き、家臣団の過半の生活を守るためには、いかなる冷酷な手段、卑劣な行動であろうと辞さないという強い決意が窺える。実際に、戦国大名の家が明治維新まで命脈を保った例は多いとはいえない。宇喜多氏や長宗我部氏のように、関ヶ原合戦における敗北が家の断絶に直結した例のみならず、関ヶ原合戦においては東軍に与しながら、その後の家中騒動が一因となって断絶した最上氏・里見氏などの事例もある（福田二〇〇五）。のちに家中騒動を引き起こす火種を早期に摘み取っていたという面においても輝元には一定の評価が与えられてしかるべきであろう。

輝元の再評価

そもそも、身命の危険を感じた際に、潔い態度を貫ける人間がどれほど存在するであろうか。多くの人間は、恥も外聞も捨て、いかなる手段を講じても、自らの身を守ろうとするのではなかろうか。それが人間の「性」である。一見平和な現代を生きる我々に比べて、輝元は死と隣り合わせの過酷な環境に置かれていた。そのため、輝元の言行に嫌悪感を覚える人がいるかもしれないが、輝元と同じ状況に置かれた場合、常人であれば同じような行動をとるのではなかろうか。

偉大な祖父や叔父の抑圧にもがき苦しみ、抑圧から脱した反動を爆発させ、危機に陥ると人間の「性」をむき出しにする輝元。そのような輝元の生涯は、英雄伝説に彩られた名将の生涯よりも遙かに興味深い。

また、朝鮮侵略戦争の際に抑留された朝鮮王朝の官人姜沆《カンハン》の記した『看羊録《かんようろく》』には、広島について「物力にすぐれ、富んでいるのは、倭京に擬えられる」としたうえで、輝元を「その風俗は、倭のうちでは、いくらかはつつしみ深い。性質はとてもゆったりと大らかで、わが国人の気性によく似ている」、「賊魁（秀吉）の命令におさえられて、やむをえずわが国人の鼻を削いだ時も、いくらかわあわれみの気持ちがあった」と好意的に描いている。三代目の「お坊ちゃま」的な鷹揚さ、戦場の最前線で戦ってきた残忍な武将とは異なる慈悲深い様子。それこそがおそらく輝元という人物の本性だったのではなかろうか。けれども、大きくなった毛利の「イエ」の当主として、その本性を貫くことは許されなかった。外面的には虚栄を張り続ける必要があった。それがしばしば暴走や冷酷さとして表出されたのである。その意味においては、輝元は時代に翻弄された哀しき武将だったといえる。

その哀しみを背負いつつも、名将たちと渡り合って、豊臣期には元就でさえ成しえなかった絶対主義的支配構造に近づき、いったん挫折したのちも再び立ち上がって、明治維新につながる萩（長州）藩の礎を築いた輝元は、凡将かもしれないが、「イエ」の経営者としては決して暗愚ではない。

しかし、毛利の「イエ」は民衆を収奪することによって成り立っていた。また、合戦に動員され、生活の場を合戦によって荒らされた民衆の犠牲のうえに、輝元をはじめとする武士階級の地位は確立された。輝元にとって民衆は毛利の「イエ」を保つために必要な存在であり、その限りにおいて民政への配慮もみられるが、第三期の財政再建において顕著に表れたように、「イエ」・藩の維持が最優先であり、民衆への慈悲心などはまったく窺えない。この点は輝元の特質ではなく、多くの大名に共通することである。戦国期から江戸期初頭に活動した武将たちの生涯は華々しいが、その負の部分を決して忘れてはならない。

参考文献

※自治体史については、直接引用したものを除き割愛した。単著に収録された論稿については、初出省略。

秋山伸隆「毛利氏惣国検地関係文書目録（その1）の解説」（『戦国大名毛利氏関係史料の調査と研究』、一九九五年）
秋山伸隆『戦国大名毛利氏の研究』（吉川弘文館、一九九八年）
＊天正十四年以前の軍事力編成や、豊臣期毛利氏領国における一所衆、惣国検地の実施過程など、輝元期毛利氏の権力構造・領国支配についての考察が収録されている。
秋山伸隆執筆『記録にみる郡山城内の実像――新史料から郡山城内の構造を探る』古文書解説（吉田町歴史民俗資料館、二〇〇一年）
秋山伸隆「毛利元就発給文書目録」（研究代表者秋山伸隆『毛利元就文書の基礎的研究』平成11年度〜平成14年度科学研究費補助金（基盤研究（B）（2））研究成果報告書、二〇〇三年）
秋山伸隆「毛利隆元の家督相続をめぐって」（安芸高田市歴史民俗博物館『毛利隆元――名将の子の生涯と死をめぐって』、二〇一三年）
朝尾直弘『将軍権力の創出』（岩波書店、一九九四年、初出一九七四年）
浅倉直美『後北条領国の地域的展開』（岩田書院、一九九七年）

跡部信「秀吉の人質策——家康臣従過程を再検討する」（藤田達生編『小牧・長久手の戦いの構造　戦場論　上』岩田書院、二〇〇六年）
天野忠幸「荒木村重と織田政権」（『地域研究いたみ』四〇、二〇一一年）
天野忠幸「織田・羽柴氏の四国進出と三好氏」（四国中世史研究会・戦国史研究会編『四国と戦国世界』岩田書院、二〇一三年）
荒木清二「毛利氏の北九州経略と国人領主の動向——高橋鑑種の毛利氏方一味をめぐって」（『九州史学』九八、一九九〇年）
池上裕子『織田信長』（吉川弘文館、二〇一二年Ⓐ）
池上裕子『日本中近世移行期論』（校倉書房、二〇一二年Ⓑ）
池享『大名領国制の研究』（校倉書房、一九九五年）
＊第三部において、輝元期毛利氏も分析対象として、戦国大名権力構造の独自性の意味を、当該社会との関係や近世大名への転化との関連で検討している。
池享『戦国・織豊期の武家と天皇』（校倉書房、二〇〇三年）
池享『戦国期の地域社会と権力』（吉川弘文館、二〇一〇年Ⓐ）
池享『日本中近世移行期論』（同成社、二〇一〇年Ⓑ）
石畑匡基「戦国期毛利元清の権限と地位」（『古文書研究』七八、二〇一四年
市村佑一「長州藩における家臣団形成過程」（宝月圭吾先生還暦記念会編『日本社会経済史研究』近世篇、吉川弘文館、一九六七年）
井上寛司・岡崎三郎編集・執筆『史料集益田藤兼・元祥とその時代——益田家文書の語る中世の益田（三）』益田市教育委員会、一九九九年）

今岡典和「戦国期の地域権力と官途――毛利氏を素材として」（上横手雅敬編『古代・中世の政治と文化』思文閣出版、一九九四年）
上田祐子「戦国大名と村落社会――周防国山代地方の地侍を中心として」（『山口県史研究』四、一九九六年）
臼井進「室町幕府と織田信長との関係について――足利義昭宛の条書を素材として」（『史叢』五四・五五、一九九五年）
馬部隆弘「城郭支配政策からみた戦国期毛利氏の権力構造」（村田修三編『新視点 中世城郭研究論集』新人物往来社、二〇〇二年）
及川亘「中・近世移行期の都市商人と町」（勝俣鎮夫編『中世人の生活世界』山川出版社、一九九六年）
大舘邦浩「長州藩における幕藩体制成立過程に関する一考察」（丸山雍成編『幕藩体制の新研究』文献出版、一九八二年）
岡村吉彦執筆『鳥取県史ブックレット1 織田vs毛利――鳥取をめぐる攻防』（鳥取県、二〇〇七年）
岡村吉彦執筆『鳥取県史ブックレット4 尼子氏と戦国時代の鳥取』（鳥取県、二〇一〇年）
尾下成敏「九州停戦命令をめぐる政治過程――豊臣「惣無事令」の再検討」（『史林』九三‐一、二〇一〇年）
笠谷和比古『関ヶ原合戦と近世の国制』（思文閣出版、二〇〇〇年）
笠谷和比古『関ヶ原合戦と大坂の陣』（吉川弘文館、二〇〇七年）
柏本秋生・樋口尚樹「〈史料紹介〉吉見正頼銘文入琵琶」（『萩市郷土博物館研究報告』八、一九九七年）
梶原正昭『室町・戦国軍記の展望』（和泉書院、二〇〇〇年）
加藤益幹「戦国大名毛利氏の奉行人制について」（『年報中世史研究』三、一九七八年）
加藤益幹「毛利氏天正末惣国検地について」（『歴史学研究』四九六、一九八一年）
加藤益幹「豊臣政権下毛利氏の領国編成と軍役」（『年報中世史研究』九、一九八四年）

鴨川達夫「戦国大名毛利氏の国衆支配」（石井進編『都と鄙の中世史』吉川弘文館、一九九二年）
河合正治「城下町成立の問題」（魚澄惣五郎編『大名領国と城下町』柳原書店、一九五七年）
河合正治『中世武家社会の研究』（吉川弘文館、一九七三年）
川岡勉「戦国・織豊期における国郡知行権と地域権力――河野氏への東伊予返還を中心に」（『四国中世史研究』八、二〇〇五年）
川岡勉『中世の地域権力と西国社会』（清文堂出版、二〇〇六年）
川島佳弘「戦国末期における長宗我部氏と毛利氏の関係」（『四国中世史研究』九、二〇〇七年Ⓐ）
川島佳弘「小牧・長久手の合戦と伊予の争乱」（『織豊期研究』九、二〇〇七年Ⓑ）
河本福美「萩藩主毛利氏発給文書の変遷について」（『瀬戸内海地域史研究』七、一九九九年）
神田千里『織田信長』（ちくま新書、二〇一四年）
菊池浩幸「戦国期人返法の一性格」（『歴史評論』五二三、一九九三年）
菊池浩幸「戦国大名毛利氏と兵糧」（『一橋論叢』一二三‐六、二〇〇〇年）
菊池浩幸「戦国期領主層の歴史的位置」（『戦国史研究　別冊　戦国大名再考』二〇〇一年）
菊池浩幸「戦国期「家中」の歴史的性格――毛利氏を実例に」（『歴史学研究』七四八、二〇〇一年）
岸田裕之『毛利元就』（ミネルヴァ書房、二〇一四年）
＊同『大名領国の構成的展開』（吉川弘文館、一九八三年）、『大名領国の経済構造』（岩波書店、二〇〇一年）、『大名領国の政治と意識』（吉川弘文館、二〇一一年）については、右記著作にも主旨が引用されているため、注記においては割愛した。
岸田裕之・秋山伸隆『安芸内藤家文書・井原家文書――その翻刻と解説』解説（『広島大学文学部紀要』第四九巻特輯号一、一九九〇年）

木下聡『全国官途状・加冠状・一字状目録』(日本史史料研究会、二〇一〇年)
木村信幸「郡山城の居所から見た毛利隆元の位置」(安芸高田市歴史民俗博物館『毛利隆元――名将の子の生涯と死をめぐって』、二〇一三年)
木村信幸「戦国大名毛利氏の知行宛行とその実態」(『史学研究』一七四、一九八七年)
久野雅司編『足利義昭』巻末表1(戎光祥出版、二〇一五年)
久保健一郎「「境目」の領主と「公儀」」(岡山藩研究会編『藩世界の意識と関係』岩田書院、二〇〇〇年)
黒田基樹『戦国大名後北条氏の領国支配』(岩田書院、一九九五年)
桑田和明「九州国分と毛利氏」(『七隈史学』一五、二〇一三年)
桑名洋一「伊予における天正の陣についての考察――河野氏家臣団の動きを中心に」(『四国中世史研究』七、二〇〇三年)
桑名洋一「長宗我部氏の讃岐進攻戦に関する一考察」(『四国中世史研究』九、二〇〇七年)
桑名洋一「天正期沖家騒動に関する一考察――村上元吉を中心にして」(『四国中世史研究』一一、二〇一一年)
桑名洋一「天正期賀嶋城合戦に関する一考察」(『伊予史談』三七二、二〇一四年)
河野通毅「張思朝の死」(『史都萩』一〇、一九六九年)
小島道裕「戦国期城下町から織豊期城下町へ」(『年報都市史研究』一、一九九三年)
小都勇二「元就の家族」(河合正治編『毛利元就のすべて(新装版)』新人物往来社、一九九六年)
柴原直樹「毛利隆元・内藤興盛と縹糸胸紅白威胴丸」(安芸高田市歴史民俗博物館『毛利隆元――名将の子の生涯と死をめぐって』、二〇一三年)
柴裕之「織田・毛利開戦の要因」(『戦国史研究』六八、二〇一四年)
島津論史「毛利氏の官途政策――官途状の日付が語るもの」(『歴史』一〇九、二〇〇七年)

白峰旬『新「関ヶ原合戦」論――定説を覆す史上最大の戦いの真実』（新人物往来社、二〇一一年）
白峰旬『関ヶ原合戦の真実――脚色された天下分け目の戦い』（宮帯出版社、二〇一四年）
外園豊基『戦国期在地社会の研究』（校倉書房、二〇〇三年）
高橋研一「戦国大名毛利氏の防長支配と元亀三年龍福寺「再興」」（『山口県地方史研究』九九、二〇〇八年）
多田真弓「戦国末期讃岐国元吉城をめぐる動向」（『内海文化研究紀要』三二、二〇〇四年）
舘鼻誠「毛利輝元文書の基礎研究」（『古文書研究』二六、一九八六年）
舘鼻誠「戦国期山陰吉川領の成立と構造」（『史苑』四六‐一・二、一九八九年）
田中誠二「毛利秀元論――萩藩初期政治史研究序説」（『山口県地方史研究』六二、一九八九年Ⓐ）
田中誠二「萩藩の本・支藩関係をめぐって」（『山口県地方史研究』六一、一九八九年Ⓑ）
田中誠二「藩からみた近世初期の幕藩関係」（『日本史研究』三五六、一九九二年）
田中誠二「萩藩朱印高考」（『山口県史研究』一、一九九三年）
田中誠二『近世の検地と年貢』（塙書房、一九九六年）
田中誠二「萩藩前期藩政の動向」（『山口県史』史料編近世2・解説、二〇〇五年Ⓐ）
＊幕藩制成立期における幕藩関係史料・本支藩関係史料・萩藩法制史料に関する解説として執筆されたもの。
田中誠二「萩藩の家臣団編成と加判役の成立」（『やまぐち学の構築』一、二〇〇五年Ⓑ）
田中誠二『萩藩財政史の研究』（塙書房、二〇一三年）
谷口央編『関ヶ原合戦の深層』（高志書院、二〇一四年）
谷徹也「秀吉死後の豊臣政権」（『日本史研究』）六一七、二〇一四年）
丹正貴和美「十六世紀における毛利氏の「おち」のあり方（『京都橘女子大学大学院研究論集　文学研究科』創刊号、二〇〇三年）

津野倫明「豊臣政権における「取次」の機能――「中国取次」黒田孝高を中心に」(『日本歴史』五九一、一九九七年)
津野倫明「豊臣～徳川移行期における「取次」――公儀‐毛利間を中心に」(『日本歴史』六三四、二〇〇一年)
津野倫明「豊臣政権の『取次』蜂須賀家政」(『戦国史研究』四一、二〇〇一年)
津野倫明「蔚山の戦いと秀吉死後の政局」(『ヒストリア』一八〇、二〇〇二年)
寺尾克成「浦上宗景考――宇喜多氏研究の前提」(『国学院雑誌』九二‐三、一九九一年)
土井作治「芸備両国における慶長検地と貢租制」(有元正雄編『近世瀬戸内海農村の研究』渓水社、一九八八年)
利岡俊昭「毛利氏の領国支配と兵農分離の進展状況について」(『山口県地方史研究』八、一九六二年)
利岡俊昭「長州藩に於ける近世大名領の成立――藩権力の強化と家臣団統制の問題を中心にして」(『地方史研究』六八・六九、一九六四年)
利岡俊昭「天正末期毛利氏の領国支配の進展と家臣団の構成――「八箇国御時代分限帳」の分析を中心にして」(『史林』四九‐六、一九六六年)
利岡俊昭「減転封に伴う先収貢租返還問題について――長州藩毛利氏の事例」(『史観』八四、一九七一年)
戸谷穂高「豊臣政権の取次」(『戦国史研究』四九、二〇〇五年)
戸谷穂高「織田権力の取次」(戦国史研究会編『織田権力の領域支配』岩田書院、二〇一一年)
中司健一「毛利氏「御四人」の役割とその意義」(『史学研究』二四五、二〇〇四年)
中西誠「近世初期毛利氏家臣団の編成的特質」(藤野保編『近世国家の成立・展開と近代』雄山閣出版、一九八八年)
中野等「羽柴・徳川「冷戦」期における西国の政治状況」(藤田達生編『小牧・長久手の戦いの構造　戦場論上』岩田書院、二〇〇六年)

中野等「毛利輝元の居所と動向（慶長5年9月14日以前）」、穴井綾香「毛利輝元の居所と動向（慶長5年9月15日以降）」（藤井譲治編『織豊期主要人物居所集成』（思文閣出版、二〇一一年）
＊巻末の「毛利輝元年譜」においても参照した。輝元の居所と動向がわかる史料の典拠も記されている。
中平景介「伊予河野氏と四国国分について――村上通昌の帰国をめぐって」（『湘南史学』一七、二〇〇八年）
中平景介「天正一一年鹿島城の戦いの再検討」（『湘南史学』二〇、二〇一一年）
二木謙一『秀吉の接待――毛利輝元上洛日記を読み解く』（学習研究社、二〇〇八年）
仁木宏「近世社会の成立と城下町」（『日本史研究』四七六、二〇〇二年）
西尾和美『戦国期の権力と婚姻』（清文堂出版、二〇〇五年）
西尾和美「伊予河野氏文書の近江伝来をめぐる一考察」（『四国中世史研究』一〇、二〇〇九年）
西尾和美「豊臣政権と毛利輝元養女の婚姻」（川岡勉・古賀信幸編『西国の権力と戦乱』清文堂出版、二〇一〇年）
西尾和美「毛利輝元養女の婚姻と清光院」（『鳴門史学』二六、二〇一二年）
西尾和美「豊臣期から江戸初期における毛利氏妻室に関する一考察――清光院と家臣・近親女性との関係を中心に」（『女性歴史文化研究所紀要』二一、二〇一三年）
西山克「戦国期大名権力の構造に関する一試論」（『日本史研究』二三六、一九八二年）
布引敏雄「毛利輝元側室二ノ丸様の薄幸」（『大阪明浄女子短期大学紀要』九、一九九五年）
布引敏雄「『吉川家文書』中の毛利輝元自筆書状の解釈について」（『季刊ぐんしょ』三八、一九九七年）
布谷陽子「関ヶ原合戦の再検討――慶長五年七月十七日前後」（『史叢』七三、二〇〇五年）
布谷陽子「関ヶ原合戦と二大老・四奉行」（『史叢』七七、二〇〇七年）
萩博物館『毛利輝元と萩開府』（二〇〇四年）

橋詰茂『瀬戸内海地域社会と織田権力』(思文閣出版、二〇〇七年)
長谷川博史「戦国大名毛利氏の徳政――天正七年出雲一国徳政令を中心として」(『史学研究』一八三、一九八九年)
長谷川博史「戦国期出雲国における大名領国の形成過程」(『史学研究』二〇一、一九九三年)
長谷川博史「安芸国保利氏と毛利氏」(『内海文化研究紀要』二五、一九九六年)
長谷川博史執筆『出雲古志氏の歴史とその性格』(出雲市古志公民館、一九九九年)
長谷川博史「毛利氏の出雲国支配と富田城主」(研究代表者長谷川博史『戦国期大名毛利氏の地域支配に関する研究』二〇〇〇~二〇〇二年度科学研究費補助金 基盤研究(C)(2) 研究成果報告集、二〇〇三年)
長谷川博史「毛利元就の山陰支配――生田就光と福井景吉」(『島根史学会会報』五〇、二〇一二年)
畑和良「浦上宗景権力の形成過程」(『岡山地方史研究』一〇〇、二〇〇三年)
畑和良「織田・毛利備中戦役と城館群――岡山市下足守の城郭遺構をめぐって」(『愛城研報告』一二、二〇〇八年)
畑和良「細川通董の野州家相続とその背景」(『倉敷の歴史』二二、二〇一二年)
福川一徳「元亀‐天正年間の大友・毛利氏の戦い」(『軍事史学』一〇四、一九九一年)
福川一徳「天正十年沖家騒動再考」(『四国中世史研究』七、二〇〇三年)
福田千鶴『御家騒動――大名家を揺るがした権力闘争』(中央公論新社、二〇〇五年)
藤木久志『豊臣平和令と戦国社会』(東京大学出版会、一九八五年)
藤田達生『日本近世国家成立史の研究』(校倉書房、二〇〇一年)
*豊臣政権の仕置には、服属領主からの人質徴発・城割・検地・刀狩などの重要施策が含まれており、その執行は既に服属していた毛利氏も例外ではなかったとする点が注目される。

藤田達生「織田信長の東瀬戸内支配」（小山靖憲編『戦国期畿内の政治社会構造』和泉書院、二〇〇六年）
藤田達生『証言本能寺の変――史料で読む戦国史』（八木書店、二〇一〇年）
古野貢『中世後期細川氏の権力構造』（吉川弘文館、二〇〇八年）
堀越祐一「『毛利家文書』に残る二通の起請文前書案」（『護符・起請文研究』二、二〇〇九年）
堀越祐一「國學院大學図書館所蔵の毛利氏関係文書」（『國學院大学　校史・学術資産研究』五、二〇一三年）
堀智博「毛利輝元と大坂の陣」（山本博文・堀新・曽根勇二編『偽りの秀吉像を打ち壊す』柏書房、二〇一三年）
本多博之『戦国織豊期の貨幣と石高制』（吉川弘文館、二〇〇六年）
＊本書においては十分に叙述することができなかった流通経済面からみた戦国・織豊期の毛利氏領国の実態を解明したもの。
本多博之「中近世移行期西国の物流」（『日本史研究』五八五、二〇一一年）
本多隆成『徳川家康と関ヶ原の戦い』（吉川弘文館、二〇一三年）
松井輝昭「戦国大名毛利氏の尾道町支配と渋谷氏」（『広島県立文書館紀要』四、一九九七年）
松浦義則「大名領国制の進展と村落」（『史学研究』一一八号、一九七三年）
松浦義則「豊臣期における毛利氏領国の農民支配の性格」（『史学研究』一二九号、一九七五年）
松浦義則「戦国大名毛利氏の領国支配機構の進展」（『日本史研究』一六八、一九七六年）
松浦義則「戦国末期備後神辺城周辺における毛利氏支配の確立と備南国人層の動向」（『芸備地方史研究』一一〇・一一一、一九七七年）
松浦義則執筆『広島県史』近世1第一章第二節（一九八一年）
松浦義則執筆『広島県史』中世第四章第六節（一九八四年）
松岡美幸「16世紀末期における毛利氏の石見銀山支配と鉱山社会――吉岡家文書を中心として」（石見銀山歴史

文献調査団編『石見銀山』研究論文篇、二〇〇二年）
松尾正人「明治維新の光と影――草莽高松隊の明暗」（松尾正人編『明治維新と文明開化』吉川弘文館、二〇〇四）
三鬼清一郎『豊臣政権の法と朝鮮出兵』（青史出版、二〇一二年）
水野伍貴「秀吉死後の権力闘争と会津征討」（和泉清司編『近世・近代における地域社会の展開』岩田書院、二〇一〇年Ⓐ）
水野伍貴「佐和山引退後における石田三成の動向について」（『政治経済史学』五三〇、二〇一〇年Ⓑ）
水野嶺「足利義昭の大名交渉と起請文」（『日本歴史』八〇七、二〇一五年）
宮崎勝美「毛利家臣堅田元慶の生涯と堅田家伝来小早川家文書」（『東京大学史料編纂所研究紀要』二一、二〇一一年）
村井祐樹「毛利輝元と吉川家――三本の矢その後」（池享編『室町戦国期の社会構造』吉川弘文館、二〇一〇年）
村井良介『戦国大名権力構造の研究』（思文閣出版、二〇一二年）
＊毛利氏が広域的支配をどのように実現していたかを考察した論稿や、戦国大名権力が地域秩序形成に果たした役割と、豊臣期における変化について考察した論稿などが収録されている。
森俊弘「年欠三月四日付け羽柴秀吉書状をめぐって――書状とその関係史料を再読して」（『岡山地方史研究』一〇〇、二〇〇三年）
森俊弘「宇喜多直家の権力形態とその形成過程――浦上氏との関係を中心に」（『岡山地方史研究』一〇九、二〇〇六年）
森俊弘「宇喜多直家の新出書状――祝山城をめぐる攻防戦の関連史料」（『津山市史研究』創刊号、二〇一五年）
森脇崇文「〈中世史研究会活動報告〉天正初期備作動乱の一考察（中世史研究会活動報告）」（『吉備地方文化研

究』一七、二〇〇七年）
森脇崇文「天正初期の備作地域情勢と毛利・織田氏」（『ヒストリア』二五四、二〇一六年）
＊本書第三章においてとりあげた毛利・織田戦争に至る過程について、主として宇喜多・浦上・三村氏をはじめとした関連諸勢力の視点から考察した論稿である。本書脱稿後に触れたため、本文中に摂取できなかったことを、お詫び申し上げるとともに、一読をお勧めしたい。
矢田俊文『日本中世戦国期権力構造の研究』（塙書房、一九九八年）
＊第一章の結語において、戦国期毛利権力の課題は、中央権力に従属することによってはじめて達成可能となったとする点が注目される。
矢部健太郎『豊臣政権の支配秩序と朝廷』（吉川弘文館、二〇一一年）
山内治朋「毛利氏と長宗我部氏の南伊予介入——喜多郡の争乱をめぐる芸土関係」（四国中世史研究会・戦国史研究会 編『四国と戦国世界』岩田書院、二〇一三年）
山内譲『中世瀬戸内海地域史の研究』（法政大学出版局、一九九八年）
山内譲『瀬戸内の海賊——村上武吉の戦い』（講談社、二〇〇五年）
山内譲『海賊衆　来島村上氏とその時代』（二〇一四年）
山室恭子『中世のなかに生まれた近世』（吉川弘文館、一九九一年）
山本浩樹「戦国大名領国「境目」地域における合戦と民衆」（『年報中世史研究』一九、一九九四年）
山本浩樹「天正年間備中忍山合戦について」（『岐阜工業高等専門学校紀要』二九、一九九四年）
山本浩樹「戦国期戦争試論——地域社会の視座から」（『歴史評論』五七二、一九九七年）
山本浩樹「戦国大名毛利氏とその戦争」（『織豊期研究』二、二〇〇〇年）
山本浩樹『西国の戦国合戦』（吉川弘文館、二〇〇七年Ⓐ）

＊毛利・大友間の対立や、毛利・織田戦争の展開のほか、豊臣秀吉による統一に至るまでの西国で行われた戦争の全体像を叙述したもの。
山本浩樹「戦国期但馬国をめぐる諸勢力の動向」（研究代表者山本浩樹『戦国期西国における大規模戦争と領国支配』二〇〇四～二〇〇六年度科学研究費補助金　基盤研究（C）（2）研究成果報告書、二〇〇七年Ⓑ）
山本浩樹「織田・毛利戦争の地域的展開と政治動向」（川岡勉・古賀信幸編『西国の権力と戦乱』清文堂出版、二〇一〇年）
山本洋「『陰徳太平記』の成立事情と吉川家の家格宣伝活動」（『山口県地方史研究』九三、二〇〇五年）
山本洋「『関ヶ原軍記大成』所載の吉川家関連史料をめぐって」（関西軍記物語研究会『軍記物語の窓　第四集』和泉書院、二〇一二年）
山本博文『幕藩制の成立と近世の国制』（校倉書房、一九九〇年）
横畠渉「豊臣期毛利氏の備後国における動向――神辺周辺を対象として」（『芸備地方史研究』二六四、二〇〇九年）
脇正典「萩藩成立期における両川体制について――幕府への対応と藩政の動向」（藤野保先生還暦記念会編『近世日本の政治と外交』雄山閣出版、一九九三年）
脇正典「毛利氏居城の決定について――福原広俊の役割」（『山口県地方史研究』七二、一九九四年）
脇正典「萩藩成立期における藩主教育」（『山口県史研究』一四、二〇〇六年）
和田秀作「毛利氏の領国支配機構と大内氏旧臣大庭賢兼」（『山口県地方史研究』六四、一九九〇年）
渡邊大門『宇喜多直家・秀家』（ミネルヴァ書房、二〇一一年Ⓐ）
渡邊大門『戦国期浦上氏・宇喜多氏と地域権力』（岩田書院、二〇一一年Ⓑ）
渡辺世祐『毛利輝元卿伝』（マツノ書店、一九八二年）

＊大正三（一九一四）年、東京の公爵毛利家邸内に開設された「三卿伝編纂所」において収集された史料や、萩（長州）藩時代の史料に基づき執筆された輝元の伝記。祖父元就の死没時を始期としている。

史料典拠一覧

『愛知県史』資料編12：「加越能古文叢」、「西教寺文書」
岸田裕之・秋山伸隆『安芸内藤家文書・井原家文書――その翻刻と解説』（『広島大学文学部紀要』第四九巻特輯号一、一九九〇年）：「内藤家文書」
長谷川博史執筆『出雲古志氏の歴史とその性格』（出雲市古志公民館、一九九九年）：「牛尾家文書」
『今治市村上水軍博物館保管　村上家文書調査報告書』（今治市教育委員会、二〇〇五年）：村上水軍博物館蔵
藤井駿・水野恭一郎『岡山県古文書集』第三輯：「中山神社文書」、「総社文書」
奥野高広『増訂織田信長文書の研究』上巻（吉川弘文館、一九八八年）：「成簣堂文庫所蔵文書」、「尋憲記」、「太田荘之進氏所蔵文書」
奥野高広『増訂織田信長文書の研究』下巻（吉川弘文館、一九八八年）：「塩飽島文書」、「美作古簡集」、「大友文書」
『尾張国遺存豊臣秀吉史料写真集』（名古屋温故会、一九三五年）：「総見寺文書」
『鹿児島県史料』：「旧記雑録」附録
『新熊本市史』史料編二：「乃美文書」
『久世町史』資料編第一巻編年資料：「今井宗久書札留」、「上利文書」、「六車家文書」、「肥後原田文書」、「花房文書」、「法隆寺文書」、「細川家文書」、「吉川家中并寺社文書」、「美作江見文書」、「藩中諸家古文書纂」
愛媛県教育員会『しまなみ水軍浪漫のみち文化財調査報告書－古文書編－』：「村上小四郎蔵文書」

『上越市史』別編2：「斎藤秀平氏旧蔵文書」
『大社町史』史料編古代・中世：「鰐淵寺文書」、「上官ト証跡」、「北島家文書」、「坪内家文書」
『大日本古文書　家分け第九　吉川家文書別集』：「石見吉川家文書」「祖武家旧蔵文書」
『大日本史料』十‐十四：「徳富猪一郎氏所蔵文書」、『大日本史料』十‐十七：「乃美文書（周防）」
『大日本史料』十‐十八：「長府毛利文書」
『豊臣秀吉文書集』：大阪青山学園所蔵、徳川林政史研究所「古案」
『萩藩閥閲録』第四巻：「防長寺社証文」
『秀吉への挑戦』（大阪城天守閣、二〇一〇年）：大阪城天守閣蔵
『広島県史』古代中世資料編Ⅱ：「厳島野坂文書」
『広島県史』古代中世資料編Ⅲ：「大願寺文書」、「野坂文書」
『広島県史』古代中世資料編Ⅳ：「不動院文書」、「渋谷文書（渋谷辰男氏所蔵）」
『広島県史』古代中世資料編Ⅴ：「毛利家文庫　村山家蔵證書」、「有福文書」、「譜録」二階藤左衛門信貫・神保市
郎右衛門常知・桂五郎左衛門応之、『知新集』所収文書
『新修福岡市史』資料編中世1：「星野文書」、「牧文書」
八代市立博物館未来の森ミュージアム『松井文庫所蔵古文書調査報告書』：「松井家文書」
『山口県史』史料編中世2：「防府天満宮文書」、「冷泉家文書」、「毛利家相伝文書」、「粟屋家文書」、「沼元家文
書」、「吉見家文書」、「二宮家文書」
『山口県史』史料編中世3：「興隆寺文書」、「長府桂家文書」、「熊谷家文書」、「勝間田家文書」、「厚狭毛利家文
書」、「宍戸家文書」、「湯浅家文書」、「岡家文書」、「右田毛利家文書」、「末国家文書」、「今川家文書」
『山口県史』史料編中世4：「長府毛利家文書」、「忌宮神社文書」、「武久家文書」、「長門国分寺文書」、「下家文

書」
『山口県史』史料編近世2：「右田毛利家文書」、「毛利家文庫　諸省」
『山口県史』史料編近世6：「國司家文書」
＊第六章の「毛利家文庫」所収史料については、『山口県史』史料編近世1下に収録された、山口県文書館蔵「毛利三代実録考証」から引用。

あとがき

幕末の志士として著名な長州藩士吉田松陰の著した「毛利隆元卿伝」（村田峯次郎編『長周叢書』第八冊、一八九一年）には、次のような記述がある。

洞春公（毛利元就）は毛利家中興の祖です。十カ国を従え、朝廷を尊び、逆賊を誅伐して、その功徳は大変優れているので、藩においても崇奉してきました。天樹公（毛利輝元）は、父祖の功績を受け継ぎましたが、困難な状況に遭いました。大照公（毛利秀就）は新たに二国を治めて、その後数百年、毛利家は続いています。

岸本覚氏によると、元就・隆元・秀就とともに、輝元も藩祖として顕彰されており、神格化の対象でもあった。そして、藩祖に関わる由緒は、歴史意識として藩士に受容されていったとされる（岸本覚「近世後期における大名家の由緒――長州藩を事例として」『歴史学研究』八二〇、二〇〇六年）。ところが、松陰の記述から、輝元に対する崇拝の念は感じられない。尊王を唱える幕末の志士にとって、徳川氏に屈服した輝元の評判は芳しくなかったのではなかろうか。
このあとがきを執筆している時点における日本国の行政府の長である安倍晋三首相は、郷土の英雄吉田松陰を敬愛している。第三次安倍内閣を発足させた後に召集された第一八九回国会において、安倍首相が二〇一五年二月十二日に行った施政方針演説には次のようなフレーズがある。

「知と行は二つにして一つ」、何よりも実践を重んじ、明治維新の原動力となる志士たちを育てた、吉田松陰先生の言葉であります。成長戦略の実行。大胆な規制改革によって、生産性を押し上げ、国際競争力を高めていく。オープンな世界に踏み出し、世界の成長力を取り込んでいく。為すべきことは明らかです。要は、やるか、やらないか。この国会に求められていることは、単なる批判の応酬ではありません。「行動」です。「改革の断行」であります。日本の将来を見据えながら、大胆な改革を、皆さん、実行しようではありませんか。

輝元も大胆な改革を実行した。統一政権主導の物流が地域的流通を統合していき、「国際」競争に呑み込まれつつあった状況下において、毛利氏という地域「国家」を改革して、秀吉死没後には、成長戦略へと転じた。祖父をロールモデルとしている点においても、輝元と安倍首相には共通性がみられる。ところが、安倍首相の言動から、輝元を郷土の英雄として敬愛していることは窺えない。安倍首相の経済政策アベノミクスの「三本の矢」は、元就に関する逸話にちなんだものであるが、成長戦略を採ったものの、失敗に終わり、成長どころか支配地を縮小させてしまった輝元は、安倍首相にとってむしろ反面教師なのかもしれない。

けれども、関ヶ原合戦後の輝元の苦闘によって、長州（萩）藩を屈指の雄藩ならしめる礎が形成されたのであり、その結果、長州藩は明治維新の原動力となりえたともいえる。輝元は「成長」や「世界」（領国外）へ踏み出すことを放棄することによって（大坂の陣の際に、野望の燻りはみられるが）、毛利家を再建したのである。

「脱成長」論の旗手とされるセルジュ・ラトゥーシュとディディエ・アルパジェスはその著書『脱成長（ダウンシフトのとき）――人間らしい時間をとりもどすために』（佐藤直樹・佐藤薫訳、未來社、二〇一四年）において、次のように記している。

私たちはもはや成長というものを、失業、雇用不安定、不平等が、その成長のおかげですっかりすべて消える「かのように」、成長が聖なるものである「かのように」あがめることはできません。

常に成長を目指してきた近現代日本国家のアイデンティティは、二〇一一年三月十一日、自然の脅威を前に大きく揺らいだ。日本社会が分岐点を迎えている今、成長と脱成長の狭間で揺れ動いた毛利輝元という人物の生き様は、私たちに何らかの教訓を与えてくれるのではなかろうか。

本書の編集にあたっては、ミネルヴァ書房編集部の田引勝二氏に多大なるお世話を賜った。深く謝御礼申し上げる。

意を表したい。また、執筆のきっかけを作っていただいた渡邊大門氏に対して、この場を借りて厚く

本書の一部は、著者の以下の旧稿をもとにしている。

『中近世移行期大名領国の研究』（校倉書房、二〇〇七年、初出二〇〇四年、二〇〇五年）：第五章1〜4

「中・近世移行期における破城と地域統治――毛利氏領国を中心に」（『歴史評論』六八二号、二〇〇七年）：第五章4

「高松城水攻め前夜の攻防と城郭・港」（『倉敷の歴史』一八号、二〇〇八年）：第四章1

『関ヶ原前夜――西軍大名たちの戦い』（日本放送出版協会、二〇〇九年、初出二〇〇三年、二〇〇七年）：第四章2、第六章1

「毛利・織田戦争と輝元の戦略」（広島城企画展図録『輝元の分岐点』財団法人広島未来都市創造財団広島城、二〇一三年）：第三章1・2、第四章1

「軍事力編成からみた毛利氏の関ヶ原」（谷口央編『関ヶ原合戦の深層』高志書院、二〇一四年）：第六章1

「幸鶴期の毛利輝元――発給文書と側近衆」（『十六世紀史論叢』六号、二〇一六年）：第一章2

最後に、再びラトゥーシュ、アルパジェスの言を引用して、擱筆したい。

脱成長、つまり自律的社会を構築するという計画は、西洋文化に基本的な貢献をしている啓蒙主義的な人間の解放という夢、言い換えれば、近代性という夢を実現するものです。しかしそれは、人間が自然に組み込まれたものであることや、歴史に根ざしたものであるという、基本的な人間の条件からの解放をしなければならない、ということではありません。逆に、私たちが自然に組み込まれていること（自然性）と歴史に根ざしていること（歴史性）という二つの遺産を背負っていることを正しく認識することが重要です。

歴史性を認識する前提となる正確な歴史像を提示すること、それが筆者に課せられた使命である。

光成準治

二〇一六年三月

毛利輝元年譜

和暦	西暦	齢	関係事項	一般事項
明応　六	一四九七			3・14祖父毛利元就誕生。
大永　三	一五二三			7・27元就家督相続。この年、父隆元誕生。
享禄　三	一五三〇			この年、叔父吉川元春誕生。
天文　二	一五三三			この年、叔父小早川隆景誕生。
一〇	一五四一			1月大内勢の援助を得て、元就、尼子勢を撃退（郡山合戦）。
一九	一五五〇			7月元就、井上元兼一族を誅伐。
二〇	一五五一			9・1大内義隆自刃。この年、元就四男元清誕生。
二一	一五五二			この年、元就五男元秋誕生。
二二	一五五三	1	1・22輝元誕生。毛利隆元の長男。母は内藤興盛の娘（尾崎局）。幼名幸鶴（丸）。	
二三	一五五四	2		5月毛利氏、陶晴賢と断交。

弘治 元	一五五五	3		10・1毛利勢、厳島合戦で勝利。陶晴賢自刃。
三	一五五七	5		4月大内義長自刃。大内氏滅亡。
永禄 二	一五五九	7		この年、元就七男元政誕生。
三	一五六〇	8		この年、元就八男元康誕生。12・24尼子晴久死没、義久相続。
五	一五六二	10		11月筑前の高橋鑑種、毛利氏に通じて大友方から離反。
六	一五六三	11	8・4父隆元、安芸国佐々部で死没。	
七	一五六四	12	7月毛利氏、大友氏と和睦。	
八	一五六五	13	2・16輝元、元服。3月輝元、尼子攻めのため、洗合陣に赴く。	5・19室町幕府十三代将軍足利義輝死没。
九	一五六六	14	11月尼子義久ら、毛利氏に降る。	
一〇	一五六七	15	3月元就、赤川元保を誅伐。	この年、元就九男元総（秀包）誕生。
一一	一五六八	16	2月頃筑前立花山城、毛利氏に通じて大友方から離反。11月輝元と宍戸隆家三女（南の御方）との婚姻。	9月織田信長、足利義昭とともに上洛。
一二	一五六九	17	5月輝元・元就、九州出兵に向けて長府へ布陣。6月尼子勝久ら挙兵。10月大内輝弘、大友氏の支援により周防国へ乱入するが、敗れて自刃。11月毛利勢、	

			立花山城から撤退。	
元亀 元	一五七〇	18	1月輝元、元春・隆景らとともに出雲国へ出兵。3・23輝元、右衛門督に任官。	6月信長、朝倉・浅井勢を破る（姉川の戦い）。
二	一五七一	19	6・14祖父元就死没。8月毛利勢、尼子方の新山城（出雲）、末吉城・八橋城（伯耆）を攻略。10月輝元の姉津和野局死没。	
三	一五七二	20	9・晦輝元の母尾崎局死没。10月頃毛利氏と備前浦上氏和睦。	12月武田信玄、織田・徳川勢を破る（三方ヶ原の戦い）。
天正 元	一五七三	21	2・9右馬頭に任官。3～4月頃尼子勝久ら再挙兵して、因幡国へ侵攻。11月鳥取城の山名豊国が毛利氏に従う。	2月足利義昭、信長打倒を図る。4月武田信玄死没。7月義昭、若江城へ逃走。
二	一五七四	22	3月宇喜多直家と浦上宗景が対立し、毛利氏は直家を支援。10月備中の三村元親、毛利方から離反。	
三	一五七五	23	1月毛利氏と但馬山名氏との同盟成立。5月三村元親の籠る松山城落城。9月浦上宗景の居城天神山城落城。	5月信長、武田勢を破る（長篠の戦い）。
四	一五七六	24	2月足利義昭、備後国鞆へ下向。5月毛利勢、尼子勝久らの籠る鬼ヶ城（因幡国）を攻略。7月毛利水軍、木津川河口において織田水軍を破る。	
五	一五七七	25	閏7月毛利勢、元吉合戦において三好方讃岐衆を破	10月羽柴秀吉、播磨・但馬国侵

			る。	攻。
六	一五七八	26	7月毛利勢、織田方の上月城を攻略。尼子勝久切腹、山中幸盛殺害。	2月別所長治が織田方から離反。10月荒木村重が織田方から離反。
七	一五七九	27	6月頃宇喜多直家が毛利方から離反。9月伯耆南条氏が毛利方から離反。	6月明智光秀、丹波国を平定。11月荒木氏の有岡城落城。
八	一五八〇	28	6月鳥取城の山名豊国、織田方に転じる。9月豊国が鳥取城から追放され、翌年3月吉川経家が入城。	1月別所氏の三木城落城。4月本願寺光佐、大坂退去。
九	一五八一	29	10月羽柴秀吉、鳥取城を攻略。吉川経家切腹。	
一〇	一五八二	30	2月八浜合戦で毛利勢が宇喜多勢を破る。4月来島水軍が毛利方から離反。6月備中高松城開城。清水宗治切腹。	6・2本能寺の変。織田信長死没。6・13羽柴秀吉、明智光秀を破る（山崎の戦い）。
一一	一五八三	31	10月輝元、吉川経言・毛利元総を人質として上坂させる。	4・21秀吉、柴田勝家を破る（賤ヶ岳の戦い）。
一二	一五八四	32	8月輝元、秀吉への内通の疑いにより、杉原景盛を誅伐。	4・9徳川家康、羽柴勢を破る（小牧・長久手の戦い）。
一三	一五八五	33	1月毛利氏領と羽柴方領の国境画定。3月輝元、秀吉に協力して紀州へ水軍を派遣。5・3毛利元秋死没。7月羽柴・毛利勢の攻撃により、長宗我部元親降伏。	3月秀吉、紀州攻め。7・11秀吉、関白に任官。8月秀吉、佐々成政を降す。
一四	一五八六	34	9月輝元、島津攻めに向けて出陣。11・15吉川元春	12月秀吉、太政大臣に任官。

			死没。	
一五	一五八七	35	5月島津氏降伏。6・15吉川元長死没、弟経言（広家）家督相続。	6月バテレン追放令。
一六	一五八八	36	7月輝元、上洛。7・25従四位下侍従、7・28参議に叙任。	4月後陽成天皇、聚楽第行幸。
一七	一五八九	37	4月頃広島城築城開始。	
一八	一五九〇	38	2月秀吉の関東出兵に当たり、輝元は京都警固を務める。	7月秀吉、北条氏を降す。
一九	一五九一	39	3月頃広島城概成。	12月豊臣秀次、関白に任官。
文禄元	一五九二	40	2月輝元、朝鮮渡海に向けて広島を出立。4月秀吉、秀元を輝元後継者として承認。	4月第一次朝鮮侵略。
二	一五九三	41	8月輝元、朝鮮から帰国。	8・3豊臣秀頼誕生。
四	一五九五	43	1・5輝元、従三位権中納言に叙任。10・18輝元嫡子秀就誕生。11・16輝元養女と羽柴秀俊（小早川秀秋）婚儀。	7・15豊臣秀次切腹。
慶長二	一五九七	45	6・12小早川隆景死没。7・9穂田元清死没。10月輝元、壱岐まで下向後、秀吉の命により帰還。	7月第二次朝鮮侵略。
三	一五九八	46	8月秀吉、秀就を輝元後継者として承認。	8・18豊臣秀吉死没。
四	一五九九	47	閏3月石田三成らの反徳川闘争計画失敗。6・15輝元から秀元への給地分配決定。	閏3月前田利家死没。石田三成失脚。

五	一六〇〇	48	6月広島へ帰国。7月三成らと連携した反徳川闘争決起に向けて上坂。9・15関ヶ原合戦。10・10毛利氏、防長二国へ減封。こののち、輝元は剃髪。この年、輝元長女高玄院誕生。	6月徳川家康、会津の上杉景勝征討のため下向。10・1三成・安国寺恵瓊ら処刑。
六	一六〇一	49	1・13毛利元康死没。3・23小早川秀包死没。9月秀就、江戸へ下向。	
七	一六〇二	50	6月頃秀就と結城秀康娘の縁組決定。9・3輝元次男就隆誕生。	
八	一六〇三	51	10月輝元、山口へ帰着。	2・12家康、征夷大将軍宣下。
九	一六〇四	52	2月頃萩への築城決定。閏8・1輝元側室二の丸死没。11・11輝元、萩城へ移る。	
一〇	一六〇五	53	4月輝元、上洛。7月輝元、熊谷党を誅伐。	4・16徳川秀忠、征夷大将軍宣下。
一二	一六〇七	55	5月結城秀康の訃報を受けて、輝元、越前へ赴く。	
一三	一六〇八	56	7・17秀就と結城秀康娘の婚儀。	
一四	一六〇九	57	4・29毛利元政死没。	
一五	一六一〇	58	6月頃輝元、名古屋城手伝い普請。	
一六	一六一一	59	10月就隆、江戸へ下向。12月秀就、帰国。	3・28家康と秀頼、二条城会見。
一七	一六一二	60	12月秀就、江戸へ向けて萩出立。	
一九	一六一四	62	11月輝元、大坂へ向けて出陣。12月に帰国。	10月大坂冬の陣。

元和元	一六一五	63	10・19大坂へ入城した佐野道可の連座として、輝元の命により、内藤元珍・粟屋元豊切腹。	5・8大坂夏の陣で豊臣氏滅亡。閏6月一国一城令。
二	一六一六	64	7月輝元長女高玄院と吉川広家嫡子広正縁組。	4・17徳川家康死没。
三	一六一七	65	4月就隆への給地分配により、下松藩創設。	
四	一六一八	66	8・25輝元、吉見広長を誅伐。	
五	一六一九	67	8月輝元上洛。	6月福島正則改易。
九	一六二三	71	9月輝元から秀就への家督継承儀式。	7・27徳川家光、征夷大将軍宣下。
寛永二	一六二五	73	4・27輝元、死没。	

徳富蘇峰　杉原志啓
*竹越与三郎　西田　毅
内藤湖南・桑原隲蔵　礪波　護
廣池千九郎　橋本富太郎
岩村　透　今橋映子
*西田幾多郎　大橋良介
*金沢庄三郎　石川遼子
柳田国男　鶴見太郎
厨川白村　張　競
天野貞祐　貝塚茂樹
大川周明　山内昌之
西田直二郎　林　淳
折口信夫　斎藤英喜
辰野　隆　金沢公子
シュタイン　瀧井一博
*西　周　清水多吉
*福澤諭吉　平山　洋
成島柳北　山田俊治
福地桜痴　山田俊治
島田三郎　武藤秀太郎
田口卯吉　鈴木栄樹
*陸　羯南　松田宏一郎
黒岩涙香　奥　武則
長谷川如是閑　織田健志
*吉野作造　田澤晴子
山川　均　米原　謙
*岩波茂雄　十重田裕一

*北　一輝　岡本幸治
*穂積重遠　大村敦志
中野正剛　吉田則昭
*満川亀太郎　福家崇洋
*北里柴三郎　福田眞人
高峰譲吉　木村昌人
田辺朔郎　秋元せき
*南方熊楠　飯倉照平
寺田寅彦　金森　修
石原　純　金子　務
*辰野金吾　河上眞理・清水重敦
*七代目小川治兵衛　尼崎博正
ブルーノ・タウト　北村昌史

現代

昭和天皇　御厨　貴
高松宮宣仁親王　後藤致人
*李方子　小田部雄次
吉田　茂　中西　寛
マッカーサー　柴山　太
石橋湛山　増田　弘
重光　葵　武田知己
市川房枝　村井良太
*池田勇人　藤井信幸
高野　実　篠田　徹

和田博雄　庄司俊作
朴正熙　木村　幹
竹下　登　真渕　勝
*松永安左エ門　橘川武郎
鮎川義介　井口治夫
*出光佐三　橘川武郎
松下幸之助　米倉誠一郎
渋沢敬三　井上　潤
*本田宗一郎　伊丹敬之
井深　大　武田　徹
*佐治敬三　小玉　武
幸田家の人々　金井景子
*正宗白鳥　大嶋　仁
大佛次郎　福島行一
*川端康成　大久保喬樹
*薩摩治郎八　小林　茂
太宰　治　安藤　宏
松本清張　杉原志啓
安部公房　鳥羽耕史
*三島由紀夫　島内景二
井上ひさし　成田龍一
R・H・ブライス　菅原克也
柳　宗悦　熊倉功夫
バーナード・リーチ　鈴木禎宏

イサム・ノグチ　酒井忠康
熊谷守一　古川秀昭
川端龍子　岡部昌幸
藤田嗣治　林　洋子
*井上有一　海上雅臣
*手塚治虫　竹内オサム
古賀政男　藍川由美
*吉田　正　金子　勇
武満　徹　船山　隆
*八代目坂東三津五郎　田口章子
*力道山　岡村正史
*西田天香　宮田昌明
安倍能成　中根隆行
サンソム夫妻　平川祐弘・牧野陽子
和辻哲郎　小坂国継
矢代幸雄　稲賀繁美
石田幹之助　岡本さえ
*平泉　澄　若井敏明
安岡正篤　片山杜秀
島田謹二　小林信行
田中美知太郎　川久保剛
前嶋信次　杉田英明
唐木順三　澤村修治
保田與重郎　谷崎昭男
*福田恆存　川久保剛
井筒俊彦　安藤礼二

佐々木惣一　伊藤孝夫
小泉信三　都倉武之
*瀧川幸辰　伊藤孝夫
矢内原忠雄　等松春夫
式場隆三郎　服部　正
*フランク・ロイド・ライト　大久保美春
*中谷宇吉郎　杉山滋郎
大宅壮一　有馬　学
今西錦司　山極寿一

*は既刊
二〇一六年五月現在

*月性　海原　徹
*吉田松陰　海原　徹
*高杉晋作　海原　徹
久坂玄瑞　一坂太郎
ペリー　遠藤泰生
ハリス　福岡万里子
オールコック　佐野真由子
アーネスト・サトウ　奈良岡聰智
緒方洪庵　米田該典
冷泉為恭　中部義隆

近代

*明治天皇　伊藤之雄
*大正天皇　F・R・ディキンソン
*昭憲皇太后・貞明皇后　小田部雄次
大久保利通　三谷太一郎
山県有朋　鳥海　靖
木戸孝允　落合弘樹
井上　馨　伊藤之雄
*松方正義　室山義正
北垣国道　小林丈広
板垣退助　小川原正道
長与専斎　笠原英彦
大隈重信　五百旗頭薫
伊藤博文　坂本一登

井上　毅　大石　眞
*井上　勝　老川慶喜
*桂　太郎　小林道彦
渡邉洪基　瀧井一博
*乃木希典　佐々木英昭
星　亨　小林道彦
*児玉源太郎　小林道彦
*高宗・閔妃　木村　幹
山本権兵衛　室山義正
*金子堅太郎　松村正義
高橋是清　鈴木俊夫
小村寿太郎　簑原俊洋
*犬養　毅　小林惟司
*加藤高明　櫻井良樹
牧野伸顕　小宮一夫
田中義一　黒沢文貴
内田康哉　高橋勝浩
石井菊次郎　廣部　泉
平沼騏一郎　堀田慎一郎
鈴木貫太郎　小堀桂一郎
宇垣一成　北岡伸一
*宮崎滔天　榎本泰子
*浜口雄幸　川田　稔
幣原喜重郎　西田敏宏
関　一　玉井金五
水野広徳　片山慶隆
広田弘毅　井上寿一
安重根　上垣外憲一

*グルー　廣部　泉
*永田鉄山　森　靖夫
東條英機　牛村　圭
今村　均　前田雅之
蔣介石　劉　岸偉
石原莞爾　山室信一
木戸幸一　波多野澄雄
*岩崎弥太郎　武田晴人
伊藤忠兵衛　末永國紀
五代友厚　田付茉莉子
大倉喜八郎　村上勝彦
*安田善次郎　由井常彦
渋沢栄一　武田晴人
益田　孝　鈴木邦夫
山辺丈夫　宮本又郎
武藤山治　阿部武司・桑原哲也
池田成彬　松浦正孝
西原亀三　森川正則
小林一三　橋爪紳也
大倉恒吉　石川健次郎
大原孫三郎　猪木武徳
*河竹黙阿弥　今尾哲也
イザベラ・バード　加納孝代
*林　忠正　木々康子
*森　鷗外　小堀桂一郎
*二葉亭四迷　ヨコタ村上孝之
夏目漱石　佐々木英昭

徳冨蘆花　半藤英明
巌谷小波　千葉信胤
樋口一葉　佐伯順子
*島崎藤村　十川信介
泉　鏡花　東郷克美
上田　敏　小林　茂
*有島武郎　亀井俊介
永井荷風　川本三郎
北原白秋　平石典子
菊池　寛　山本芳明
芥川龍之介　髙橋龍夫
*宮沢賢治　千葉一幹
正岡子規　夏石番矢
高浜虚子　坪内稔典
与謝野晶子　佐伯順子
*種田山頭火　村上　護
*斎藤茂吉　品田悦一
*高村光太郎　湯原かの子
萩原朔太郎　エリス俊子
*原阿佐緒　秋山佐和子
*狩野芳崖・高橋由一　古田　亮
*小堀鞆音　小堀桂一郎
竹内栖鳳　北澤憲昭
黒田清輝　高階秀爾
中村不折　石川九楊
横山大観　高階秀爾
*橋本関雪　西原大輔

小出楢重　芳賀　徹
土田麦僊　天野一夫
岸田劉生　北澤憲昭
*山田耕筰　後藤暢子
松旭斎天勝　川添　裕
中山みき　鎌田東二
佐田介石　谷川　穣
*ニコライ　中村健之介
出口なお・王仁三郎　川村邦光
島地黙雷　阪本是丸
*新島　襄　太田雄三
新島八重　佐伯順子
木下広次　冨岡　勝
海老名弾正　西田　毅
嘉納治五郎　クリストファー・スピルマン
柏木義円　片野真佐子
津田梅子　田中智子
*澤柳政太郎　新田義之
河口慧海　高山龍三
山室軍平　室田保夫
大谷光瑞　白須淨眞
*久米邦武　髙田誠二
フェノロサ　伊藤　豊
井上哲次郎　井ノ口哲也
三宅雪嶺　長妻三佐雄
*岡倉天心　木下長宏
志賀重昂　中野目徹

＊親鸞　末木文美士
恵信尼・覚信尼　西口順子
覚如　今井雅晴
＊道元　船岡誠
叡尊　細川涼一
＊忍性　松尾剛次
＊日蓮　佐藤弘夫
一遍　蒲池勢至
夢窓疎石　原田正俊
＊宗峰妙超　竹貫元勝

南北朝・室町

後醍醐天皇　上横手雅敬
護良親王　新井孝重
＊赤松氏五代　渡邊大門
＊北畠親房　岡野友彦
楠正成　兵藤裕己
＊新田義貞　山本隆志
＊光厳天皇　深津睦夫
足利尊氏　市沢哲
足利直義　亀田俊和
佐々木道誉　下坂守
円観・文観　田中貴子
足利義詮　早島大祐
足利義満　川嶋將生
足利義持　吉田賢司
足利義教　横井清
大内義弘　平瀬直樹
伏見宮貞成親王　松薗斉
＊山名宗全　山本隆志
細川勝元・政元　古野貢
日野富子　脇田晴子
世阿弥　西野春雄
雪舟等楊　河合正朝
宗祇　鶴崎裕雄
＊満済　森茂暁
一休宗純　原田正俊
蓮如　岡村喜史

戦国・織豊

北条早雲　家永遵嗣
＊毛利元就　岸田裕之
＊毛利輝元　光成準治
＊今川義元　小和田哲男
＊武田信玄　笹本正治
＊武田勝頼　笹本正治
＊真田氏三代　笹本正治
＊三好長慶　天野忠幸
＊宇喜多直家・秀家　渡邊大門
＊上杉謙信　矢田俊文
島津義久・義弘　福島金治
長宗我部元親・盛親　平井上総
吉田兼倶　西山克
山科言継　松薗斉
＊雪村周継　赤澤英二
正親町天皇・後陽成天皇　神田裕理
織田信長　三鬼清一郎
豊臣秀吉　藤井讓治
＊北政所おね　田端泰子
＊淀殿　福田千鶴
前田利家　東四柳史明
＊黒田如水　小和田哲男
＊蒲生氏郷　藤田達生
＊細川ガラシャ　田端泰子
伊達政宗　伊藤喜良
＊支倉常長　田中英道
＊長谷川等伯　宮島新一
顕如　神田千里
教如　安藤弥

江戸

徳川家康　笠谷和比古
＊徳川家光　野村玄
徳川吉宗　横田冬彦
＊後水尾天皇　久保貴子
光格天皇　藤田覚
崇伝　杣田善雄
春日局　福田千鶴
宮本武蔵　渡邊大門
＊池田光政　倉地克直
保科正之　八木清治
シャクシャイン　岩崎奈緒子
＊田沼意次　藤田覚
＊二宮尊徳　小林惟司
末次平蔵　岡美穂子
＊高田屋嘉兵衛　生田美智子
＊林羅山　鈴木健一
吉野太夫　渡辺憲司
中江藤樹　辻本雅史
＊山崎闇斎　澤井啓一
山鹿素行　前田勉
＊北村季吟　島内景二
伊藤仁斎　澤井啓一
貝原益軒　辻本雅史
松尾芭蕉　楠元六男
＊ケンペル　B・M・ボダルト＝ベイリー
新井白石　大川真
荻生徂徠　柴田純
＊雨森芳洲　上田正昭
石田梅岩　高野秀晴
白隠慧鶴　芳澤勝弘
前野良沢　松田清
平賀源内　石上敏
本居宣長　田尻祐一郎
杉田玄白　吉田忠
木村蒹葭堂　有坂道子
＊大田南畝　沓掛良彦
菅江真澄　赤坂憲雄
＊鶴屋南北　諏訪春雄
良寛　阿部龍一
＊山東京伝　佐藤至子
＊滝沢馬琴　高田衛
平田篤胤　山下久夫
シーボルト　宮坂正英
本阿弥光悦　岡佳子
小堀遠州　中村利則
狩野探幽・山雪　山下善也
尾形光琳・乾山　河野元昭
＊二代目市川團十郎　田口章子
伊藤若冲　狩野博幸
鈴木春信　小林忠
＊佐竹曙山　成瀬不二雄
葛飾北斎　岸文和
酒井抱一　玉蟲敏子
孝明天皇　青山忠正
＊和宮　辻ミチ子
徳川慶喜　大庭邦彦
島津斉彬　原口泉
＊古賀謹一郎　小野寺龍太
＊永井尚志　高村直助
＊栗本鋤雲　小野寺龍太
大村益次郎　竹本知行
西郷隆盛　家近良樹
＊塚本明毅　塚本学

ミネルヴァ日本評伝選

企画推薦
梅原猛
ドナルド・キーン
佐伯彰一
角田文衞

監修委員
上横手雅敬
芳賀徹

編集委員
石川九楊
伊藤之雄
猪木武徳
今谷明
今橋映子
熊倉功夫
佐伯順子
坂本多加雄
武田佐知子
竹西寛子
西口順子
兵藤裕己
御厨貴

上代

*俾弥呼 古田武彦
日本武尊 西宮秀紀
*仁徳天皇 若井敏明
雄略天皇 吉村武彦
*蘇我氏四代 遠山美都男
推古天皇 義江明子
聖徳太子 仁藤敦史
斉明天皇 武田佐知子
小野妹子・毛人 大橋信弥
*額田王 梶川信行
弘文天皇 遠山美都男
天武天皇 新川登亀男
持統天皇 丸山裕美子
阿倍比羅夫 熊田亮介
*藤原四子 木本好信
*柿本人麿 古橋信孝
*元明天皇・元正天皇 渡部育子
聖武天皇 本郷真紹
光明皇后 寺崎保広
*孝謙・称徳天皇 勝浦令子
藤原不比等 荒木敏夫
橘諸兄・奈良麻呂 遠山美都男
吉備真備 今津勝紀
*藤原仲麻呂 木本好信
道鏡 吉川真司
*藤原種継 木本好信
大伴家持 和田萃
*行基 吉田靖雄

平安

*桓武天皇 井上満郎
嵯峨天皇 西別府元日
宇多天皇 古藤真平
醍醐天皇 石上英一
村上天皇 京樂真帆子
花山天皇 上島享
*三条天皇 倉本一宏
藤原薬子 中野渡俊治
藤原良房・基経 瀧浪貞子
菅原道真 竹居明男
*紀貫之 神田龍身
源高明 所功
*安倍晴明 斎藤英喜
藤原実資 橋本義則
*藤原道長 朧谷寿
藤原伊周・隆家 倉本一宏
藤原定子 山本淳子
清少納言 三田村雅子
紫式部 竹西寛子
和泉式部 ツベタナ・クリステワ
大江匡房 小峯和明
*阿弖流為 樋口知志
坂上田村麻呂 熊谷公男
*源満仲・頼光 元木泰雄
平将門 西山良平
藤原純友 寺内浩
空海 頼富本宏
最澄 吉田一彦
円珍 岡野浩二
*空也 石井義長
奝然 上川通夫
*源信 小原仁
慶滋保胤 吉原浩人
*後白河天皇 美川圭
式子内親王 奥野陽子
建礼門院 生形貴重
*藤原秀衡 入間田宣夫
平時子・時忠 元木泰雄
平維盛 根井浄
守覚法親王 阿部泰郎
藤原隆信・信実 山本陽子

鎌倉

源頼朝 川合康
*源義経 近藤好和
源実朝 神田龍身
*九条兼実 加納重文
九条道家 上横手雅敬
北条時政 野口実
熊谷直実 佐伯真一
*北条政子 関幸彦
北条義時 岡田清一
曾我十郎・五郎 杉橋隆夫
北条時頼 山本隆志
北条時宗 近藤成一
安達泰盛 山陰加春夫
平頼綱 細川重男
竹崎季長 堀本一繁
西行 光田和伸
鴨長明 浅見和彦
藤原定家 赤瀬信吾
*京極為兼 今谷明
*兼好 島内裕子
重源 横内裕人
*運慶 根立研介
快慶 井上一稔
法然 今堀太逸
慈円 大隅和雄
明恵 西山厚

刊行のことば

歴史を動かすものは人間であり、興趣に富んだ人間の動きを通じて、世の移り変わりを考えるのは、歴史に接する醍醐味である。

しかし過去の歴史学を顧みるとき、人間不在という批判さえ見られたように、歴史における人間のすがたが、必ずしも十分に描かれてきたとはいえない。二十一世紀を迎えた今、歴史の中の人物像を蘇生させようとの要請はいよいよ強く、またそのための条件もしだいに熟してきている。

この「ミネルヴァ日本評伝選」は、正確な史実に基づいて書かれるのはいうまでもないが、単に経歴の羅列にとどまらず、歴史を動かしてきたすぐれた個性をいきいきとよみがえらせたいと考える。そのためには、対象とした人物とじっくりと対話し、ときにはきびしく対決していくことも必要になるだろう。

今日の歴史学が直面している困難の一つに、研究の過度の細分化、瑣末化が挙げられる。それは緻密さを求めるが故に陥った弊害といえるが、その結果として、歴史の大きな見通しが失われ、歴史学を通しての社会への働きかけの途が閉ざされ、人々の歴史への関心を弱める危険性がある。今こそ歴史が何のためにあるのかという、基本的な課題に応える必要があろう。評伝という興味ある方法を通じて、解決の手がかりを見出せないだろうかというのも、この企画の一つのねらいである。

狭義の歴史学の研究者だけでなく、多くの分野ですぐれた業績をあげている著者たちを迎えて、従来見られなかった規模の大きな人物史の叢書として、「ミネルヴァ日本評伝選」の刊行を開始したい。

平成十五年（二〇〇三）九月

ミネルヴァ書房

《著者紹介》

光成準治（みつなり・じゅんじ）

1963年　大阪府生まれ。広島県で育つ。
2006年　九州大学大学院比較社会文化学府博士課程修了。
同　年　博士（比較社会文化）学位取得。
現　在　鈴峯女子短期大学非常勤講師。
著　作　『中近世移行期大名領国の研究』校倉書房，2007年。
『関ヶ原前夜――西軍大名たちの戦い』日本放送出版協会，2009年。
『消された秀吉の真実』共著，柏書房，2011年。
『豊臣政権の正体』共著，柏書房，2014年。
『関ヶ原合戦の深層』共著，高志書院，2014年。

ミネルヴァ日本評伝選
毛《もう》利《り》輝《てる》元《もと》
――西国の儀任せ置かるの由候――

2016年５月10日　初版第１刷発行　〈検印省略〉

定価はカバーに
表示しています

著　者　光成準治
発行者　杉田啓三
印刷者　江戸孝典

発行所　株式会社　ミネルヴァ書房
607-8494　京都市山科区日ノ岡堤谷町１
電話代表（075）581-5191
振替口座　01020-0-8076

© 光成準治，2016〔155〕
共同印刷工業・新生製本

ISBN978-4-623-07689-5
Printed in Japan

人名索引

※「毛利輝元（宗瑞）」は頻出するため省略した。

か　行

さ　行

た　行

な　行

は　行

ま　行

や　行

ら・わ行

事項索引

あ　行

か　行

さ　行

た　行

な　行

は　行